新婚合影

结婚纪念日

新郎对新娘的承诺：

新郎签名：

新娘对新郎的承诺：

新娘签名：

女方父母的祝福

男方父母的祝福

红囍书

百年好合

红囍书

鲁献启　崔万立　编著

河南文艺出版社

目 录

第
一
章

婚
姻
史
话

第二章　新婚之前的准备

第三章　法律·道德·婚内经济

第四章
两性：婚姻的动力元素

第五章　先"计划"后生育

第六章　　"围城"怎样才能不"围"

第七章　在婚姻的最深处

第七章
在婚姻的最深处

附　录

引 子

千年的谜语
姻缘是谜底
万年的夙愿
只为寻到你

今夕何夕
空气里弥漫着醉人的甜蜜
为情为爱为我为你

让时光回去
我们循着声音追忆
在一串串快乐的音符中
我们把爱点点滴滴地收集

爱
让长长的红地毯铺开
情
从此在这里慢慢延续

阵阵冬雷
为爱打破了季节的规律
冬雷阵阵
把一个个爱的故事传递

今天
我们也成了故事的主题
明天
纵使天翻地覆我也属于你

生命是爱的舞台
为了在天堂不后悔
只要我们还活着
就抓住每一秒去爱的机会

假如有一天
我只剩下一口气
我希望最后看到的是你

如果我真的先你而去
我会在天堂的路口等你
一直从人间等到天上

对于整个世界
你是一个人
对于一个我
你是整个世界

我爱你
声声不止
我爱你
世世不息

第一章

婚姻史话

第一节 爱情·婚姻·家庭

一、爱情！究竟是什么

爱情！究竟是什么？

这个问题人类已经问了几千年，但一千个人有一千种答案，却没有两个完全相同的。事实上，不同时代、不同国度的思想家对爱的含义都有不同的理解。

爱情！它是人类步入文明时代以后，随着人们精神世界的丰富，以性欲为自然基础，在两性关系中出现的高级精神生活现象。它是在男女双方相互倾慕的基础上激发起的，渴望对方成为自己终身伴侣的最强烈、最持久的一种情感。

它以种种或自然或刻意或圣洁或邪恶的面目，伴随着人类走过了从诞生到现在的岁月。

爱的文化进程是博弈，它的结果是情。爱与情是一个像物又像魂的物势影像。

人类最初的爱情只是简单的喜欢而已，经过千万年的演化，随着精神世界的发展，爱情越来越复杂，人们也逐渐脱离了仅仅因为生理需要才去爱的传统思想。

一部爱情史一版再版，不同的人总能找到不同的语言。但在历史与现实之间，我们所看到的绝版爱情大多都是在现实中升华后的文学艺术——

梁山伯与祝英台的真挚，罗密欧和朱丽叶的忠贞——原来一个是传说，一个是小说。

红囍书

牛郎和织女的凄美，白雪公主与白马王子的浪漫——竟然一个是神话，一个是童话。

《泰坦尼克号》沉没了，《魂断蓝桥》陨落了，《乱世佳人》在飘摇，《人鬼情未了》也已经离逝了。

一层朦胧的面纱横在中间，美！也许就在你我相隔的时空里。

如坠梦中，近在眼前，却触摸不到。看来，真正的最美，是在于人心所营造的幻境。前世五百次的回眸才换得今世的擦肩而过！这种由时空而产生的距离美，值得我们凡人一直去追寻，即使花去毕生的时间，得到心碎的结局，却依然在憧憬！

在生命停止的地方，灵魂前进了；在语言停止的地方，艺术前进了；在玫瑰停止的地方，芬芳前进了……

从西方公历的2月14日，到中国农历的七月七。玫瑰的芳香开遍了宇宙大地。从玫瑰的原产地中亚和中国启程，越过阿尔泰和高加索山脉到波斯，然后到达希腊、埃及和罗马……

那种穿越时空的爱恋，那种惊心动魄的壮举，是它们让爱情升值！让我们去追寻！也许，《泰坦尼克号》中的故事发生在任何一个凡人身上都会诞生一场伟大的爱情。但我们却不必让这一幕在现实中重复上演，因为——现实与艺术之间本来就相隔一步。

人类思想史上的大师苏格拉底在回答"什么是爱"这个问题时，以狄欧提玛这位爱的导师的话作了回答："它既非不朽之物，也非必朽之物，而是介于这两者之间……它是神明与凡夫之间的一个中介。"

周国平在《爱与孤独》中指出："如果说性欲是兽性，艺术是神性，那么，爱情恰好介于其间，它是兽性和神性的混合人性。"

爱之所以简单而复杂，总是给人一种扑朔迷离的感觉，就因为爱既是理性的，同时又是非理性的。

保加利亚学者瓦西列夫在《情爱论》中把爱定义为在传宗接代的本能基

础上产生于男女之间，使人能获得特别强烈的肉体和精神享受的这种综合的（既是生物的，又是社会的）互相倾慕和交往之情。

爱把人性的诸方面联成一体。假如爱只是一种本能，也就是生物的，非理性的，那么，爱本身也就不会具有精神文明的魅力了，也就只表现为性欲冲动。假如爱是纯理性的，爱的发展仅仅靠思维，那么，这种爱永远也不会有感情冲动，爱的生命力也就完结了。爱把理性和非理性、本能和精神美，以及人的所有感受汇集在一起。这种爱的生命力随着社会文明的发展而越来越旺盛。

其实，对于爱与性的本质，我们不能单纯地说它是"理性"或者是"非理性"的，它实际上是由矛盾的因素所构成的。当我们注意某一类因素时，它可能是"非理性"的，如"一见钟情"；而当我们关注全体因素时，它可能又是合乎"理性"的。它们结合形式的最高表达——爱情，其基础是由生物因素和社会因素所构成，就是把男女结合在一起的亲昵情感所特有的二重性。

在性快乐主义时代，古希腊、古罗马人认为，爱就是肉体之爱，就是性爱，排除性的因素后就没有什么爱情。性爱是在性活动中产生和实现的一种独特的、不可替代的情感与感受。但柏拉图的思想是一个例外。他认为，心灵的生殖就是爱情，它是人与神相通的一种"狂迷"。

进入中世纪之后，基督教教义认为，爱就是寻找上帝，是对至高无上之主的感情的神秘的颤抖，男女之间的性交是阻碍人们升入天国的屏障，人们应避免性交，杜绝肉欲，甚至认为女人是"罪恶之源"。而产生于中世纪的骑士之爱却对中世纪的情爱观进行了反驳。骑士们愿意为自己所爱的女人献出一切，这是历史上最早出现的情爱形式——第一个出现在历史上的性爱形式，亦即热恋，每个人（至少是统治阶级中的每个人）都能享受到的热恋，性的冲动的最高形式（这正是性爱的特性）。然而，第一个出现的性爱形式——那种中世纪的骑士之爱，就根本不是夫妻之爱。其实，这种精神之恋也并没有让爱情的概念过于极端化，它只是修订了爱的倾向，丰富了爱的内

红囍书

容。

在文艺复兴时期，由于强烈反对异教徒的结果，爱情虽然仍保存着诗意，但通常不再是纯粹的精神了。浪漫的爱情在浪漫主义运动兴起的时候就达到了它的极致，人们还将雪莱作为它的主要提倡者。

爱情！它本来就是一首诗。爱情诗全凭习俗和自由间某种微妙的平衡，两者间任何一方打破了这种平衡，它就很难达到最佳的境界。但是，在现在这个物欲横流的社会里，商业的繁荣冲淡了爱情的那份纯粹。爱情是一首诗毫无疑问，可我们已经很少能够在今天看得到"诗里的爱情"了……

当爱情诗被信息时代新的恋爱模式所取代，这是否就意味着我们这个时代没有了爱情？

在这个一切都快起来的信息技术时代，包括我们的爱情，人们总习惯把某件事的过程舍去，而将结果抽象出来。正如人们把求爱的过程缩短，尽快跃进到爱情的终极目标——做爱。爱被还原为非精神的东西，被缩小成性结合。

爱最高的美感价值在于罗曼蒂克，一生追求爱情的伟大思想者罗素这样理解罗曼蒂克的精髓："被爱的对象十分难以占有，十分宝贵，因而便做出各式各样的重大努力去赢得爱恋对象的爱情。"而如今，等待、思念其本身固有的传统激情，被技术的发展剥夺得体无完肤：信件被电话替代，我们于是难以寻觅写信时的脉脉温情，更不可能捧着一页恋人的信纸浮想一个个昼夜；电脑的使用更使偶然为之的信件变得冷冰冰的，无异于一纸打印的公文；遥远的相思在"变得越来越小"的世界最多不过是一张飞机票。

现代技术使人们坚信没有什么是不能复制的，艺术品在过去只是一件，如今凭着技术可以无限地复制，一切都是易得的。于是，与过去那种"真正的爱情只有一次相比"，人们开始相信：再刻骨铭心的爱情，也都可以在另一个人身上再现。

无论如何，没有人愿意回到过去的世界。既然我们不可能过着现代人的物质生活，同时又享受着古人的精神世界，那么，我们就要学会在欣喜地接受现代物质的同时也接受现代的精神模式。

这无疑是一场思想的深层革命。如果我们不能改换传统的视角来重新审视爱情，我们很可能会说：我们的时代没有爱情。但是，一切都变了！新的世界必有新的爱情——一种具有信息技术时代特色的爱情！

由于始终没有形成一个统一的"爱"的定义，当然也不可能有统一的"爱"的含义。所以，人们往往用同一个"爱"字来任意指称不同的对象。梅弗斯和伊勒斯在其合著的《什么是爱》中指出，爱就是深切地感到以积极的方式与一些事物有关，所以爱始终是一种感觉。"正因为爱是感觉，人们便往往觉得自己听凭于一种简直是超自然的力量的摆布。一受这种力量的吸引，就会进入极度兴奋的状态，或幸福，或痛苦，或遭毁灭，都无法受意志的控制。"

爱是感觉！爱走到今天，人们依然在幸福与痛苦、激情与理智、毁灭与重生中重复着这种感觉。正因为有了它的扑朔迷离、深不可测、无限美妙，世间的男男女女才神魂颠倒地愿意并乐意这样无休无止地感觉下去……

相关链接：

戏说爱情

厨师说：爱情是一棵洋葱头，你一片片剥下去，总有让你流泪的时候。

医生说：爱情是感冒，被爱情病毒感染的人，既瞒不住自己，也瞒不了别人。

考古学家说：爱情如水，覆水难收；爱情如瓷器，碎了难以复原；爱情如文物，既古老又新鲜。

气象学家说：爱情不怕黑暗，公园里越黑暗的角落恋人们越爱往那儿钻；爱情不怕热，即使气温是一百摄氏度；爱情不怕冷，冰天雪地里热恋中人照样逛马路。

民俗学家说：情人即仇人，要不为什么称情人为"该死的"和"冤家"呢？

复印机专家说：爱情不能复印，每个人的爱情故事都不相同，每个人的爱情故事也都会有截然不同的情节和问题。

语言学家说：我劝朋友们写情书时，写"爱"字宁可多费点事，多写几笔也要写成繁体，因为那里有"心"，爱情不能没有心的，简化字不知为什么把"心"给简化掉了，不过幸亏还有一个"友"字。

历史学家说：原始社会的爱情以生育为图腾，"你为我生"；中世纪的爱情框架是骑士救美人，"我为你死"；封建社会的爱情模式是才子多情，红颜薄命，"我们一块去死"；现代的爱情标签是"只要我爱——不管你有没有对象，不管你结没结婚"。

佛说：如果谁问我世间爱情为何物，我会毫不犹豫地回答——废物！

魔鬼词典说：爱情毫不吝啬地给予，然后又要收回来。

二、从爱情走向婚姻

"愿天下有情人终成眷属！"如果说这是我们对爱情的祝愿，那么，"愿天下眷属都是有情人"便是我们对婚姻的美好祝愿。

有人说婚姻与爱情是两条相交线，也有人说爱情与婚姻是两条平行线。马克思说没有爱情的婚姻是不道德的。其实，这两句话有异曲同工之妙，对，也不对。

在奴隶社会，婚姻几乎是奴隶主的指派；在封建社会，婚姻是父母之命或金钱的产物。因为，婚姻是现实的，其目的是为了人类的繁衍。这是整个动物界的法则，谁也躲避不了，任何人都有责任传承。另一方面，婚姻是为女人寻找一个归宿，正是嫁鸡随鸡、嫁狗随狗，其根基是男女不平等，社会根本就没有把女人看成"女人"。在这种情况下，婚姻里所剩下的只有本能。婚姻满足了男人的占有欲，皇帝三宫六院和富人一夫多妻，这符合当时的道德标准，可这样的婚姻模式里又有多少爱情？

在这里，可以说爱情与婚姻是两条平行线，但前提是我们首先要搞明白——这是一个怎样的社会？

在一个自由开放的社会，婚姻是需要爱情来支撑的。大多数婚姻还是开始于爱情的。但是，爱情到底是否能支撑一辈子的婚姻？热恋中的男女谁也不知道。当发现婚姻是爱情的坟墓时，也许所剩下的只有困惑。爱情是火热的，易燃易爆的，燃烧起来谁也控制不了。这就出现了要爱情不要皇位的爱德华八世。那是空前伟大的爱情，谁也比不了，只有羡慕的份儿。

当我们遭遇了爱情，我们不能为之疯狂，那便算不得爱情；疯狂之后的平淡，却也是爱情的必然。当彼此无法适应平淡，那也算不得爱情。所以婚姻的基础是爱情，一桩婚姻里面包含的爱情必须经得起推敲和考验，爱情无疑是婚姻的奠基石，就如盖楼一般，地基不结实，又怎能建起万丈高楼呢？一段爱情不但要蕴涵激情，还要经得起平淡，这才算得上爱情，才适合走进婚姻。

可是，爱情也易冷却。当爱情遇到具体的生活琐事的时候，或者遇到更加合适的环境的时候，常常会旧的熄灭了，新的又萌发了。这种情况在人的一生中会经常出现。也许在你婚后3年、5年、10年，总会有那一天，审美疲劳期到了，两个人机械地履行彼此的义务。

那么，没有了爱情的婚姻还能维系吗？能！婚姻是规定了男女之间法定的拥有关系，即合法与合道德的性关系。这是人类的需要。婚姻培养了亲情，一种共患难的亲情，发妻不可弃就是这个道理。对于成功的婚姻，当事人必须完成爱情向亲情的转变过程，只有这样婚姻才会牢固。

曾经有一对夫妻，经常打架，父母就说"离婚算了"。他们俩就是不愿意离婚，为什么？他们不好意思说，因为不管怎么说，"我们的性生活是很和谐的"，打骂只是一个表面的现象。所以，性在婚姻里也起了很重要的作用。

不过，著名的婚姻法学教授、博士生导师巫昌祯女士认为，爱和性有时

红囍书

候也是可以分离的。比如，一方有病，不能有性，但一方仍然爱着他、照顾他，这是一种。还有，一方是瘫痪的，下肢没有任何感觉，不能发生性行为，他们的爱也是没有性的，但双方就是愿意在一起。这样的情况不但在国外有，在我们国家也有，有某种疾病不能发生性行为的，现在已不是作为结婚的禁止条件，而是作为离婚的条件。

当然，爱情不完全等同于性关系，但又离不开性关系，爱情比性关系更伟大。仅有性关系不叫爱情，妓女和妻子是截然不同的概念，嫖妓只能算作是动物的本能。

爱情与婚姻——到底有着怎样的联系呢？

中华女子学院副院长李明舜教授的一段话总结得很经典，他在《真爱无敌——婚姻的本质及爱情与婚姻的关系问题探讨》中曾谈到：

第一，爱情更多的是权利，而婚姻更多的是责任。网上流传着这样一句话：爱情就像闪电，婚姻就是为这闪电付电费的。你爱谁不爱谁这是你的权利，但是结了婚就不一样了。如果说，结婚前是在选择你所爱的人，那么结婚后更多的是你得去爱你所选择的这个人。

第二，爱情更多的是一种失重，而婚姻更多的是一种平衡。谈恋爱的时候，我们基本上都是处于一种失重状态，晕晕乎乎的，很多时候忘乎所以，什么话都敢说。而婚姻这个东西，你不能总是在失重状态下，否则，这样的婚姻肯定长久不了，所以说婚姻更多的是一种平衡。爱情是你只看得见那个人的优点和一部分缺点而决定去爱他（她），婚姻是看见了那个人所有的缺点时还继续爱着他（她）。

第三，爱情更多的是感觉，而婚姻更多的是事业。如果说，这种爱情是感觉的话，那就是说你是自由的，你想怎么感觉就怎么感觉；而婚姻是事业，既然是事业，你就得去建设、去经营，仅仅靠感觉是过不了日子的。所以，你得从各方面去筹划、去经营。

第四，爱情更多的是两个人的事，而婚姻是关涉到他人的。结婚之前你

想爱谁就爱谁，不爱了可以分手，闹矛盾了往往自己去处理，不会有父母、亲戚等其他人的切身利害关系。而婚姻是关涉到其他人的，并且是在法律契约的层面上，必须对双方家人及其孩子负起一定的责任。

上面所谈及的婚姻与爱情只是一般情况，当然也是最普遍的情况。另外还有一种特殊的情况，那就是同性恋与合约婚姻。

在我国，《婚姻法》规定，"必须一男一女，双方完全自愿"。关于这个问题，其实从古到今都有不同的看法。现在，有些国家在他们的婚姻法里已经改变了这一规定，也就是说结婚的双方不一定非要一男一女。

同性恋在国外很普遍，在我国也已有先例。著名影星圈里有，一般的人群中也有。只是我国的婚姻法把这些人拒在了婚姻之外。但谁能说他们或她们之间没有爱和情，甚至性呢？

关于性的定义，现在已经有很多针对所谓的"阴茎阴道中间论"的批判，即只有阴茎与阴道的交合才叫性。其实爱抚、接吻这也是广义的性。同性恋之间至少还会有这些广义的性行为。

中国社会科学院社会学研究所研究员、博士生导师李银河教授在谈到同性恋与婚姻制度时曾说，从北欧、西欧到北美，不少国家批准了同性婚姻。一些国家称它为"家庭伴侣关系"或者"合约婚姻"，介于传统婚姻和同居之间的一种新的婚姻制度。比起欧洲来，美国人受宗教的右派影响相当大，他们是反对同性婚姻的，包括布什在内，他也是挺反对的。但美国从马萨诸塞州开始，已有十几个州批准了同性婚姻。总的趋势是同性婚姻得到越来越多的承认，就连英国这样一向保守的国家，都已经批准了。巴黎和柏林的某些市长都曾是公开的同性恋者。法国文化程度高的人也都支持同性婚姻。

在法国，1999年它被叫做"合约婚姻"，当时实际上这是为同性恋者专设的。他们又享有婚姻所有的权利，比如，结婚可以减税，少交费，而且可以相互继承财产，这也是很多同性恋解放运动争取这项权利的一个原因。最有意思的是，本来是为同性恋者量身定做的"合约婚姻"的制度最后却大多

红囍书

为异性恋者所"利用"。法国从1999年到2004年有大约13万"合约婚姻"，其中有大约60%为异性恋，异性选择这种形式的婚姻，主要的原因在于避免离婚之烦。

其实，关于"合约婚姻"与"合同婚姻"，国内也有不少争议。《成都商报》于2009年4月8日曾刊登了一篇题为《女作家称结婚证是霸王合同》的文章。女作家苏芩炮轰结婚证是霸王合同，婚姻应该实行合同制。"婚姻制度其实有太多不合理的地方，结婚证书才是中国真正的霸王合约！一签就签一辈子，中途解约就成了婚姻中的'二等公民'，离婚就意味着贬值，尤其很多女人，宁愿苦熬也不愿选择离婚，只是因为害怕背上'二婚女'的恶名！婚姻的终身制其实已经越来越不适应当今社会了。"

此言论一经放出，便在中国两性领域引起了轩然大波，有支持声，也有反对声。上海律师潘杰甚至还起草了一份《结婚合同示范文本》，以示赞同。对于各界的争议，苏芩在接受采访时说，她了解过上万婚姻案例后认为这样的方法是有用的，并声称"至于社会各界的争议，我想说的是，有多少男人反对，就有多少女人支持。"

这种"约定"的婚姻能否被大众普遍接受，也许还需要等待一段很长的时间让现实来检验。婚姻法能否为此而修改？也许这需要更长的一段时间。但至少在现阶段恐怕很难通行，现行的婚姻法干涉不了我们的爱情，但也没有对我们的爱情作出任何的保护承诺。感情是个人的事，但婚姻却是社会的事。男女更趋于平等，这是我们每个人的期盼，不合时宜的传统婚姻道德也迫切需要打破，但社会的稳定却也是我们必须首要考虑的问题。

婚姻到底是什么？这个问题确实不是一两句话能说得清楚的。由于每一个走入婚姻的人所经历的过程都有自己的轨迹，当然，婚姻中的剧情也有不同的版本。所以，很难给婚姻下一个明确的定义。

最近来自《南京晨报》的一个报道，被各大媒体转载，可谓是吸引了众多未婚青年男女的眼球——

2009年的五一期间，南京市第五届公务员相亲会在雨花台景区举行，本次大会吸引了1000多名公务员、企业白领以及普通工人前来进行"爱的应征"。在相亲会的现场，一张征婚卡片很"直白"地写道：父母都是市直机关的公务员，男孩在江苏省某厅工作，也是公务员，要求应征者必须是在南京工作的公务员。不少人议论，"公务员之家找儿媳妇，非公务员免谈"。

对于上述的"门当户对"，我们无法预料双方以后的感情会如何，但至少可以看出——这则征婚的第一个要素不是爱情。

如果恋爱的动机不纯，那等于践踏美好的爱情；如果结婚的动机不纯，那等于亵渎神圣的姻缘。"十年修得同船渡，百年修得共枕眠。"婚姻！那是缘定三生的东西啊！

"爱情天梯"的绝唱是一个被许多人所熟知的故事：50多年前，重庆江津中山古镇高滩村村民刘国江和比他大10岁的寡妇徐朝清相爱，引来村民们的闲言碎语。"小伙子"和"老妈子"便携手私奔到与世隔绝的深山，靠野菜和双手养大7个孩子。虽然"老妈子"一辈子也没下过几次山，但为让爱人出行安全，"小伙子"一辈子忙着在悬崖峭壁上凿石梯，终于凿出6000多级"爱情天梯"。这段旷世情缘经媒体报道后，在全国引起轰动。

这一段惊世爱情给了婚姻一个完美的注脚，它让二者完成了最终的统一。爱情天梯的尽头是什么？在这里，我们所看到的是——

天梯之上的婚姻，还有一个充满爱情和亲情的家。

相关链接：

漫谈中美征婚差异

从中国传统的择偶标准来看，男女双方最看重的往往是身家清白和门当户对。身家清白，多是男方对女方要求的条件。父母替儿子选媳妇，首先调查清楚女方是否属于本分人家，是否家庭和睦等。至于门当户对，则更是中国传统社会的家长替子女择偶特别讲究的条件。现今中国青年男女的择偶标准，虽然不一定严格恪守身家清白和门当户对的原则，但仍然受到这一原则的影响。

除了长相，中国男人的另一条求偶标准是年龄。浏览报纸和网上的征婚启事，你会发现，绝大多数中国男人都要求女方年龄比他小。而美国男人在征婚启事上，大都不设年龄限制。一位大陆去的女留学生，嫁了一个比她小9岁的美国男人。她说，当这位25岁的美国同学向34岁的她求爱时，她简直不敢相信自己的耳朵。还有位美国男人娶了比自己大15岁的中国女博士。娶一位比自己大9岁甚至大15岁的太太，在许多中国男人眼中是不可思议的。

南开大学政府管理学院社会心理学系的几名师生完成了一项有趣的调查，对比天津和波士顿两座城市人们择偶条件的异同。他们选取的研究素材是当地主流报纸上的征婚启事。

调查结果发现，两个城市的男性征婚者都希望未来配偶在外貌或身材上更加出色。在天津男性眼中，理想的异性配偶首先要外貌和身材都过得去，当然还得"善良"、"温柔"、"贤惠"、"爱家"，等等。如此还不够，天津男性征婚者还会要求女方"工作稳定"、"无子女"、"综合素质高"。这些多少有点儿变本加厉的要求让研究者颇为感叹，这即使不是想把婚姻的经济重担推给女性，也是希望未来的太太能尽量分担他们身上的经济压力。

两市的女性征婚者对配偶的期望也有些微妙的差别。波士顿的女人们虽然也会在意对方要有一定的经济基础，但她们比天津女人更重视对方在种族、宗教信仰等条件上与自己的契合，更偏好精神和生活方面的默契，诸如有"幽默感"、"善交流"、"热爱生活"、"热爱运动"以及和自己有"共同的业余爱好"，等等。

南开大学心理学教授乐国安认为，通过对天津和波士顿征婚启事样本的初步分析，得出了一个结论：男性总是更关注未来配偶的相貌和身材，而女性总是更青睐那些能够提供经济资源和感情承诺的男性。男人年龄越大，就更大程度地倾向于寻找比自己小的女人，而女性就不是这样。中国征婚者相当重视经济条件和感情承诺，而波士顿征婚者则更加关注彼此的个人爱好和性格特点，以及双方在精神上和生活方面的默契。

这些给人的感觉好像是，中国人求偶仿佛是在进行一项"一丝不苟"的排序仪式，恰如考大学一样，什么分数才能决定你进哪所学府；而美国人找对象则是在找一个人生伴侣，一个与自己兴趣相投、心心相印的另一半。文化的差异决定了观念的差异。其实，婚姻不是在寻找最优秀的人，而是在寻找最适合自己的人。

三、家！一个多维空间

一位历史老人说："家就是人类的祖先由山洞到茅屋，由茅屋到砖房，由砖房到楼房，一代代搬来迁去的那个栖息的窝。"

一群现代人反问："窝？窝到处都有，可到处都有家吗？"

对于家的概念，马克思曾幽默地比喻道："一个人成不了家，想美好地过一生，只有两个人结合成一个圆。半颗球是无法滚动的，每个人的重要任务就是找到和他相配的另一半……"

是，一个人成不了家，两个人也不一定能组成一个真正意义上的家，只有彼此相爱的一个男人和一个女人才能搭建起一个完整的家。

当初哲学家在为"人"下定义时，众说纷纭、争论不休。其实"人"很简单，就这么两笔：一撇一捺。

一撇是顶天立地的男人，一捺则是撑着男人腰杆的女人。如果只有男人那一"撇"，重心则会倾斜，站都站不住，全靠女人那一捺来将"人"给稳住。

家不同于爱情，也不同于婚姻。一个完整的家，它是一个有男人、有女人，有性爱、有责任，有父母、有孩子，有亲情、有爱情的多元组合。也是一个可以从不同的角度出发，向着不同轨道无限延伸的多维空间，同时，它又是一道无解方程和一道有无穷个解的方程组。

在儿童的世界里，家是父亲的庇护、母亲的关爱、自己的乐园，所以家是"磁铁"。放学的铃声一响，恨不得插上双翅，一下子回到家里。

红
囍
书

在少年的世界里，家又成了爷爷奶奶费心、爸爸妈妈操心，而自己烦心的"樊笼"。少男少女们那梦幻般的雄心和天马行空的理想使他们急欲脱笼而出，飞向心中那片辽阔的天地。

在新婚夫妇的概念里，家的感觉完全变了，双方的角色也变了。洞房花烛让他们走进了一个属于二人世界的温馨港湾，幸福将他们团团围住，但新的家也同时给了他们一份沉甸甸的责任。

走到中年，家的概念又不同于新婚时的感觉了。这时的家，是一个庞大的队伍，家中除了父母也有了孩子。双重的责任让一对对中年夫妇有了顶梁柱的自豪，但同时也有了纷繁复杂的、一重又一重剪不断理还乱，甚至比蜘蛛网还复杂的关系。不过，当你在人生的奋斗历程中被风吹雨打后，家又成了为你更衣暖身，为你疗治伤口的避风港，这时候会有一个与你心心相通的伴侣与你共享人生的喜怒哀乐。

人到老年，家就成了一个不需要多大的地方，却能够天天和他厮守的人生终点站。当相依为命的老伴驾鹤西去时，你蓦然回首，家已成了一个空壳。而壳里的人，静静地在等候，等候一个永远的约会。

家在人生的长河中不断地变化，而人也在家的放大或缩小中走出又走回，家在变，人也在变，不变的只是家的感觉和元素。

人类所演绎出的荡气回肠的历史，都可以在家中找到其演进的化石。家是人类走向文明的产物，是整个人类活动的浓缩。每个人所经历的风雨，都可以在家的天空中找到其变化的气流。

每个男人或女人都在温馨浓浓的家中熟睡；每个男人或女人又都在烦恼多多的家中失眠。但不管熟睡或失眠，家却可以让每一个男人和女人放松在外绷紧的每一根神经，在这里忘我地笑或尽情地哭，让所有欢乐和痛苦都恣意地释放，让爱人与你一起"分享"。

其实，人——不管男人还是女人，有痛苦不怕，最怕的是有了痛苦你却找不到可以尽情释放的一方空间或者没有人与你共同分担；有欢乐当然是幸

福的，但最幸福的是——有人能与你共同分享欢乐。

家之所以美好，那是因为在家中我们可以找到人间的天伦之乐：夫妻之间那亲密无间的爱与性，还有在婚后由爱情升华而来的亲情；上下代之间那浓得化不开的血肉之情。在这个可以让心灵自由放松的温馨港湾里，人间一切真而纯的情感都可以在这里找到。

在走过了婚姻，生育了可爱的子女之后，爱情转化为亲情，纵使在性的热情衰退以后，人们还是觉得在结发伴侣的情谊里，仍旧有一种无限珍贵的东西存在！伴侣的交情经历了多少岁月，同甘苦、共患难，自然有其丰富的内容。更何况，那里还有一种炽热的爱和一份对婚姻的神圣承诺在里面。时间能增加许多事物的价值，这种醇美的情感不论初恋的日子多么愉快也是赶不上的。

性是人类最强烈快感和最普遍焦虑的来源。当它以狂暴的形式出现时，它能把个人卷入绝望的深渊；而当它与爱结合时，它又可以把个人从绝望的深渊里拯救出来，升入销魂的境界。

唐璜之所以一而再、再而三地勾引女性，是因为他每一次都无法得到真正的高品味、高质量的满足。对于一个男人来讲，同样是射精，高潮的体验会相去迥异；而对于女人，影响高潮体验的因素将更多一些。

有性无爱的性高潮，会让人感觉到一种接近死亡的静寂与平和，异性对你而言不过是代替自慰的工具，有时甚至还不如自慰，这正如一些人所说的如果没有爱就去做，那还不如自慰，交配是低级动物就有的本能。也许等这种短暂的平静过去，随之而来的将是更大的空虚。经历的异性越多，空虚便也会越强烈。

"一个皇帝如有1000个嫔妃，将有999.9个处于性饥渴状态。"这可谓是从生理学的角度，描绘了中国古代后宫制度的不合理性。据说，末代皇帝溥仪就是由于在年轻时过度纵欲才导致后来的"性冷淡"，他的这一现象让我们看到了纵欲之后所产生的"空虚"和空虚深处的"静寂"。

西方社会在经历了从禁欲到纵欲的性解放后，现在已经从纵欲到回归家庭，开始反对性放纵，而主张重回家庭，寻找真挚的爱情。

当然，我们要的不是复归禁欲之境，而是寻求一种性欲与爱情结合之后的自由。这是人性的一种自然回归，而非制度所限。从某种意义上说，这不但是人类回归到了一种社会的常态，也是人性回归到了一种本能的常态。毕竟，人，渴望刺激和新鲜，但更渴望安全与稳定。

仓颉造字时可真够聪明的，宝盖头下加女字便成了"安"字，没有女人，家庭便不得安稳。女人守在家里就叫"安"，男人留在家里就叫"宁"。其实，过日子求的就是"安宁"，家中安宁了才会幸福。

对于一个家来说，要想安宁，仅仅有爱或性还远远不足以维持家庭的安稳和幸福，家中需要更多的是责任。婚姻一经缔结，家庭一经组成，就产生了对对方、对子女、对社会的法律责任和道德义务。

这种责任和义务，不仅仅是让法律去约束，它更需要彼此去自觉承担。只有赋予它以责任的意义和形式，才"可以消除爱中一切倏忽即逝的、反复无常的和赤裸裸的主观因素"。

一个作家对此作了一个很好的比喻，她说："如果说婚姻是河流的话，那么责任感便是这条河流的堤坝，没有责任的婚姻，必然如没有堤坝的河流一样，迟早会干涸甚至死亡。"

我们应该重视这道堤坝的作用，在婚姻生活中时时提醒自己，遇事能以家庭为核心，时时考虑到自己在家庭中所扮演的角色，那么，婚姻自会稳固又健康。

家庭的责任需要共同承担，家庭生活多半是由一件件小事日积月累而成的，其中的酸甜苦辣必须亲自体会才能知道，而作为夫妻，只有共体会、共进退、共荣辱，才是真正意义上的夫妻。

一个人，在你选择了成家的同时也就别无选择地承担了家庭责任，不管你愿意与否，责任是不可推卸的。家庭成员之间不是服从与被服从、主要与

次要的关系，他们是平等、互爱的关系。家庭不同于社会之处就在于家中充满了一种"自觉"的爱，而这爱来源于每个家庭成员无私的奉献，这奉献源于对家庭的责任感。

在现代社会，人们对于离婚似乎已经能够平静对待，但这毕竟是一种离散，它给人们的心理不同程度地带来痛苦和无奈。成人如此，孩子更是难逃"劫难"。如果成人只顾自己的伤痛而忽略了孩子的痛苦，势必使孩子在痛苦和孤独中产生被遗弃的心理，从而加重其负面情绪。许多研究表明，离婚是威胁儿童的最严重和最复杂的精神危机之一。所以，幸福、健康的家庭离不开夫妻的恩爱和责任：对对方的爱、对父母与孩子的爱。

当然，未来也许会有一天国家将代行父职。罗素对此曾说，就西方社会已经实现的状况来看，总的来说是一大进步。它大大改良了社会的公共卫生和教育的普通水准，减少了虐待儿童的行为，尤其是因为家庭制度而产生的恶果可以得到预防，因而儿童身体的健康和智力的发展都将继续提高。

但国家代替家庭，也有很严重的危险。交给各种公共组织去管理的儿童，多半是刻板划一的，而少数不合典型规定的儿童，不但要受他们同伴的迫害，而且要受当局的迫害。罗素曾预言——只要国际主义一天不能实行，则国家就要在教育儿童照顾儿童方面逐渐增加责任，这件事所带来的危险要远远超过它确切的好处。

由此我们可以看出，西方社会国家代行父职的现状，并不是我们所渴望的终极理想。从目前的情况来看，和谐的家庭环境仍然是能保障儿童健康成长的重要因素。所以，不管是对父母双方还是对整个家庭，爱与责任的核心地位都是不可动摇的。

在家中，有新婚时爱与性的激情与狂热；在走过了婚姻之后，岁月让爱情沉淀下了一份厚重的亲情；等到暮年，那不需言语就可以达成一致的默契让许多热恋中的情人都望而生叹！等到风景都看透，与那个相伴一生的人一起欣赏细水慢慢长流——这是一种多么美好的境界啊！为了这两个人一起走到终点的美妙，那就从步入婚姻的第一天开始，好好经营属于你与他（她）的温馨家园吧！

第二节 婚姻的发展史

一、不知父亲的年代

正如人类学家所说的——"在那个蒙昧的时代，所有的男性属于所有的女性，所有的女性也属于所有的男性，他们之间的性行为纯属一种动物的行为。"

从本质上讲，婚姻是男女之间在特定条件下的社会结合，婚姻的社会性是其本质的属性。婚姻不仅是道德伦理、风俗习俗和法律法规所规定的产物，同时也与特定的社会结构相联系。婚姻的生物基础是自然起源，而婚姻的社会基础则体现了婚姻的本质。

关于两性关系，中国古典文献《吕氏春秋·恃群篇》中说："昔太古……其民聚生群居，知母不知父，无亲戚、兄弟、夫妻、男女之别，无上下长幼之道。"

原始状态下的没有任何限制的两性关系不能成为一种社会制度，但它却是人类从动物界中发展出来的不可缺少的历史环节。最初，人们过着单居生活，彼此之间没有必然的联系，但是后来独居的原始人发现了群居的好处：他们可以得到更多的食物，也不必担心自己随时会被外界消灭。于是，他们联合起来，开始过起了群居生活。由于原始人也有着动物的本能性冲动，但他们却没有想到要规范自己的行为，两性的杂乱混交也在这个时候开始了。

在那个时期，性交可以说是绝对的自由。首先，他们在性交时可以不回避任何人，当时两性关系并没有什么道德可言。其次，性交时他们是双方自愿的，当然有时候也会出现弱小的一方会屈从于强大一方的情况。再次，他

们在性交时没有对象之分，只要是异性就可以发生性关系，甚至父母兄弟姐妹之间也会发生性交现象，毫无现代人的"乱伦"观念。最后，他们在性交后谁也不必对谁负什么责任，在欲望得到满足之后就各奔东西。正是由于这两性关系的"绝对自由"，才导致了史前那个不知道父亲的时代。

杰出的瑞士历史学家和法学家巴霍芬曾在自己的著作《母权论》中提出，最初在人们之间存在着毫无限制的性关系，一切民族都曾经历过这个阶段。

关于"民知有母不知有父"的渊源，古代也曾有"圣人无父，感天而生"的传说。中国古代圣人的出身，往往也是母亲踩了神迹、吞了大星，或者与神物交合而生，在他们的头脑中根本就没有父亲的概念。其实，圣人并非无父，只是不知道生身父亲是谁而已。到了封建社会后期，为了神化"圣人"，便认为是"感天而生"，给其不知有父的头上加上了一道神灵的光圈。

在那个只知有其母不知有其父的社会关系中，男女双方都随母亲在母系大家庭中生活，正如蚂蚁和蜜蜂的世界，"母后"才是真正的统治者。其家庭谱系也是只能根据女方追溯出来，其财产按母系来继承，就连首领的官阶也是由男子传给他姐妹的儿子。

随着社会的发展，这种以母亲为主的社会关系，与当时生产力的发展形成了不可调和的矛盾。当社会进入更高的阶段时，狩猎和捕鱼业日渐发达起来，男人们在生产劳动中的优势不断体现出来，社会地位也开始提高。

男人的力量优势开始挑战母亲的权威，但同时也开始挑战父亲的权威。这使得男性在性分配上发生了很大的冲突——争夺性伴侣，甚至出现导致群体灭亡的现象。

在十几万年前，人类学家曾发现欧洲有一个被称为尼德特人的种族，根据骨骼化石表明，其身材高大，体魄强健，后来却神秘消失，这很可能就是在内部争斗中相互残杀而亡的。生存的本能和性的本能促使力量强大者要获得权力和地位，从而瓦解现有的族群，而人类的发展也要求维持稳定的群体。这该怎么办？

苏联史学家谢苗诺夫认为，原始人依靠"性禁忌"来维持相对的稳定，"性禁忌"要求在狩猎时期或者捕鱼时期，禁止任何的性交活动，甚至禁止接触与女人有关的东西。否则就被认为是触犯神明，乃是死罪。因为狩猎和捕鱼的活动，关系族群的生存，这时候如出现因为性的争夺引发的内乱，势必导致族群的覆亡。

随着生产力的不断发展，私有财产不断增多，久而久之，女人从属于男人，成为了男人的财产。为了保障自己的财产不被他人侵占，男人们都希望把财富交付给自己的子女来继承。在这种情况下，血统的确定显得尤为重要。其实，从科学的意义上来讲，这种混乱的性交也不利于人类的优良繁衍。所以，母权社会所面临的问题毫无疑问是瓦解。下一步，人类的婚姻该走向何方——

二、血脉延续的时期

告别母系氏族社会，人类可以说是进入了一部以男权为中心的历史。女性在这部被压抑乃至被删除的历史中，始终处于"边缘的边缘"。在大部分"文明"国家中，往往是历史在开始记录之先，父权即已达到顶峰。

一个社会得以延续和发展的基础是持续不断的人口补充。人类在经历了不知其父，乃知其母的年代后，为了维持稳定的血统关系，达到传宗接代的目的，社会对婚姻和性的道德要求也随即产生。

当生理学意义上的父系事实得以承认后，一种新型的因素就进入了父方的感觉中。父亲们知晓了他们的存在是事实，于是，他们就处处把这一点推向极致，这种因素导致了父系社会的产生。

父亲一旦认识到孩子正如《圣经》所说的是他的"种子"，他对于孩子的情感由于两个因素而变得更为强烈：其一是对权力的喜爱，其二是希望在自己死后，生命能因孩子得以延续。一个人造就他的后代，在某种意义上就

红囍书

是造就他自身，孩子的生命实际上就是自己生命的延长。他的宏伟抱负不会在坟墓中宣告终结，而是能够由于后代的事业得以扩展和实现。

在走过了"不知道父亲的年代"之后，人类的家庭形式也越来越趋于稳定化。由于生产力的迅速发展，私有产品日益丰富，人们的私有观念也随之膨胀起来。为了排除他人对自己财产的侵占，保障财产不向外转移，男人们都希望把财富交付给自己的子女。由子女来继承他们的合法财产。在这种情况下，就需要确认由婚配的妻子所生的后裔，需要有一种单偶制的婚姻关系来代替以往那种杂乱的两性混交。

正是由于私有财产的出现和对子女财产继承的需要，逐步产生了个体婚家庭。个体婚家庭是一夫一妻制家庭，它有着比以往家庭更加稳定的婚姻关系，能够确保财产沿着父系传递和继承。

在个体婚家庭中，妻子亦被视为丈夫的财产。因此，在个体婚初期，婚姻继承也成为财产继承的一部分。在奴隶制时代，就曾经出现过这样的做法：儿子在继承父亲职位和财产的同时，也把后母变成妻妾；或弟弟在继承哥哥的职位和财产的同时，把嫂嫂变成妻妾。

这种产生于私有制的婚姻，一直与人的财产关系密切相关。又因男子是私有制社会的主体，女子也一直被看做男子的财产，于是古代社会多数是一夫多妻制。而伴随的抢婚、买卖妻妾等现象也源于此。

这个时期的私有财产由血缘关系中的男性来继承，所以，这就要求保证血缘的纯净，于是，也有了"处女情结"和对女子性行为的严格约束。而一夫一妻制家庭，正是这种要求的最终结果。所以，祖先崇拜也就从这时候开始了，一直延续到我们这个时代，这是早期文明都曾有过的普遍特征。

财产继承不向外转移，使得父系制家庭中的子女血统变得尤其重要。不是出生于父系血统的人，没有继承遗产的权利。由此血统的观念逐渐植根于人们的思想意识中，成为社会生活中的重要准则之一。

孟子说，"不孝有三，无后为大"，这个"后"，不仅仅是我们普通国

民们所认为的"生男孩子传宗接代、延续香火血脉和继承财产"的意思，除此之外他还有着更广泛的社会意义——"立后"之礼。

"三宫六院七十二嫔妃"，"后宫佳丽三千人，三千宠爱在一身"。古代中国的后宫制度曾被人们认为是最腐朽，也最荒唐的制度。历史学家也有从经济角度批判后宫制度的，认为后宫佳丽和太监是百姓的沉重负担，是帝国的恶性肿瘤。甚至有人还说"中国古代皇帝实际上是受着三宫六院的轮奸"。这听起来也许不太雅观，不过实质也就是这样。其实，这背后还有着一个公开的秘密——为"立后"做好充分的准备。

先秦时期，天子、诸侯国君以及显贵的卿大夫家族，他们的"立后"礼俗可以说是天下共识的。"立后"之礼是为了使某些家族的祖先后继有人或者功勋不被埋没。这种"礼"基于强烈的尊敬祖先的观念和鬼神的思想。《左传·宣公四年》中记载，楚令尹子文在临终前悲泣："鬼犹求食，若敖氏之鬼不其馁而！"就是在哀叹若敖氏祖先的鬼魂将因家族无后而堕入饿鬼之流。这在当时被看做是对祖先的最大不敬和家族的最大不幸。

长子继承制使家庭的单位扩充到附属的支派，并且提高了家长的权力。那时的王位及贵族的位置都有赖于这种观念，甚至于神也是如此——古希腊神话中的宙斯就是众神和人类的父亲。

在祖先崇拜的观念下，"后"即"大宗"，是家族权力的继承者。被立为"后"者是祖先血脉的载体，是宗庙祭祀的主持者。"后"是卿大夫家族世官世禄的继承人，一旦"无后"则意味家族的官职爵禄不能延续而荫庇后人，家族往日的光荣也将湮没于尘土，整个家族将丧失社会地位与经济基础，面临着走向解体甚至沦亡的悲剧命运。因此"立后"不仅是宗教性的精神层面的需求，更有家族生存与发展的意义。

在原始社会末期，我国由母系氏族社会进入父系社会，随着氏族公社的母权制过渡到父权制，婚姻形态也转变为以男子为中心的一夫一妻制，普遍组成父子大家庭，妇女在社会上的地位有了明显的变化，世系以女子计算转

红囍书

为概以男子计算。

到夏商奴隶社会，父权统治得到进一步确立。夏商两代帝王都是男性，国家概由男性统治并主持社会公共事务。在家族中普遍以男性为尊，对男性祖先的祭祀也远远多于女性。在婚姻制度上，仍然维持原始社会后期父系氏族公社时期建立起来的一夫一妻制婚姻关系。这一时期夫妻关系更为明确，并进一步牢固。

从甲骨文中记载的有关商代国王的婚姻状况来看，31个帝王中，多数是一人一配，尤其在从大甲到大戊的几代帝王，都是一夫一妻。由于有些帝王死了原配而续娶继室，有的王后被废，另立新后等原因，二配、三配甚至四配也是有的。这些，恐怕不仅仅是帝王从私有财产上为了"后继有人"，皇位的传承也许比私有财产的传承更为重要。

事实上，在奴隶制社会建立后的几千年中，真正、完全的一夫一妻制是极少存在的。在那个时期，国王用各种方式掠夺美女以供自己享乐，也是常见不鲜的。夏桀的妹喜和殷纣王的妲己，就是从贡品中得到的（传说纣王还发明了胭脂供妲己涂抹打扮）。在奴隶社会中，国王、大的奴隶主等常在正妻之外另立庶妻作为补充，商王武丁除正式妻子之外，另有庶妻64人，如"妇嬬"、"妇好"等皆是。

周武王灭商之后，中国历史上的奴隶制时代基本结束，历史进入周朝封建社会的初级阶段，即封建领主制社会（亦称封建农奴制社会）。"普天之下，莫非王土"，国王（天子）将封建领主制推行于全国。

西周实行分封制即分土封侯制，周天子以"受命于天"自居，是天下同姓宗族的大宗，居于至高无上的绝对支配地位。其王位由嫡长子世袭继承，其他庶子则作为小宗被分封为各地诸侯。他们在各自封国内又是同姓宗族的大宗，其王位也是由嫡长子世袭继承，其余庶子作为小宗分封为卿大夫。卿大夫在各自封地里又是同姓宗族的大宗，其封爵仍由其嫡长子世袭继承，其余庶子作为小宗分封为士。

这样，根据宗法制和分封制，便形成天子、诸侯、卿大夫、士等各级宗族贵族组成的金字塔式等级制机构。各个等级之间的相互关系，既是大小宗关系，也是上下级关系。周天子位居金字塔顶端，不仅是所有姬姓宗族的大宗，而且通过"同姓不婚"、"娶于异姓"的联姻原则，又成为有甥舅关系的异姓宗族的共主。

西周缔结婚姻有三大原则，即一夫一妻制、同姓不婚、父母之命。凡不合此三者婚姻即为非礼非法。这一制度对后世影响极大。

在经历了大动荡、大分化和大统一之后，秦始皇建立了中央集权三级行政管理体制。由于他缺乏儒家的仁爱治理思想，使用法家的暴力思想治国，激起了民众的反抗，导致了秦王朝的短命。

到了两汉时期，从武帝时开始，以董仲舒为代表的儒生所首创的新儒学，逐渐成为封建正统的官学，儒家经典特别是《春秋》的微言大义，逐渐渗透到哲学、政治、法律等意识形态的各个领域，并发挥了其指导作用。作为儒家伦理道德基本标志的"三纲五常"，通过引经解律和引经决狱，直接体现到了封建的立法和司法当中，从而使父权的统治地位进一步加剧。

在伦理道德、婚姻和家庭关系方面，根据"尊尊"、"亲亲"原则，在君臣和父子关系上是君为臣纲和父为子纲，极力维护君权和父权，在婚姻、夫妻关系上则是男尊女卑和夫为妻纲，极力维护夫权。男人在家中享有至高无上的权力，女子则在家从父，出嫁从夫，夫死从子，自生至死都没有独立的人格和地位，完全置于男子的控制之下。这些都是为了更好地巩固封建伦理道德观念，加强家长制统治，维护整个封建秩序。

由于男子在家庭中享有绝对的优势，这使得男子彻底掌握了统治女子、支配女子、主宰女子命运的权力。父亲对他的孩子也有绝对的权威，这种权威扩展至许多事情中，例如在罗马，父亲对子女操有生杀之权。在许多国家，女儿和儿子不经父亲的同意即不能结婚，并且通常由他们的父亲决定他们应该和谁结婚。家长制家庭自此开始。家长的职务由男性长者担任，他是

红囍书

家中的绝对权威，具有极大的权力。

经济制度，自然会随着辨认子嗣的方法的改变而发生变化。在母系社会中，一个人是母舅们的继承者；在父系的社会中，一个人则是他父亲的继承人。在父系社会里的父子间关系，比较存在于母系社会中任何男性间的关系，都要紧密。因为就像我们已经看到的那样，人们自然而然地归之于父亲的职责，在母系社会中被分解为父亲和母舅们共同承担的职责，即亲情和照顾来自于父亲，而权力和财富则来自于母舅们。所以，父系的家庭与处于原始状态下的家庭相比，是一种具有更多合作关系的组织体。

当出现了部落和国家等社会组织之后，婚姻又成了一种政治筹码。从部族的通婚，到国家统治者之间的"联姻"，都是试图通过婚姻来达到政治目的。直到今天，婚姻仍被富豪家庭用于结盟和理顺财产继承关系。

在大多数文明社会里，妇女几乎被拒绝拥有外部世界和参与事务的经验。她们被人为地愚化而变得枯燥乏味。父亲身份的发现，导致了妇女的屈从，这种屈从开始是肉体的，后来又变成精神的，这种状况在维多利亚时代达到极致。

至于在自然小农经济社会中，婚姻则是一种劳动的分工组合，即所谓"男耕女织"，"男主外女主内"。而在现代社会的老百姓中，婚姻则是为了组成一个家庭，在满足人的正常生活需要的同时，承担为家族和社会养育后代的责任和义务。

作为男女之间关系的爱情，因为要确定孩子一定是嫡生的愿望而遭到毁灭。并且，不仅仅是爱情，就是女性能够为文明所作的全部贡献，也因为同样的原因而受到了阻碍。但是，人性的解放必然要冲破传统的束缚，使人类走向一个更加自由的婚姻时代。

三、爱情主导的时代

走过了不知道父亲的年代，人类知道了自己是谁；走进血脉延续至上的年代，人的社会地位和私有财产找到了继承人。当人类以往的担心和恐惧正在被先进的科学技术和现代的道德观念一步步打破，爱情，这个连上帝都不知为何物的概念，正在这个世界被两性一点一点诠释着。

"不知道父亲存在"的困惑，生理学早已给出了答案；"不知道父亲是谁"的难题，避孕工具的使用也让传统的贞操观念退居幕后。在东方，男子常常宽容太监悖违礼法，这是大多数欧洲的丈夫所不能接受的。东方人之所以能宽容这类自由，是因为太监并不能混淆父子的血统。同理，关于用避孕方法连带发生的越轨行为，将来也可以博得东方人对它同样的宽容。"处女膜"与"通奸"即将成为一个历史名词。

性爱与生殖繁衍的分离是人类性文化史上举足轻重的一件大事。性用于非生殖的目的由来已久，但对生殖后果的控制却是避孕工具的发明和广为使用，它真正使性的意义得以呈现。"社会态度"的改变可以说是发明和推广避孕工具的推动力。人们对婚前性行为和婚外性行为态度的改变，在很大程度上应归功于对怀孕的控制。更为重要的是，避孕工具的使用，使女性尤其是未婚女性在性的选择上，能够拥有自己的价值判断。

血脉延续的两大主要目的也正在逐步被人们淡化：民主选举制的诞生让世袭制早已走出了政治的舞台。随着社会的民主制度替代专制统治而成为普遍原则，社会的风俗习惯和人们的世界观、价值观也都发生了深刻的变化。民主、自由、平等、博爱的观念要求代替独裁专制和血统等级。生而平等，个性自由发展，成为人人崇尚的真理和权利。关于私有财产的继承，世界首富比尔·盖茨已经做出了让"旧制度"和"新人类"都为之汗颜的伟大壮举——他在遗嘱中宣布拿出98%的遗产给以他和妻子名字命名的世界上最大

红囍书

的慈善基金会即"比尔和美林达基金会"，这笔钱用于研究艾滋病和疟疾的疫苗，并为世界贫穷国家提供援助。

"门当户对"的观念虽然还存在着，可是，随着人类精神文明的发展，精神世界"门当户对"的婚姻，正在成为越来越多的文化层次较高的恋人所追求的时尚。婚姻的幸福美满不是你爸爸是厅长、我妈妈是局长的"势均力敌"，而取决于一对恋人是否有共同的世界观、人生观、价值观、道德观，甚至共同的兴趣爱好，以及在日常生活中许多细小的问题上是否能够达到统一。

被大家所祝福的"82"与"28"的"杨翁之恋"，自从在媒体上公开那天起，这份跨越年龄的爱恋，就意味着正在向传统说"再见"。两人相爱是自己的事，又没有伤及别人的利益。

我国《婚姻法》第七条规定，直系血亲和三代以内的旁系血亲禁止结婚。可现实中就有这样爱情让法律尴尬的例子：有一对表兄妹相恋几十年，两个人已经爱到了"我非表妹不娶，表妹非我不嫁"的地步。可是他们的婚姻就是一直不能得到法律的认可。到计生部门说不生孩子还是没有得到允许。他们到处写信呼吁，其中给著名的婚姻法学教授巫昌祯女士就写过两三封，希望修改婚姻法。也苦苦哀求说，"我们不打算生孩子了，你们不让我们结婚不就是因为怕我们生出有遗传性疾病的孩子嘛，那我们就不生了，那么，我们可不可以结婚？法律为什么不可以给我们开一个小缝？"婚姻法学家倒是很同情他们，并说在绝对不要孩子的情况下，也可以允许他们结婚。可最后法工委还是没有采纳他们的建议，但婚姻法学家巫教授很乐观地预测："我看终究要解决这个问题。"在国外，"表兄妹不能结婚，但检察官允许的可以例外"，它来个弹性的规定，其实这样比较好。

从男主人公的求助信和婚姻法学家的提示中，我们可以看出：这一为爱而欲结合的婚姻形式正在被人们包括婚姻法学家们所接受，婚姻法已经、正在或将要为爱情一步步而修改。

更典型的是现在的"80后"。他们是结婚的主流，但同时也是离婚的主

031

第一章 婚姻史话

流。试婚、闪婚、隐婚等各种婚姻现象几乎让他们尝遍。但这也不能说是他们的错，每个时代都有属于自己时代的特点，也有属于这个时代的恋爱和婚姻模式，正如社会上关于婚姻所流行的一段话：

50年代嫁英雄；60年代嫁贫农；70年代嫁军营；80年代嫁文凭；90年代嫁老外；21世纪嫁给谁？"嫁大款"、"嫁人"，还是"嫁房"？这还是一个很有争议的问题。

50年代嫁英雄没有错，21世纪嫁房子同样也没错。但不管嫁给谁首先是彼此先有爱情，如果没有爱，恐怕没有几个女孩子愿意天天守着别墅看天花板。爱情没有错，婚姻也没错，要怪就怪这个时代的"真实"与"虚伪"。

当然也不排除现实中会有一些人，把物质财富作为择偶的重要标准或跳板，可是，人是感情的动物！当选择物质财富时可曾想过自己的感情财富处于饥饿状态？为了金钱，某些女性是否真的有意志让自己一生都做一个没有感情和爱的机器人？

不过，我们对此也没有理由去妄加指责：当社会经济高度发达，以及人们在物质上高度富有时，这会让一个人对另一个人的依赖荡然无存，这个时代的婚姻模式也将随着不可阻挡的爱情时代的到来而悄悄谢幕。每个时代，总有与众不同的特色；时代的更替，也总有一个步骤和过程。

红
囍
书

如今，人类的后脚还停留在"血脉延续"的岁尾，而前脚已经踏上了那个爱情主导的时代。在这个新旧时代的交织点上，我们该做怎样的回眸与畅想？

毕竟，对历史的总结，能够让我们以新的思维去矫正昔日那倾斜的脚步；对未来的畅想，无疑将会给我们一种特殊视角的提示。因为，那将是人类的未来甚至归宿。

现在，各国婚姻法都将感情作为判断是否可以离婚的标准——"感情确已破裂，调解无效，准予离婚。"这确实是国际历史上一个很大的进步。一起去登记结婚是因为我们有爱情，一起来申请离婚也是为了爱情——我们之间已经没有了爱情。可见爱情之神圣，连法律都要看它的脸色办事。你可以对婚姻作林林总总的规定，却就是拿爱情没辙。

不但如此，爱情把道德也不放在眼里。它也可以冲破道德的重重阻力，让两个真心相爱的恋人跨越千山万水走到一起。只是，那种超越世俗的狂热往往给人的感觉是一种非理性的时尚。可是，在人类前进的路上，往往也是感觉先行。

在这个寻找感觉的年代，只要有爱，空间不是距离，年龄不是障碍，国度也不能阻隔。一切都在为爱情让步！人们也更看重感情基础上的性爱，那种基于深刻爱情的做爱成为人们的普遍追求。而单纯为了性的性，只是一种退而求其次的选择。

也许，在未来的一二百年间，男人与女人将会实现真正的平等。随着社会的不断发展，物质和经济利益占主导地位的婚姻选择标准将有所变化，爱情在婚姻的诸多支配因素中越来越占突出地位，这为自由婚姻制的普及创造了条件。婚姻的存在与否将成为个人的个性选择，而不是决定于某种团体结构和社会状况中的他人意志。

美国婚姻和家庭问题专家保罗·波普诺在1979年时得出结论："没有一个社会在家庭生活恶化后会幸存。"

技术更新和社会转型的时代正检验着我们的政治、经济、文化、教育和宗教的再生力，努力支撑着社会稳定的力量源泉的婚姻和家庭，已历史地构成了社会存在的基础，并且从过去一直延伸到了今天。

那么，婚姻和家庭有没有未来？婚姻和家庭会不会永远存在？一夫一妻制的家庭形式会持续多久？

一些专家预测，一夫一妻制的婚姻形式虽然还存在着，也很可能是多数人的选择，但它将不再是法律的明文规定。这仅仅是一种人性的自然选择，而不再是强行的规定，违背这一规范的选择只要不触犯他人的利益，道德与舆论同样视之为个人的选择，并不歧视，社会会宽容各种各样的少数人。法律关于婚姻的规定也将为了个人的喜好而改变，各种可能形式的婚姻形式在

法律面前都是完全平等的，并受到法律的保护。

美国婚姻和家庭问题专家科尼什在1979年指出，使家庭获得新生的方案可能包括三种主要方法：一、更有效的择偶法。计算机能储存数百万人的兴趣爱好、价值观念、教育程度、生活技能、仪容仪表和健康状况，可以帮助人们寻找更适合自己需要的配偶，会减少配偶双方因为不了解对方而没有多少共同点的婚姻的数量。二、婚姻的培训。希望获得幸福而持久的婚姻，是我们大多数人将永远从事的最重要和最困难的任务之一，也可能是我们最缺少准备的一件事。社会相关机构通过开设关于婚姻的必修课程，可以为年轻人提供婚姻需要的信息，让他们能更好地了解自我、他人和人际关系。三、提供社会支持系统。为婚姻和家庭造成支持性的社会风气，以及自愿地帮助人们处理财力、物力不足等危机，这种风气可能阻止许多不必要的离婚，使家庭关系更稳定。同时给一些不再适合正在变革的世界的角色和关系提供一些补救办法。

当社会进入22世纪，女人的思想与行为方式将会更多地主宰这个世界。由于她们温情和善于倾谈，以及反对战争的特性，世界上的政治问题与经济争端更多的也将会依靠女人通过和平的手段来解决。社会对于个人自主权的尊重也将达到空前的高度。这自主权不仅涉及两性世界的爱情、婚姻和家庭，而且还会涉及我们生活的方方面面。

红囍书

延伸阅读：

一夫一妻制，自然形成的习惯？

1545年至1563年，在意大利特兰特召开的罗马天主教大主教会议上，一夫一妻制婚姻法正式施行。早在公元前1世纪，罗马帝国时代就已经确立了一夫一妻制的"神圣婚姻"，但那时还有自由离婚制度和公然纳妾的习俗存在。一夫一妻制是基督教的婚姻法。基督教教义认为，上帝造人，起初只造了两个人，即一男一女，也就是一夫一妻。因此，在神前发誓的婚约，是"安定而纯洁的婚姻"，是"神圣的持续"，既已结婚，就不得离婚。一夫一妻制自产生以后，就成为基督教国家婚姻制度的根本，也成为全世界婚姻制度的主流。

一夫一妻的婚姻制度在世界许多国家是由法律确定的，人类社会自古至今，绝大部分都自觉地遵守这个习惯，可以说，没有法律的约束，这个制度依然能够在大多数人类中得到很好的贯彻。这说明一夫一妻制度是自然形成的习惯，法律是为了强调民主平等才滞后地制定了这个制度，那么为什么人类能够自然形成这个习惯呢？

（一）人类和动物进化的方向不同。西方有个费雪定律，这个定律基本上被证实，意思就是一切哺乳动物（包括人类）在性别的比例皆为一比一，而雄性占有雌性拥有交配权的比例是由雄雌两者体重的比例决定的。结果推算出人类的比例为一比三，也就是说，一个强壮的男人必须拥有三个女人才符合优良基因得以遗传的物竞天择的规律。可事实上，人类却例外地没有遵循这个规律，其原因就是我们人类需要进化的方向和动物是有区别的。人类得以成为地球的主宰靠的是智慧和无与伦比的庞大的社会合作性，一夫一妻制使得人类有了极其多样的不同结合，这些不同的结合产生各种有复杂差异的人，这将有利于我们多方位的发展。

（二）一夫一妻制从遗传角度上看，更有利于后代的健康。随着基因密码的破译，我们知道下一代子女的基因中各占了父母的一半。如果实行一夫多妻制或一妻多夫制，这样的家庭肯定比一夫一妻制会产生更多的后代，那么在经过若干代以后的婚姻中，新结合的夫妻双方具有重复基因的可能性和几率就会增大，我们都知道显性和隐性基因的遗传规律。所以说，一夫一妻制更符合遗传规律，对人类的健康更为有利。

（三）更好地培育后代迫使人类实行一夫一妻制。人类是所有哺乳动物中在出生以后成长过程最缓慢的，和鸟类有点相似。鸟类有95%都是一夫一妻，原因就是小鸟成长到能够独立生活的时间很长，必须翅膀硬了、会飞了才可以。两只鸟同时培育小鸟，将更能提高其生存率。我们人类的成长过程更复杂，身体和大脑完全停止发育竟然要达到18年以上，同时人类绝大多数都摆脱了自然经济状态，如果需要完全适应社会经济环境下的生存，父母要花的心血更大。

第一章 婚姻史话

所以，一夫一妻制既顺应了人类的生物性特点，又顺应了人类社会性的特点，两个人的精力同时都倾注在后代身上，对其成长和教育皆有好处。

（四）人类社会（或种群）稳定和平衡更需要实行一夫一妻制。这个道理很简单，就拿一个部落族群来说，如果不实行一夫一妻制，没有妻子或没有丈夫的人数至少占了一半，这类人为了争夺做夫妇的权利，无疑是最不安定的因素，这样将会产生无休止的争斗。为了得以稳定以及符合平衡规律，一夫一妻制肯定是最好的最有效的办法，否则流血事件时时发生，对部落的发展和生存都是个巨大的威胁，哪怕是最原始的部落首领都能够清醒地看出这个问题，现代文明社会的人就更不用说了。

以上主要是从人类的生物性角度阐述了一夫一妻制的必要性。也就是说，生物的自然法则迫使人类需要实行一夫一妻制。那么，从社会性的角度来看，一夫一妻制就更是最合理的了。

首先，从社会可能性来谈，人类社会自步入农耕时代以后，农业文明和技术有了很大的进步，使得一夫一妻完全有能力独立地在家庭里抚养下一代，进入工业文明社会，这种能力就更加强了，而进入文明社会以后，一夫一妻制的存在就有了成熟的条件。

其次，从人类的文明必然要进步来看，一夫一妻制是最能提前顺应文明发展步伐的制度。这个道理同样不复杂，民主和自由是人类所共同追求的目标，历史事实也证明了这一点，人人生而平等，如果不实行一夫一妻制，因多种社会因素的原因，可能一半以上的人连婚姻的最基本权利都没有了，还平等个什么？所以真正顺应了文明社会的潮流的国家，已经步入文明社会的国家，大都在法律上确定了一夫一妻的婚姻制度。

综上所述，一夫一妻制是自然的产物，是文明的产物，可这种制度或习惯是在人和动物有联系和区别的矛盾中游离出来的，这就必然会激化出新的矛盾，比如婚外恋、妓女的产生等等。这都是人的本能使之，也说明了婚姻和爱情是有本质区别的。婚姻的功能具有社会性的方面多一些，而爱情却是具有生物性和独立性的方面多一些。这些新的矛盾是绝不能用取消一夫一妻制来解决的，我们要承认这些新的矛盾的必然性，解决的方法同样很简单，就一句话，靠的是清醒的认识和理性的克制。

第三节　新婚姻现象解读

一、80后婚姻现象

有人说80后是"垮掉的一代"，他们大部分是独生子女，往往有独立的性格，但缺乏宽容心，性格叛逆，富有朝气但不甘于平庸，享受着社会丰富的物质生活，面对生活总是"不按常理出牌"，让人"又爱又恨"。

80后，没有人能用一个很准确的词来概括这一代人的个性。他们简单而复杂，复杂中又有简单。他们在当今社会联合起来的众志成城让世人震撼。这群消费的主体足以让一个国家的出口泡汤。他们站在道德高地，为国家蒙难的天灾地祸分忧解困，对不良和侵害口诛笔伐。正义在寻找这一主体，邪恶在躲避这一主体……

他们的一切都可能导致一种社会现象发生，尤其是在婚姻观和爱情观方面。他们既受着中国传统文化的影响，又是西风受众的附和。无论为人处世、家庭生活、择偶标准，他们在当今社会的一切都会形成主流。

这一代，是从小皇帝的爱宠到社会失落的具体感受者。他们接受新生事物很快，中国的信息时代最先是从这一代人开始的，他们数以万计地突然投入，一下子紧张了中国的习惯。这一代人是网络的阅读主体，而今党和政府要强调什么主旋律，听取什么声音，亦是把网民的意见当做询求的一个依据。"网恋"，也是从这一代开始的。更确切地说，应该是80后创造了这个时代名词。

80后找对象也许只是在寻找一种感觉，一切跟着感觉走，如果真的找到了感觉，只要不是盲目结婚，甚至为了结婚而结婚，有时候先结婚后恋爱也

未尝不可。但是，他们对婚姻中的责任、柴米油盐等问题往往很少考虑或者根本就没有考虑，家务低能成为婚姻的一大"软肋"。

80后是中国第一代的独生子女，在家里属于"一级保护动物"，而以前爷爷奶奶是"一级保护动物"。原来我们建立的中国传统文化是按照"正金字塔"建立的，现在却变成了"倒金字塔"。

也许，等这一代长大后，我们的社会才会真正从男尊女卑中校正过来，女性将会成为家庭的主体。她们埋怨社会没给她们一个固定的岗位，择偶却要求男孩能够在激烈的竞争中闯出属于自己的一片天地。不出国的和出国的80后孩子没有什么不同。女孩不求男人为官的地位，但必须得有相当的收入来作保障。市场经济流动中最难的是关乎千家万户的孩子们的心，他们赶上了没有上帝自己靠自己的沉重。所以，怨天尤人的男人在群芳中是没有地位的，机会只给寻找机会的人是这一代人的共识，他们把不拼争、不奋斗的人视为是最不可靠的一类。

在文化上，80后的孩子们不在意传统爱情的古老。每一个人都是流行的放大元素。在他们的概念中，爱情上的天长地久是人类做的一个最美丽也最荒诞的梦。人是一种渺小而脆弱的生物，生命充其量不足百年，谈什么天长地久呢？一份情感，持续得时间再长，也不会比生命长。可是，他们也追求深刻，向往直到生命终止之际的爱情。对他们来说，任何一种感情最重要的意义在于真实、深刻，时间的长短并不是考虑问题的出发点，情侣间的爱才是最重要的元素。即使天长地久也是可能的，但这种理想关注的是一种纵向的时间状态，而不是横向的空间状态。"天长地久"是"曾经拥有"的一种表现形式，而非终极归宿。

在生活上，他们不关心一切和他们没有关系的事儿，孩子得用自己的身体去生，你家的香火和我没有必然的关系。他们讲究佛缘又绝对是挑战因果的，独立的人格筑起了天下，所有的束缚对他们都是那么软弱无力。这是一代和传统挥手作别的青春，被后代拖累的时间用于席前酒后的事业交际，严肃着社会，幽默着圈子。他们形成的气氛将社会领向何方？

红囍书

这一代人，决不是传统和手段所能把握的，只能由社会和经济地位来决定。五千年文明沿袭下的多少继承，在女性独立的经济地位中是步履蹒跚而又显朦胧。她们会联合古今中外一切有利于他们的文化来操控雄心。那种一惯由于男人的动力和生活为主导的稳定将被现实打破。

如今，80后婚姻已成为这个时代的主流婚姻，要成家的和不想成家的都在影响着家庭的方向。不管如何，社会都要跟着他们走向未来，他们的婚姻现状所折射出的问题已经引起了全社会的关注。

二、试婚·试离婚

（一）试婚

试婚，顾名思义就是试验婚姻，它是世界上在某些民族中存在的一种婚俗，即在男女正式结婚前，可在一起生活一个阶段，以求彼此相互熟悉、相互适应，在此期间允许自由发生性关系。

但它不是正式的婚姻，只是未婚男女（包括已婚离异者）以婚姻为取向，按照婚姻的模式在正式步入婚姻殿堂前的一次试验。

从字面的意思来看，试婚应当是婚前的"考试"，"考试"的终极目的是为了建立婚姻关系或者确定不结婚。它不同于同居，同居是一种状态而非过程，它或许与婚姻无瓜葛。

在高科技层出不穷的现代社会里，新新人类的思想也在日新月异地变化，在尝试了崇尚自由、主张单身的孤独生活后，仿佛是想给寂寞的心灵一丝安慰，于是又上演了一幕幕试婚的闹剧，不管最终的结果是什么，许多人还是认为那是一条不归路。

中国唐时敦煌文献中有试婚的侧面记载。《优先婚前同居书》便足可说明这种风俗的存在。试婚期间男到女家，与未婚妻同床而眠，但只能背靠背，不能性交，可以认为是试验对方是否忠贞的办法，这与北美印地安人、

阿富汗的某些部落、芬兰某些地区普遍实行的"床昵"试验风俗颇为接近：未婚夫妻和衣同床，不得性交。

而更多的试验则是婚前有性交的同居，如新西兰毛利人、马来西亚的沙捞越和埃塞俄比亚一些地方的人、菲律宾内鲁润岛上的伊罗人，尽管试婚时间与方式不尽相同，但允许试婚期间有性交关系。现流行于欧美的试婚，则为"性"的随意性提供了更大的方便，"试验夫妻"、"临时夫妻"成为了一种较为普遍的性风俗。

罗素曾说："如果要求人们在不知道他们在性的方面是否和谐的情况下就进入一种终身的关系，那是荒唐的。"试婚是透彻地了解另一方的一条重要途径，它使人们在作出终生伴侣的抉择时可以更加谨慎。

试婚在当今社会的流行，有众多的社会原因和具体的个体动机，但对婚姻缺乏信心是主要原因。对于婚姻，"还没有准备好"是时下年轻人挂在嘴边的一句话，可见试婚和结婚之间，所差的并不只是薄薄的结婚证书，而是更多的承诺、责任和无止境的期望及要求。

有人说，恋爱只是花前月下，而婚姻却是锅碗瓢盆。生活的细节对将要走上红地毯的双方提出太多的挑战，没有人能够预期结婚以后将面对的现实而做出万全准备。

我们不能否认中国人的性观念受到了西方思想的极大冲击，在倡导男女平等的同时在很大程度上也动摇了中国人传统的性道德。在现代年轻人看来，爱情不仅是精神的、物质的，而且是肉体的。在他们眼里，贞操不再是束缚手脚的枷锁，性生活是爱情的一部分。他们认为，用传统的思想来限制性生活是荒谬的，因为性生活是促进爱情的积极因素。

更何况，现在的物质文化和医疗技术，特别是避孕技术的应用和普及，也是试婚出现的一个重要的推动因素。罗素说："避孕法改变了性和婚姻的整个面貌，使性和婚姻区别开来，这是以前从未有过的。"的确，避孕技术使人们不再担心非婚性关系会带来私生子的后果。今天良好的避孕工具、技

红囍书

术的推广为试婚提供了条件和安全保障。

在中国人的传统观念中，家庭的意义在于家族的兴旺发达，婚姻的目的则在于"传宗接代"。而现代的年轻人是作为独立个体的现代人而存在的，男女双方的感情关系不再需要正式的婚姻才能得到社会的承认。在现代家庭中，夫妻关系取代了亲子关系，男女双方在性格、心理、文化、道德、情趣等多方面的协调是婚姻存亡的决定因素，而这些在大多数恋人们看来是很难通过恋爱期的交往做出判断的。所以，在正式建立家庭之前先做一个测试，对彼此有个全面深入的了解就变得极为重要了。

但是，试婚目前还是中国婚姻法的一个盲点，而婚姻是受到法律保护的。一旦婚姻出现问题，夫妻双方有法律作为后盾，双方有余地进行进一步的协调和谈判，有一个缓冲的空间。可是一旦试婚的关系遭遇紧张的问题，双方的关系也就要画上一个句号。而事实上试婚关系并不比婚姻关系简单，长期生活在一起，彼此之间不可避免地会产生感情和财产关系，所有这些关系在不成功的试婚中同样会给双方造成难以解决的纠纷和伤害。

面对试婚，我们不能忽视中国的现状——性道德的缺失。试婚为部分居心叵测的男子玩弄女性提供了机会。一旦试婚失败，男子一走了之，而女方却要背负社会的鄙视和谴责以及感情的巨大伤害。当然，也有极少数女性把试婚当做贪图享受、获取经济利益的重要手段，一旦男方无法满足其要求，就"对不起"、"拜拜"，使男方落得人财两空。

中国的试婚现状如何呢？《中国试婚现象调查》的作者李泽川在调查了大量试婚的男女后有一个感触：在很多情况下会自觉不自觉地陷入这些受访者们所回忆的故事中去，那些爱恨情仇、那些风花雪月、那些苦苦求索，似乎原本就是我们存在的状态。

读完这些故事以后，不难发现，这些敢吃"西红柿"的先行者们大多以悲剧告终，或者至少，在作者问他们"你觉得值得吗"的时候，实际上不管是从他们的语言里、眼神中抑或是不愿意被人们洞察的表情里所流露出的两

个字就是：后悔！现实告诉了他们：试婚是行不通的，不论在国内、国外。试婚的受害者们恰恰是那些标榜新潮、思维与行为都很"出色"的人们。

爱是什么？婚姻又是什么？这是人类问了几千年的问题。但它们似乎注定没有答案。有了答案，人类也就没有了动力，譬如把公式输入电脑，人就可以找到爱和婚姻。实际状况却是，自从亚当与夏娃上了魔鬼的当，偷偷尝试了伊甸园的禁果后，爱与性就成了人类永远无法摆脱的"罪恶"。

其实，任何一种试验的目的都只有一个：检验其可行性，寻求安全系数更大的成功。所以，试婚是一种对恋爱双方负责，也对最终的婚姻生活负责的行为。正是婚姻制度本身在今日社会风雨飘摇的状况，才促成试婚一族的产生。试婚者是害怕离婚的人，他们深悉无论何种情况下离婚都需要付出太多，而试婚后再进入婚姻，能够减少离婚的几率。

感情是否能够长久，也不仅仅取决于这对情侣的同居关系是否得到法律的认可。法律能够维系的只是一种形式，而不可能维护感情。相反，试婚之后选择的婚姻，其稳定性显然会远远高于未经过试验的婚姻。

当然，试婚也并非无懈可击、尽善尽美。完美的婚姻不仅取决于双方自身的素质，还需要共同努力来促使其不断完善。试婚者如果"试验"的心态过强，对分手与否毫不介意，便极可能淡化所应该做出的努力，增加试验的失败率。

试婚现象的普遍存在，让我们看到了传统婚姻所面临的危机和传统贞操观的破产，个人生活方式的自由选择开始成为可能并受到尊重，这也不失为社会的一种进步。只是，理想的方式也许是：以已婚者的心态，全情投入于无一纸婚书的同居关系。以试婚的外壳，培育婚姻的果实。

（二）试离婚

作为一种新出现的婚姻形态，在最近的报纸杂志上，"试离婚"这个词儿的曝光率越来越高了。在现实生活中，作为挽救婚姻的一种方式，它为决定分手的夫妻提供了一个"缓冲带"，一个暂时不离也不和的"折中主义"。让徘徊在离婚边缘的夫妻们在进行离婚"彩排"的体验后重新决定婚姻的走向。

但试离婚与分居又是不一样的，它们的最大差异在于，两者的目的不同。分居是一种消极对待矛盾的方式，只是想逃避矛盾；试离婚则是打算通过反思，看清婚姻的价值。

当"试离婚"在很多人眼里尚处于个体、自发行为的时候，河北省某地早已把它形成了制度。2004年9月，该省张家口市阳原县人民法院首次推出"试离婚"制度，即双方当事人在法官公信力的影响下，自愿达成的暂时1个月互不履行夫妻义务的状态。目的是让夫妻双方体验离婚后的生活情境，让当事人从理性的高度审视婚姻，再决定是否离婚。这种制度在短短的一段时间内收到了良好的效果。此外，天津、广州等城市也实行了"试离婚"制度，八成夫妻重归于好再续前缘。但对于试离婚的利与弊，不同的人有不同的答案，当事人最好视具体情况而定。下面是现实中几个活生生的例子，也许我们会从中得出一些思考。

男一号：某政府机关公务员

这位先生和妻子结婚10年，育有一10岁儿子，夫妇俩感情一直不错。最近一段时期，先生遇到了自己高中时的初恋情人，铁定了心要跟妻子离婚。不知所措的妻子在多方打听后，得知丈夫不过是单相思而已，遂与糊涂的丈夫商议先以"试离婚"的方式分开一段时间，要是丈夫感觉实在过不下去的话离婚也不迟。后来的事实验证：他的单相思不是爱情，至于婚姻更是一种奢望。重新回到妻子的身边，成了他冷静后的理智选择。

男二号：某公司职员

再三考虑之后，老婆同意了我提出的试离婚要求。在试离婚的那段时间，为了遵守协议，我也不再干涉她的"爱好"，她每天晚上跳舞到深夜，我还为她留着门，她似乎也在努力。

那年的2月14日，她很早就下班回来了，手里捧着一束火红的玫瑰，她

说是自己花了20元钱买来送给我的。我很淡然地说了一声谢谢。往年都是我给她送玫瑰，大朵大朵的玫瑰也俘获了她的芳心，可是今天却颠倒了，送玫瑰的是她，收玫瑰的人变成了我。

一顿没有情绪的晚饭吃过，我独自百无聊赖地坐在客厅里看书，而她则洗澡上床，自己把电视频道拧来拧去。虽然是情人节，但已被伤害得体无完肤的我，无法言情。夜深了，我刚要熄灯躺下，只听卧室里传来低低的哭泣声，那种压抑让人听了无法再冷静。

我犹豫了一会儿，还是来到卧室，看到妻子的脸上已是泪光点点，我有些心痛，责备自己为何如此冷酷。在我心中，她一向是个不懂事而贪玩儿的孩子。妻子见我终于走进卧室，再也忍不住激动的情绪，一下子扑进了我的怀里，哭着对我说："你真的不能原谅我吗？我已经后悔了，我已经同他分手了，你不要不理我好不好？我心里好难受啊！"妻子的黑发在我手上摩来挲去，泪水落在我的手上、胳膊上。我压抑许久的情绪再也无法控制，冲动地搂住她一句话也说不出来，只觉得眼里热热的，烧灼得难受。

那天晚上，破镜重圆的我们终于鼓起兴致结合在了一起。妻子躺在我的怀里说了好多好多话，说自己对不起我，说以后不会再这样了。我为自己失而复得的感情而庆幸，为妻子终于长大了而高兴。

当时，我之所以那么"大度"，也是考虑到任何一桩婚姻都要经历各种风浪才能走向稳固，哪一种爱情不是经历了磨难才更加美好？我为自己的爱情之舟躲过了一场倾覆之灾而松了口气。以为从今往后的日子定然是幸福美满的，再也没有不平和坎坷了。

日子一天天过去，我感觉老婆对我的态度开始缓和。甚至有一段时间，她一连半个月都没有出去跳舞，每天吃过晚饭后，她就坐在沙发上看电视。我平时不爱看电视，但为了和她增加感情，我也坚持陪着她看，看完电视我们一起到卧室睡觉。

我感到很欣慰，老婆终于改好了。可我没有想到，不久后，也就是在我

红囍书

决定解除"试离婚"的警报时，她旧病复发，又开始到舞厅跳舞。像是要把前一段时间的损失补偿回来，重新染上舞瘾的老婆现在比以前更加放肆，甚至有一夜，她整夜都没有回家。我现在已被她的反复无常折腾得麻木了，不想再去管她。随她去吧，她爱干什么干什么！

很快，有关老婆在外面和人胡搞的传言，又雨点一样向我袭来。见我对自己老婆的事无动于衷，甚至在别人说得"不像话"时，我还会跳出来替老婆辩护，在哀其不幸的同时，大家也开始对我怒其不争，于是有人便给我送了个绰号，把我叫做"好人"。事已至此，我想我就索性做个"好人"得了。

"好人"这个绰号，是有典故的。有位海员，由于工作性质的关系，每次出海，都要半年左右才能回次家。有一次，他回家时没有给老婆打电话，想给老婆一个惊喜。一开门，他就看到老婆正和她的奸夫躺在床上睡觉。海员没有惊动他们，而是轻手轻脚地走到客厅的沙发上，和衣而睡。天亮后，老婆起床看到客厅的沙发上睡着一个人，走近一看，竟是她的丈夫！她吓得赶紧走到卧室，对奸夫说，快跑，我丈夫回来了。奸夫吓得从床上爬起来就跑，正好在客厅碰上了海员。海员没有上去打他，甚至没有责备他，而是平静地冲他挥了挥手说：再见，欢迎以后常来啊！奸夫被感动了，不停地说：好人，真是好人哪！

女一号：某网站总监

差不多一年前，我换了一份新工作，新的工作和我以前的工作相比有很大区别，所以，我基本上整天泡在公司，而就是这样，我还觉得自己的工作完成得并不理想。我对自己产生了很强烈的怀疑心理，觉得自己是不是老了，不再能适应新的工作与环境了。这种患得患失的心理干扰了我的生活，以前看着虽说不满意但还凑合的丈夫忽然之间变得面目可憎起来，我觉得他不光不能理解我，不能帮助我，还处处看笑话一样看我的穷于应付与疲惫不堪。所以，每天一回到家，就忍不住对丈夫充满挑剔，他一开始还让着我，

后来见我越发不可理喻，也不耐烦了。我们的生活变成了典型的"小吵天天有，大吵三六九"。终于有一天，我和丈夫同时说出了"与其这样两个人水火不容，不如我们离婚吧"！这句话说完，我和丈夫彼此都怔住了，当初我们能走到一起，也是冲破了双方家庭的阻力的，我们在外人眼里也曾经是恩爱有加的，而现在居然这么轻易地就提出了离婚。该怎么办？继续过下去矛盾已无法逃避，离婚又心有不舍，我们商量了一夜，决定暂时分开一段时间。

我搬到公司的宿舍，我们约定两个星期见一次面，平时没事不打电话，给两个人冷静和思考的时间。最初的几天，我感到了充分的自由，可以不用向他打招呼看他脸色而全力以赴地在公司加班，做自己想做的事情。随着时间的慢慢推移，我的工作做得越发顺手起来，心态也平和了很多，时间充裕的时候，我开始思考我们的关系，也想起了自己在丈夫面前所说的一些话，有些时候是我太过分了。比如，我曾经说过当年嫁给他是受他所骗，我还说自己很后悔，这样的话一定很伤他的心。

分开后的生活，我每天要么吃公司食堂要么叫外卖，吃到后来，吃什么都索然无味。结婚这么多年，我都不会做饭，一直是丈夫做给我吃。一个男人，如果不是爱，还有什么能够让他6年如一日地为一个女人做饭？直到这时我才明白丈夫一直是多么爱我，而我，也是真的不能离开他，因为有了他，我才可以那么踏实地去做想做的事情，才可以那么滋润地生活。对丈夫的思念开始越来越强烈，那天，当我一个人在公司宿舍泡好一盒方便面后，我一口都没有吃下去，而是想起了丈夫在厨房给我做小炒乳黄瓜，我在一边捣乱的情景，那种温馨才是我心里最渴望和看重的。那天晚上，我没有守规定给丈夫打了电话。听到他的声音，我又感到了久违的温暖和踏实，我哭了。

我和丈夫在分开3个月后终于又见面了，他看上去憔悴了许多，我们紧紧地拥抱在一起，像寻得了失而复得的珍宝。他说，我们回家吧，让我们比

红
囍
书

以前多一些体谅。

爱和需要，这足够成为我和丈夫相守一生的理由，这是我在试离婚期间最大的体会。我很庆幸，当初在感情出现裂缝的时候，我们都能保持最后的理智，没有仓促任性地分开。否则，那将是一生最大的错误。

女二号：某报社记者

在一个偶然的采访机会里，我认识了我老公。他家境优越，学历也高，工作体面。这样一个优秀男人的杀伤力我们可以想象，何况当初的我只是一个家在外地人在北京，每日为生计奔波的小记者。认识没多久我们就结婚了。

新婚的最初也过了一段甜蜜的日子。但没过多久，我就慢慢发现了我们生活中的严重不协调。我经常在外采访，每次出去他都会追问对方的底细，要是对方正好是年轻单身的男子，他就会想方设法地阻挠我的采访。后来我就调换了工作，由做采访改成了做编辑。为家庭放弃了自己最爱的工作，我以为老公可以明白我的苦心，可后来的事情令我很失望，老公的大男子主义非常严重，如果他有应酬，无论多晚，我也得等他回来后给他做夜宵，陪着他吃完再一起睡觉。这些小事汇集到一起，我们相互的不满越来越多，我觉得他不尊重我，他认为我太不乖巧顺从。我终于意识到，我们都不是对方需要的那个人。

后来我向他提出离婚，要面子的他自然没有挽留我，于是我们做出了暂时分居的决定。我租了一间一居室，没有人在我身边总是以一副将军的姿态居高临下地指挥我，更没有人整天放些我不喜欢的所谓高雅音乐来折磨我，仿佛一下子甩掉了经年的尘埃，我又变得神清气爽起来。我太享受这样的状态了，我又重新做回了自己喜欢的记者工作。虽然出门必须坐地铁或公共汽车，没有老公的车接送，也不能隔三差五地去做美容吃西餐，可是我很快乐，我安心做一个生活在北京的外地女子，我不必为一个不懂得欣赏珍惜我的男人来牺牲自己的个性和喜好。

当我站在一个旁观者的位置上看自己的时候，我想，从前的我多多少少是因为爱慕虚荣才匆匆嫁给了缺少了解的老公。现在我成熟了，更应该知道自己需要什么了。分居半年后，我向老公正式提出了离婚，这时的他失去了骄傲，他说对不起，也许真是我错了。我说谁也没有错，而是我们不合适，我不是你的天使，我宁愿做个快乐的灰姑娘。

离婚后的我在心无旁骛地干着自己的工作，最近刚结识了一个志同道合的男友。前夫也找到了一个温婉贤淑的爱人。我们对以前的婚姻没有留下一点遗憾，因为试离婚的时间里，让我们重新认识了自己和婚姻，如果没有那段经历，我依然没有勇气和信心走出原有的生活。

女三号：某文化公司老板

在婚姻存在的6年里，我老公不停地有外遇，外遇可能也是一种瘾。他很有才华，敏感而热烈，我非常爱他，也正因为爱，我才一次次地原谅他、接纳他，而他也早已习惯了在每次恋爱受伤后，回到婚姻里用我的爱来疗伤。每次他短暂地回到我身边时，我都期待这是最后一次了，从此以后他可以安心地回归。

我知道他也爱我，但因为他成长的家庭环境，造成了他是一个需要很多很多人来爱他的男人，只有这样，他才感到满足和安全，他用这种方式来肯定自己。我们曾经分居了两年，当时"试离婚"这个新鲜词是他提出来的。他说很痛苦，因为这种不停地恋爱令他很疲惫却欲罢不能，他需要一个人好好想一想。我同意了，他搬走了，有时很久不和我联系，有时打电话来和我聊好几个小时，两年里我听到过一些他的传闻，无外乎跟哪个女人又有了哪些纠葛。他是不能没有爱的，如同穿上了红舞鞋的舞者，无法停止。我以为给他时间，他总会成熟，我一直在等待，两年里我什么也做不好，公司因为我的疏于打理，生意也一落千丈。

后来他回家了，这次回归的时间最长，然而一年以后他"旧病复发"，又和一个女人打得火热。他再次对我提出了"试离婚"，我拒绝了，直接提

红
囍
书

出离婚。这是一个不懂得责任和承担不起生活的男人，他挽留的眼泪已无法打动我。我觉得自己很傻，为一个不可能安定下来的男人浪费了自己那么多的时光。我早就知道我们婚姻中存在的问题是致命的，却不肯勇敢面对，而这种问题即使我们试离婚多少次，分居多久都无法解决。分居的两年里我苍老了许多，公司几近倒闭，回头看来我觉得是那么天真和不值。当一个人把自己的全部希望与幸福寄托在别人身上时，她是注定要失败和失去的。对待有致命问题的婚姻，当断不断必有后乱。

三、闪婚·闪离

1982年出生的李小姐和老公在网络上相识，双方感觉不错。1个月后，两人从网络走到了现实，领取了结婚证。半年之后，这段网婚在现实婚姻生活中"见光死"。

像这样闪婚、闪离的一对，是典型的爱情、婚姻跟着感觉走的80后一代，也是最常见的闪婚、闪离一族。

现在生活节奏的加快让人们各方面都讲求速成。个性化时代的到来让80后更加强调"跟着感觉走"。可是，他们中的大多数在婚前大都缺乏深入的了解，没有经过慎重考虑就草率结婚，婚后感情基础不牢靠；还有一部分80后缺乏社会责任感，发生矛盾后不懂得自我调适和互相谅解，更容易草率离婚。

据悉，在上海，去年有3.7万多对夫妇离婚，较2005年增长超过两成，而且几乎每三对离婚夫妻中，就有一对是25岁以下的夫妇。

闪婚与闪离，到底是利大于弊，还是弊大于利？导致这一婚姻现象的社会根源究竟在哪里？我们来听听社会各界人士的一些观点。

A 【社会学家】

天津市社会科学院郝麦收教授称，现代社会竞争激烈，对事业自顾不暇

又经历几次恋爱未果的男女，不愿过多耽误工作和精力，甚至浪费时间、金钱。据统计，一见钟情的婚姻成功率仅10%。同时，闪婚也不符合婚姻的基本规律，爱是婚姻的基石，爱需要双方深入的了解。闪婚会使这种足够的了解打折。

目前，随着社会的快速发展，快餐式的爱情和婚姻会将婚姻家庭卷入缺乏理性的旋涡。闪婚已经导致"短高快"（认识时间短、激情高、离婚快）婚姻产生，这说明闪婚的支点不稳固。婚姻的成功和稳定，需要感性、理性双轨发展，只有这样，爱情列车才能行驶得稳定持久。不能只凭激情和感觉开单轨的"磁悬浮"，所以劝男女青年别让闪婚闪着。

B 【律师观点】

湖南唯楚律师事务所律师李依民认为，目前我国法律规定婚姻自由，相对于未婚同居，"闪婚"可以说是对婚姻采取了负责任的态度，"闪婚族"自愿接受来自社会的约束力，承担义务，比非法同居等行为要严肃得多。

C 【民政部门】

长沙市民政局办公室一位不愿透露姓名的工作人员认为，结婚快慢是个人的选择问题，别人不应强行干涉，但对于婚姻大事，还是应该采取更加慎重的态度。

D 【80后闪婚者】

婚姻大事，原本应该更细水长流一些，毕竟是要在一起过日子的，单凭一时的感觉就去民政局锁定彼此，颇有几分冒险意味。然而，在这个"快餐爱情"时代，就连结婚、离婚的程序，都改成了更为便捷的方式，"闪婚"的出现，可以说是时代发展的一个产物。"觉得找对了人，就立刻结婚，这样至少会认真对待彼此的这段恋情，否则不讲责任，随意谈来谈去，婚姻也就不再纯粹。"

E 【80后未婚者】

是否马拉松式的爱情长跑，就一定能了解对方，就一定能保证婚姻的长久幸福？其实，在正确的时间遇上正确的人才是最重要的。认识9天刘欢便向妻子卢璐求婚；刘涛和丈夫是因为两人第一次在电梯间相遇，9月6日，从报纸上打听到刘涛"下落"的王先生特意去参加了一场时尚派对，在那里，两人正式相识，仅仅20天，9月26日，两人就在北京某婚姻登记处登记结婚了，他们也都是闪婚一族，不也很幸福嘛。

F 【非80后离婚者】

有人说，婚姻是人的第二次投胎。作为人生的一件重要大事，婚姻对每个人来说面临着多种多样的选择，我们也通常认为，一见钟情下缔结的婚姻颇有几分冒险，因为恋爱时间的短促可能使彼此的了解不够充分，所谓"日久见人心"，就是说恋爱应该更细水长流一些。然而，是否马拉松式的爱情长跑，就一定能了解对方，就一定能保证婚姻的长久幸福？我与丈夫经历了10年的爱情长跑才结婚，7年的婚姻生活，终因丈夫移情别恋而结束。当然也有的是妻子移情别恋，这种例子并不少见。

G 【80后的前辈】

一位80后的家长曾说："如今，随着中国离婚率的上升，美国人却开始为金婚、银婚而大张旗鼓地庆祝。也许是我思想跟不上了时代的步伐，不管怎么，闪婚、闪离或者试离婚我都不赞成。80后这一代大多数原来在家庭的地位都是说一不二的，责任、负担好像离他们很远，一切跟着感觉走。感觉对方可以了就结婚，也不管认识多久，对对方是否深入了解。两个人结合后，以前在家庭中的中心地位受到公然挑衅，口角就再所难免，因各种原因导致的经常性的争吵，肯定会使彼此的爱情打折。又加之随着婚姻观念的改变，结婚、离婚的手续逐步简化，这样让婚姻也变得不再神圣，不像我们那个年代，等等。这些都是导致他们闪婚、闪离的原因。"

H 【记者观察】

记者在采访中发现，赞成"闪婚"的人或"闪婚族"男女，有一部分不乏是为获取"绿卡"、"房子"等利益而速配的人。其中，长沙市中山路一

家婚介所的易经理说，有些征婚者甚至提出"只要对方在机关单位任职或是公司老总，就可马上结婚"。

《东方新报》报道，对于"闪婚族"而言，5秒钟足以爱上一个人，3分钟能谈一场恋爱，一个礼拜便能踏上"红地毯"……这种都市情感"快餐"已在长沙悄然出现。并且长沙"闪婚族"的人数逐年在增加。其实，这种"闪婚"现象并不只是长沙独有，全国各地不同程度的也存在。这种现象的存在与逐步扩大，凸现了国人传统婚姻观向多元化的转变。

I 【大学教授】

长沙理工大学中文系主任成松柳教授认为，如今社会处于转型期，受西方文化影响，人们思想较过去开放，且因生活节奏快，人们各方面都讲求速成。另外，个性化的时代也强化了个人"跟着感觉走"的意识。

J 【网友观点】

由于"闪婚"是先结婚后恋爱，将不可避免地带来了高离婚率。那么短的时间内，不仅心理上，而且身体上都没有了解，也没有健康安全的保证。连恋爱结婚都那么快，就更不可能去做慢腾腾的婚检。况且，与这个闪婚，就可能闪离，就又有可能和另一个闪婚……看来闪婚不仅是闪了爱情一下腰，更危险的是现在没有法律规定这种快得危险的"超速驾驶婚姻"为违法。它钻了法律的空子，闪了法律一下腰，法律摇摇欲坠，趁法律还没摔倒，应该引起注意。

由此可见，当今离婚率的逐渐增多并不是走向"红地毯"的人不知道，从一些相关部门的调查显示来看，"闪婚"的双方相当一部分是高学历者。"闪婚"也并不是年青人的专利，中年人也有一定的比例。

"闪婚"现象的存在是社会发展过程中不可避免的一种现象，当然我们要一分为二地看待，既要考虑其存在的现实性，也不能不加引导地大加颂扬。尤其是女性，要善于在"闪婚"的博弈中保护自己，这恐怕是最最重要的。

红囍书

四、"隐婚"一族

当一些白领还在为究竟嫁谁而烦恼，或者为斯人独憔悴而感伤的时候，职场中的又一族群——"隐婚族"正在悄悄盛行，这些"隐婚族"也被称做"伪单身"。所谓"隐婚"，也就是明明已为人妇或为人夫，却在公共场合变着法子刻意隐藏自己的婚姻状况，而以"单身"、"无婚史"的身份示人。

自古以来，婚姻一直是最光鲜、最天经地义的事了，为什么在人类文明发展到今天，婚姻这档事竟突然成了众人争相隐匿的"心结"？所谓有所隐，就会有所求。那么，隐婚能否被公众所接受？隐匿的背后究竟是一种怎样的心理呢？

隐婚是否能被公众理解

一项调查表明，对于"隐婚"现象，有52.5%的公众表示可以理解，有20.7%公众认为不可思议，还有16.4%的公众表示反对。

南京大学社会学系的韩勇分析说，在不伤害他人的情况下，隐婚或许可以说是一种生活方式。但是在特定情况下，人们应主动告知自己的婚姻事实，否则有违法的危险，比如，从事会计和出纳工作的人结婚就有告知义务。

按照我国《会计法》有关规定，出纳人员不得兼任稽核、会计档案保管和收入、支出、费用、债权债务账目的登记工作。夫妻在民法上被视做一体，因此类似情况中出现的会计和出纳成为夫妻后，就有告知自己婚姻关系的义务。

都市隐婚现象有何特点

随着社会环境与人们观念的变化，出于各种动机，有更多的人开始隐藏自己的婚姻情况，预计隐婚的人会越来越多。但隐婚还只是少数现象，传统

的婚恋观念在中国依然势力强大。

特别是在城市中，由于人们的观念变化较快，私密性高，为隐婚提供了某些客观条件。在经过了大量的调查采访后发现，隐婚群体以初婚青年居多，也包括少数其他年龄和婚姻状况的人。隐婚的人群大部分是刚刚结婚的年轻人，其原因在于：一方面是青年人观念较新，另一方面是刚刚结婚的人可能对自己的已婚状态还不适应，更可能对于自己已婚的事实，对自己其他生活方面的状况造成的影响还不适应，试图以隐婚来回避不良影响。

隐婚不是这个时代的专利

虽然隐婚是新的婚姻登记制度出现后才被人认识到的一个新婚姻现象，但是，早在上世纪60年代就已出现过隐婚问题，当时很多在农村结婚的知青进入城市后自觉隐婚。而分析如今的隐婚状况，韩勇认为，这是冰封多年的户籍制度松动后，随着人们对经济利益的追逐，中国正在发生大规模的人口迁移，为一些人的异地隐婚创造了条件，如某些两地分居的夫妻，或者长期出差的人都有隐婚的可能。另外，社会目前向"后单位社会"的转变，所带来的社会"松散化"、"碎裂化"，从许多方面也给隐婚制造着条件；取消福利分房、取消强制性婚检、结婚不用单位出证明、工作者跳槽频繁等。人们的生活自由度加大，城市中人们打破了工作单位的界限分散居住，加之邻里关系的疏离，想了解其他人的实际婚姻状况变得比较困难，在这样的情况下，隐婚才得以可能。

隐婚源于何种心理

对于婚姻状况，采取隐瞒的态度，其背后的心理因素究竟是什么？

一是留恋单身生活，营造异性环境。很多人在婚后，对于角色转变在一定时期内还不适应，留恋以往的单身生活，期待异性倾慕的眼光。于是，有的人在某些场合会隐藏自己的已婚身份。其不良动机在于通过展示单身身份而获得异性青睐，这属于道德问题。

二是规避已婚歧视，无奈职场竞争。有些人认为，一旦被贴上婚姻的标

红
囍
书

签，竞争力就会大打折扣。这种情况导致越来越多的女性选择晚婚、不婚，或者结婚之后选择隐婚，来保持自己在工作中的竞争力。

三是协调人际关系，简化环境的需要。由于人们在结婚前后所面临的人际关系与环境影响大不一样，致使交往态度和方式也会有所变化。所以，一些人为了协调人际关系，简化环境对自己学习、生活、工作的影响而隐婚。

四是为了现实利益而隐婚。有人选择隐婚是出于现实某种利益的考虑，这与当前工作领域的某些具体规章制度有关。如有些单位规定同事不能谈恋爱，为了保住饭碗，不得已隐瞒自己的"同事婚姻"。

五是为了不使自己失去人气和家庭免受干扰而隐婚。这种情况在明星中比较多见，像公司的公关人员、销售人员，可能也会有这样的担心和考虑。明星的婚姻和家庭很容易引起人们的关注，所以，一些明星选择"隐婚"。

隐婚瞒不过较真的人

无论反对者的声音如何，许多人正有意无意成为了隐婚者，对于对自己婚姻状况三缄其口的人，尤其是自己交往的对象是否是恶意的隐婚者，也并非没有办法识破。据了解，在南京，已开始实行婚姻登记状况上网，这样一来，"在某种程度上保持了某部分人'不说'的隐私观之外，也可以通过其他途径了解到相关人的婚姻状态。"看来，如果真想知道一个人是否结婚，还是有多种途径可以了解到的。

相关链接：

刘德华隐婚为了谁

2008年6月23日，刘德华与朱丽倩在美国赌城拉斯维加斯登记结婚。2009年8月25日晚，刘德华携妻子朱丽倩奔丧后从马来西亚返回香港，并以"十指紧扣"的方式首度高调亮相。29日，刘德华终于结束"隐婚"状态松口承认结婚，并在其官网以一篇《对不起》向广大粉丝致歉。在这段沸沸扬扬的日子里，天王"婚"了，大众似乎也"昏"了。

关于天王的隐婚，众口纷纭。有媒体说，一个48岁的大叔级人物，有老婆有孩子20多年了，硬生生地能憋着不承认，这份潜伏的功力，比孙红雷在《潜伏》里没老婆硬要装着有老婆还要高明。刘德华不同于一般人，那么，他的"隐"究竟是为了谁呢？

此消息一传出，许多华仔的粉丝和网友都以为他是为了自己的人气而隐婚，替朱丽倩抱不平，认为这种遮掩对其背后的女人也实在太不公平了。一个女人的一生能有多少个24年？做人最重要的是言行一致，说出的话，泼出的水，隐到最后终究有真相大白的一天。到时大众反倒有种被欺骗的感觉，不如大方地说出来，用情专一、体贴伴侣的明星歌迷更喜欢，比那些整天闹绯闻的滥情专家更适合做青少年的榜样。明星应该更懂得"责任"两个字，对家庭和对社会都应负起责任来，因为他们的言行举止是许多人追随的风向，这直接影响着一个社会的步调。

随后，华仔的一篇《对不起》似乎更加深了这一层误解，其实，他的隐婚是有苦衷的。据台湾媒体报道称，华仔并非没感情，而是因为曾被香港黑道用四支枪指头，担心黑道无情会殃及爱人。

20多年前，华仔拍一部成本400万港币的电影，光版权就可卖600多万，曾一年内拍16部电影。他接戏多，推戏也不少，其中一名在港台和荷兰很有势力的黑帮大佬，因被他推戏，找人用四支枪指着他的头说："我知道你女友住哪儿，你不要敬酒不喝喝罚酒！"又派人到他父母寓所滋扰，他最后被逼拍戏。事隔多年，刘德华接受媒体访问，向记者承认遭恐吓拍戏，那名黑帮老大又派人到他寓所"问候"。当时，刚购物回家的朱丽倩还被粗言秽语对待，对方还警告她，"如果华仔再不收口，还会有下一步行动。"随后还恐吓要泼她硫酸。报道称，后来朱丽倩与华仔商量许久，决定不公开恋情，并到马来西亚避风头。所以，多年来，为了保护他的爱妻，华仔一直避谈朱丽倩。

五、"丁克"家族

丁克是英文DINK（Double/Dual Income No Kids)的音译，即双收入却主动不要孩子。西方目前通常用Child-Free这个词，其含义是主动放弃生育，而不是由于生理原因无法生育。丁克夫妇主张摆脱传统婚姻生活中传宗接代的观念，更倾向于过有质量的、自由自在的"二人世界"。

由于"不孝有三，无后为大"的传统观念在中国人的心目中还根深蒂固，所以，"丁克"家庭很难成为全社会的生活潮流。不过对于大多数中国年轻人来说，"丁克"这个词早已不再陌生。近年来，丁克家庭在城市青年，尤其是在夫妻文化程度都比较高的家庭里，这一观念却大有市场。从上个世纪90年代初到90年代末，在中国的各大城市，特别是北京、上海这种超级都市里，丁克家庭的数量正稳步上升。据一则短消息透露，我国的丁克夫妇现已突破一百万对。

丁克家庭的成员一般夫妻双方都有收入，通常是社会上的中产阶层，收入水平和消费水平较高，同美国20世纪60年代的那些青年颇有些相似。自上个世纪80年代起，它悄悄在中国出现，当时这样的家庭会被别人议论或者谴责，甚至是被别人怀疑有"生理问题"。而现在，随着社会的多元化和舆论环境的改善，这种家庭已经开始被社会和公众理解和接受。但是，绝大多数由于生理缺陷无法生育的人，在思想上并不认同无子女的婚姻，而且在行动上努力寻求各种方法生育子女，这类人不属于丁克。

除此之外，还有一些家庭属于"白丁"与"丁狗"家庭。"白丁"即曾经把丁克当做一种目标，宣称自己决心要丁克，但过了一段时间后，又主动放弃了丁克计划的人。这种人通常被称为"伪丁克"，或者是"白丁"，意思就是"白白地丁克了一回"。"丁狗"亦即是一群发誓要把丁克发挥到极致状态（或者说把丁克进行到底）的人，结婚双方改养小孩为养狗。他们是

丁克的最高级别，因此也有人称之为"骨灰级丁克"。

我们知道，丁克家庭一般都是社会上的中产阶层，而且收入水平和消费水平较高。但他们面对来自社会的各方压力依然坚持着自己的婚姻方式，他们的心理究竟是怎么想的？大致可划分为以下四类：

（一）怀有强烈的社会责任感

面对中国人口过剩的红色警报，面对白色浪潮的呼啸而至，为国分忧的民族责任感使一些人放弃生育。这种情况，一般是夫妇双方受教育程度较高、社会责任感较强。

（二）自我价值实现愿望较强

一些文化素质较高、事业心强的夫妇，他们有自己的人生观、生育观。他们觉得人生苦短、精力有限，鱼与熊掌不能兼得。为了让自己的才华在有限的时间和精力内得到最大、最有效地发挥，为实现自我价值，婚前双方就订立了一辈子相知相守而不生育的协议。一对双方均为博士研究生的夫妇，在婚前已经订下了自愿不育的协议，当有人劝他们说"一辈子不当父母的人不算完整的人……"时，当丈夫的回答："当了父母无法体现自身的人生价值，更是不完整的人！"他的妻子更是直截了当："把没有当过母亲的女人视为不完整的女人的论调是完全错误的，是对南丁格尔等以及全世界1/7女性的侮辱！"

（三）追求高质量的生活享受

在现代社会中，在富贵场的诱惑、影视文化的裹挟、商业信息的纠缠下，一些夫妇追求现代化的享受、高质量的生活，他们吃要生猛新鲜，穿要名牌服装，行要有私人轿车，身材要保持少女身材，玩要进歌厅、舞厅、酒吧、网吧……看到现代人为抚养、教育子女所付出的昂贵费用，现代社会生存竞争的剧烈，也使这些城市新潮人物望而生畏。而丁克家庭由于可以省却养育子女的大笔开销，生活质量肯定高于普通家庭。

（四）因养育子女艰辛放弃生育

有的妇女特别是从事妇幼工作的妇女，看到妇女分娩的痛苦、妇科疾病的折磨以及养育儿女的艰辛而在婚前就向男方提出"不唱摇篮曲"。在大城市的大医院，在妇产科中的医护人员中丁克家庭往往占较高比例。

不同背景、不同经历的人可以根据自己的理解、价值观念和理想憧憬来选择自己的家庭结构，这也是需要全社会理解和接受的。不过，生育后代，维持人类的繁衍也确实是家庭的责任，孕育儿女可以使夫妻双方心理更加健康。医学界人士提出，女性在其一生中如果有一次完整的生育过程，就能提高免疫力，不生育不利于身体健康。另外，夫妻在孕育生命的过程中可以体会更深刻的人生哲理，从养育子女的辛苦中理解父母的恩情。

家庭变迁是社会变迁的缩影，丁克家庭能被越来越多的人认可，主要是因为人们的家庭功能观念有所转变。不过，人们在接受的同时还是有一些疑问。有人认为不生育有悖于人类正常繁衍的自然规律，"不育文化"的无限扩展，对人类正常的繁殖生息是不利的。

但是，现在随着国家对大学的扩招，大学生越来越多，而且就业前景并不乐观，特别是刚刚踏入社会的毕业生经济水平又不高，有了孩子负担会更重。作为受过高等教育的大学生，他们本身就具有较强的接受新事物的能力，自然而然地就成了丁克一族的后备军，现在的大学生大多是80后、90后，更具有发展成为丁克一族的可能，因此，丁克现象在最近20年内必将发展非常迅速。

丁克家庭只是家庭形式的变化，而不是家庭性质的变异。繁衍生息，一直是动物的本能，在进化的过程中，作为高级动物的人类，已经完成了以感情为基础进行性爱的进步。它的出现向传统的家庭提出了挑战，并暗示着建立一种新的家庭关系与生活方式的可能性。家庭是社会的细胞，要使社会这个有机体充满活力，完成新陈代谢，应该积极探索一种以传统家庭为主体、以丁克家庭为辅助的新型家庭模式和社会形态。

展望未来，也许会随着社会保障制度的不断完善，养子防老彻底成为过去。养子养老的责任全由社会来承担。生育成为一种劳动与义务，由社会在优生优育的前提下，计划与自愿相结合进行生育，充分体现生育的经济价值和社会价值。到那时也许婚姻不再是一种制度而仅仅是一种观念，人们以朋友的方式自愿按多种形式组合，好聚好散或不离不弃全凭自己，一切不干涉他人或社会的行为都将成为一种正常的社会现象，一切在人性解放、个性自由的前提下自然而然地存在着、发展着……

第二章

新婚之前的准备

第一节 身体OK 新婚OK

一、健康！开启幸福婚姻的钥匙

对于新婚夫妇来说，幸福的第一道关口就是健康。然而，健康的标准为何？我们又如何来开启这扇幸福之门？这些对我们以后漫长的婚姻之路有着很重要的作用。

世界卫生组织（WHO）给健康下了一个定义——

健康乃是一种身体上、精神上的完满状态，以及良好的适应能力，而不仅仅是没有病或非衰弱状态。健康分为身体、心理和社会三个维度。世界卫生组织提出了以下10条健康标准：

1. 抵抗力好，能抵抗一般性感冒和传染病；
2. 善于休息，睡眠良好；
3. 应变能力强，能适应环境的各种变化；
4. 有充沛的精力，能从容不迫地应付日常生活以及工作的压力；
5. 处事乐观、态度积极，乐于承担责任，不挑剔；
6. 体重适当，身材匀称，站时头、肩、臂位置协调；
7. 眼睛明亮，反应敏锐，眼睑不易发炎；
8. 牙齿清洁，无缺损，无疼痛，齿龈颜色正常，不出血；
9. 头发有光泽，无头屑；
10. 肌肉、皮肤有弹性，走路轻松。

我们可以根据此标准做一下自我测试：如果这10条你都做得很好，你的身体就特别棒；如果只有一两条没做到，这说明还健康，如果有人只做到一

红
囍
书

两条，那么他就可能要吃药、打针，甚至住院，成病人了。当然更多人随着年龄的增加，体力慢慢下降，稍一劳累就需要更多的休息了，经常感到这里不舒服那里不舒服，别人打个喷嚏，他跟着感冒，这类人就是"亚健康"。

关于健康，网络上流传着一个这样的比喻："100000000……"，它就像人的一生，其中"1"代表健康，各个"0"代表生命中的事业、金钱、地位、权利、快乐、家庭、爱情、房子、车子……纷繁冗杂的"0"充斥了人们的生活，"1"常常被忽视。但"1"一旦失去，所有的浮华喧嚣都会归于沉寂。

这个比喻让那些只顾工作、只顾追逐财富而忽视自身存在的现代人感到震惊！人们往往为了工作而投入大量的精力和时间，甚至无暇休闲、运动、养生和注意自己的健康。再加上常有患得患失之心，精神上的压力很大。这样的情况，正是培养慢性病的温床。

在人的一生中，最值得珍惜的东西是什么？

答案是健康！

沉迷于追逐功名利禄而赔了健康，这样的牺牲未免也太大了，也似乎本末倒置。财富的最大功能应该是改善生活、提高社会地位、实现理想和抱负。否则，财富只是存在银行里的一个数字而已，对自己和社会贡献不大。但是如果精通养生保健知识，又能身体力行，功名和健康兼得，也不是太困难的事。

试想，一个生命垂危的亿万富豪，躺在病床上奄奄一息，即使拥有豪宅美酒、功名利禄又有何用？也许，转眼间一切都将成为过眼云烟。万里长城今犹在，不见当年秦始皇。名利本是身外物，真正幸福是健康。

所以，今天1分的预防，远胜于将来10分的治疗、100分的抢救；今天1000元的预防，远胜于将来10000元的治疗、100000元的抢救。懂得防病的人比懂得治病的人聪明100倍。存钱不如存健康，存钱也要存健康。对健康的投资才是回报率最高的投资。

但是，一切疾病又可分为身和心两个方面，我们平时往往只注意身病，对于心病，一般都不予重视。实际上，身病的发生，大部分是由于心虚气弱。而心虚气弱，主要是由于忧思惊怒、心神恼乱所造成，凡贪食、贪得、贪胜等等都足以招致疾病；且贪之不得，势必生嗔，贪嗔发展的结果，可以使心荡气促，胆惊肝火旺，六脉震动，五脏沸腾，因而气血耗损，风寒暑湿，也都乘虚而入，各种药食，只能救身病于一时，假使不从根本治疗，虽一时痊愈，而致病的根源未去，仍随时有招其侵袭的危险。人们在忙于生活、人事之余，不知设法安定思想，降伏烦恼，甚至有贪得无厌、纵欲忘身的，这样处处与自己过不去，神志涣散，气血便失调和，因此往往遭受疾病的痛苦。

据研究，人在精神好的时候，可以分泌出一些有益的激素、酶和乙酰胆碱，这些物质有利于身心健康，能把血液的流量，神经细胞的兴奋调节到最佳状态。相反，终日郁闷忧伤，贪嗔痴慢，就会使这种有益激素分泌紊乱，内脏器官功能失调，发生胃痉挛，引起血压升高，造成冠状动脉闭塞，还特别容易引起心脏病，所以我们要求身体的健康，自应去除疾病。当然，要除病就须先补气，要补气就须先养性，要养性就须先调伏烦恼妄心，使心不动摇，自然精气内充，抵抗力强。心定则气和，气和则血顺，不但可以去病强身，而且可以去除主观的迷妄，获得最终的安乐。

一个健康的体魄不但对常人重要，对即将走进新婚的夫妇们更加重要，因为他们还担当着孕育一个新生命的重任。所以，为了健康的传递和幸福的延续，新婚夫妇们更应该有一个棒棒的身体！

二、将自愿婚检进行到底

为什么要进行婚前检查？我国《母婴保健法》里有明确的答案。

该法规定对准备结婚的青年男女提供医学检查，对严重遗传病、指定传

红囍书

染病、有关精神病进行检查，提出医学意见。在结婚登记时应当出示婚前医学检查证明。

当然也许有一部分准备结婚的青年不愿意进行婚检，国家对此虽没有强制执行但还是很提倡的。为了自己和后代的健康，扩大说为了整个国民的体质，一定要进行婚前检查。婚前检查主要有以下好处：

1. 婚前检查有利于青年男女的健康。婚前进行一次全面的体检，可以发现暂时不能结婚的疾病，如传染性肝炎、结核病、性传播性疾病、精神病和其他较严重的疾病。患有这些疾病的男女青年，如果结婚可因劳累加重病情，或通过接触及性生活将病传给对方，那么必须经过治疗，待病情稳定后再结婚。婚前检查还可以发现影响性生活的疾病，应先矫正治疗后才能结婚，以保证婚后夫妻生活的和谐。

2. 婚前体检有利于实现优生。目前人类的遗传病有数千种，它们正威胁着数以千万人的健康，给家庭、国家、民族带来了许多痛苦与沉重的负担，但还没有根本治疗的办法。通过婚前体检可以及时发现男、女本人或双方家系中患遗传病的情况，并根据患病的真实情况做遗传风险度测算及遗传方式的分析，进行优生指导。在婚前检查时一旦发现男女双方有亲缘关系时，要禁止婚配防止影响胎儿。因此，婚前体检是防止遗传病蔓延、控制遗传病的第一关，是提高民族素质的重要措施。

3. 婚前检查有利于胎儿的健康成长。婚前检查和咨询对胎儿健康成长具有很重要的意义，婚前检查除可以发现一些明显的遗传病外，还可以通过检测血液，了解男女双方的血型能否匹配，以减少子代血液病的发生。婚前检查还可以发现男女双方的一些重要器官的疾病或严重的传染病，如受孕可以传给胎儿和影响胎儿健康发育，需治愈后再妊娠，以确保生育一个健康、聪明的孩子。

4. 婚前检查有助于接受健康指导。通过婚检可以了解男女双方的健康状况、精神状态，及有关个人和家族先天性疾病、遗传病情况，以便从发现的问题中针对性地进行宣传指导。对极少数遗传病患者，则根据病情及遗传规律进行指导，使有可能生育遗传病儿的男女预先知道如何处理，或按规定提出不能结婚或不能生育的建议，以阻断遗传病的延续；对患有较严重疾病者，提出不应结婚和不宜生育的建议，有利于男女青年自身的健康；通过婚前检查还可以进行有关性知识教育、计划生育安排、避孕方法选择和指导。

5. 婚前检查有利于提高我国国民的体质。小家是组成大家的基本元素，所以，小家的健康直接影响着整个"大家庭"的健康。婚前检查对新婚夫妇的婚后夫妻生活及优生有着极其重要的作用。它是减少遗传性疾病，减少把生理缺陷和不健康因素传给后代的关键，是实现后代优生的重要措施。因此，应把婚前检查作为婚配前必不可少的程序。准备结婚的男女双方为了自己和后代的健康、婚后的幸福，以及提高我国国民的整体体质，应主动接受婚前检查，将自愿婚检进行到底。

相关链接：

婚前检查的内容包括哪些

红囍书

婚前医学检查项目包括询问病史，体格检查，常规辅助检查和其他特殊检查。

检查女性生殖器官时应做肛门腹壁双合诊，如需做阴道检查，须征得本人或家属同意后进行。除处女膜发育异常外，严禁对其完整性进行描述。对可疑发育异常者，应慎重诊断。

常规辅助检查应进行胸部透视，血常规、尿常规、梅毒筛查，血转氨酶和乙肝表面抗原检测，女性阴道分泌物滴虫、霉菌检查。

其他特殊检查，如乙型肝炎血清学标志检测，淋病、艾滋病、支原体和衣原体检查，精液常规、B型超声、乳腺、染色体检查等，应根据需要或自愿原则确定。

三、正视疾病对婚姻的影响

对于每一对即将走进婚姻殿堂的男女来说，疾病对婚姻的杀伤力不亚于感情。特别是婚前不进行婚检，隐瞒不宜结婚生育疾病。导致走进婚姻的情侣在婚后以分手而告终。其实，有些疾病经治愈后再结婚是完全可以克服这一结局的，只是需要我们正确去面对婚检和疾病对婚姻的影响。从男女双方的健康及子女健康的角度出发，影响结婚生育的疾病可分为以下几种情况：

（一）患哪些疾病的人可以结婚但应禁止生育

按照优生学原则，只要夫妇双方患有相同的遗传性疾病者应禁止生育。夫妇一方患有下列疾病之一者，必须先实行绝育手术，方可结婚：

1. 常染色体显性遗传病

因此类疾病是代代相传的。发病与性别没有关系，男女得病机会均等，如病人和正常人结婚，所生子女有1/2可能患病，故应禁止生育。

常染色体显性遗传病有骨骼发育不全、成骨不全、马凡综合征、原发性癫痫、多发性家族性结肠息肉病、先天性肌强直、进行性肌营养不良等。

2. X连锁显性遗传病

该病的女性患者有1/2的机会将致病基因传给子女。不管生男生女，均有1/2的发病几率，故应禁止生育。常见的有抗维生素D佝偻病和遗传性肾炎等。

3. 多基因遗传病

该病既受遗传因素影响，又受环境因素影响。危害严重且遗传几率较高的病种有：精神分裂症、躁狂抑郁性精神病、重症先天性心脏病和原发性癫痫（多基因遗传型）等。

4. 染色体病

同源染色体易位携带者和复杂性染色体易位患者，因其所生后代肯定为染色体异常儿，故应禁止生育。

在国外的一些有关规定中，不得生育的染色体病有遗传性精神病——精神分裂症、躁狂抑郁性精神病、癫痫、遗传性智能缺陷，显著的遗传性精神病变态——显著的性欲异常、明显的犯罪性癖倾向，显著的遗传性躯体疾患——遗传性舞蹈病、遗传性脊髓共济失调、遗传性小脑共济失调、进行性肌营养障碍症、肌紧张病、先天性肌紧张消失症、先天性软骨发育障碍、白化病、鱼鳞癣、多发性软性神经纤维瘤、结节性硬化症、先天性表皮水疱症、先天性卟啉症、先天性手掌足跖角化症、遗传性视神经萎缩、视网膜色素变性、全色盲、先天性眼球震颤、蓝色巩膜、遗传性听觉不良或耳聋、血友病，严重的遗传性畸形——裂手、裂足、先天骨缺损症。

（二）患哪些疾病的人应暂缓结婚

1. 生殖器官发炎（男性）

男性生殖器官有炎症应推迟婚期。因为倘若不及时控制急性炎症，就有可能转为慢性炎症，不利于自身健康和婚后家庭生活。因为不管哪一部分的生殖器官有了炎症，都可能对性欲和性功能造成影响。例如，前列腺炎或精囊炎患者，性交时会有疼痛，进而导致性欲减退或性功能障碍，还可能通过精液将细菌传染给妻子。

生殖器官炎症治愈后，可以考虑结婚，但婚后应对性生活有所节制，因为性生活时生殖器官充血、分泌物增多，有利于细菌的生长繁殖而使炎症复发，炎症期间精子质量差，与优生不利。如在感染未愈时进行性生活，最好使用避孕套。

2. 处于发病期或隔离期的各种传染病

特别是传染性较强，对健康危害较大者，如急性传染性肝炎、伤寒、流行性出血热、开放性肺结核等均应推迟婚期。

肝炎病人的婚期应该根据病情来决定，如甲型肝炎或乙型肝炎的急性期传染性强、症状明显，需要严密隔离，积极治疗和卧床休息，不然不仅能够通过密切接触传染给对方，自己的病情也会加重。

因此，在肝炎的急性期应禁止结婚。值得注意的是：由于乙型肝炎康复期较慢，经治疗就算病情已稳定也不宜急于结婚，因为婚前婚后的劳累以及新婚蜜月中的性兴奋与体力消耗，均会使肝脏的负担加重，甚至导致病情反复。

慢性肝炎患者的婚期，也要根据肝脏情况及全身症状而定，由于慢性活动性肝炎有一定的传染性，肝脏损害会持续存在，故此时不宜结婚。慢性迁延性肝炎就算症状较轻，亦应积极治疗，一定要等身体痊愈后再结婚。

3. 性病

特别是具有传统性的性病，在未治愈之前不准结婚（法定）。

4. 各种病情未稳定的慢性疾病

这种情况严重影响患者的健康，如严重的心、脑、肝、肾等主要器官功能障碍者，重度心力衰竭，重度高血压，急性肾炎患者；肿瘤患者病情未稳定之前，严重的糖尿病患者，严重贫血，严重的甲状腺功能亢进者，均应于病情好转并稳定后再结婚。

5. 患风疹或巨细胞病毒感染（女性）

这样的疾病最好推迟婚期，或结婚后避孕一段时间，以免造成胎儿畸形。

当有上述情况时，就应暂缓结婚。不然因为筹办婚事的操劳、婚后的紧张生活，以及夫妻间的密切接触，可引发疾病恶化，或把疾病传染给配偶。倘若病情未稳定又怀了孕，更会危害母子的健康，甚至酿出悲剧。

（三）患哪些疾病的人需要在婚前施行手术

倘若发现自己患有某种生殖器官疾病或畸形，应及时去医院诊治，争取在婚前进行必要的手术，常能获得不错的效果，并有助于婚后家庭生活的和谐。

女性方面常见的生殖器畸形有：

1. 处女膜无孔

这种病通常有周期性腹痛症状，由于月经来潮时，经血外流受阻，造成阴道或宫腔积血，患者极其痛苦。通常只需做处女膜切开术，术后经血可正常排出，同时对性生活和生育也无影响。

2. 先天性无阴道

这种病可施行人工阴道成形术。由于这种病通常伴有子宫卵巢发育缺陷，故术后只能解决婚后性生活问题，而无法生育，故需要男女双方在婚前有所了解，达到相互谅解，倘若一方隐瞒病情，则婚后会给家庭带来不和谐。有些患有阴道横隔的女子，也需在婚前施行矫正手术。

男性阴茎包皮过长或包茎者，可于婚前施行包皮切除术。包皮过长易滞留包皮垢，造成局部刺激，引起包皮阴茎头发炎，同时也会给女方宫颈带来不良刺激。有研究显示，男性的阴茎癌与女性宫颈癌同上述刺激有一定的关系。严重的包茎者婚后影响房事，故应在婚前手术治疗。

红
囍
书

第二节 新生活从"心"开始

一、备一份爱的契约

在一场婚礼中，新郎和新娘面对所有的宾客互读《法律不干涉条约》，这一有意思的环节吸引了所有宾客的注意，并把气氛推向了高潮。

这对新婚夫妇的《法律不干涉条约》内容大致如下：

1. 我们坚持把一夫一妻制原则贯彻落实到底，中间任何人不得私自毁约；

2. 我们坚持把男女平等的原则贯彻落实到底，执行时任何人不得搞特殊；

3. 婚姻自由原则在我们这里是指婚内，可以在婚内实行相对的自由；

4. xxx（女）担任我们"家庭公司"的财政部部长兼督察部部长，xxx（男）担任后勤部部长兼保卫科科长；

5. 后勤部部长在每年的情人节、结婚纪念日和三八节必须给督察部部长送三束玫瑰花，并陪督察部部长度过这一天；

6. 督察部部长不得在平时无理取闹，干涉后勤部部长的正常工作；

7. 二人每年要在重阳节、中秋节和春节看望双方的老人；

8. 家务一般情况下由二人合作完成，任何一方不得私自耍赖，特殊情况除外；

9. 若有重大家庭开支，需二人协商处理；

10. 如果有小矛盾或争吵，不得告诉双方父母，理亏的一方要主动向另一方道歉，直到把对方逗乐为止；

11．在关键的时候，比如，小宝宝出生时，当老公的必须全程陪护妻子，什么情况都要靠边站；

12．老公每年要陪同妻子外出旅游至少三次，陪妻子逛商场、公园N次；

13．在"某些"时候，一方最好无条件服从另一方；

14．在重大场合，双方都要给足对方面子，共同维护夫妻形象；

15．在宝宝孕育期，准爸爸和准妈妈要密切配合，做好胎教工作；

16．在每年的农历七月七日，夫妻二人必须一起去黄河边，为今天在那里种下的爱情之树合欢树浇水，任何人都不准请假，任何人对此事也都没有批假权；

……

违约责任

1．有一条做不到者罚做饭和打扫卫生一天；

2．有两条做不到者罚做饭和打扫卫生一周；

3．有三条做不到者罚做饭和打扫卫生两周；

4．以此类推，全部做不到者罚做饭和打扫卫生一年。

备注：有效期一生

签约人：甲方 xxx　乙方 xxx

公证人和裁判员：在座的所有宾客

xxxx年xx月xx日

这个"条约"，后来好多人都竞相模仿，然后结合自己的实际情况再进行适当的更改，这对促进婚姻的和谐无疑会起到点作用。如果能对您的婚姻增添一点亮色，倒希望新婚夫妇们无限制地在此条约的基础上进行翻版和复制，并且保证不会被追究法律责任，因为此为《法律不干涉条约》。

为爱植一棵合欢树

一位同学即将结婚，他的一位朋友问他："你们打算如何纪念这最难忘的一天？"他脱口而出："为爱植一棵合欢树！在树上写下双方的名字和'我爱你'三个字！"

朋友愣住了，这么浪漫而新奇的想法！

朋友接着又问："你们怎么会有这样的想法？"

他说，我们考虑来考虑去，没有想出比这更有意义的纪念方式。送物品太俗气，大家都这样做，没有一点新意，而且物品大多都会随着时光的流逝而损坏或褪色。而树则不一样，特别是合欢树，最适合作为新婚的纪念礼物。

它的象征意义从字面的意思我们就可以看出——合家欢乐！婚姻其实就像一棵树：它的高大不在于海拔，而在于它能迎接风雨的洗礼，也能经受烈日的炙烤。与蓝天对峙，需要无畏的勇气，正直的身板和一种不倒的精神。因为，一棵树的成长挥不去压顶的黑云，绕不过折枝的狂风，也躲不过突击的惊雷。其实，婚姻也应该是这样。

根，只有深深地扎进泥土，生命才坚不可摧。而婚姻的根，它是扎在对方的心中，也将对方放在自己的心灵深处。也许只有这样，婚姻才会经得起一切的风风雨雨。

朋友继续问：那你们把树种在什么地方呢？

黄河边！让它在母亲河的怀抱里喝着母亲的乳汁长大！他的回答不假思索，我们会在每年的农历七月七日看望我们的"爱情树"。

也许，天下的合欢树千千万万，但属于我们的只有这一棵！毕竟，这一棵是我们两个亲手种下的，虽然人间"风情万种"，可我们只对"这一棵"情有独钟！

时间会沉淀价值！爱情一样，树也一样，婚姻更一样……

二、心与心保持零距离

对于一对相爱的夫妻来说，当心与心在彼此面前透明得如玻璃的时候，那么，他们之间的爱情也就纯洁得如水晶了。人与人的距离不在于地理位置的远近，而在于心与心之间的距离。

其实，丈夫与妻子都是一本书，我们只有读懂了他（她），才能走进他（她）的心灵深处，彼此在心与心之间才会没有任何隔阂和无法逾越的鸿沟。

婚后生活的和谐与否取决于夫妇双方能在多大程度上相互认识，在多大程度上能够进入对方的内心世界和了解对方的特殊心理及要求。

也许有人会说，这简直是小儿科的话，如果我不了解他（她），我又怎么能同他（她）结婚呢？再说，现在又不是封建时代，要等进了洞房才能看清对方的面孔。

事实并非这样，婚前的相互了解，无论达到什么程度都是相对的。因为恋爱是一个特殊的阶段，男女双方都处于高度亢奋之中，为了博得对方的好感和爱慕，各自都极力把最美好的一面展示出来。此时"情人眼里出西施"，男方不仅会把女方的形象美化，而且还会把她的思想、品德、性格等同时美化，有时甚至还会把缺点看成是优点。而女方呢，也是，觉得对方就是自己一生再也遇不到的白马王子。他的一切都是好的，甚至他熏人的烟味和酒味也是迷人的。离开他，她好像就活不成似的。

但是到了婚后，双方的情绪都逐渐平稳下来，眼光也变得客观起来。就像卸了妆的演员，双方都毫不掩饰地显露在对方面前。此时做丈夫或妻子的才会发现有很多地方与原来想象的不大一样，原以为十分了解的妻子或丈夫也变得有些陌生起来。

这种现象相当普遍，用不着大惊小怪，因为整个婚姻过程就是相互了

红
囍
书

解、相互适应的过程，就是能否顺利地从"我"走向"我们"这个新的心理组合的过程。而有的人却并不这样认为，他们认为结了婚就万事大吉，没有什么必要对对方再做进一步的了解。他们把精力更多地放在自己的事情上，忽略了对方的存在。这样下去是很危险的。如果双方长时间缺乏必要的交流，缺少相互的适应，爱情是很难巩固的。

夫妻之间真要做到心心相印，这不是一朝一夕的事，我们只有对对方全面了解，才有可能让两颗相爱的心一点一点吻合，直到最后心心相印。尽管它贯穿于婚姻的全过程，但关键还在于初为人夫、人妻时的磨合。

近年来，离婚现象中的一个新趋向就是婚龄越来越短，有的人甚至新婚不久就闹起了离婚。这里有一个至关重要的原因，就是双方在婚前了解不够，在婚后又不能进一步地了解、沟通、调适和适应，或者说自始至终根本就没能够真正走进对方心灵深处，两颗心始终就有一段距离，于是导致感情破裂。

其实，婚龄越来越短，这并不是婚姻中的好现象，要想避免这种旧戏重演，还是有许多方法的，只要你有一颗真心和爱心。爱一个人不管你如何爱，它不外乎两个方面。

首先是在生理方面深入了解对方。婚后，丈夫对妻子的身体有了切实全面的了解，不再像婚前那样懵懵懂懂，这是不言而喻的。但是细心体贴的丈夫绝不会停留在此，而会去进一步地了解对方。例如，妻子有哪些常爱犯的"老毛病"？她比较喜欢哪种爱抚？每次性生活后，她的感觉如何？哪种方式能让她更容易达到高潮？妻子对哪些食物过敏？有什么特别的嗜好没有？对妻子特殊的生理阶段时的表现要格外留心，因为大多数女性在经期都会感到下腹部轻度不适、腰酸乏力、心情烦躁和情绪不稳定。此时，更多地承担一些家务劳动，让妻子尽可能多地休息，尽量避免与妻子争吵，以稳定她的情绪，这都是一个好丈夫应该做到的。而作为妻子，也要从生理方面对丈夫有个深入的了解。

其次就是在心理方面深入了解对方。作为丈夫，要想对妻子的个性、心理、品质有较深入的了解和认识，其捷径就是了解和认识她的父母和家庭。妻子是从娘家那里走出来的，不可避免地带有那个家庭文化的烙印，了解了那生她养她的家庭，就等于了解了她的一半，因而对她的兴趣、爱好、性情、习惯等也就更容易理解。可有的丈夫既不屑于了解自己的妻子，又爱武断地把自己的行为方式作为衡量的标准，指责妻子这也不好，那也不对。这样做，很容易引起争吵，产生矛盾，损伤夫妻感情。不过，明智的丈夫一般不会这样做。作为妻子，很多时候也不要太任性，凡事最好站在丈夫的立场或心理去考虑一下对方的感受或想法。无数事例证明，只要对方，特别是做丈夫的满怀爱恋之心，把对方当做一本书一页一页地精心读下去，婚姻定也会越来越幸福，越来越香醇。

你今生选择他（她）做你的唯一，那一定是他（她）最懂你的心，最想知道你每一刻的心跳是在怎样地律动。爱他（她）！就接受他（她）的一切，敞开心扉把一切都告诉他（她）。当然，作为倾听的一方，也一定要理解和尊重对方，一切不快和误解都会在爱的包容中融化。只有当心与心没了距离，爱情之树才会在自由舒适的环境中枝繁叶茂。在属于你们的那片恩爱的天地，没有什么不可以交流的，如果你爱他（她），你甚至可以无条件地去服从他（她），或者在他（她）面前让身与心都绝对地去放纵。只要你愿意，一切都会为你们的幸福和快乐让步！

三、精神世界需"门当户对"

婚姻幸福与否其实从定亲那一刻就开始了，你爸爸是处长、我妈妈是局长……理想婚姻确乎不需要这种"势均力敌"。我们向往的婚姻美满与否不取决于双方家庭的背景，而取决于两个人是否有共同的世界观、人生观、道德观，他们对于社会、家庭、人生的看法是否一致，乃至于他们的性情是否

红
囍
书

相投，在日常生活中许多细小的问题上是否能够达到统一。

不能否定的是，以上种种即使不完全由一个人所受教育决定，也不可避免地深受其文化程度、人生阅历、社交群体的影响。一个小学没有毕业、一直居住在乡村里的农民，与一个留美归来的博士凑在一起聊天，可能会找到一些共同语言，但一天天地聊下去，就没有话说了。婚姻需要两个人朝夕相伴、日夜相处，仅在某些方面有共同点是远远不够的，它需要太多相互契合的地方。从这层意义上考虑，"门当户对"绝对是一种必要。

这里谈的"门当户对"其实是在强调一种精神的一致性，而精神世界的一致性，在很多时候是由外部世界决定的。我们成长的环境、接受的教育、生活的社区，决定着我们的人格。所谓物以类聚，人以群分，不同社会阶群的人往往总是在自己本阶级内部找到共同语言。不同阶级对待同一事物的态度确实是不一样的，这其中可能没有高低贵贱之分，而更多的是一种文化的差异。"阶级"在此指向的，也正是这种基于文化、环境、教育之不同产生的差异，这便是现代社会的"门户之见"。

一对属于不同阶群的男女，因为某种姻缘而热恋，跨越了阶群的束缚而结合在一起，相信爱的力量是无穷的。但婚姻生活不是恋爱，潜在于各自灵魂深处的矛盾有可能在日后慢慢显现。即使这对夫妻能够化解这些矛盾，他们与对方的父母是否又会和谐相处呢？婚姻毕竟不是两个人的事情，任何看起来遥远的关系都可以直接影响到小家庭的安定生活。不做更全面、长久的考虑，将于未来付出代价。

当然，如果单纯以阶群作为门户之分是过于绝对的，西方女权主义者一个最著名的主张便是个体差异永远大于群体差异。即使同是高级知识分子，也会既有愿意为真理献身者，也有为了几个钱出卖良知者。面对正义，能够做出正确选择的两个人往往并不一定来自同一阶级。人品在许多时候是跨阶级的。阶群是决定一个人思想的重要因素，但不是唯一因素。

综上所述，在婚姻中是否门当户对应该成为重要的考虑，但不是唯一的考虑。最重要的是看具体恋情中的思想状况是否同步。

四、婚姻中的酸甜苦辣

作为采访人生的记者，人间的酸甜苦辣都应该尝一尝。而我们——每一个未走进或已走进婚姻的人，都是采访人生的记者。婚姻中的酸甜苦辣若去仔细品味，你会发现其中的奥妙也是无穷无尽的。

酸：看着丈夫时不时看街上的美女，妻子心里就开始醋意横生了；听着妻子回忆前任恋人的一些旧事，丈夫这心里也是酸溜溜的。其实呀，这种醋意正是爱的一种表现，正是因为爱，所以才会有强大的占有性。这醋能杀菌消炎，也能健脾开胃，不少好菜里少了醋就觉得没味儿了。在婚姻这盘菜里加点醋是有好处的，不过可要注意量的多少哟，醋坛子不小心打翻，这菜可就要变味儿了。

甜：从小桥流水的浪漫恋爱到相濡以沫的婚后生活，两个人共同厮守了几十年，经历了孩子的出生，经历了涨工资，经历了发奖金，经历了买房子……分享的都是生活的甜蜜。度假、跳舞、牵手散步……所有生活的细节回忆起来也是一串甜蜜的爱情之旅。

苦：人活一世，难免会有一些磕磕绊绊。如果婚姻能够经受住生活对于它的挑战和考验，那么经历过风雨的爱情玫瑰就会绽放得更加绚丽，夫妻之间也会更加彼此珍惜。

辣：有句俗话说"不吵架不成好夫妻"，夫妻之间难免是会有些吵吵闹闹，可是"床头吵架床尾和"这也是夫妻间公开的秘密。适当的争吵正是婚姻这盘菜里的辣椒，辣椒促进血液循环，而这个辣椒则可以增进感情。

咸：曾经看过一个童话故事，故事的主人公是一个爱父亲像爱盐一样的公主，不去想这个故事的结局是什么样的，但是我们知道，盐是生活中必不可少的。而婚姻这盘菜的咸味是来自金钱，金钱不是万能的，但是没有钱的确是万万不能的。不过仍然要记住，婚姻这盘菜的咸味需要的不多，适量而

止。

婚姻就像一盘菜，不论烧什么菜，都要有持续不断的火。这火就是夫妻之间的感情。初婚时叫爱情，多年后叫亲情。只有感情的炉火绵绵不断，各种料随各家的口味增减添补，才能烧出一盘色香味俱全的婚姻佳肴！

五、婚前恐惧症及其解药

据有关专家介绍，在婚前恐惧症的人群比例中，女性要大大多于男性，同时二者的恐惧因素也有很大差别。女性主要担心婚姻会产生变数，爱情不会长久。据社会心理学家介绍，婚前恐惧症是一类很具有代表性的现代社会心理疾病。病因主要是因为生活紧张，总渴望一种自由散漫的生活。而由于经常听到关于婚姻的探讨，特别是听到涉及夫妻矛盾和责任关系的时候，便产生了一种恐惧心理和逃避心理。

现在，婚前同居现象越来越普遍，使得以往未婚青年对婚姻的期待心理相当程度地减弱。由于同居而对婚姻失去新鲜感，反而对婚后责任产生了更多考虑，由此便表现出对结婚的恐惧。婚礼的演变也是产生婚姻恐惧心理的重要原因。原来的结婚模式多为父母操办，而现在多是年轻人自己料理。结婚时很多繁杂的事物，也使年轻人产生心理疲惫感和恐惧感。另外，由婚姻带来的家庭间的重组必然带来情感和经济上的摩擦和碰撞，这些都从侧面加剧了婚前恐惧症状。

许多即将步入婚姻殿堂的男女都认为，结婚会使两人的关系发生质的变化，婚前婚后所面临的角色转换、生活方式的反差，等等，这些都会对自己的未来人生状况产生一种捉摸不定、莫名其妙的忧虑。概括而言，婚前男女恐惧结婚主要有以下八种典型原因。

（一）担心结婚后丧失追求者

有一些痴情男追随在她的石榴裙下，女人都很爱享受被人追的感觉。女

人未婚就是最大的资本，可以尽情享受男人的疼爱，又不必像家庭主妇那样把自己熬成黄脸婆。不可想象，如果有一天结婚了，没人追了，我还向谁展示自己的魅力？

其实，结婚不意味着走进坟墓，结婚后的女人也可以有自己的魅力和朋友圈，当然这种朋友圈并不是要你和男人保持暧昧，对人家的示爱若即若离。而是指，你可以和男人保持一种纯友情的关系。

每个女人，骨子里头大概总有一种情结——想拥有个蓝颜知己。这个蓝颜知己不是丈夫，不是情人，而是居住在她精神领域里的那个人，他不一定英俊，但一定成熟、可靠、善解人意。女人的梦想里，便总期望着能与这样的男子相遇，一旦遇上，她的寂寞和软弱，便都有了寄存的地方。

（二）担心为生活琐事所累

走出这一婚前恐惧心理，首先要摆脱对婚姻生活的幻想，不要存在过高的期望与奢望，不要认为爱人样样都好，完美无缺，蜜月真的比蜜还甜。应该清楚地认识到新家庭的诞生就意味着负担的加重，意味着双双要为家庭尽力尽责任，尽自己做丈夫和妻子的责任。须知，蜜月的甜美是自己甘心为爱人吃苦受累而赢来的，是互相的奉献，共同的营造。要求恋人们在婚前就要有为爱人、为未来的小家庭甘心吃苦受累的决心，要宽容和谅解爱人的缺点。

（三）对未来老公不够了解

双方是亲戚介绍认识的，由于在两个城市工作，很少见面，家人都说年龄不小了，催着让尽快完婚。其实，男女双方需要不断地加强相互之间的了解，加深感情，这是最重要的婚前心理准备。这项准备若不充分，其他准备再完备也不会保证婚后生活得美满幸福，纵然是婚前物质准备应有尽有，亦难以弥补心里的损伤、维持夫妻真挚的恩爱。建议双方还是多了解一下再考虑结婚，或者婚前长谈一次，尽可能多地互相了解，或许可以消除对未来婚姻的恐惧感。

（四）担心对方会出现婚外情

现在一打开报纸、网络，铺天盖地的都是出轨、外遇什么的，即使是恋爱多年的爱人结婚后，也会出现七年之痒、十年之痒什么的，让人心慌慌。特别是很多单亲家庭长大的人，特别害怕结婚后又离婚，所以干脆就不结婚，害怕婚姻给自己再次带来伤害。

这种恐惧一是来源于社会舆论对婚姻生活的负面"宣传"，以及一些媒体对各种婚姻问题剖析过多地"暴露"了婚姻的阴暗面，使有"结婚意向"的人感到一种无形的压力，以致产生对婚后生活"走向"过分忧虑和对婚姻失败的恐惧；另一个原因是，一方对另一方某方面不是很满意，或对对方某些缺点在成家后能否改变、自己能不能适应等心存疑虑。

建议多看一些幸福婚姻的报道，了解外遇和出轨只是婚姻的小部分案例。要相信爱情，相信婚姻，同时也应该多学习一下升温爱情的小招数，只要用心经营，婚姻就会很美好。

（五）担心结婚影响事业的发展

现在工作竞争那么激烈，很多刚毕业的本科女生都找不到工作，更别提结婚后的女人了。一直不敢结婚，是因为害怕结婚后竞争力降低，没见很多单位招聘时直接就问你"有没有结婚"吗？而不少女人为了找到一份合意的工作，不得不隐掉自己已婚的身份，成为新的都市隐婚族。

如果23岁的女子是靠青春和乖巧博得好感，那么，一个28岁的女人则需要体现稳重和能干。前不久听说这样一个案例：一个30岁的未婚女人到某公司应聘，她的能力和经验都得到了该公司的认可，但只有一点，该公司对她30岁还未婚表示疑惑，担心她的性格有缺陷，最后还是拒绝了她。所以说，一个大龄女子为了工作而不结婚是完全没必要的，只要你不是早婚生子，正常的婚育应该是公司和个人都应该考虑的问题。

（六）担心婚后失去自由

一些女孩一向自由惯了，真要她结婚生子，规规矩矩做居家女人可能还

真受不了。未婚时，可以泡吧，想睡多晚就睡多晚，可以和异性网友暧昧，可以叫一群死党来家里狂欢……结婚后可没这么自由了，要照顾老公的情绪，还要在乎婆婆的脸色等等。

在步入一段爱情生活的初期，单身惯了的人可能会有许多的不习惯，比如讨厌二人天天相对，讨厌生活琐事，但无论如何，都不要轻言放弃。不妨为自己设定一个为期三个月的时间段，在这期间去尽力承担自己应尽的那份责任，度过心理适应期后，你对爱情与家庭的信心，一定会飞快增长。

（七）担心他不是自己最爱的人

因为长时间的拍拖，已经没有了心跳的感觉，只有一种亲人般的默契和温开水般的生活。越临近结婚，就越害怕，担心他不是我的最爱，担心他只是一个好的结婚对象，而不会为我带来激情……

是的，虽然他可能不是你最爱的那个人，但是他将是你现在和未来最亲密的人！有些爱情永远是远观的好，有些甜蜜还是珍藏的好，你最爱的人也许并不适合做你的老公。珍惜现在，你就一定是最幸福的新娘！

（八）担心不适合未来的共同生活

在出现一系列"症状"后，双方不妨经常到对方家里多坐坐，了解他（她）的家人，或者和他（她）多谈谈他（她）的家人，了解未来家庭成员的生活习惯等，这个过程也是心理逐渐适应的渐进过程。对婚姻持久性怀疑和恐惧时，要保持开放的心态，能够去跟对方沟通交流，进而打消这种疑虑。如果对方突然不愿意结婚，不要急着否定双方的感情，应该多问问其担心和顾虑的原因。如果协调好，对婚后的生活也是很有利的。

红囍书

第三节　新婚里的Money预算

一、新婚夫妇如何理财

现代人比较追求生活品质，消费观念较之从前也有了很大改变，而大多数年轻人都没什么理财经验，每月的收支安排也比较随心所欲，这就造就了大批的"月光一族"。所以结婚后如何打理小家庭的财产，怎样根据家庭经济收入情况建立起合理的家庭理财制度，这些对"小两口"来说确实是一项严峻的考验。

一位来自建设银行理财中心的主任建议，结婚成家后，理财就成为夫妻双方的共同责任。由于缺少共同生活的经历，因此夫妻之间的许多消费习惯和收支调控手段都不尽相同。所以在新婚后的一段时间内，夫妻双方应该充分尊重对方的消费习惯，给予对方适当的收支支配权利。即使觉得对方的行为不合适，也不要太过干预，应该循序渐进地适应磨合，在共同的生活基础上进行调节。

一般来说，结婚的过程开销都很大，而新婚夫妇的经济基础都不是很强，而且婚后还有许多家庭目标需要去实现，如养育子女、购买住房、添置家用设备等，同时还有可能出现预料之外的事情。因此，夫妻双方不妨坦诚自己的意见，把自己对未来的规划提出来共同商议，并充分尊重对方的意见，确立家庭长远的计划，制订具体的收支安排，做到有计划地消费。

建议新婚家庭设立一个账本，对于重要的财务收支情况和家庭共同基金变动情况随时进行登记，使夫妻双方能对收支情况和家庭资金情况心中有数。扣除每月相对固定的生活费用后，贷款买房家庭的住房按揭将是家庭最

大的一笔开支，其费用最好不要超过年收入的1/3；其次，应准备一笔家庭紧急备用金，通常为家庭6个月的生活费用；余下的部分用于规避风险和投资。

由于新婚家庭大多处于财富初始积累期，因此双方的收入最好是能够自由支配，但前提是双方必须保证每月拿出自己收入的一部分作为家庭共同基金，这份基金可以用作储蓄，也可以购买其他一些本金安全、收益稳定的理财产品。在理财产品的选择上，建议买入记账式国债，国债年限以3～5年的中期国债为宜，票面利率较高，每年投资一笔，几年以后，国债便可以滚动操作了，这样，就实现了每年都投资国债，每年都有国债到期。此外，还可以投资货币市场基金，货币市场基金收益率为3%左右，相当于短期国债，天天计息，按月转本。即使是急需用钱，也可以随时赎回，没有任何费用且免税。

目前家庭理财主要有两种模式，一种是传统的"独裁"制，也就是财政大权由家中一员主管，这种方式适合于夫妻收入差距较大的家庭。在很多年前就非常普遍。由于当时人们的收入有限，收入来源也仅限于工薪收入。这种方式一方面有利于统一调剂内部资金，降低资金成本；另一方面有利于完成统一的财务目标，如大件消费、重大投资等。但随着人们收入的多元化，以及个人对财务自由的追求，此模式越来越失去市场，伴随而来的是"小金库"、"私房钱"等，更有不少夫妇由于在财产支配权上产生矛盾最终导致婚姻失败。

适合于夫妻收入差距不大的理财方式是家庭AA制理财计划。提到"AA制"，大多数人都不陌生。曾经只在同学、朋友间聚会时流行的"AA制"，如今也渗透到了居家过日子当中。

但是，与我们以往所说的AA制不同，家庭AA制并不像聚会那样，将家里的所有开销全部由夫妻二人均摊，而是每月按照收入的比例，从夫妻双方的工资中各拿出一部分作为家庭公共基金，这部分钱一般不动用，余下的所

红囍书

有家庭的公共支出，夫妻双方各承担一半，除去这两部分，剩下的工资奖金不再上缴，各有各的花法，另一方不得干涉。

挑战传统的"AA制"正受到时尚夫妻的青睐，也成为不少家庭理财的新模式。

这种与"独裁"制相对应的家庭理财AA制方式，起源于西方。在北京、上海等白领云集的都市，高收入和个性消费使得家庭AA制风行和发展。虽然目前实行AA制的家庭总量不多，但此概念却被越来越多的年轻人认可。同时，一项在北京、上海、广州三城市进行的相关调查表明，46.9%的青年被访者赞同"夫妻开销应该实行AA制"，其中上海的比例高达51%。理财专家建议，合理运用AA制不仅能让家庭成员充分享受到自由支配财务的乐趣，同时也能保证合理储蓄和安全投资。

AA制必备的条件是：

1. 收入相差不大。否则实行"AA制"之后，双方实际生活质量相差较大，长此以往，弱势一方必定会心理失衡，导致家庭内部出现矛盾，有违实行"AA制"的初衷。

2. 教育程度持平。双方思想都比较开放，妻子具有相当的独立意识，不愿意成为依附丈夫的花瓶。丈夫反对大男子主义，对妻子的独立意识不但理解，而且欣赏。

3. 具有合作意识。虽说表面上夫妻双方各负其责，但遇到重大投资决定时，还需要双方共同协商解决。

4. 暂时没有孩子。凡是涉及孩子的花费一时不好定性，很难归属于两人之中谁的花费，并且只要涉及孩子的花费，家长往往都会奋不顾身，即便出现盲目消费也不易察觉。

案例分析：

合理安排财务享受自由支配

家庭档案

男主人公：李军辉，32岁，企业高管

女主人公：芮亚敏，29岁，报社编辑

AA制协议

为了更好地贯彻"节俭持家，合理理财"这一精神，本着男女平等的基本出发点，按照AA制的原则，现制定《家庭理财协议》如下：

1. 双方收入为家庭共有财产，建立家庭财产公基金。二人每月向基金内各注入工资的50%。基金不得私自动用，如果遇到重大情况确需动用基金时，须经二人同意。

2. 家庭每月的公共开支，如水电费、电话费、房屋贷款等由双方按照收入比例按比例均摊。

3. 每人的生活开销，由个人负责，不得无理干涉个人私生活。

4. 个人建立《个人开支明细表》，详细记录开支情况，月底互查，如有大手大脚者，分别罚款500元（李军辉）和400元（芮亚敏）注入基金。

补充条款：鉴于李军辉每月比芮亚敏多收入2000元，柴米油盐等生活物资全部由李军辉承担。

收入总额：李军辉(6000元) + 芮亚敏(4000元)=10000元

注入家庭基金后剩余：10000−5000=5000元

按照6：4的比例，李军辉和芮亚敏分摊上月电话费、水电费、房屋贷款共计2000元，其中李1200元，芮800元。

李军辉剩余：6000−3000−1200−600(生活物资)=1200元

芮亚敏剩余：4000−2000−800=1200元

红
囍
书

上月份两人实际可支出数额为1200元×2=2400元。

这样下去，两人可支出的数额相当于比以前少了将近2000元，可是两个人却花得特别踏实，而且花钱大手大脚的毛病不知不觉也改掉了，眼下家庭基金中已经有了16万元的存款，今年终于可以完成"宝宝计划"了。

关于一些新婚夫妻AA制理财计划的调查情况如下：

调查动机：了解现代家庭人们对"AA制"理财方式的了解和实施情况。

调查目标：选取年龄在45岁以下的家庭成员，共计30人进行调查。

调查问题：

A. 是否听说过AA制？

28人听说过，占93.3%；2人没有，占6.7%。

B. 认为家庭内部理财使用AA制是否合理？

12人认为合理，占40%；8人认为不合理，占26.7%；10人认为依据每家情况不同而定，占33.3%。

C. 对目前家庭的理财方式是否满意？

5人很满意，占16.7%；7人还可以，占23.3%；18人很不满意，但不知道该如何改进，占60%。

D. 如果让你重新选择，你会实行家庭AA制吗？

11人会，占36.7%；13人不知道，合适的话会试试，占43.3%；6人不会，占20%。

从以上的调查结果可以看出，人们对家庭AA制的了解程度不够，虽然对现在使用的理财方式并不是非常满意，但是由于旧有理财思想的影响，对家庭AA制的可行性还是存在一定的疑问。在调查中工作人员发现，不少30岁以下的年轻家庭还是对家庭AA制充满兴趣，并且不少已经开始或者准备尝试。

专家说法：并不是所有家庭都适合理财AA制

夫妻之间AA制的推行，首先是对女性能力的信任，是社会进步的表现；其次，夫妻之间实行AA制可以增加双方对家庭的责任感；第三，由于双方的经济状况都是公开的，让夫妻间更加信任；第四，双方对钱财都有绝对自由的支配权，可以做各自喜欢的事情；第五，能减少不必要的花销，减少浪费。

为了让家庭建设更有计划性，不妨实施记账制度，每个月底进行汇总，夫妻双方都来向对方"挑刺"，看看哪些开支是合理的，哪些是不合理的，然后在下个月有意识地进行调整。为了减少盲目投资消费，不妨设定一个最高限额，限额以下的款项可以自由支配，限额以上的最好征求一下对方的意见。不要把夫妻AA制当做平均制，可以按照各自收入在家庭总收入中所占比例来分摊开支，大件商品按比例集资购买，日常开支则差不多各付一半。

另外需要注意的是，并不是所有的家庭都适用于AA制理财方式，比如双方收入悬殊过大，还有就是新婚家庭。因为新婚夫妇需要进行理财的"磨合"，如果集中理财的效果不好，可以实行AA制，但如果一方能把家庭财务打理得井井有条，那这个家庭还是实行"独裁制"比较合适。

二、新房布置的技巧

新房（俗称洞房）是新婚夫妇日后学习、生活和休息的室内环境，也是新婚夫妇及双方亲友来宾都十分关注的焦点之一。一个布局合理、装饰得体、美观舒适的新房，常常给亲朋好友留下美好难忘的印象，也会在新婚夫妇的记忆中打下深深的烙印。那么，如何把新房布置得恰到好处呢？

首先是新房的装修。它是新婚夫妇婚前准备婚房的重要组成部分，也是洞房布置美化的基础。新房装修一般应力求简洁大方，防止花哨。材料的选用要立足于现有的经济条件。好的装修效果在于巧妙的设计，普通的材料也可装饰出高雅的效果。

其次是新房的布置。在布置新房时，新婚夫妇应根据自己的实际情况，如房间面积、兴趣爱好、生活方式、经济状况等，把新房的基调与雏形设计好，使新房构成一幅匀称、美观、舒适的色调。同时，也应与家具、灯具、窗帷、各种织物与小饰物彼此呼应，互相协调。这不仅能渲染出新房的喜庆气氛与热闹情调，还能显示新婚夫妇的个性爱好，满足两人婚后生活起居的需求。

一般来说，房间朝南，可以用中性颜色，比如灰色。房间朝北用一点暖色，如米黄、驼色。房间是东西向的，一般用冷色调的，如豆绿、鸭蛋青。房间的颜色确定后，再来选择家具。家具的选择应根据房间的主色调来考虑。一般来说，暖色调的房间，家具宜选用浅橙色、浅褐色或较深的米色等纯度较高的颜色；冷色的房间，宜选用浅绿、浅蓝颜色的家具。房间内其他用品的选购，如床单、床罩、沙发套、地毯、窗帘、台布等也应同新房的总色调相协调。

新房的布置方法很多，但总的来说离不开色彩、灯光和布置手法的运用。新房的色彩可以偏暖一些，在摆设上多放一些红、黄、翠绿等色彩鲜艳的物品，特别能增加和渲染喜庆气氛，使人振奋。比如，家中如果有大一点的玻璃镜子，可以在镜子周围挂一串节日的彩灯，晚上五彩缤纷，光彩夺目。在客厅、卧室的冰箱、衣柜、书桌、圆桌上放上一瓶体态轻盈、形态奇特、色彩明快、构图颇具特色的鲜插花，就会给新房增添许多美感和生机。

新房的墙面装饰能烘托新房的整体美，不可忽视。墙面的装饰应以主墙为中心。所谓主墙，就是室内最整齐而突出的墙面，一般把照片和书画作为主墙的重点装饰，次墙可适当布置其他装饰品。如果主墙是大幅山水画，次墙不能再挂山水画，可以挂人物画或选择其他装饰。但要注意，书画品种要穿插装饰，不可雷同，也不可单一，大小得体，高低适宜，这样就显得气氛和谐，层次清楚。

结婚是人生的一件大事，新婚夫妇都希望自己能生活在热烈、明快、新鲜、喜庆的环境中，去尽情享受爱的幸福和欢乐。所以，在布置新房时，要考虑到加强新婚气氛这一点。

为了集中突出新房的喜庆气氛，购置中性色或浅色家具，可增加室内的明亮和温暖感，剪一个大红"囍"字贴在窗户或墙上，表示喜庆，象征幸福美满。在房内拉起五颜六色的纸制花环，有条件的挂上五彩缤纷、时隐时现的彩灯，可使室内的气氛变得热烈、欢快。在吊灯上罩上一个彩罩或可以转动的斑驳球，别出心裁，效果会更佳。在淡雅的背景下，摆些色彩艳丽、生动活泼的小动物、人物饰品，也可以渲染新婚喜庆的气氛。

总之，一间经过精心布置的新房应该朴素、大方、舒适，实用而不浮华、精致而不庞杂、高雅而不庸俗，给人一种愉快的感觉。

三、办一场既经济又精彩的婚礼

奢侈的酒席、昂贵的花车、盛大的宴会……对即将步入婚姻殿堂的新人来说，婚礼多少都让人觉得经济上有些紧张。那么，如何为自己准备一场既经济又精彩的婚礼呢？

（一）如何经济

1. 提前半年准备

要想让婚礼更经济，那就得多付出一点时间提前准备。结婚涉及的理财项目大致如下：拍婚纱照、买珠宝钻戒、购买或者租借婚纱礼服、办酒席、请婚庆公司、蜜月旅行，另外还要购买喜烟、喜酒、喜糖等，如此多的支出如果不提前做好预算，很容易超支。所以新人在婚前必须做出一个预算，确定婚礼的规模以及花费的总额度，在此基础上，算出每个部分所占总额的比例，然后再根据这个预算结果去确定适合自己的支出项目。

多数婚礼举办后都会比预算超出10%～20%，这部分超出的钱也必须

"留一手"，避免尴尬。

2. 精打细算，预计婚宴客人数目

自备洋酒、香烟、饮料、糖果，不妨列出清单前往批发商处采购。虽然大部分酒楼可以缩减桌数，但都以一两桌为限，为避免出席率偏低，应该准确估计客人数目；如果结婚当天是旺日，最好能提前三至五天致电亲友询问他们是否会出席，为他们编好座号，就比较容易控制桌数。

如果自己没有时间，可以请兄弟团和姐妹团帮忙，确定人数则要劳驾双方父母出马。婚宴正式开始前如果有些桌子的客人没有坐满，可以让他们"拼座"，不必感到不好意思，这样一般可以省下一到三桌，与酒店商量一下，留到"三朝"回门的时候吃。

3. 全权委托婚庆公司

找一家可靠负责的婚庆公司提供一站式服务，除了不用自己劳心费力外，还可以得到专业、周详、合理的安排。越来越多的准新人喜欢并依靠婚庆公司操办婚礼了。

在前往婚庆公司咨询之前，最好先把自己的婚礼梦想以及所需服务做一个简单整理，在和婚庆策划师沟通的时候就能做到有的放矢。可以多听听策划师的意见，因为他们经验丰富，非常清楚如何从点到面确保整个婚礼的精彩。如果婚期赶在节日期间，与婚庆公司越早联系越好。比如"五一"、"十一"这样的婚礼旺季，婚庆服务的价格也可能随供求关系的变化而上扬。

（二）如何精彩

婚礼当天，如何才能让这特别的日子与众不同，留下永恒的美好回忆呢？在谈完经济婚礼的三个节约锦囊后，一位婚庆公司的专业人士为精彩婚礼提出了三个妙计。

1. 定一个主题

厌倦了千篇一律的婚礼模式吗？那就举办一个与众不同的主题婚礼吧！

准新人可以从自己的童年梦想或者恋爱经历中寻找婚礼主题以及婚礼细节的灵感。俏丽的新娘很喜欢卡通人物吗？那就办一个米奇婚礼或者凯蒂婚礼好了！欣赏百合的纯洁与芬芳吗？为什么不尝试一下清新自然的户外婚礼呢？赶紧想想，你喜欢什么，你渴望什么，或许，这就是你专属的婚礼主题。

2. 配两种颜色

大红一直以来都是非常传统的喜庆色，可是近年来在婚宴上其他的色系也开始流行起来。粉红代表着温馨浪漫，白色象征着纯洁神圣，绿色寓意着清新自然……准新人可以根据婚宴场所的原有色调，依据沉稳色加柔和色的原则，搭配自己喜欢的颜色，这样整个婚礼现场就会非常和谐美观。

3. 找三类人员

婚礼是一个非常庞大且琐碎的工程，涉及方方面面，为了确保顺利进行，有三类人员是必须要找的。第一，找一个总负责人。婚礼筹备初期有些事情还可以自己跑跑，可越临近婚期，新人就越分不开身了，一个值得信任的总负责人就显得很重要了。他的主要职责就是整体统筹、分配协调各组工作。第二，找一个高素质的专业婚庆策划师。你想得到的，他帮你升华；你想不到的，他为你策划。第三，找一个专业的主持人。专业的婚庆主持人对婚礼流程特别熟悉，他们通过温暖的笑容、祝福的语言，启发新人把最美好、最幸福的一面展现给来宾。

红
囍
书

相关链接：

个性婚礼36计

1. 婚礼上的邂逅

如果你和你的新郎是邂逅相识的，那么不妨在婚礼上来个"邂逅"座位，宾客们按他们选中的号码就座，让每个宾客都有机会结识新朋友。

2. 分享你的爱情故事

让你的主婚人在结婚仪式时讲述你们的爱情故事，让所有的客人见证你们浪漫的爱情。

3. 个性主婚用词

让你的主婚人问在座的宾客是否同意你们的结合，宾客们一定会高兴地鼓掌并大声的叫喊："我们同意！"

4. 铺设甬道

为你婚礼仪式中走过的甬道做一些小装饰，或者撒上你从海滩上捡来的贝壳，或者撒上一些秋天的红叶。

5. 美丽菜名

如果你要打印你婚礼宴会的菜单，则可把菜名换成你们共同的经历的一些事情，或者如天长地久等寓意吉祥的名字。

6. 融进季节的因素

如果婚礼在冬季，用串灯装饰房屋，用闪亮的装饰点缀放结婚蛋糕的桌子；在夏天，就拿出棒冰和柠檬水。

7. 用有纪念意义的名字为桌子命名

把婚礼上的桌子以你们去过的特殊的地方命名，比如，你们住过的地方，或者你们第一次接吻的地方。

8. 亲自派送礼物

不要让每位宾客去领取礼物，把礼物亲自送到每位宾客的手上，这样你可以和你所有的宾客交谈，并接受他们的祝福。

9. 邀请特别的主婚人

邀请你的家人、你的老师或者最好的朋友来当你的主婚人，在他们的祝福中完成你们的婚礼仪式。

10. 回忆大学时光

如果你们是在大学相识的，那么不妨在婚礼后的聚餐，以你们母校的颜色为基调布置宴会区；在婚礼上，不要忘了展出一组你们和同学们合影的照片。

11. 展示你的文化渊源

把富有文化气息或者民族特色的装饰品点缀到你的婚礼上，比如，在墙上挂起你们民族特有的乐器，或者把三叶草放在宾客签到处的桌子上。

12. 让你的宠物也参加婚礼

比如，让你的爱犬为你们送结婚戒指，或者让你的猫咪戴上镶有珠宝的项圈，当然项圈要和婚礼的色调搭配起来。

13. 婚礼上的有奖竞猜

在婚礼后的餐会中准备一些有关于你和你新郎的问题，让宾客猜答。

14. 请有音乐才能的朋友参与音乐演奏

在你的宾客中挑一位音乐高手，让一位歌唱得好或者曲子弹得好的家人或朋友一起来为你的婚礼演出。

15. 播放你们成长经历的录像

用幻灯机或者制作一个简板，把你从小时候一直到现在的照片在婚礼上展示出来。

16. 伴娘的捧花各不相同

让你的每一位伴娘都拿一束不同的花束，或者是同一颜色不同种类的花，或者是同一种类不同颜色的花。

17. 为每位客人拍照留念

在婚礼那天多请几个摄影师，这样宾客都会在你的宾客签到本上留下珍贵的照片。

18. 第二次婚礼上的誓词

如果你或者你的新郎已经有过小孩，那么让孩子也加入到婚礼中，把结婚誓词改为家庭誓词。

19. 舞会婚礼

在婚礼舞会的场地边上，留出一块休息区，好让跳累的宾客歇息一下，吃点小点心，而且也可以观看其他人跳舞。

20. 个性婚纱

如果你是在其他城市举办婚礼的话，比如，夏威夷、巴黎等等，可以穿一件当地的服装或者白色的小礼服作为你的婚纱，当然，也要根据你的婚礼的基调来确定婚纱的具体细节。如果是秋天，可以带一些金色的装饰，或者在裙摆上缝上一些红色的玫瑰花蕾。

21. 制作有声的签到簿

在签到处安置一个摄像头，请所有的来宾都对着它说出对你们的祝福，然后制成DVD，以后可以经常回味。

22. 浪漫的篝火晚会

把婚礼安排在晚上，围绕着篝火，可以宣读你们的誓言，在浪漫的情歌中翩翩起舞。

23. 为新娘演奏一曲

如果你会玩乐器，那么加入婚礼那天的乐队，为你的新娘演奏一首动听的音乐，或者一首浪漫的情歌。

24. 交杯酒的徽章

如果你们是在大学相爱的，那么不妨在香槟酒杯蚀刻上你们学校的校徽。

25. 家族首饰

把你奶奶的订婚戒指上的钻石镶到你结婚那天佩戴的项链上，或者把你们家族传下来的首饰放到你的捧花的手柄上。

26. 海誓山盟

如果婚礼在海边或山上举行，双方可以当着所有宾客及亲朋好友的面，对着高山或大海立下你们相爱的誓言。

27. 让婚礼上的外国客人感觉更亲切

如果来参加你们婚礼的宾客是外国人，在婚礼的仪式程序中有文字显示的地方也打印上他们国家的语言。

28. 摇曳的烛光

用蜡烛的点点光芒映衬出婚礼仪式的圣典，或者在你们离场的时候用烟火燃起浪漫。

29. 展现相爱的足迹

在婚礼仪式中，可以引用你和新郎谈恋爱时写的浪漫卡片或者情书中的片断，来展现你们的爱情足迹。

30. 个性婚车

其实不要总是局限于四个轮子的交通工具，如果有可能的话，试一下直升机、热气球或者是双人摩托。

31. 显示与每位客人的亲密关系

为参加婚礼的宾客制作介绍卡片，在上面介绍你们和每一位宾客的亲密关系，用卡片让客人们相互了解。

32. 在婚礼上立下一份《法律不干涉条约》

可以约定一些婚后生活的家务分配问题，浪漫节日如何度过，两个人发生小矛盾时该如何处理等一些有利于婚姻幸福的约定。最后在见证人签名时，让所有在场的宾客都写上自己的名字。

33. 蝴蝶婚礼

蝴蝶属于追光的昆虫，可通过专业蝴蝶放飞技术，使得蝴蝶在舞台停留或者盘旋飞行。蝴蝶放飞后可提供一些透气带盖透明塑料杯给一些婚礼嘉宾，婚礼结束后可以抓一两只好看的蝴蝶带回去养几天。

34. 在火红的枫林中举办婚礼

枫叶是浪漫的象征，在婚礼那天，也可以与一些亲朋好友在火红的枫林中举办婚礼，让火热的爱与火红的枫林融为一体，让茂密的树林见证这一生中最难忘的一刻。

35. 时尚的海底婚礼

抛开传统的华丽礼服，身着彩色潜水服的新婚夫妇，在潜水教练的帮助下，迎着海浪潜水进入海底的婚礼殿堂。鱼儿是你们婚礼上的嘉宾，海龟是你们的唱诗班，感觉太奇妙了。更特别的是海底婚礼所采用的结婚证书是用纤维制成的，是拥有防水功能的一身一世的见证。有天、地、海相伴的婚礼，加上原始的用餐方式，真带有一种海枯石烂的感觉。不过，举行海底婚礼还必须事先挑选一个会潜水的牧师或证婚人，要预先了解风况会不会影响下潜。

36. 种下一棵象征爱情的树

在婚礼的当天，为你们丰收的爱情种下一棵树，合欢树、枫树、橡树，等等。只要你们觉得它可以象征你们的爱情和婚姻幸福美满，什么树都可以。

红囍书

四、国内外个性婚礼扫描

蓝天碧波上的浪漫婚礼

在美国圣地亚哥海湾的蓝天碧波之中，白色豪华游艇上一对新人在举行婚礼。新郎西装革履，标准的绅士穿着；新娘一袭白色婚纱，在阳光下熠熠生辉。一家老小含笑地注视着这一激动人心的场面。这里没有中国的传统鞭炮，没有喧哗，却有着一丝海风带来的心的悸动，有着相当神圣的氛围。

新郎与新娘面对碧海蓝天在宣读着爱的誓言：

那对着大海立下的，

是厮守一生的海誓；

当着太阳戴上的，

是终身不渝的约定。

海风你若有知，

请捎上

异国游子的祝福；

海鸥你若有情，

请传达

大洋彼岸的贺信。

80后个性婚礼：恋爱短片代替婚纱照

为了让自己的婚纱照与众不同，将恋爱过程拍成短片在婚礼上播放，近来，这种"另类"的"婚纱照"正在哈尔滨市悄然流行。

张女士是哈尔滨人，她和男友韩先生两人2007年毕业于黑龙江大学，现在两人在上海就业。"五一"前夕，两人特意赶回哈尔滨的母校拍摄"恋爱

短片"，以便在日后的婚礼上播放。这一短片的情节是这样的：在校园里的大教室里，两人分坐在一张桌子的两侧，从探讨一个难题开始，两人的距离越来越近。镜头一转，女寝楼下，韩先生望眼欲穿，张女士姗姗来迟。操场上，韩先生跃起投篮，而张女士在一旁鼓掌喝彩。毕业前夕，学校内张贴的招聘海报前则是两人忙碌的身影。

哈尔滨市一家私人摄影工作室工作人员张强说，拍摄"恋爱短片"的新人都是"80后"。

法国小伙和青岛女孩的中式婚礼

"起轿！启程娶亲喽！"2008年12月28日，法国小伙子Cylvain用传统的唐朝娶亲方式迎娶了青岛大嫚儿宫小姐。迎娶新娘的不是婚车，而是一顶八抬大花轿，新郎新娘穿的也不是西装婚纱，而是精致的凤冠霞帔。一路上，迎亲队伍引起了数千市民的围观，Cylvain更是乐不可支。

12月28日上午11时，五四广场前传来一阵响亮的唢呐声，法国小伙子Cylvain的花轿迎亲队伍成了最抢眼的"风景"。

8位轿夫抬着火红的大花轿，迎亲队伍身着红色唐装，连鞋子都是古代的黑色高靴。"新郎还是个洋小伙！"路人对新郎Cylvain颇为好奇。面对路人，Cylvain满脸笑容，频频作揖，还时不时掀起轿子的帘子，偷看里面的新娘。

新娘宫小姐是地道的青岛大嫚儿。据她的家人介绍，宫小姐在青岛一家外企工作，Cylvain也在青岛工作过，两年前，二人通过工作关系结识，并很快坠入爱河。女方父母也为这段异国之恋终于修成正果而高兴。

"新郎主动提出要办一场中式婚礼。"据司仪侯成岗介绍，在婚礼举行的前一天，新郎还特地要求进行反复彩排。

120万举行豪华西式婚礼

2009年4月17日晚8点，一场纯西式婚礼在东湖内一会所举行：120台电脑摇头灯、1台升降架、冷餐会的大排场，婚庆公司称耗资120万元。据了解，这位新郎是在四川一家演艺公司工作，而新娘在一家药品公司工作。两人都是二婚，新娘有一个9岁的儿子，新郎有一个12岁的女儿。新人表示，"我们都不是第一次面对婚姻，现在的我们更懂得幸福更懂得生活。"

婚礼过程

晚上8时，婚礼在东湖一会所外的草地上正式开场。

一开始，新娘乘着铺有白色帷布的船渐渐靠岸，并等待她的白马王子。

随后，身着西服的新郎出现，手捧一束白玫瑰，单膝跪下向新娘求婚。

婚礼中，新郎新娘放起了孔明灯。

最后，两人在大屏幕下宣读婚誓。

婚庆公司负责人称，这场婚礼是从半个月前开始策划的，总投资约120万元。其中包括：

120台电脑摇头灯花费：20万元～30万元；

1台升降架花费：20万元～30万元；

鲜花花费：3万元～4万元；

4台摄像机花费：近10万元；

婚姻之船制作费：近1万元；

烟花费用：数万元；

其他：冷餐会所花费。

其实，新娘说对婚礼的开销并不知情，新郎表示："不是所有的东西都可以用钱来表示，但有些东西是钱可以表达的。"

在新娘眼里，新郎是一个懂得浪漫的人。去年"光棍节"，两人游玩后前往酒店休息，刚进去不久就接到总台电话，说这个房间的水龙头有点问题，他们自然地换了一间房。让新娘没想到的是，新换的房间里布满了红玫瑰、红酒和巧克力。"全是我最喜欢的品类，太让我意外了。"点滴间，新娘开始觉得离不开对方。

浪漫的"空中婚礼"

据《广州日报》报道，1991年，中国跳伞界爆出一大新闻，一对新人举行了空中跳伞婚礼，而这对主角正是李广强和太太郑丽娜。这次空中婚礼的创意是谁的杰作呢？

新郎李广强说，这是他们自己想出来的，因为当时在国内还没有听说过跳伞婚礼，"两个人必须都是跳伞运动员才能完成这个高难度动作，很特别，也很难得。"

这件事在当时轰动一时，众多媒体聚焦，记者的"长枪短炮"对准了这对"空中新人"，记录下这段宝贵的历史瞬间。李广强至今还保存着电视台当年拍摄的一段视频，当时是用录像带录制的，由于时间太久，他们落地后的一段视频已无法复原，留下了小小的遗憾。

婚礼当天是阴天，云层较低、能见度差，飞行员将原定2000米的高度调整为900米再跳伞，"我们拉着手走出机舱，然后在空中分开，各自打开降落伞。"李广强回忆道，"要不然，两个人的伞就会缠在一起，很危险。"而最精彩的部分出现在开伞后下降的过程中，空中传来阵阵鞭炮声，原来，伴娘伴郎在腿上挂了鞭炮，并在空中点燃。弹指一挥间，那次空中婚礼已经悄然过去将近20年了。据说后来北京也有一对新人举行了空中跳伞婚礼，至今国内只有两例。

用世界最长婚纱迎接最重要的日子

2009年8月6日，吉林市江滨公园，一位28岁青年用2162米世界最长的婚纱迎娶娇妻。新娘的婚纱遍布整个婚礼现场，他们的爱可谓"铺天盖地"。这幸福的创意震惊了在场的所有宾客。

据说，两位新人通过网络认识，经过一年多的磨合，两人从网上普通网友发展到网下真正的恋人。为了纪念这段特殊的缘分，新郎赵鹏决定给未婚

红
囍
书

妻一个特别的婚礼。今年7月13日历经两个多月的婚纱制作完成，经实际测量，婚纱宽1.5米，全长2162米，超过了世界上已有的最长婚纱1579米的纪录。

婚纱主体部分选用时下流行的香槟白色底衬，以及优质的纱网以及水晶纱等制作，用花边、亮片以及粉末修饰。婚纱上面有9999朵红色手工绢花玫瑰，代表地久天长。前端用608颗洛士奇水晶装点，代表他们认识608天，还在1984.1022米剪下，代表新娘的生日。

延伸阅读:

婚纱的由来及欧洲婚礼习俗

A. 婚纱的由来

传统的中式婚礼总是以红色为主，热烈红火，看着就让人觉得喜庆；相反，传统的西式婚礼的礼服却以白色婚纱和黑色礼服为主，虽然颜色素净了不少，却显得神圣浪漫，与中式婚礼形成了强烈反差。而如今新式的中式婚礼中，年轻人早已把西式的白色婚纱当做首次亮相于宾客面前的重要行头。

其实，西式婚纱不仅仅是西方的"原创"灵感，这一传统习俗不但和中国大有渊源，甚至还深受中国古老的审美观所影响。

传说，当时的西方人受到马可·波罗（Marco Polo，1254-1324）的影响，认为东方遍地是黄金，充满无限希望，而古代中国也成了人们心中的神秘国度。西方派出大量的使者来到古代中国探险，这些使者在中国走马观花之后重返故土，都会被当做了解东方的顾问一般受到皇室的热情款待。

据说，当时一位皇室问及中国的女人如何把自己打扮得最漂亮时，某使者想起曾见识过古代中国一场神秘的东方仪式。男人们身穿黑色衣服，平日间穿着娇艳的女人都身穿白色长衣，迷人的样子真是"我见犹怜"。这位外国使者并不清楚，这其实是中国传统的葬礼服饰，但他却认为东方女子在重要场合都

身穿白衣，女子穿白衣才是最美的。于是，西方皇室纷纷效仿，出现了婚礼上新娘身穿白色婚纱的景象。

1499年，在法国瓦卢瓦王朝国王路易十二（1462-1515）与王后安妮（1477-1514）的婚礼上，出现了"婚纱"的概念。王后的婚纱采用了从古代中国进口的较为昂贵的白色织锦，上面镶缀着各种珍珠、银饰和宝石，首开婚纱中国化的先河。

婚礼虽是世界各国自古以来就存在的仪式，但新娘在婚礼上穿婚纱的历史却不到200年。婚纱礼服的雏形应该上溯到公元前1700到公元前1550年古希腊米诺三代王朝贵族妇女所穿的前胸袒露，袖到肘部，胸、腰部位由线绳系在乳房以下，下身着钟形衣裙，整体紧身合体的服装。现在新娘所穿的下摆拖地的白纱礼服原是天主教徒的典礼服。

由于古代欧洲一些国家是政教合一的国体，人们结婚必须到教堂接受神父或牧师的祈祷与祝福，这样才能算正式的合法婚姻。新娘穿上白色的典礼服向神表示真诚与纯洁。西方19世纪以前，少女们出嫁时所穿的新娘礼服没有统一颜色规格，直到1840年，白色才逐渐成为婚礼上广为人用的礼服颜色。

这是因为英国的维多利亚女王在婚礼上穿了一身洁白雅致的婚纱。从此，白色婚纱便成为一种正式的结婚礼服，如今，有的人不懂婚纱的来历，自己别出心裁，把新娘的婚纱做成粉红或浅蓝的颜色，以示艳丽。其实，按西方的风俗，只有再婚妇女，婚纱才可以用粉红或湖蓝等颜色，以示与初婚区别。

关于婚纱的由来，还有一个典故。16世纪的欧洲爱尔兰皇室酷爱打猎，在一个盛夏午后，皇室贵族们带着猎枪，骑着马和成群的猎兔犬在爱尔兰北部的小镇打猎，巧遇在河边洗衣的萝丝小姐，当时的理查伯爵顿时被萝丝小姐的纯情和优雅气质深深吸引，对她一见钟情，同时萝丝小姐也对英俊挺拔的理查伯爵产生了深刻的爱慕之意。狩猎返回宫廷的伯爵彻夜难眠，可是他们"门不当，户不对"，这是当时的封建社会所不能接受的，但理查伯爵还是鼓起勇气，对出生于农村的萝丝提出了求婚迎娶的念头！皇室一片哗然，并以坚决捍卫皇室血统而反对。

为了让伯爵死心，皇室提出了一个在当时几乎不可能实现的要求，希望萝丝小姐能在一夜之间缝制一件白色圣袍（当时没有穿白纱嫁娶的习惯），而要

红囍书

求是长度符合从爱尔兰皇室专署教堂的证婚台至教堂大门的白色长袍。

理查伯爵心想心仪的婚事几乎已成幻灭……但当时的萝丝小姐却不以为意，居然和整个小镇的居民们彻夜未眠，共同合作，在天亮前缝出了一件精致且设计线条极为简约又不失皇家华丽气息的16米白色圣袍，当这件白色圣袍于次日送至爱尔兰皇室时，皇家成员无一不深受其感动并被先进的设计理念所打动，二人在爱尔兰国王及皇后的允诺下完成了童话般的神圣婚礼。这是全世界第一件婚纱的由来。

B.欧洲婚礼习俗

英国：在传统的英国式婚礼上，新娘会手持象征好运的马蹄莲。若新人住在邻近教堂处，则要与观礼嘉宾步行进入教堂，并于途中撒满橙色的花。英国人的婚礼多在正午举行，随后安排午餐聚会，称作新婚餐。而英式的结婚蛋糕由大量水果制成，并在蛋糕面上饰以碎扁桃仁，顶层有"诞生之瓶"之意，会保留至第一个婴儿出生。

法国：白色是浪漫的法国婚礼的主色调，无论是布置用的鲜花，还是新娘的礼服，乃至所有的布置装饰，都是白色的，可以看出法国人眼中的婚姻是纯洁无瑕的。婚礼上，新娘子会准备手工精细、象征健康、繁荣图案的柜子作嫁妆，所以此柜子又有"希望之匣"的美称。而新人选用的杯子也有特定的名称，名为"婚礼之杯"。

捷克：在捷克人的婚礼上，女傧相会把迷迭香的小树枝插在宾客的衣服上，以象征生活美满及坚贞不变。礼成后，神父会在教堂外将新娘交与新郎，并训示新人要努力完成对方的心愿，然后新人踏过一段铺满丝带的路，新人的亲友要新人付款才让他们通过。

苏格兰：传统的苏格兰格子裙是新郎必穿的礼服，富有苏格兰特色的风笛声也会响彻整个婚礼会场。和中国人相似，苏格兰人还会放鞭炮以赶走不祥及邪恶之物。

德国：德国人的婚礼则多呈现出疯狂的一面。到了婚礼举行之日，新人会坐由黑马拉的马车去教堂。而在婚礼举行的地方，会用红色丝带和花环封着出口，新郎须以金钱或答应举行派对作交换条件，才可以通过出口。另外，在婚宴中，以碎扁桃仁制成的糖果、混有香料的酒和啤酒是款客的主要食品。而在派对上，新人会被戏弄（这有些类似于我们的"闹洞房"），其中重头节目就是兴高采烈地将碟子掷碎。

希腊：希腊的新娘子会在手套中放一些糖，代表把甜蜜带进婚姻生活。希腊人喜欢在婚礼中跳传统的圆舞招待宾客。婚礼举行时，其中有一项程序是由诗歌班的领唱者训示新郎要好好照顾和保护妻子，新娘则会轻拍新郎以示尊重。新人会用薄纱包着裹以糖衣的扁桃仁，然后分派给宾客，以象征丰足和美满。

意大利：意大利人的婚俗跟希腊人的婚俗颇为相似，他们同样喜欢以传统舞蹈来接待宾客；此外，他们也同样喜欢分派裹以糖衣的扁桃仁给参与婚礼的嘉宾，不同的是这些扁桃仁在意大利文化中象征着甘与苦。另外，意大利的新娘会准备好一个小袋子盛放现金和礼物。

俄罗斯：俄国婚礼最特别的地方，就是在说完祝贺辞并干杯后就把玻璃杯抛向天花板，环璃杯跌成碎片，象征新人将有美满的婚姻，这就有"岁岁（碎碎）平安"的意思。

丹麦：丹麦的新婚夫妇往往会筹办好几天，却是秘密进行的。当地的风俗认为，公开筹办会触怒鬼怪或引起他们的嫉妒。在快要结束的时候，人们把一大坛啤酒抬到园子里。新郎的手握在酒坛上方，然后把酒坛打得粉碎。在场的适婚女子会把碎片捡起来，捡到最大的碎片的女子注定会是下一个结婚的，而捡到最小碎片的注定会终身不嫁。

红囍书

第三章

法律·道德·婚内经济

第一节 合法的婚姻

一、结婚必备的条件

我国《婚姻法》明确规定，结婚必须具备以下条件，即必须男女双方完全自愿，必须到达法定婚龄，必须符合一夫一妻制。

（一）必须男女双方完全自愿

我国《婚姻法》规定："结婚必须男女双方完全自愿，不许任何一方对他方加以强迫或任何第三者加以干涉。"这一规定是婚姻自由原则在结婚制度中的具体体现，它充分表明婚姻当事人根据自己的意愿享有完全自主地缔结婚姻的权利，这对建立以爱情为基础的婚姻是必不可缺的先决条件。

男女双方完全自愿，其含义为：

1. 要求当事人双方自愿，而不是单方情愿；是本人自愿，而不是他人的意愿；是当事人完全自愿，而不是半自愿或勉强同意。

2. 做出完全自愿意思表示的人必须具有结婚的行为能力并且无其他婚姻障碍，否则按无效婚姻处理。当事人因受胁迫、诈欺所作的虚假的同意的意思表示，或因重大误解所作的错误的同意的意思表示，如认错婚姻对象等均不产生法律效力。

（二）必须到达法定婚龄

法定婚龄也称适婚年龄，是指法律规定的最低结婚年龄。我国现行的《婚姻法》第七条规定："结婚年龄，男不得早于22周岁，女不得早于20周岁。晚婚晚育应予鼓励。"适用这一规定时，应注意如下几个方面问题：

1. 正确认识和处理好法定婚龄与晚婚晚育的关系。所谓晚婚，是指男

25周岁、女23周岁以上结婚；所谓晚育，是指女子24周岁后生第一胎。

2. 未达到法定婚龄结婚的后果。根据我国《婚姻登记管理条例》规定，未到达法定结婚年龄的，婚姻登记管理机关不予登记；以夫妻名义同居的，其婚姻关系无效，不受法律保护；弄虚作假、骗取结婚登记的，婚姻登记管理机关应当撤销结婚登记，宣布婚姻关系无效，收回结婚证。

（三）必须符合一夫一妻制

根据一夫一妻制原则，申请结婚的双方当事人只能是未婚者，或者丧偶、离婚者。违反一夫一妻制的男女结合，不具有婚姻的法律效力。

二、什么是无效婚姻

（一）未达婚龄（男22周岁，女20周岁）结婚的

我国《婚姻法》对婚龄的限制只有最低限，没有上限要求。只要双方愿意，男女相差60岁也没有问题，任何人都无权干涉。

（二）直系血亲和三代以内旁系血亲结婚的

直系血亲不能结婚是毋庸置疑的，但旁系血亲则不然，中国历史上有表兄妹结婚的传统。现代科学揭示了近亲婚配对下一代不利，因而从优生的角度否认了其合法性。其实，这完全是一个概率问题，表兄妹结婚也未必就会生出傻瓜，最著名的例子就是天才演奏家傅聪的父母亲傅雷先生和朱梅馥女士，他们是表兄妹，一样生出了天才。毕竟生出畸形或弱智婴儿的概率比较高，法律的这种规定现在也渐入人心，很少有表兄妹非要结婚不可的情形了。三代以内旁系，其实就是专对表兄妹这种情况的，比表兄妹更近一层的是兄妹、姑侄、舅甥，在一切文明社会里，显然没有结婚的可能。比表兄妹远一层的关系，就没有问题了。

（三）重婚

重婚的婚姻不仅无效，依据《刑法》还要追究刑事责任。重婚有法律上

的重婚和事实上的重婚。由于重婚违反了一夫一妻制的原则，所以《婚姻法》明确规定它不具有婚姻的法律效力，应当宣告重婚的婚姻为无效婚姻，《刑法》还要追究重婚者的刑事责任。

（四）患有医学上认为不应当结婚的疾病、婚后尚未治愈的

这种情形可以补正，也就是说，如果疾病后来治愈了，婚姻是溯及有效的。

（五）同性婚姻

目前世界上只有极少数国家承认同性婚姻，我国的《婚姻法》虽然没有明文禁止，但也不承认同性婚姻。

三、如何界定事实婚姻

（一）什么是事实婚姻

事实婚姻，指没有配偶的男女，未进行结婚登记，便以夫妻关系同居生活，群众也认为是夫妻关系的两性结合。

（二）事实婚姻的特征

1. 事实婚姻的男女应无配偶，有配偶则成为事实重婚。

2. 事实婚姻的当事人具有婚姻的目的和共同生活的形式。男女双方是否互以配偶相待是事实婚姻与其他非婚两性关系在内容上的重要区别。因为，一切不合法的性行为，不具有婚姻的目的和共同生活的形式。

3. 事实婚姻的男女双方具有公开的夫妻身份。即以夫妻名义同居生活，又为周围的群众所公认。也就是说，不仅内在具有夫妻生活的全部内容，在外部形式上还应有为社会所承认的夫妻身份。这是事实婚姻与其他非婚两性关系在形式上的重要区别。

4. 事实婚姻的当事人未履行结婚登记手续。不具有法定的结婚登记要件，这是事实婚姻与合法婚姻区别的主要标志。在我国，不论当事人是否举

红
囍
书

行过结婚仪式，凡未进行结婚登记的，均不是合法婚姻。

（三）事实婚姻的构成要件

事实婚姻的构成需要以下要件：

1. 男女双方的同居（即男女双方在一起持续、稳定的共同居住）行为始于1994年2月1日以前；

2. 同居是以夫妻名义进行的；

3. 同居双方1994年以前同居时已经具备结婚的实质要件。

（四）事实婚姻效力的认定

自2001年12月27日起，未办理结婚登记即以夫妻名义同居生活者经补办登记，其事实婚姻关系可溯及既往地合法化，得到承认与保护。

2001年12月27日，最高人民法院《关于适用〈中华人民共和国婚姻法〉若干问题的解释（一）》第五条规定：未按《婚姻法》第八条规定办理结婚登记而以夫妻名义共同生活的男女，1994年2月1日，民政部《婚姻登记管理条例》公布实施以前，双方已经符合结婚实质要件的，按事实婚姻处理；1994年2月1日，民政部《婚姻登记管理条例》公布实施以后，男女双方符合结婚实质要件的，人民法院应当告知其在案件受理前补办结婚登记；未补办结婚登记的，按同居关系处理。

根据这一司法解释，首先，在1994年2月1日以前，未办理结婚登记即以夫妻名义同居生活者，只要符合结婚实质要件的，即可认定为事实婚姻；其次，补办结婚登记是同居关系合法化的必要条件，其效力追溯至双方均符合结婚的实质要件时起。如果双方不补办结婚登记，其关系为同居关系，不视为事实婚姻。

对于被认定为事实婚姻关系的，同居期间的财产适用《婚姻法》对夫妻财产制的规定，没有约定者，适用夫妻共同财产制。被认定为同居关系的，同居期间共同劳动所得的收入和购置的财产，为一般共同财产，该期间双方各自继承或受赠的财产为双方个人财产，为共同生产、生活形成的债权、债

务，按共同债权、债务处理。无论是哪一种关系，在同居生活前，一方自愿赠与对方的财物，按赠与关系处理。一方向另一方索取的财物，应根据双方同居生活时间的长短，对方的过错程度以及双方经济状况等实际情况酌情返还。

事实婚姻关系的双方在同居生活期间所生子女为婚生子女，同居关系的双方所生子女为非婚生子女。根据我国《婚姻法》"非婚生子女享有与婚生子女同等的权利，任何人不得加以危害和歧视"的规定，无论是事实婚姻关系，还是同居关系，双方离异时，其子女抚养问题均依照《婚姻法》的这一规定办理。

相关链接：

非婚生子女权益保护

非婚生子女是指没有婚姻关系的男女所生的子女。包括未婚男女所生子女，已婚男女与第三人所生子女，无效婚姻和被撤销婚姻当事人所生子女等。

由于传统习俗对婚姻关系以外生育行为的排斥，以往非婚生子女备受歧视，法律地位十分低下，新中国成立后，我国《婚姻法》第二十五条明确规定："非婚生子女享有与婚生子女同等的权利，任何人不得加以危害和歧视。"

由此可见，在我国，婚生子女与非婚生子女的法律地位是完全相同的。法律有关父母子女间的权利与义务规定，完全适用于生父母与非婚生子女。

我国《婚姻法》第二十五条规定："非婚生子女享有与婚生子女同等的权利，任何人不得加以危害和歧视。不直接抚养非婚生子女的生父或生母，应当负担子女的生活费和教育费，直至子女能够独立生活为止。"非婚生子女的出生，其本身没有过错，因此，享有以下权利：一是要求生父母对其抚养教育的权利。如果生父母或其中一方不履行抚养教育义务，未成年的、不能独立生活

红囍书

的非婚生成年子女，有要求父母给付抚养费和教育费的权利。二是非婚生子女的姓名权。在非婚生子女无认知能力时，由其生父生母协商确定。在其有认知能力时，自己可以做出选择。三是非婚生子女有受生父母保护的权利。四是非婚生子女与其生父母的婚生子女有同等继承其生父母遗产的权利等。对于非婚生子女依法享有的权利，任何人都不得干涉侵犯。

第二节 有道德的婚姻

一、婚姻道德夜话

纵观人类社会的发展史，在原始社会里，两性交往是出于生理的本能需要和人类自身种族繁衍的客观要求，并没有婚姻之说。进入文明时代以后，人类逐步建立了一夫一妻的个体婚制，于是有了婚姻的存在。

道德的起源，基本上是始于人类早期的性行为。人类在与低等动物分道扬镳的时候，就逐步在规范性行为。首先是禁止母子、父女之间的乱伦和兄弟姐妹之间的近亲性行为，因为近亲繁殖，会使后代产生严重的畸形和遗传性疾病。从优化后代出发，人类制定了性的道德规范，禁止乱伦和近亲繁殖，提倡与外族通婚，在族内通婚也要超过五代。所以，道德的第一功能是维护自然法则。此外，从群婚制到单一婚制，从母系社会到父系社会，无疑都是性道德的进步。

奴隶社会中，婚姻的缔结是以地位、等级为前提的，不同等级的人不能通婚。到了封建社会，婚姻的缔结、存废仍以地位、门第为前提。在这两个时期，爱情被排斥在了婚姻之外，男女两性的结合和婚姻的存在多从物质、地位、政治利益出发。当人类发展到资本主义社会时，明确提出了婚姻以爱情为基础，由爱情而结成的婚姻在法律上被宣布为人的权利。在我国，《婚姻法》明文规定，夫妻感情确已破裂是准予离婚的唯一条件。爱情是婚姻的道德基础，很显然，这是人类文明发展和进步的产物。

新道德一步步打倒残害人的旧道德，它不是不要道德，恰恰相反，它一

红囍书

直在力图建立一种更高级的道德水准，一种建立在现代化社会文明基础上的，对人类本我推崇的道德。这种道德的建立需要整个社会的知识水平和道德水准都完成一次飞跃，惟其艰难，理想尚未实现，所以常被恶人利用，被无知者误解。但是，哪一项人类的进步不是在这种曲折中完成的呢？

性爱是爱情和婚姻的重要基础。与低级的肉欲不同，性爱是有精神基础的，是神交、情交和性交的统一和谐，是男欢女爱的全身心结合。追求性爱是天赋的人权。然而，某些民族的道德总是将性爱遮遮掩掩，连披上婚纱后的性爱也羞于启齿，仿佛性爱是丑恶的、见不得人的东西。

恩格斯曾经说过："没有爱情的婚姻是不道德的婚姻。"爱情、婚姻与道德联系在一起，婚姻的质量、状况也与道德相关，以是否有爱情来判断婚姻是否道德，这是人类进化发展到近代以来才有的事。这是人类社会的一大进步。然而在评价和谈论爱情和婚姻状况和问题时，经常可以听到，人们对爱情、婚姻的看法并不一致。由此造成在现实生活中，道德法庭在"惩处"不道德的人和事时显露出异常的软弱。

中国的道德源头，应该是在春秋以前。道和德是分开的，什么是道？"一阴一阳之谓道"，"道可道，非常道"；也就是说，道是和谐的，是天人合一的，是一种境界，是形而上的东西，最高境界可以和宇宙一起律动。那么德是什么呢？德者，得也；德，日新之盛德。孔子的学生曾子在《大学》里面说"苟日新，日日新，又日新"，还告诉人们"大学之道，在明明德，在亲民，在止于至善"，来对德修炼进行强调，可以说道德是儒家的品格，是佛家的规范，是道家的追求。

爱情是什么？这是一个情感空间的问题，是佛家要摒弃的，是儒家要求慎重的，是道家看得很清淡的。孔子还说：人在少年，在于戒色；人到中年，在于戒争；人到老年，在于戒得。这是"无欲"和"虚空"的思想，要超脱，不可以沉溺。

不过爱情是想忘记又忘记不了的，它可能会成为人一生的羁绊或者遗

憾。李商隐在四十岁的时候死了妻子，他想皈依，但是始终在诗里流露出对过去美好的回忆，"此情可待成追忆，只是当时已惘然"，这说明了什么？还是体现了"天尊地卑，乾坤定也"，也就是说对高远的、得不到的东西才会令其神往。而亲切的东西，在当时可能就没有在意，他没有庄子那样的飘逸，在妻子死时还可以"鼓盆而歌"。

古时候结婚，结婚证上面有"昭示天地神明先祖，乾坤定矣"，而现在的结婚证，是拿来保护财产和人生权利的，或者说是拿来离婚用的。这可以说是人类社会对情感生活质量的追求，也说明现代婚姻和时代是不吻合的，也就是说，现代人在争论婚姻的存在方式。

现代社会"陈世美"现象越来越多：乡村青年考上大学后抛弃农村的对象，出国留洋的先生丢掉国内苦苦留守的太太……传统的道德已无力去谴责这些现代的"陈世美"。离婚率的增高，反映出人心对旧的婚姻模式逆反情绪的高涨。钱钟书先生的《围城》深刻揭示了婚姻被异化的实质：人创造了婚姻，又成为婚姻的奴隶。传统道德在被异化了的婚姻面前显得苍白无力，正说明了家庭道德和婚姻道德面临重大的改变。

一方面要继承传统道德的合理成分，对过分放纵的性自由，对不讲爱情基础的买卖婚姻和没有爱情的婚姻要加以谴责，从对人类负责的角度维护道德的权威，防止性病、艾滋病的出现和蔓延。另一方面对反叛无爱情的婚姻而产生的婚外恋或偶尔为解除性饥渴而发生的性"越轨"，应该给予理解和积极的帮助。

人们之所以结婚，除了生理上和延续后代的需要等自然因素外，还有各种社会动因。比如，出于经济上考虑，政治上考虑，职业、就业或个人生活上的需要，当然也有的出于感情和精神上的需要等多种动机。就目前城市调查来看，人们选择伴侣的标准除了存在着个体差异外，还存在着性别差异。一般女性普遍要求"职业工种好"，"文化程度高"，"有能力、有事业心"，"经济收入多"，"个子比自己高"，"诚实、会体贴人"。男人则普遍要求女性"会持家"，"性格温柔、会体贴人"，"作风正派"，"身体健康"，"有一定文化素养"，"端庄、有教养"等等。以这样的条件构筑的婚姻，能有多少爱情基础？又能维持多久？可想而知。这种选择标准本身就埋下了导致悲剧的隐患。

能以爱情为婚姻动机的，尽管对爱情的理解、把握不同或不准，尚可理解和谅解。如果从一开始就不是以爱情为动机，而组成家庭，这种不负责任的、不应该进行下去的关系，应尽早引导和尽量杜绝。

"问世间情为何物，直教人生死相许？"古人的感慨，今人同在。其实，爱情是性爱与情爱的高度统一与和谐。许多人一生都只能渴望，而很难得到真正的爱情，因为要寻到两者完美结合的异性，机会实在太少。因此，世上多数的婚姻，大都是有缺陷的婚姻。多数的"爱情"，都经不住婚姻的考验。婚姻会在每日的柴米油盐、洗衣做饭带小孩的烦琐家务中毫不留情地撕破恋爱时温情的面纱，袒露出男女双方真实的性格和缺点，等到最后能维系家庭的仅仅是对下一代的责任心。

爱情是浪漫的，婚姻却是严肃的。婚姻意味着爱情的专一和永恒，意味着一生一世甘苦与共、不离不弃，意味着对家庭、社会和子女的不可推卸的责任。只有成熟的爱情才配享有严肃和美满的婚姻，法律和道德应该维护的是这种真正意义上的婚姻。其实，对真正的婚姻，法律和道德毫无维系作用，起作用的只能是夫妻双方发自内心的真实的爱。像马克思和燕妮，那称得上爱情和婚姻的完满典范，无论哪个阶级的道德家都对之发出由衷的赞叹。

道德因不同的时间和空间条件而异，这一点虽然为身处某一具体时空的人所难以接受，甚至难以想象，但事实的确如此。既然道德标准是因时空不同而异又不是不可改变的，那么在爱情、婚姻和性的问题上，什么是人们心目中最合理、最符合人性的道德呢？

第一种情况，既无爱情也无婚姻关系的性。它既不涉及爱情的排他性，

也不涉及婚姻的忠诚诺言，因此可以完全的随心所欲，与道德问题无涉。对它的唯一约束条件是双方自愿，如果有一方不自愿则可能造成伤害，甚至构成强奸。

第二种情况，男女二人产生了爱情。爱情有排他性，除了在初发生时是一种目空一切的激情之外，还是一种长相厮守的愿望，因此它不能容忍不忠。如果一方感情转移，那么另一方就变成单恋，必然导致分手。有爱则合，无爱则分，这是爱情自古以来的逻辑，这个逻辑到现代也不过时，仍是很前卫的标准。一个有趣的例证就是：我国的《婚姻法》曾以感情破裂为离婚的充分理由，它因此被世界其他文化中的人视为最前卫的标准。

第三种情况，男女二人存在婚姻关系。婚姻关系当中，除了双方可能有爱情，还有经济利益掺杂其中，因此婚姻道德要求忠诚。婚外的性有可能带来私生子，从而威胁到婚姻当事人的经济利益，因此它是违背婚姻道德的；婚外的性和爱还有可能导致有婚约的另一方的经济损失（为第三者花费双方的共同财产），也是违背婚姻道德的。婚姻是双方保持一对一关系的承诺和约定，如果在一对一关系之外有了第三者，就违背了这个事先的承诺和约定，也违背了婚姻的忠诚道德。

在婚姻关系中，只有一种情况可以破例而不违背忠诚的承诺和约定，那就是婚内双方的重新约定。有些夫妻由于某些特殊原因（长期两地分居、生理原因等），约定在不解除婚约的前提下允许对方与真实的第三者发生婚外性关系，这可以被视为破例而并不牵涉道德问题。

综上所述，在爱情、婚姻和性问题上，并没有一个放之四海而皆准的道德准则，我们只能努力去寻找最符合人性的道德安排，不是为了惩罚什么人，而是为了将伤害降到最小。

红
囍
书

二、婚姻自由与道德自律

我国《婚姻法》第二条明确规定，实行婚姻自由、一夫一妻、男女平等的婚姻制度。但是，对于婚姻现象，法律不可能全部包揽、面面俱到，在法律无法调整到的地方，还是需要交由道德来约束。道德自律的加强与公民整体人文素质的提高，才是社会和谐与我国法制现代化的正途所在。

从现代文明发展的历史演变看，婚姻自由是各国婚姻制度的一个核心立足点。在大多数国家，男女不但婚前恋爱自由、结婚自由，甚至当感情走到终点时，离婚也是自由的。这是社会的一大进步。但是，自由从没有绝对的。约翰·密尔在《论自由》中阐述自己的立场："任何人的行为，只有涉及他人的那部分才须对社会负责。在仅只涉及本人的那部分，他的独立性在权利上则是绝对的。对于本人自己，对于他自己的身和心，个人是最高主权者。"密尔认为个人是其自身利益的最佳判断者，只要其行为没有危及他人，社会就不应对其进行限制，否则即构成对个人自由的不当侵犯。

从微观上来说，婚姻是两个人的事，一方的行为在很大程度上势必会影响到另一方。从宏观上来说，婚姻是社会的细胞，它是社会稳定的关键要素，既然生活在这个社会上，我们就要为这个社会的和谐与发展负责任。

在法律与伦理道德结合得最紧密、也是冲突最多的婚姻家庭社会领域，如何才能寻找到最合适的定位和标尺，让法律与道德携手合作，在各自的职责权限范围内各司其职、互动融合，优势互补？

从法律与道德层面上来看，有些人认为，由公安机关"排除妨害"行不通，公共权力不应干涉私人领域，性权利是自然人拥有的不容任何人侵犯的"天赋"人权。可有些人认为，立法惩罚"第三者"势在必行。也有些人提出，法律道德主义既残酷又虚伪，把道德的东西还给道德，法律不要去管，感情不能靠法律治理，应当承认公领域与私领域的区别，承认人们有私生活的自主权。

我们是否应该立法惩罚第三者呢？很显然，如果立法，那实际上就是恢复"通奸罪"。可以预见，其执行的结果对于国家来说，必然失大于得。因为一来婚外性问题极其复杂，大而化之或一刀切的规定势必产生随意性带来许多冤案、假案、错案；二来将导致对于公民隐私有恃无恐的侵犯，为粗暴干涉公民私生活，危及人权制造"正当"理由；其三婚外情当事人大多属于情感迷误，多数可以通过自我认识、自我把握走出误区，而且在世界许多国家中，成年人之间自愿发生的性行为是非罪的，不应用惩罚的方式处理。更糟糕的是，现代两性间存在广泛社会交往，而任何交往都可能被怀疑而被预设为违法，遭到"理直气壮"的侵权。这将无端增加两性交往的阻力和内耗，阻碍女性发展，阻滞社会生产力进步。

于是，一些专家建议，婚姻法应考虑给道德预设一定的空间度，这样才能"导之以德，齐之以法"。将社会责任与道义融入了法条之中，在婚姻自由与道德自律之间更推崇以理入法、以法固理，并由此来推进婚姻法律制度的健全发展。

法律是他律，道德是自律。法由国家的强制力保证实施；而道德主要凭借社会舆论、人们的内心观念、宣传教育以及公共谴责等手段。很显然，自律与他律完全是不同的境界。从深度上看，道德不仅调整人们的外部行为，还调整人们的动机和内心活动，它要求人们根据高尚的意图而行为，要求人们为了善而去追求善。如果把国家和政府变成"道德警察"，强调绝对的忠诚和服从，以僵硬和压制为特点，其结果只能适得其反，这是绝大多数人所不能接受的。

西南民族大学教授萧雪慧认为，现代文明的伦理本位由社会向个人转移，与之相应的人道性质、理性精神和宽容精神是现代伦理文化最重要的属性。表现在婚姻家庭上，就是把关注目标转移到个体生命上，注目个人的幸福和命运，增加对人性的理解，着眼于个体生命质量。对感情问题不宜进行

红囍书

道德判断和法律惩罚，因为婚姻家庭大都带有人生自我认识、自我探索、自我把握的性质，主要诉诸人的自律精神，诉诸人的良知。宽容而理性的伦理文化，有利于减少无谓的人际纠葛和精力耗费，而把人有限的精力引向建设性活动之中。

从某种意义上说，法律是规定了的道德，道德是没有规定的法律。在规范和调整婚姻家庭关系中，二者缺一不可。如果把本属于道德调整的范围纳入法律规范，就会降低道德的权威性，法律执行起来也失去了基础；得不到法律支持的道德，其影响力也将大打折扣。所以，二者关系既相互依存又相互转化，只有在约之以法的同时束之以德，才会使千千万万个婚姻家庭更加和谐美好，社会更加文明进步。

我们都知道，法律是在原始社会末期，随着氏族制度的解体以及私有制、阶级的出现，与国家同时产生的。而道德的产生则与人类社会的形成同步，它是维系一个社会的最基本的规范体系，没有道德规范，整个社会就会分崩离析。当然，没有亘古不变的永恒道德，也没有亘古不变的永恒法律，我们所指的道德与法律是同一时代背景下的法律与道德。不过，法也必然要经历一个从产生到消亡的过程，它最终将被道德所取代，人们将凭借自我道德观念来实施自我行为，婚姻法也不例外。

所以，为了自己和家人的幸福，我们在享受着婚姻自由的同时，还应加强道德自律，提高人文素质，慎重对待自己的婚姻、感情和行为。不要把自己的幸福建立在别人的痛苦之上。让世界多一个幸福的家庭，少一颗破碎的心。让社会多一些和谐，少一些怨恨。

第三节 有条件的婚姻

一、我+你=我们

这个世界是由男与女两类人组成的一个整体，所以男＋女＝整个世界。从缔结婚姻的那一刻起，这个世界便是我们的世界。用著名哲学家费尔巴哈的话说：爱就是成为一个人。现代意义上的婚姻是深层意义上的爱情，即通过一种现实的方式达成爱情并保存这份感情，让两个相爱的个体融合成为一个人。我们的父母，我们的朋友，我们的家庭，我们的生活。

虽然相对的独立性是必须的，但进入婚姻以后，双方都不要过分强调绝对的独立。无论婚否，每个人都想获得独立的自由，这本无可非议，而且应该大力提倡。但是，一些人把这种独立看成绝对的独立、自由，不允许任何人干涉，一旦别人触及他的某一方面的利益，他会做出强烈的反应。比如，在经济上，独立固然是好的，但独立并不等于说夫妻二人各挣各的钱，各用各的钱，严格划分二人之间的界限，绝不允许对方侵犯自己的经济利益。这样的两个人，虽名义上是夫妻，在情感上往往形同陌路，非常淡漠。不管，也不行，但管得太死，就会使对方产生逆反心理，对方不仅不认为这是爱的表现，反而觉得对方太多疑，对自己不信任。

同样，在婚姻中不要企图改造对方，不要企图将对方变成另一个你。婚姻就是求同存异，双方都要尊重彼此不同性格的差异的存在。假如一味想要对方按照自己的想法行事，只能使得两个人的关系变得更糟。一味地要求，一味地埋怨对方这点不好那点不行，一味地认为自己总是对的，这样会伤害对方的自尊心，引起对方的反感和反抗。

红囍书

有这样一对夫妻，丈夫是一名教师，妻子是一名工人。丈夫喜欢读书写作，妻子业余时间喜欢去舞厅跳舞。起初，他会在她的要求之下硬着头皮陪着去舞厅，但那种灯红酒绿的生活令他眩晕，他怀着厌烦的情绪劝导妻子不要再去那种地方，妻子却反驳道："如果我不让你看书，不让你写作，你愿意吗？"丈夫哑口无言。丈夫一直不能理解和支持妻子去跳舞，一方面认为那些场合不够文明，另一方面觉得自己喜欢读书写字乃文人雅趣，格调高雅，不像她出入的那些不三不四的场合，二者是不能相提并论的。于是也非常反感妻子的业余爱好。为了不让她再出去跳舞，在劝妻子戒舞失败后，他决心"冻结"妻子的经济来源，用这种方式制止她出去跳舞。他不再将自己的工资交给妻子，结果他发现妻子几乎把自己的工资全部花在了跳舞上，她每天依旧玩得高高兴兴，回到家中嘴里还哼着轻快的舞曲。

　　他愈发看不惯她了。他提出和她分居，平时二人在家也是因此横眉冷对。最后的结局出乎他的意料，在他用如此强烈的方式来反对她去跳舞的情况下，妻子干脆辞掉了工作，自己在商场租了个柜台开了自己的小店，干得有声有色。这个时候，由于长期的冷战，"家"已名存实亡，她提出了离婚。起初他不同意，因为他还是爱她的，只是不希望她沉沦在舞厅之类的场所，只是不希望她接触那些乱七八糟的人。

　　可是他用错了方式，或者说，他从来没有真正去理解并试着接纳她的爱好，把自己的观点强加于她，并总是认为自己是对的，最终导致了二人关系的破裂。由意见分歧、互不相让到互不干涉，家庭由"名存实亡"走向了真正的破裂，这里的教训不得不引起我们的思考与重视。假如丈夫与妻子中有一方稍作妥协，不采取那种分庭抗礼的方式来冷淡对方，而是以理解的态度说出自己的看法并以温柔和体贴去感化对方，结果一定不是这样。把配偶看做自己的私有财产，干涉对方的社交活动和限制对方的行动，是十分愚蠢的。

　　只要把握住婚姻生活的大方向，不偏离正常的轨道，不偏离道德的航

线，试试在小事上装一次傻，说不定你会爱上"装傻"这种生活方式，因为这种方式离幸福很近。她喜欢跳舞，就让她去跳，既然是一种爱好，那就由她去吧。有一个会跳舞的美丽妻子是值得骄傲的事情，怎么非要因为自己的偏见而去制止她呢？凭什么就说读书写字高雅而跳舞低俗呢？不去理解，而是用自己偏狭的观念甚至是错误的态度去对待自己的另一半，必定不会有好结果。非但没有改变她，反而失去了她。

其实，爱一个人是很辛苦的，因为你的世界被她充满着，因为爱她，你会对她有要求。也因为爱她，你要学会顺从她、迁就她，你会怕失去她，怕她迷失。爱一个人，对她的期望与要求也会很高，而过高的要求与期许会使两个人都觉得太累。这样一来，婚姻的重心难免倾斜，失衡的状态正是婚姻危机的先兆。

还有一种对待"我们"的态度，即用适度的你和我，来达成我们。你，我，对待我和你，的确需要无私的全部付出，这是一种爱的最高体现。但融合而成的我们，所包含的你与我，未必就是两个人的全部。但无论怎样，在婚姻中，你，我，他，她，都是为了有两个人构成的"我们"，为了两个生命的相融为一，为了这份承诺而不断互相适应，让我们的时间、金钱、生命、心灵，由此而成为一个完整的共同体。

让我们走进一个关于"我们"的经典爱情故事。

小冰和他的丈夫立伟结婚3年了，3年来，他们的生活是平静的，也是平淡的。小冰和他是在工作以后认识的。小冰读研毕业以后在一所大学任教，而他则在学校图书馆工作。生活并不富裕，但两个人相处得轻松愉快，在精神生活的丰足之下，都感觉内心非常幸福。

在一段时间内，小冰常常在醒来的时候感觉全身疼痛，就像无数的蚂蚁钻在自己的血管中，说哪里疼，却又说不清。立伟一开始以为是工作太累，就写信给小冰所在的院系说她身体不好，加上那段时间他们正想要一个孩子，让小冰请假休息。小冰实在觉得身上疼痛难忍，就请假休息，结果发现还是疼，而且疼得蹊跷，总是早上醒来的时候。去医院检查，医生却说，全身都没有问题。服用了一些止疼药片，每天照例是在疼痛中醒来。疼痛了1个月以后，疼痛的时间从清晨蔓延到了半夜。

小冰被折磨得彻夜难眠。立伟这下确实着急了，带着她开始四处求医，后来的化验结果令他傻眼了，医生遗憾地说，白血病，急性的，已经晚期。立伟从未想过会有这样的灾难降临，当医生告诉他结果的时候，他来不及哭，第一反应是请求医生保密，第二反应是打电话借钱，让小冰住进了全省最好的医院。小冰很聪明，住进血液科以来，她已经看到了自己的治疗方案了，化疗、透析、换血。她心里明白，自己的状况可能很不乐观。可是看到立伟，她总是强作欢颜，她不想用痛苦的表情增加他的负担。尽管他一直安慰着她说这不过是小病很快就会好起来，可是小冰发现他在很短时间内已经白发满头。

为了全心全力照顾小冰，立伟请假，假期过了，他请辞。学校知道了他们的情况，特许了他一年的假期。这一年，他日日夜夜陪伴在她的身边。小冰老家在很远的地方，他也没有告诉她的家人，一个人承担着悲伤，一个人祈祷着奇迹发生，希望她会好起来。

身边的病人一个个离去，小冰知道，他们最终都是不治身亡。在一次医生的例行检查中，立伟恰好出去了，小冰询问了医生，医生不忍骗她，于是她知道了自己的病情，也明白，自己也将不久于人世。

当立伟出现在自己眼前的时候，她却笑了。

"我觉得我好多了，咱们出院吧，我想回家。"

"不行，等你病彻底好了我们再回去。"

静默。小冰又笑了，看着自己的爱人，她从心底感激丈夫，不想让他继续承担这份天降的苦难了。

"伟，我了解自己的情况。我都已经知道了。"

"会好起来的，相信我。"

"我们离婚吧，我不想连累你。"

"傻瓜，你又想不要我了？你不是你，你是我，我也不是我，我是你啊。你忘记了，我们，是我们啊。你怎能就这样让我一个人过？"

在小冰离开人世以后，立伟很痛苦，但他无怨无悔地承担着为她治疗而背负的将近20万的债务，哪怕用尽一生的能量。有人说，他真傻，明知道那是绝症还要治疗。还有人说，他真好，有情有义的男人现在太少了。有朋友劝他说，为什么当初她提出离婚的时候不同意呢，还年轻，何苦呢？也有朋友说，现在欠债这么多，其实不应该他一个人来偿还，这样以后谁还愿意嫁他啊。

立伟说："这些债不是我欠下的，也不是她欠下的，是我们欠下的。想当年，我一无所有，她跟了我，以后的欢乐也好，苦也好，难也罢，都不是我一个人的，也不是她一个人的，是我们两个的。不管她现在在人世还是在天堂，我和她都始终是一体，这些苦乐酸甜，只有我们自己心里明白。"

这是情，这是爱，这是婚姻的真谛。这种情爱，这种意念，是为了我，也是为了你，也是为了这份婚姻的承诺。

一位社会学家说，婚姻就是世界上最小的经济共同体。其实，不论从感情上还是经济上来说，夫妻都是一个共同体。进入婚姻，两人就成了坚不可摧的一体，在这一点上，除了婚前约定，法律和道德也给予了夫妻绝对共产的坚强支持。婚姻中没有一分为二的你和我，只有合二为一的我们。

相关链接：

婚姻≠一半＋另一半

婚姻不是你一半加上我一半，而是你的100%加上我的100%。如果把婚姻比喻成一个人的身体，那么，男人是头脑，女人是心脏，两个功能相辅相成。

红囍书

男人心里知道，在事业上还没有站稳脚跟、生活压力还没有解决的时候，他希望妻子与他一起打拼。但是，当他事业有成，风光无限的时候，他就不需要妻子再与他平起平坐了。特别是在子女出世之后，一方必然要比另一方在家务上有更多付出，这是保持内部和谐的重要环节。

进入中年的母亲多少会感悟：一个女人可以干她所要干的所有事情，而且都可以干得出类拔萃，然而，这些出类拔萃的事情是有时间性的。换句话说，每一件事情的成功都有它阶段性的付出，可以都干，但是绝不可能在同一个时期、同一个时刻做到全部。这也就是当今西方女人与中国女人在对待家庭与个人事业在理念上、行为上的最大不同。中国女人从内心觉得，她们什么都要做到，什么都要好；而西方女人无论学位有多高，曾经的事业多么辉煌，为子女、丈夫放弃事业的人比比皆是。这不是谁对谁错的问题，社会条件与环境的不同必然会造成不同的观念。但是，即使在物质经济条件允许的情况下，来自国内的女同胞也不会放弃自己的事业（哪怕是暂时的），因为她们认为，女人唯有靠事业才能取得"公认"的地位与成就，包括在家庭中的地位。

比如，在一个老虎家庭中，母虎在生了一群小虎后开始"专职"喂养孩子，而公虎则负责出去找食物。母虎天天看护着孩子，有一天，它厌烦了，它希望也出门打猎来实现自我价值。于是，它们双双出门捕猎，并找来一个陌生的老虎看护家里的小虎们。如果母虎捕来的食物比公虎多，它便就开始数落公虎的无能。老虎夫妻回到家后，都很疲惫，于是，原本母虎做的事情，公虎也开始做……这种想法似乎有点荒唐无聊，也许也不完全如此。天然的分工与本性不可忽视，人类的进步在于不断创造美好的东西，但也不能把本性的东西隐藏起来。现代人呢，过分追求虚荣，为了物质而物质，为了贪婪而贪婪，于是，人性在异化过程中错位。

现代社会里，大家越来越重视自我价值的实现。但是，这个实现在夫妻之间、婚姻中的度与代价，有何公式来测评？

婚姻中的平等与平分，本身就是一个误区与错觉。男女天生就不一样，平等从何谈起？找到个人最合适的位置，远比在彼此竞争中实现的自我价值真实和现实得多。千万不要通过婚姻使男人变得女性化，女人变得男性化。男人的迁就，不等于幸福，女人的超越，也不等于荣耀。为了家庭的完整与和谐，如果男人在外奉献多，女人就会对内多关注一些。这是自然的规律，而非男尊女卑之说！

二、"AA制"婚姻

"AA"是英文Acting Appointment的缩写。Acting Appointment直译是"代委任制"，是指政府的高级官员（包括首脑）出访外国的时候，下一级的最高官员将会暂时代替他履行职责。Acting Appointment后来也用于民间的委任和授权。因此，Acting Appointment有一个重要的含义，就是一个角色由两人分担。付账的"AA制"说法正是从这个"代委任制"发展而来的。

还有一种说法，"AA"是"Algebraic Average"的缩写，意思是"代数平均"。从字面可以看出，就是按人头平均分担账单的意思。

在16和17世纪，荷兰和威尼斯是海上商品贸易的发迹之地。终日奔波的意大利、荷兰商人们已衍生出聚时交流信息，散时各付资费的习俗来。因为商人的流动性很强，一个人请别人的客，被请的人说不定这辈子再也碰不到了，为了大家不吃亏，彼此分摊便是最好的选择了。荷兰人因其精明，凡事都要分清楚，逐渐形成了"Let's go Dutch"（让我们做荷兰人）的俗语。AA制这个意思首先来自英国人对荷兰人的偏见，古荷兰人也是平分账单的，英国人认为荷兰人没有绅士风度。后来美国人也将这句话引申为AA制。

荷兰人常开的一个玩笑能充分反映他们的性格：有荷兰人会问你"知道铜丝是怎么发明的吗"，他们会解释"两个荷兰人在路上捡到了一个硬币，都认为是自己最先发现的，于是相互争抢，最后把硬币拽成了铜丝"。这个故事道出了AA制的来历，也说明了荷兰人的性格，但是荷兰人不认为这有什么不好，这反映了他们开诚布公、性格耿直、有话直说、有经济头脑，还

红囍书

富有幽默感。

据说香港人把"AA"作为All Apart的缩写，意为"全部分开"，真是很恰当也很形象地从另一个角度说明了AA制的含义。

从AA制的起源可以看出，它是一个角色由两人分担。后来付账的AA制和婚姻的AA制都是由此延伸而来。现在，AA制也成了一部分年轻人的时尚，婚姻的AA制也随着一股西风传入了我国。可是，婚姻本来就是一个共同体，当AA制走进婚姻，它给我们带来的又是什么呢？

现在，在一些年轻夫妇的家庭中，夫妻之间实行着AA制婚姻，似乎大有流行的趋势。长春市心理医院首席专家、长春市心理卫生研究所所长郑晓华教授表示，西方的东西有时虽好，但也需要改进，我们不能完全照搬，真正的婚姻需要营造，这些新潮的东西，不能盲目使用。

现实中，一些"80后"的年轻人为防止大手大脚而实行AA制。因为他们觉得AA制简单实用、公平合理。但是有一点，实行AA制可能会让对方花钱暂时受到限制，却是治标不治本的方法，一旦他的购物欲望被遏制后，很难说他不会从其他方面进行发泄。

还有一些人，为了追求时尚而选择AA制。随着女性经济地位的提升，现在很多夫妻间请客吃饭也是轮流埋单。女性经济独立后，找男朋友或者老公都不是为了找"长期饭票"，她们追求更多的是独立和平等。实行AA制也和人的自尊有很大的关系，是一种自我认同。特别是年轻人喜欢挑战传统理念，在以共同生活为基础的婚姻问题上，他们实行AA制，为了可以体验到共同生活的快感、共同赚钱的艰辛，万一某日感情破裂，也会两不相欠，很洒脱地寻找新的生活。可是，我们不能在刚结婚就抱着如何让离婚更容易的态度，这不简直在亵渎婚姻的神圣吗？

现如今，社会上经常会发生以婚姻为幌子进行欺骗的人，这就导致一部分人为防止受骗而实行AA制。这是一种情感危机，我们首先要确定对方是否爱自己，他爱你，还是爱你的附加条件，真正的婚姻没有代价。不信任别

人的人是得不到别人真正信任的，也得不到有爱情的婚姻。AA制让人觉得缺乏人情味，也是对伴侣极不信任的体现，夫妻之间各花各的钱，一旦处理不好，也会损害两人的感情，出现婚姻危机。如果是真的爱就不会有什么AA制，AA制是对爱的不自信。AA制说白了就是怕自己吃亏上当，当你真的爱上一个人，命都可以不要还要什么AA制。调查表明，AA制婚姻的离婚率，大大高于传统婚姻的离婚率。

有位网友曾在一次AA制利弊的辩论中提到，这个世界上离婚的大约只有5%，而这5%的人口中纯粹因为经济因素的，恐怕占不到20%，而这部分人群即使实行婚后AA制度，也恐怕挽救不了其中20%的婚姻，如果实行100%婚姻制度中的AA，可能造成6%的人因怀疑而离婚。

现实中确实也大量存在为了金钱而争吵的夫妻，他们为了家庭的收入如何支出和分配，因如何对自己、双方父母、亲人、亲友而经常发生冲突。针对这种情况，一些人建议：男女有各自可自由支配的一定数量的金钱，如何处理在自己；剩下的归家庭共同财产，供家庭开销。其实，在日本，男人赚钱，女人在家，女人可以支配全部的钱，同样是一种非常稳定的社会婚姻结构。人最大的自由不是财产自由，自己支配一定的财产并不意味着获得了满意的精神生活。

很多AA制婚姻在现实中都会随着夫妻中一方婚后收入减少、生育后代、赡养老人、家务，还有工作的不稳定性、退休、下岗等各方面的压力，最终导致AA制婚姻面临破裂的边缘。AA制本身促进了夫妻双方自尊、自爱、自立思想的树立。从某种角度来讲，把自己压抑的东西释放出来，靠自己实现自我价值，保持个性张扬。而坚决实行绝对的AA制，情感色彩就会淡一些，真正的婚姻，需要双方共同承担各种责任和义务，以AA制作为婚姻的保障，只是从一个极端走向了另一个极端。

婚姻没必要分得很细，AA制是一种模式，在某种程度上，可以保持一种平衡，但很容易被打破，虽然这是对原始婚姻的一种挑战，但并不是一味良药，夫妻间最好的纽带还是感情。那些利用AA制逃避现实婚姻，是在逃避责任和义务，也会对孩子产生不好的影响。西方的东西有时虽好，但也需要改进，不能完全照搬，盲目使用。

婚姻是一个共同体，它不但是经济上的共同体，还是精神上的共同体，更是性爱上的共同体。男与女的结合才成就了一片完美的天空。爱情里没有AA制，性里更没有AA制。婚姻生活里很多时候是排斥理性的，而AA制最大的问题正在于其强调理性。理想的道路也许是，以AA制的形式开始婚姻生活，视情爱关系适当对这种形式执行的严格程度做调整，凡事不过于造作，或盲目追求时尚，更不苛求绝对的经济平衡。

平等的夫妻关系，平等的权利与义务，平等的人格，这才是AA制的精髓与核心意义所在。

三、婚内经济再思考

提起婚内经济，也许大多数人都会想到夫妻财产的问题，但广义的婚内经济并不仅仅局限于有形的钞票这一概念，它还有许多无形的经济成分蕴涵在里面。

社会学家潘绥铭教授在中国人婚姻状况调查中得出这样的结论：在城镇居民中，男方收入是女方的两倍，性生活最满意，婚姻也最稳定。何故呢？潘教授进一步解释道，夫妻婚姻生活能不能保持稳定，主要是在"交换"价值上能不能保持平等。

从经济学角度来看，爱情婚姻实际上烙满了"经济"的印痕。其实，婚姻生活就是双方的付出和得到的"交换"。如果有一方付出和得到极不平衡，心理很容易倾斜，久而久之，婚姻就会出现裂痕。现实生活中我们常听到这样的抱怨：女方说，我起早贪黑，为了孩子，操持家务，你多拿几个"子儿"，就夜不归宿，拈花惹草；男方也许认为，我钱挣得比你多，偶尔

开心一下，也没什么大惊小怪的，可以跟你扯平。

实际上，这本身就是经济学的一个命题。女方收入少，但由于花在家庭的劳动多，而这部分劳动本身就是机会成本（至少不应低于保姆费），所以说是有经济价值的，可以折算成金钱；而男方之所以有些"牛气"，恰恰忽略了女方这部分经济价值，因此"偶尔开心一下"不仅不觉有愧，还有那么点儿满不在乎。其实，这种想法是大错特错的。对于一个家庭来说，女方的机会成本其价值不亚于男方所多拿的那几个"子儿"。

婚姻中除了机会成本，还有女性的经济"潜价值"在里面。从当前的征婚广告中我们可以看到：男人大都炫耀其身份、地位、金钱来征婚，而女人则以靓丽、温柔、体贴应市。身份、地位、金钱，说白了就是经济实力，摆开了"买方市场"的架势，靓丽、温柔、体贴看上去很"软性"，其实这里面也包含着巨大的经济"潜价值"。从某种意义上讲，现代社会是一个追求效益、盘算收益的社会。

美丽的女人永远是稀缺资源，而稀缺资源本身就具有经济价值。难怪专家们说，只要拥有金钱，那怕是丑陋的男人，找一个靓丽的女人也易如反掌；反之，既丑又没钱的男人，大体上只能找"糟糠"之妻了。这是没办法的事，或者说这就是婚姻经济学的基本原理。

1992年，诺贝尔经济学奖的获得者美国芝加哥大学教授加里·贝克尔认为，经济学不仅仅是研究经济问题的学问，经济学的研究方法应该可以被应用到人文科学的任何一个领域。从这个意义上讲，一些似乎与经济学毫不相关的问题，如婚姻、子女抚养、家庭结构、社会教育等，都可以纳入经济分析的范畴。

贝克尔家庭经济理论分析认为，现代社会的婚姻几乎都是出于自愿，故偏好理论以及理性经济人假设完全适用于此。婚配过程像一般的市场模式一样，是在信息不完全的前提下由当事人进行选择与竞争的过程。所以，可以假定婚姻关系也是一种市场关系，可以假设一个自由竞争的婚姻市场的存

红
囍
书

在。这样，在一般市场模式中的成本收益分析、效用价值分析等原理就也可以用于对婚姻状况的分析。

人们为什么要结婚？抛开异性相吸、感情需要等人类学和社会学的解释不谈，单从经济学的角度考虑，人们很容易会想到一个词——"规模经济"。的确，男女两人同吃同住是比一个人生活经济，但几个男性或女性通过同吃同住同样可以获得规模经济，所以，贝克尔认为，规模经济不是婚姻出现的主要原因。

从经济学的角度看，具有不同专业化优势的、在能力与收入方面差别很大的互补的男性和女性，通过婚姻的形式可以使自身及双方的收益达到最大。贝克尔认为，这是婚姻存在的真正理由。

男女之间传统上的社会角色是不同的，在中国一般认为最能被大家接受的模式是男主外、女主内，两者的分工不同。亚当·斯密在《原富》第一册中曾列举过劳动分工的三大优越性，即分工节约了劳动者在不同工种之间转换工作的时间；分工的专业化得以积累人力资本；分工增加了创造工具的机会，加速了物质资本的积累。

传统的男主外、女主内模式明确区分了家务劳动和社会劳动的界限，减少了夫妻之间在家务劳动与社会劳动之间不断转换所付出的时间，从社会分工的角度看是合理的。当然，反过来说，女主外、男主内的模式能达到同样的效果，这种模式随着女性独立意识的增强也日益成为流行的趋势。

除了分工可以节约总的劳动时间以外，互补性在婚姻中也占了重要的位置。的确，我们在生活中经常看到，生意上成功的男人与漂亮妩媚的女人结婚；受过高等教育的男人与温柔而有教养的女人结婚；事业型女人则与家庭型男人结婚。根据贝克尔的分析，这在"两个收入能力差别较大的人之间结婚的概率较大，因为其中存在着有报酬的工作和家庭生产的互补"。实际上，互补性使结婚成为了一个双赢的方案，无论对男性还是对女性都是如此。

从个人选择的角度看，婚姻关系在很多方面是一种"市场"关系，只不过婚姻市场与一般商品的交易不同罢了：婚姻市场上交易的对象是人与人之间的感情、沟通，是以身相许，是心心相印，它不仅仅是干巴巴的一纸契约。而这种特点，在进行严格的纯经济学的分析时就很容易被忽略。

　　在婚姻内部，男人挣的钞票也罢，女人为家庭投入的机会成本也罢，都是婚内经济的一部分。既然是婚内经济，就应该属于两个人共有，夫妻之道最根本的是"分享"！有难同当，有福同享。没有分享就不会有信任和爱，更谈不上爱情。

　　其实，夫妻之间谁掌管经济大权并不重要，重要的是每个人都有对这个"数目"的知情权。如果一方对另一方信任，并不存有私心，也不想在离婚时有财产分割之痛，那么，家庭所有的收入就是一本账。婚姻本来就是一个整体，一对夫妻在生理、心理、物质、精神上合二为一的整体。只有没有了你我之分，才称得上亲密无间；有了亲密无间，婚姻才会更加牢固。两颗心朝着一处去努力，婚姻的航标才不会偏离幸福和谐的大方向。

红囍书

第四章

两性：婚姻的动力元素

第一节 走进两性"动感地带"

一、人的自然性与社会性

人作为一种高级动物，首先具有自然性的一面。比如，人一生下来便会吃奶，母亲也会具有与各种哺乳动物相同的哺乳倾向和保护意识，这表现了人的生存需求。而且，人一生下来就会哭笑，具有七情六欲，青春期具有第二性征、性欲望等。这就是人的自然性。

不知从什么时候起，人类开始懂得遮丑，懂得穿衣御寒，懂得用火，懂得吃熟食，懂得享受，懂得制造和使用工具，懂得交换物品，懂得用符号来标记……人类社会逐渐形成，人类具有了社会性。

接着，慢慢有了占卜、天文、地理等文化，人类在不断进步。人类由渔猎逐渐转化为农耕，各种科学文化知识不断得以丰富，促进了生产力的不断发展，加速了人类的社会化进程，人类越来越文明了。其实，如果没有文化和文明这种社会制约，人类便和动物一样了。

我们常以人的"野性发作"，或曰"原始的冲动"、"不理性"描述某些人的行为，这其实是人的自然性对社会性的渗透和制约。社会性是矛盾的主要方面，力量超过自然性，居于支配地位，对人类的生存和延续起主导作用。

我们以人的自然欲求与社会性关系举例，比如，人有食欲，人在"满足"食欲的过程中，逐步讲究食物的营养、卫生，就餐氛围，还要吃出健康和情趣。但在饥饿难耐时，固有不食嗟来之食者，但更有饥不择食者，尊严、卫生等都退居次要地位了。

人有性欲，曾经历混交、乱交、回交的野蛮。千百年来，野合、性乱、乱伦之闻，不绝于耳，大科学家达尔文都难免落入"爱情陷阱"。但人类终究战胜了"野性"、"非理性"和"原始的冲动"，走上以情爱为基础，通过婚姻、家庭形式进行性爱活动，讲究计划生育、追求优生优育的文明之路。

总之，"人的自然性渗透着社会性，社会性制约着自然性"。人的自然属性和社会属性，构成人这个矛盾统一体的两个方面。矛盾双方相互联系、相互依存、相互渗透、相互贯通、相互影响，是不言而喻的。

趣味测试：

你重情还是重色？

问题：社会上的人，免不了要和其他人建立良好的人际关系，不管男女。假若今天你看到自己喜欢的人，正和你的同性好友相谈甚欢，你会采取什么态度？

A. 若无其事走过去加入话题。

B. 假装有要事，把自己的同性好友叫出来。

C. 假装没看见，匆匆退出。

D. 等他们讲完，再刺探谈话内容。

E. 当场醋劲大发，指责好友不够义气。

答案：

A. 你是个很有自制力的人。凡事拿捏得恰到好处，既不退缩也不破坏，很适合当老师或做公关类的工作。

B. 太明显了吧！万一对方根本不喜欢你，那此举可能就会让他对你的印象大打折扣了。因为，现在的青年男女大多崇尚开放、自由的人际关系，强烈的占有欲只会招致反感。

第四章 两性：婚姻的动力元素

C. 你是那种只会将情感隐藏起来的传统典型者。羞于向对方表达自己的情感,只有独自躲在棉被里哭的份儿。因此,这种类型的人通常长得较纤瘦、弱不禁风。

D. 你是醋性坚强的纯情种子,坚守一生只爱一个人的信念,但是,吃醋的时候并不会让对方知道,只会借由旁敲侧击的方式,辗转获知对方的一举一动。

E. 一根肠子通到底,眼里容不下一粒沙子,都是描述你的最贴切形容词。什么话都没办法放在心里,因此,当脾气发过之后,也很容易恢复原本愤恨的情绪,然后为自己鲁莽的行为后悔不已。不必说,你当然是个醋坛了,但也是最容易哄骗的人了。

二、女人的"性感之旅"

第一站:魅力的"源泉"

女人"最性感"的区域在哪儿?也许许多人会说臀部、乳房、私处、双唇,等等。我们可以想一下,这些部位都是女人共有的,即使这些部位不是足够的性感,现在先进的整容技术也可以解决。脑!是每个人甚至每个低级动物也都有的,但是,它却不可以通过整容技术来改变人与人之间思维的本质区别。那是女人最性感的地方,更是女人魅力的"源泉"。

美!在于美得有灵性。纯粹的肉感和骨感在动物那里就能感觉到,女人如果仅仅愿意把自己塑造成男人的一个性感玩物,那就没有任何"美感"可言了。

自《第六感追缉令》走红后,莎朗·斯通便不肯再演裸露、色情意味浓的电影,她一心想走出"脱星"的阴影,让观众欣赏她的演技,她想让观众从她光溜溜的身体或三点全露转移到她的内心。她努力向众人证明她是个有大脑的明星。如她所说:"我情愿当自己的主人,只有聪明才智是可靠的,靠身材的性感只会成为男人的奴隶。"

莎朗·斯通是美的！然而，更美的是她的头脑！

没有大脑的女人再漂亮也没用，因为她少了最关键的"脑"智能。婴儿用哭来传达需要，成年人应该用脑思考人生。

现实中，男人常谈论这样一个问题："如果找妻子，是选择胸大无脑的，还是选有脑无胸的？"当然大多数男人都会选择后者。情人胸大无脑好，而妻子则不一样了，持家过一辈子，头脑还是比胸重要。而偏偏现在的人头脑与美貌相比，美貌居先。

其实，说白了选择胸大无脑的男人，往往仅仅是想把女人当做一个玩物，这从另一个角度也说明了男人的不自信，这些男人大多是怕有大脑的女人在各方面超越自己。

"男人靠征服世界来征服女人，女人靠征服男人来征服世界。"那我们可以沿着这个思维推理——用脑的女人可以征服一切！

据科学分析，女人的右脑远不及左脑发达，所以女人擅长语言，还柔情细腻，却对数字的感知较差，还常不辨真假。然而，真正用脑思想的女人绝不比男人逊色。

诺贝尔和平奖得主玛利亚·特蕾莎有句名言："人类之所以贫穷，不是因为没有物质与财富，而是没有知识与信息；人类从大脑里开发出的黄金，比从矿产里挖出的黄金多出千百倍。"

现在的美容业十分红火，而文化业却较之逊色许多，不知是社会的进步还是倒退。这不是妒忌美容业红红火火的生意，而是想规劝女同胞们要胸更要脑！恒久的魅力、美丽与财富都在我们的大脑中。只有理解了这一点我们才能够明白：文化虽然在这个浮躁的年代遭遇了一点冷清，但人们对文化的尊重却从来没有改变！能够把自己的脑袋"丰满"起来，这是有胸无脑的人可望而不可即的魅力。

近两年走红的"国学超女"于丹与"学术超男"易中天联袂出书，同台对谈，共品人生，妙语如珠，古今交会，将对传统文化经典的领悟融入当下

生活。于丹的演讲，风趣中见智慧，谈笑中有见识，带领读者从经典中体悟人生，从经典中学习生活，用生命去感受中国经典。于丹是真智者，是用脑的典范。

不过，现实中的女人用脑最多的地方是如何管理和经营男人。

爱动脑的女人常给男人绑上一条绳子，让他学会牵挂；有时给他一些空间，任他飞翔。女人如果整天看着男人，对他管东管西，他会觉得自己好比笼中鸟，毫无自由；但是，过分放纵他，平原纵马，易放难收，他可能会忘了回来。如何管理和经营男人是女人一生重要的课题。

男人就像风筝，拉得太松会飞走，拉得太紧又容易扯断。所以，女人要懂得忽松忽紧地掌控男人，跟男人的距离也要永远保持若即若离。有时盯牢他的行踪，有时对他小小的出轨视而不见，有时让他觉得你很在乎他，有时把他当做壁画，摆在一旁闲着；有时要像母亲一样宠他、呵护他，又要像小女孩般依赖他、向他撒娇；有时必须是他的知己，陪他做梦，发牢骚，也要是他的"迷妹"，在他胡乱吹牛时，支持他，以崇拜的眼神看着他；有时又必须是他的"敌人"，给他一些刺激和打击，让他振作起来。这就是男人心目中的机灵用脑的女人，如果你能巧妙掌握这些特质，那么你的男人就永远逃不出你的手心。

无论在职场还是情场，女人都要用自己的脑子来掌控自己的生活、获取生命的平衡。也许只有这样把自己的脑袋"丰满"起来，女人的幸福才能捏在自己的手里。

第二站：那两座"神女峰"

在女人最美的脑袋之下，有一个最难以抵挡的诱惑——那对高低起伏的双乳！那是女性之树结出的两枚最神圣的果实，它以丰润和圆满滋润着人世的爱与美丽！有史以来，女性丰满的胸部不仅美得让人倾倒，它还与生殖器一起，象征了包含人类在内的自然的繁荣和丰收！

5000多年前，女性一度成为西方文明普遍崇拜的偶像，女性的美也"美丽"了整个西方国度。大约500年之后，乔托的《光荣的圣母》一画中所描画的薄衣内透出的连乳沟也看得见的丰腴的乳房，吹响了意大利文艺复兴的号角。

其实，人类对乳房的迷恋，是源于婴儿时的深刻记忆。意大利的心理学家詹姆斯曾这样描述，他说："婴儿从他（她）呱呱落地的那一刻起，就躺在母亲温暖的怀抱里，吮吸着甘甜的乳汁，感受到妈妈乳房的柔软和颤动，形成了深层的记忆和依恋。这种大脑深层的记忆和依恋将影响人的一生。女婴长大为成熟的女人，对自己的乳房有自恋；男婴长大成为成熟的男人，对女性的乳房有依恋。"这种自恋和依恋乳房的心理现象心理学家将其概括为"恋乳情结"，詹姆斯的这段话揭示了女性乳房魅力的心理学基础。

性感是乳房的一大特性。英国著名人类学家戴斯蒙·莫里斯在《观人术》一书中说："乳房应该是性器官，在两性接触中，女性乳房具有极大吸引异性的魅力，男性经常渴求抚摸女性的乳房，而女性也渴求被抚摸。有些女性仅仅由于对于乳房，特别是对于乳头的刺激即可引发性高潮。乳房在性反应过程中也有很明显的变化，在女性性反应过程中乳头勃起，乳房充血扩大，表现出兴奋时的特性。这些现象都明白无误地表明乳房是性器官。"

另外，更为重要的是乳房的美学特性。众所周知，女性人体美主要是她的曲线，人们公认女性的身材是以"S"形曲线为美。也就是胸前挺，臀后翘，腰腹平滑过渡。而乳房与臀部对于这个曲线至关重要，与其大小、位置、形态密切相关。女性乳房美可以多角度地来论述，如大与小、丰满与萎缩、位置高与低、弹性强与弱、柔软与枯涩，等等。在女人一生中，乳房始终处于动态变化之中，在少女时期，乳房如含苞待放的蓓蕾；在青年期，乳房如丰硕的果实；在中年期，乳房如泄了气的皮球；在老年期，则如"耷拉在胸前的空布袋"，但是，这依然是美的——这是乳房在夕阳西下时期一种特有的美。

中国的上古时代对肥美也有着天生的嗜好，这和中国古人对整个人体以

硕大为美，有着直接的关系。到了唐代，盛大的"大唐气象"统领一切，美人也是以丰腴为美。唐玄宗的贵妃杨玉环就是典型的胖美人，还被称为中国"四大美女"之一，有"环肥"之说。唐朝的美女不但身体肥满，胸部也是很丰满的，并且女性还喜欢穿低领的衣服，以显露出丰满的胸部。当然，中国古代也并不是总崇尚丰腴肥美的体型，如东晋时候的顾恺之画的《女史箴图》中，就体现出魏晋南北朝时对女性"瘦骨清像"的形象的认可。可是，由画中看得出美女的胸部仍不失丰腴，曲线更接近于现代女性追求的曼妙体型。

西方的许多国家，虽然也曾经出现过一些以平胸为美的时期，如清教徒强迫女性穿紧身胸衣，使胸部看起来平坦，呈现清新童稚的轮廓；17世纪西班牙的年轻女性用铅板压胸部等。但正如明清时期崇尚清瘦病态的美一样，都非大势所趋，以胸部丰满为美，总是在千回百转之后又占据主流审美趋向的巅峰地位。

人类和世界，是睡在女人双乳间安详成长、健康壮大的！女性那羞涩灵动的肉体更是洋溢着生命最耀眼的光彩，成为大自然中最美丽的风景！多么古老的传统也包不住膨胀的乳房，像纸包不住火一样，向外传达着火一般控制不了的快感与激情——乳房如导火索般引燃了爱的熊熊烈火。正如著名心理学家弗洛姆所说："男人的'精液'是乳汁，乳了女人，然后女人成了母亲，又分泌另一种乳汁，乳她的孩子。"

乳房！它是女人孕育人类的"粮仓"，是女人全部心血和爱心的转化，是孕育世间生命、浸润天地精神的一眼圣洁的悬泉！乳房以它最厚重、最具可读性成为女人生命天平上一对极其重要的砝码。所以，乳房的美，美丽了女性，也美丽了整个世界。

第三站："神经的集合区"

阴蒂！这个部分对女性来说，可以称得上最敏感的神经集合区域。它的"兴奋"可以把女人送到仙境，它的"抑郁"可以让女人跌入低谷。

红囍书

曾有一对夫妇，结婚三年后有了可爱的女儿。但妻子说自己从未体验到性高潮的滋味，对性生活也逐渐冷淡了。一天，埋头搞科研的丈夫偶尔翻阅杂志，如梦初醒地对妻子说："原来你们女人也有像男人阴茎一样敏感的阴蒂。"妻子也恍然大悟，他在那夜的性生活中有意识地去触摸妻子的阴蒂，她第一次来了性高潮。

这是一个真实的故事，恐怕这个故事也不是个别现象。据性学家的广泛调查，大多数妻子和一半左右的丈夫并不知道阴蒂到底在哪儿，对它的功能和作用就更不清楚了，结果在性生活中，双方都不明白，女方没有性高潮是因为什么。

阴蒂位于阴唇前连合的顶尖部，由一对阴蒂海绵体组成。整个阴蒂由阴蒂脚、阴蒂体、阴蒂头三段组成。发育良好的阴蒂可以从外面看见长度约有2公分，直径约有0.5公分。阴蒂是女性神经最多、感觉丰富、敏锐的性器官，平时被阴蒂包皮包裹着，只有进入性兴奋状态后才会露出来。充分勃起后触之有鼻尖部一样的硬度。

性学家研究发现：女性性高潮89%是来自阴蒂的刺激。对男人来说，达到性高潮却没有刺激他的阴茎是无法想象的，同样，要让女性达到性高潮或者享受完美的性爱感受，5～15分钟的阴蒂刺激也是不可或缺的。

许多夫妻都以为妻子的性高潮是因为丈夫的阴茎粗大或者由于男方随高潮的临近越插越深之故，这是最常见的误解。事实上，妻子的性高潮主要靠丈夫在阴茎插入时，阴茎对阴道外口的扩张，造成对小阴唇阴蒂包皮两侧的机械牵拉作用，通过阴蒂体的节奏性运动和积极的阴茎抽动，一起产生间接的阴蒂刺激；另外，阴毛无意中摩擦到妻子的阴蒂，插入很深时无意加大了对阴蒂的接触面积和压力。

其实，即使丈夫插入不深甚至不插入，只要适当刺激触摸阴蒂，妻子同样可以达到性高潮。也就是说，女性阴道深处是缺乏性感神经的，女性的主要性敏感部位集中在阴蒂，而插入只是给丈夫提供达到性高潮的机会。

第四章 两性：婚姻的动力元素

丈夫对妻子阴蒂的刺激也要讲究"艺术"，一般总是先给予接吻和乳房的刺激，再刺激阴蒂。刺激阴蒂时必须交换手法，总是一种手法会减轻刺激；并且不时要轻拍会阴隆起的部位和腹股沟以增强性刺激。丈夫应该记住，阴蒂头就像阴茎龟头一样敏感，不要太粗鲁地碰它，否则会引起疼痛和不快。为了防止生硬的摩擦，必须要感觉到阴道已有了液体分泌物了再进行性交。

许多女性之所以缺乏性欲或性冷淡，主要是因为她从来没有体验过性高潮中的美好感受，所以缺乏内心动力去寻求性高潮。女性性高潮缺乏的原因固然很多，但就正常的夫妻关系而言，同丈夫在前戏阶段对妻子的阴蒂没有刺激或刺激不够（有接吻和抚摩乳房的刺激），而性交时又大都是采用男上女下面对面性交体位有关。这种传统的体位有一个遗憾：不太容易直接刺激到妻子的阴蒂。有些女性在过性生活时总是并紧双腿，或者由于身体能力有限，无法张开，就更不容易使阴蒂受到合适的刺激，结果性高潮就很少出现甚至没有。

许多性学家提倡女上位。采用女上位至少有以下好处：一是表明妻子已经有了投入性生活的积极性；二是能充分解放妻子的全身，能使其主动地寻找出最能刺激自己的性行为方式；三是能直接刺激到阴蒂，这有利于妻子达到高潮；四是对丈夫也不会带来任何不便和不适。

第四站：一方最隐秘、最公开的空间

男人要想进入女人身体的这方空间——阴道，一般情况下必须首先通过两扇门。一是心门，一般情况下，女人必须在心理上接受你，你才可以进入她的身体；二是阴门，这是最隐秘、最公开的空间的第一道防御关口。

一位女作家曾说，阴门是女性最隐秘、却也是最公开的一扇门！这是每个人来到这世上都得经过的"门"。帝王将相、平民百姓、先贤先哲、戏子帮头……都得从这道门出来，才能治国安邦，才能男耕女织，才能著书立说，才能腔润歌圆。

这个"门"的伟大就在于——出不了这道"门"，谁也风光不起来。即便是狗苟蝇营之辈、偷摸窃娼之徒，也要从这"门"里出来。于是矛盾重重的世界，才有胜利和失败，才有英雄豪杰，才有这纷繁复杂又气象万千的世间景象。其实，男人引以为自豪的武器也只不过是为女人而生的罢了。这道门，是人类的、历史的、宗教的、生命的、人性的，是从远古到今天的一扇通门！

在西方俚语里有这样一句话：通向男人心灵的捷径是肠道，通向女人心灵的捷径是阴道。一个男人是否真的赢得一个女人的心，最明显的判断标准便是性的容纳。

阴道！这个在我们的文化背景里一直羞于提起，在不知不觉中被忽视的身体重要器官，一直以来它承载着性和生育相关的一切快乐和痛苦。如今，男人女人都知道性在生活中的重要。这揭开了阴道的神秘面纱，还充分开发它，用以对人们幸福生活的启动，尤其对男女关系的巩固。

在阴道内大约一英寸的地方，有一个小小的区域叫"G点"。它只有一枚钱币大小，隐藏在褶皱区域。轻轻地摩擦这个部位，会明显地感到体内的性欲被大大挑逗和激发起来，持续抚摩则能很快达到高潮。

谈到阴道就离不开做爱。阴道原本只是女人的一个器官，无所谓原则。可是，当它承载着爱的运动时，就有了原则。做爱，是爱了才做，还是做了才爱？女人是爱了想做，做了更爱。而男人的做，却往往跟爱与不爱的关系不大，但是做了之后，就会心生爱怜。性是爱的一个重要指标。如果一个男人控制了一个女人的肉体，并完全控制了这个女人对他肉体的需求时，这个女人的心也就被这个男人控制了。当男人身体的一部分进入女人身体，女人的心灵也进入了男人的世界。

第四章 两性：婚姻的动力元素

从脱衣习惯看性态度

问题：我们平时的脱衣习惯下其实隐藏着我们的"性"格，我们下面来通过测试你的脱衣习惯来测测你的性爱态度。

A.一进门或寝室，便迫不及待把鞋子踢掉。

B.把衣服脱去之后，散放在屋子每一个角落，逐一收拾。

C.脱衣服时整齐而有条理，并且把每一件衣服折好或挂起。

D.脱衣的方式并无一定的模式或程序，次次都不同。

答案：

A.你属于有丰富梦想的浪漫型，在爱情上重量不重质！由于你思考古怪，常有不寻常之举，在床上时会突如其来地做出一些奇怪动作，吓人一跳。此外，你心地善良，对人包容。

B.你事业心很重，是个能达至成功的人，可惜性格过分火暴。在性方面尚未成熟，听到荤笑话，会蹙眉不悦，对性事采取排斥态度，你这种人性爱技巧拙劣之余又不思改进。

C.你是率直的开门见山型！是个没有个性的人，身边朋友想去哪里，想做什么，你一律奉陪，而且与任何人都合得来，好听点，随和，难听点，应声虫。对性，大胆毫不掩饰，想要就大声地要求，但对象只有一个，且愿付出真情。

D.你知性且热情，肉体与精神能取得平衡，不走偏激感情！喜爱一切有活力的东西，对于有强烈生命力的人和事都显得特别有兴趣，视改变为人生动感之源，但这种事事四平八稳的人，在性爱路上却多迷惑，易做出越轨的事。

三、睾丸的午夜"独白"

我的俗名颇多，但学名只有一个，名叫睾丸。我兄弟两个安居在温度恒定的阴囊内。我随主人的年龄增长而增长。主人十岁时，我的体积很小，以后迅速增长，到主人十七八岁时，我也"成人"了，体积达到12～25立方厘米，形似微扁的椭圆体，像个鹌鹑蛋。在主人处在胎儿时期时，我住在主人的腹腔里。一般在主人胎龄7至9个月或在主人出生后，我就搬迁到阴囊居住。在我从腹腔到阴囊的下行转移途中，由于我自身发育不良或其他多种原因，使我下行转移受阻，我可能仍留在腹腔、腹股沟管或其他部位。此时，阴囊内空空如也，人们给我这样的情形起了一个绰号叫"隐睾"。一般来说，主人在新生儿时，隐睾占10%，在成人则为0.3%，且多为一侧性，两侧性的约占总数的10%～20%。

成熟的我为主人做两件事：一是分泌雄性激素，使主人保持男性雄风；二是产生精子，使主人有接班人。我体内的间质细胞所分泌的雄性激素名叫睾丸酮，它能促进男性性器官及性征的正常发育，及维持其正常状态，使男子雄风长存。我体内的1000多条曲细精管产生精子。正常男子精子的生活周期为14～17天。一个正常男子每天能产生3亿个精子，一生中产生的精子数约有1万亿个。正常射精1次的精液量约2～6毫升，每毫升精子约1亿多个，每次射出的精子可达2～6亿多个。如果每毫升精液中的精子少于6000万个、活动良好的精子少于85%、无活动力或死精子多于15%，则可视为不正常。倘若没有如此众多和活泼健康的精子相助，就很难保证精子能与卵子"鹊桥会"。

我最怕热。阴囊的温度比腹腔、皮肤的温度低2摄氏度，所以我选择阴囊定居。希望我的主人尽量不穿紧身裤，不要使我与皮肤贴得紧紧的，否则会影响我的生精功能。对隐睾的主人，要选择手术时机将我搬移到阴囊定

居。手术时间选择不宜过早，婴幼儿隐睾有自行下降到阴囊内的可能。但亦不应过晚，过晚使我发育不良，失去生精功能和分泌雄激素的功能。一般来说，主人在八九岁时应做手术将我移至阴囊内，手术最迟也不应晚于十二岁。对于成年男子的隐睾最好是手术切除，以免使我患上肿瘤。

由于环境污染、某些不良行为和不良生活方式等因素，都会使我的生殖能力下降，从而影响主人的生殖健康。环境中具有激素活性的化合物——环境激素，能够损害我的生理功能。例如，日常生活中有些食品不适宜地加入了激素类物质，有些杀虫剂、洗涤剂及某些塑料制品等，都存在与激素，尤其是雄激素相同的化学结构，或其降解后也具有雌激素的作用。环境激素一旦进入人体就会发挥雌激素的作用，干扰人体内的激素，使我生精能力降低，精子的数量和质量下降及免疫能力低下。由于环境污染，近10年来，男子精液中的精子数几乎减少了一半。

不洁两性行为严重地威胁着我的健康。通过一些不洁行为，造成的尿道炎、附睾炎、附属性腺炎都会波及我使我发炎。特别是感染了衣原体、支原体后，对我的危害很大，使我的生精能力减低、精子活动力降低、畸型精子数增多，导致男性不育。要切断性病的传播途径，保护我的健康，关键是我的主人要进行安全的性行为，患了性病后，要尽早到正规医院诊治。

主人吸毒、过度吸烟、酗酒会损害我的生精功能和降低分泌雄激素的功能，造成精子的数量和质量下降，以及性欲降低。滥用或超剂量长期服用激素类药物也会使我的生理功能发生障碍，影响精子的产生。我的主人一定要改变不良的生活方式。

红囍书

第二节 "性"中先有保后有健

一、激情热吻十禁忌

一个美妙的吻胜过一次性爱。

但是，热吻不是在什么情况下都适宜的，在不适合吻的时候，男人的吻只能引起女性的讨厌。下面介绍几种热吻的禁忌。

1. 在吃过异味食物后切忌接吻，而现实中男人往往不谙此道而常犯这样的错误，令妻子生厌。

2. 女性对烟味一般都十分敏感，而且烟又有伤身之说，吸过烟接吻同样使妻子讨厌，所以男人更忌烟后接吻。

3. 女性最厌恶酒后接吻，那恶心的味道，会给妻子留下毫无性愉悦之感，而且这种感觉还很可能会深刻地印在妻子的脑海中。

4. 在睡前没有漱口的情况下亲吻妻子，这是男人都要改掉的一种典型陋习。

5. 在患牙周炎或有口腔疾病时接吻，这种情况下接吻是对女性的一种失礼和性的侵害。

6. 妻子在生病时丈夫一般不要有亲吻的行为，因为此时女性体内的荷尔蒙十分低下，几乎无任何性需求。

7. 女性在身体疲劳时丈夫不要亲吻妻子，很少有人喜欢在最渴望休息时被人打扰。

8. 在毫无情感铺垫，特别是在女性无任何心理准备的情况下，男人突发式亲吻会让女性被迫接受而郁郁不快。

9. 男人在生硬的要求下强制亲吻女性也是一大禁忌，特别是那缺少柔性的动作，会让女性耿耿于怀而长期叹怨。

10. 女性在心绪不佳时丈夫不要亲吻她，那样会更加破坏女性的心境而使其烦躁无比，随之很可能便是拒绝。

吻是一种精致的性文明的体现。新世纪的吻应该像早晨的露珠，让清新的双唇明丽鲜活，这样没有杂质的双唇谁都会喜爱。男人！请学会妙吻！这样，会让你"吻"的价值和激情升华，也会让爱情升温。

二、呵护女性性感区域

（一）"凸显处"

乳房！如果从外观看，那一块儿高低起伏的"凸显处"是女人最具有女人味儿的地方。谈起对乳房的呵护，首先，让饮食专家先为女同胞们推荐几样"美乳食谱"：卷心菜、花菜，以及含蛋白质丰富的奶制品、瘦肉、蛋类、豆制品等。此外，动物脏器、鱼、蛋、绿豆芽、新鲜水果富含维生素B，这是合成雌激素不可缺少的成分，而雌激素的分泌可促进乳房和乳头的发育，使乳房逐渐隆起变得丰满。

其次，运动也可以美乳。游泳是一项既减肥又塑胸的运动，因为水对胸廓的压力不仅能使呼吸肌得到锻炼，还能很好锻炼胸肌。在瑜伽动作里，也有一个经典的"挺"胸动作，叫做固肩式。它可以消除手臂的赘肉，同时还可以防止乳房下垂。跪坐在垫子上，腰部挺直。双手放在身体两侧，吸气，吸气的同时双手放在头的后方，并且十指相扣。手肘尽量左右打开，扩胸，同时做深呼吸。吸气，同时把双手移向左侧，同时右手上，左手下。然后吐气，吐气的时候左手用力往下拉右手。停留5秒，做深呼吸。换对侧做几次。

再次，按摩。按摩其实很简单，主要有以下几个步骤：1.从乳房中心开

始画圈，往上直到锁骨处。2.从乳房外缘开始，以画小圈方式做螺旋状按摩。3.两手掌轻轻抓住两边乳房，向上微微拉引，但是别捏得太用力。每天洗完澡后花5分钟进行按摩就可以，每个动作重复8～10次。

最后，要增加乳房弹性避免下垂，还要注意姿势，走路时背部挺直，乳房自然会挺起；坐立时也应该挺胸抬头；睡眠时采用仰卧位或侧卧位，不要俯卧。多做些深呼吸，也能使胸部得到充分发育。合适的胸罩，衬托到合适的位置，以减少地心引力的作用，减少外界的伤害。

（二）"私密处"

一项世界卫生组织的报告证明：女性由于阴道不洁所造成的妇科疾病，占80%～95%。这是由于女性生理结构的特殊性所造成的。根据我国权威部门对已婚的育龄妇女调查及每年例行的妇科体检发现，95%以上的育龄妇女都患有不同程度的妇科疾病。

由此可以看出，女性阴道的呵护显得极为重要。养护胜于预防，预防胜于治疗。为了让更多的女人健康美丽，使我们的家庭和谐、社会稳定，让我们从呵护和预防开始吧！

1. 尽量少用卫生护垫。如果分泌物多，易使裤底湿湿的，不妨经常更换内裤。另外，少用含香料、颜料或含有除臭成分的护垫、卫生巾。

2. 我们都知道，外阴部和腋下一样，都是容易流汗的部位，最好每天洗澡，尤其运动出汗后更要立刻冲洗；选择吸汗的棉质内裤，避免闷热不透气的衣物，如牛仔裤，保持阴部的清爽最重要。

3. 性行为也会增加感染的机会。行房前应清洗外阴部，行房后应以凯格尔运动（腹部用力、骨盆收缩）把精液排出。因为精液为碱性，会改变阴道酸碱值。也可使用保险套，避免精液射入。

4. 每次排泄后，要养成用温水清洗的习惯，以免肠道细菌趁机拐入阴道，引起炎症。卫生纸应由前往后擦，而非由后往前，以免卫生纸先碰触肛门，可能将过多细菌带到阴道口。

5. 时下流行的丁字裤虽然性感，但不易吸汗，又容易造成摩擦破皮，易使细菌有入侵的机会，最好少穿。

6. 在公共场所落座时尽量不穿超短裙，避免让内裤接触座位。

7. 除了霉菌，有些病原菌易存在男性身上，若女性发生感染，须注意性伴侣是否也有类似问题（如尿道炎），应一并治疗，否则女性治好后，可能因性接触而交互感染，一再复发。

8. 有自己的专用毛巾，在淋浴时用流动的水清洗私处。洗澡后最好自然风干或用吹风机吹干局部，比起"擦"的方式，这样更干净卫生。也有人在家中只穿裙子不穿内裤，或睡觉时不穿内裤，这样能让阴部有通风、干燥的机会。但卧具要经常更换，保持清洁。

9. 每天都要饮用足够的水，做爱之前更应该多喝一些水，之后排尿。

10. 做爱之前男女都应先洗澡，因为男人的包皮内往往容易存着病菌，很容易被带入阴道，引起感染。

11. 不可用香皂或是沐浴乳清洗私处，因为普通沐浴乳和香皂大都呈碱性，pH值在7以上，容易破坏阴道弱酸环境，导致妇科疾病发生。也不要滥用抗生素和化学药物冲洗阴道，以防菌群失调引起炎症，如霉菌性阴道炎。

12. 内衣裤要与其他衣服分开清洗，用温和的洗衣剂清洗。一些去垢剂或是柔软剂可能会引起过敏反应，最好不用。

三、裸睡的好处有哪些

对于习惯了"和衣而卧"的中国人而言，裸睡一时还让人难以接受。甚至有的人还认为裸睡不太文明。其实，科学合理地选择裸睡确实是有诸多好处的，不管对男人还是女人。那么，裸睡究竟有哪些好处呢？

1. 裸睡能让人有一种无拘无束的快感。从心理上更利于减少夫妻隔阂和分歧，增加亲密接触的机会，对彼此也更加宽容和欣赏，有利于夫妻感情的维持。

2. 裸睡有利于神经的调节，增强适应和免疫能力。对治疗紧张性疾病的疗效极高，特别是腹部内脏神经系统方面的紧张状态容易得到消除。

3. 裸睡能促进血液循环，使慢性便秘、慢性腹泻以及腰痛、头痛等疾病得到较大程度的改善。

4. 裸睡对治疗妇科疾病也有一定的效果。经常裸睡能使妇科常见的腰痛及生理性月经痛得到减轻。

5. 裸睡还具有一定的美容效果。没有了衣服的隔绝，裸露的皮肤能够吸收更多养分，促进新陈代谢，加强皮脂腺和汗腺的分泌，有利于皮脂排泄和再生，皮肤有一种通透的感觉。

6. 裸睡能呵护两性的私处。女性阴部常年湿润，如果能有充分的通风透气就能减少患上妇科病的可能性。阳气充沛、气血旺盛的中青年男人，以及大腿较粗、身体较胖的男性朋友，常常一觉醒来发现腹股沟、大腿内侧等私密处出汗较多，特别是在炎热的夏季。睡眠时内裤吸收了汗和分泌物，潮湿及不透气的部位容易让细菌孳生繁殖，导致湿热聚集，引发湿疮瘙痒。而裸睡却可以避免这些。

7. 裸睡有助于进入深层次睡眠。没有衣服束缚，身体自然放松，血流通畅，能改善某些人手脚冰凉的状况，有助于进入深层次睡眠。另外，裸睡对失眠的人也会有一定的安抚作用。临床研究已证明其对治疗紧张性疾病的疗效颇为明显，对于男性由于焦虑、紧张造成的性功能障碍也有效果。

8. 裸睡具有减肥的作用。由于裸睡能让血液得到很好的循环，皮肤能够得到充分呼吸，人体内的油脂消耗也会加快，所以裸睡也有助于减肥。

9. 裸睡更有利于增强男人的自信。如果内裤太紧，会使阴囊的温度升高，导致精子生成和发育障碍，降低男性的性能力；同时，紧身内裤还会给生殖器以强烈的摩擦和压迫，导致勃起功能异常，频频遗精，影响血液循环和正常排精。男性裸睡可以营造清凉之境，让睾丸温度下降，精子变得更活泼，性欲望自然就增强。

当然，裸睡也要有讲究，良好的卫生习惯是关键。上床睡觉前应清洗外阴和肛门，并勤洗澡。千万不要把被子床单当成不用换洗的贴身睡衣。对床单被褥质地的选择也要讲究，以舒适、柔软、透气的面料为好，避免对皮肤产生刺激，影响睡眠。此外，如果有泌尿生殖系统感染，则不宜裸睡。

四、如何克服性功能障碍

性功能障碍是夫妻性爱和谐的大敌，性功能障碍无论从身体上还是精神上都给夫妻双方造成不良的影响，有的甚至导致夫妻离异。

性功能障碍指性交过程中的一个或几个环节发生障碍，以致不能产生满意的性交所必需的生理反应及快感缺乏。常见的男性性功能障碍有阳痿、早泄、不射精、逆行射精以及遗精等；常见的女性性功能障碍有性冷淡、性交疼痛以及阴道痉挛等。

（一）阳痿的治疗

阳痿又称"阳事不举"，是指男性虽然有性的要求，甚至有较强的性欲或频繁的性冲动，但其阴茎不能勃起或勃起不坚，不能进行正常的性交。阳痿是最常见的男子性功能障碍性疾病，一两次性交失败，不能认为就是患了阳痿。只有在性交失败率超过25%时才能诊断为阳痿。

据国外有关资料统计，阳痿患者约占全部男性性功能障碍的37%～42%。国内有关调查表明，在成年男性中约有10%的人发生阳痿。阳痿的发生率随年龄的增长而上升。男性在50岁以后，不少人会阳痿，到了65～70岁时阳痿的发生达到高峰。但也因人而异，并非绝对。

阳萎可由器质性病变或精神因素引起。器质性病变引起的阳萎，表现为阴茎在任何时候都不勃起；而精神因素造成的阳萎，只是在性兴奋时或性交时阴茎不勃起，在平时或睡眠状态却有可能勃起。

实际上，大多数阳痿是由精神性因素引起的。工作压力大，事业受挫、精神紧张忧郁，阴茎勃起中枢处于压抑状态；夫妻感情不和，互相缺乏交流，缺乏性的激情难以引起勃起；几次性交失败的经历使其产生性焦虑和恐惧，于是诱发真正的阳痿；性刺激不适当、不充分或性交次数过多也可引起阳痿。

对阳痿的治疗，要根据阳痿的轻重程度做不同处理，最重要的一点就是要查清病因，根据病因做针对性治疗。对有器质性疾病者，应针对原发病治疗，对于药物影响而引起的，应停药或改用其他药物。

对精神性因素引起的阳痿，应尽量从病史中查找原因，消除精神和心理上的顾虑及负担，培养自信心。专家们认为，一个男子，不论什么时候，只要他的阴茎有过完全勃起，则他患阳痿的根源就不会是身体方面的，而是精神方面的。所以，应该满怀信心地去医治。开始，可以暂停一段时间的性生活，养精蓄锐，协调一下兴奋和抑制平衡；在体力和脑力方面要避免过劳，多参加一些文娱活动和体育锻炼，转移"兴奋灶"，增强体质；不嗜烟酒，戒除手淫，保持阴茎的清洁卫生，避免刺激；如有全身疾病要积极治疗，这样就会逐渐赢得性生活能力。

另外，在阳痿的治疗中，妻子的配合非常重要，妻子的耐心和理解，可以宽慰丈夫的心；妻子的外表、亲吻、爱抚以及热情的语言等可成为性兴奋的刺激，使丈夫消除担心，将精神集中于性生活愉悦的享受上，使性生活获得成功。

（二）早泄的对策

一般认为，早泄是指男子在阴茎勃起之后，未进入阴道之前，或正当进入，以及刚刚进入而尚未抽动时便已射精，阴茎也自然随之疲软并进入不应期的现象。

性交时射精早晚无固定标准，个体差异很大。一个具有正常性功能的人，在不同条件下射精快慢也有较大差别，因此正常人在性交时偶尔出现射

第四章　两性：婚姻的动力元素

精过早，不应视为病理现象。例如，新婚之夜夫妻之间第一次性生活，心情激动，神经高度兴奋，新郎可能在刚刚接触到性器官时或阴茎刚刚进入阴道就射精。还有久别重逢的夫妻，性兴奋较快，丈夫射精早一些，这些情况不能诊断为早泄。只有经常射精过早，以致不能完成性交过程时，才视为病理性的。所以，不应以性交射精早晚或女方是否达到情欲高潮来判断是否为早泄。

同阳痿一样，早泄也大致由器质性病变或精神性因素引起。在早泄患者中有80%以上是由精神因素引起的。比如，有的男性性交时提心吊胆，唯恐射精太早，引起妻子不满；有的男性出于对性爱知识的误解，无端地怀疑自己的性能力低下，性交时老是自惭行秽，这种情况多见于那些认为自己的阴茎短小或自认为体质孱弱的男性；有的夫妻感情不融洽，如丈夫对妻子猜疑、嫉妒或者过分地敬重，也会导致早泄；有的男性对性生活质量过分看重，期望过高，或者对有过的一两次早泄过分忧虑，形成紧张、早泄、更紧张、继续早泄的恶性循环而使早泄固定下来。身体过度疲劳、精力不足，也可使射精中枢控制能力减弱，发生早泄。

少数早泄由器质性病变引起，例如，外生殖器先天畸形、包茎、龟头或包皮的炎症、尿道炎、阴茎炎、多发性硬化、脊髓肿瘤、脑血管意外、附睾炎、慢性前列腺炎等都可反射性地影响脊髓中枢，引起早泄。全身疾病或体质衰弱，也可以使性功能失调，出现早泄。

患了早泄，夫妻双方要正确对待，不可取的态度是互相抱怨，或产生焦虑、厌倦情绪，或不认真对待，不配合治疗，更不应该停止正常性生活。

正确的处理方法是，先去医院检查，排除泌尿生殖系统疾患，然后消除精神上的紧张状态，克服恐惧心理，保持心情愉快。女方要更加体贴和关心对方，帮助男方解除其思想顾虑，延长性交前的准备时间。

对于器质性原因引起的早泄，要积极治疗原发病，原发病治愈后，早泄自会好转。对个别较顽固的早泄可采用如下方法：

红囍书

1. 减少性冲动和性敏感性：男女双方在性交前应保持精神舒畅，避免过于紧张或性过于冲动。应用阴茎套进行性交也是减少敏感性、防治早泄的一种方法。也可在性交前或性交时用干净的纱布拭少量表面麻醉剂，或服用少量镇静剂，以降低对性刺激的敏感性，延长性交时间。

2. 间歇刺激法：此法属行为疗法的一种，方法是通过性交或非性交的方式，由夫妻双方配合，以女方为主完成。主要是训练提高男方的射精刺激阈值。当快要达到射精的阈值时，突然停止刺激，待兴奋高潮减退，再刺激阴茎，如此反复进行。这种方法可使男方能耐受大量刺激而不射精。

3. 牵拉阴囊法：性交分兴奋期、持续期、高潮期和消退期。当性交进入持续期，则性兴奋进入持续稳定的较高水平。持续期内，男性龟头冠的直径略有增加，龟头颜色变深，由于睾丸阴囊血管充血，阴囊体积进一步增大，睾丸进一步提升与会阴部接触，易刺激会阴部引起反射性射精，此时牵拉阴囊和睾丸可降低兴奋性以延缓射精。此方法可在性交中由夫妻双方完成，也可和间歇刺激法配合进行。

4. 挤捏阴茎法：在性交过程中，阴茎海绵体是参与勃起机制的主要器官。阴茎的勃起与射精是当刺激达到一定阈值时，从生殖器神经传到中枢，传出神经又通过腹下神经丛及膀胱丛使附睾、睾丸上的输精管及前列腺的平滑肌收缩，精液经尿道射出。挤捏阴茎法，也是一种循序训练的行为疗法。方法为由女方刺激阴茎达射精不可避免的感觉时，立即停止刺激，把拇指放在阴茎系带的部位，食指与中指放在阴茎背侧（注意不要滑动阴茎），上下垂直挤捏压迫4秒钟后突然放松。挤捏所用压力的轻重与阴茎勃起的程度成正比，反复训练可延缓射精的紧迫感，提高射精刺激阈值，重建射精时间。一般坚持使用挤捏法3~6个月后才能使疗效持久。

（三）不射精、逆行射精以及遗精的应对

1. 不射精

不射精通常是指阴茎虽然能正常勃起和性交，但就是达不到性高潮和获

得性快感，不能射出精液；或是在其他情况下可射出精液，而在阴道内不射精。

不少男性受"惜精"观念的影响，误认为"一滴精等于十滴血"，长期控制自己不射精；有的不愿意要孩子，利用控制射精的方法，实施避孕，久而久之，便导致了不射精；也有一部分男性，性知识缺乏，不知道阴茎插入阴道后，需要快速抽动才能射精；也有不少男性年轻时手淫用强刺激的方式获得性快感，长期养成了强刺激才能射精的习惯，使射精阈值升高，性刺激达不到这一阈值而引起性交不射精。

对不射精的治疗主要是找出不射精的原因，然后对症下药。对器质性原因造成的不射精症应先治疗原发病；对药物所致的，可以遵医嘱暂停使用药物；对性知识了解不足的，可以加强对性知识的学习，端正对性的认识；对精神性因素引起的，能自己缓解的试着自己缓解，不能缓解的，可以看心理医生。

2. 逆行射精

逆行射精是指在性交达到高潮时，虽有射精动作，但精液不从尿道口向前射出，却逆向后方流入膀胱中。

逆行射精对本人健康没有太大影响，只是小便时，精液和尿液一同排出，尿液呈乳白色。但关键是精液不能进入女方阴道，不能受孕。出现非人为原因逆行射精时，应及时到医院就诊。

3. 遗精

遗精是指在无性交活动或手淫时发生的射精。80%以上的未婚青壮年都有遗精现象，不一定是病态。只有长时期频繁遗精才被视为疾病。

发生频繁遗精现象的原因有三个方面：一是有器质性病变，二是性生活过于频繁，三是性兴奋度太高。

出现频繁遗精现象，要到医院检查，对症治疗。另外，建议患者节制性生活，戒除手淫，养成有规律的性生活习惯；尽量不要服用具有强壮兴奋性质的药物；睡时宜取屈膝侧卧的姿势，不宜仰面平卧，被褥不能过厚、过暖。

（四）女性性冷淡的克服

性冷淡又称性欲抑制，是指性幻想和对性活动的欲望持续或反复的不足或完全缺失。患性冷淡的女性较多，中医将性冷淡称为"阴冷"及"女子阴萎"等。

性冷淡可以单独发生，也可以与其他性功能障碍同时存在并互为因果，如无性高潮的女性，久而久之抑制性欲，而性欲下降又使性兴奋下降，因此又难以出现性高潮。

女性性冷淡多数是社会心理因素引起的。由于社会上仍然盛行歧视和限制女性性活动的性价值观念，女性比男性更容易受到社会心理因素的影响。妇女忧虑、精神抑郁、生活压力过大、夫妇间长期感情不和等因素都可引起女性性欲低下。其中，有些女性可追溯到儿童和青春期接受抑制性的性教育或遭受过性创伤的经历，如强奸、乱伦、性骚扰等，由于上述因素使她们早年建立的消极条件反射得到强化，而婚后性欲呈现明显的抑制而低下。少数妇女也可以因性腺功能不足、垂体腺瘤分泌的泌乳素增加、长期服用大量的降压和利尿药物、急慢性酒精中毒等因素而导致性欲低下。因此，女性性欲低下，既可以是社会心理因素所致，也可以是生理或器质因素引起的，或者多个因素共同发挥作用而导致的。

对于女性性冷淡的治疗，如果是心理因素所致，应找出潜在原因，在医生的指导、协助下打消顾虑，而后采取一些措施逐步激发性兴奋。必要时采取性感集中训练法治疗，此法是让夫妻最初一段时间摒弃性交，性爱活动仅限于拥抱和抚摸女性除生殖器和乳房以外的身体其他部位，当触摸能导致性兴奋后再开始触摸女性生殖器和乳房，约经过两周时间的训练，当触摸女性生殖器和乳房能引起良好的性反应时再进行性交，但不一定要求性高潮出现。在治疗过程中，女性可以阅读一些动情读物或图像资料，加强性想象，

破除只有男方才可以成为性活动发起者的旧观念，并可以在性交时采取女上位的方式，以激发和调动女方在性活动中的主观能动性。另外，也可试用一些具有催欲作用的中、西药物，如伴有抑郁症的妇女，服用氯哌三唑酮等不但使部分妇女抑郁消失或减轻，也使她们性欲增强。

如果内分泌化验检查证实有性腺功能减退，可用小剂量的雌激素治疗以替代体内雌激素不足，也可以用甲基睾丸素治疗增强性欲。如果垂体照相或CT扫描发现垂体有腺瘤，可用溴隐亭治疗或手术治疗，从而使性欲增强。对于长期服用降压、利尿药物或酗酒者，要根据病情调整药物或剂量，并应逐渐戒酒。

（五）女性性交痛的消除

女性性交痛是指女性在性交时、性交后自觉阴道口、外阴、阴道深部或下腹部感到轻重不等的疼痛。女性性交痛主要有以下四种原因。

1. 阴道干燥

通常，阴道干燥产生的疼痛在阴茎插入之后就会缓解。当女性的性欲被激起时，阴道内的腺体就会分泌出一种液体作为润滑剂。如果这一过程遭到破坏，阴道没有被充分地润滑，性交过程就会产生疼痛。

许多因素也都可导致阴道润滑不足，例如，不充分的性前戏，在绝经后期、母乳喂养时女性体内激素水平发生变化，或一些药物如抗组胺剂使人体产生干燥。增长性前戏的时间或使用更有效的方法刺激性欲或许会使问题得到轻松地解决。如果不能，使用带有润滑剂的避孕套或使用水溶性的润滑剂都可使问题迎刃而解。凡士林或其他由石油制成的润滑剂不能用作阴道润滑剂，因为它们可能会使避孕套失去作用或导致阴道感染。绝经后的女性也可考虑用激素取代疗法减轻阴道的干燥从而缓解疼痛。

2. 由于各种原因外阴对刺激感受敏感

性交时在阴道的入口附近处感到疼痛可能是由阴道或尿道的感染，或外阴切开术造成的疤痕引起的。杀精子剂、女性卫生喷雾剂或冲洗液，以及绷紧的内裤也可能造成性交疼痛。治愈感染或清除刺激物都可使问题得到解决。外阴切开术造成的疤痕会随着时间慢慢消除，疤痕处的敏感度会降低。如果不能缓解，需要外科手术进行治疗。

3. 生殖道失调或者阴道痉挛

在性交时，阴道的深处或下腹部的疼痛可能是由子宫内膜异位、骨盆发炎或生殖道的其他功能失调、紊乱引起的。这些情况都需要马上就诊。

有些女性性交痛是由阴道痉挛引起的。解决阴道痉挛的方法是用手指或阴道扩张器扩张阴道，使之逐渐变宽、变大。

4. 心理因素

心理因素可以导致性交疼痛，童年或年轻时创伤性经历、既往的性器官的疾病，都会对患者造成心理创伤或压抑。初婚时受到丈夫粗暴性交对待，疼痛剧烈也会形成恐惧心理。而夫妇不和也可能以性形式表达出来。

消除心理性因素导致的性交痛，需要以心理治疗为主。丈夫要爱护、体谅和照顾妻子。良好的性生活感受和氛围，有助于消除女性原有的心理阴影，使不良心理状态得以调整，性交痛也会逐渐消失。

五、哪些情况下不宜性交

1. 月经期不宜行房事

因经期过性生活可使细菌上行，引起子宫内膜炎、卵巢炎、附件炎，甚至盆腔炎。

2. 妊娠期不宜行房事

在妊娠2～3个月内不宜过性生活，因为易引起子宫收缩，发生流产。

3. 当生殖器官有急、慢性炎症时不宜行房事

因为在急、慢性炎症时过性生活，容易促进感染的加重或扩散。

4. 泌尿系统感染时不易行房事

如患有急性膀胱炎、尿道炎时，不能过性生活。因性生活可使尿道口周围受创并促使细菌上行，导致感染加重，难于控制。

5. 在身体劳累困乏时禁忌行房事

人的疲劳分脑力和体力两方面。疲劳时进行性生活，对男性来说，可因精力、体力的不支而影响到性功能，极易诱发早泄、阳痿及阴茎内缩等症；而女性可因身体疲劳而厌恶性生活，甚至在性生活中有阴道痉挛疼痛感，经常如此，女性会出现性冷淡。俗话说，"百里行房事者病，行房百里者死"。意思就是远行前后禁忌行房事。走远路后再房事会生病的，而行房事后再走远路就更危险。

6. 伤筋动骨的，要养好伤后再断欲两个月才行

俗话说，"伤筋动骨一百天"，即是一百天才能复原的意思。那么行房事则需要再加上六十天才行。

7. 心情不好时禁忌行房事

行房事的危害还与人的情绪有关。一般心情郁闷、愤怒的时候是禁忌行房事的。因为情绪闷躁、恼怒是肝火太盛的表现，此时行房事，会火上浇油，伤肝损脾的。另外，受到惊吓之后，情绪紧张，也不能行房事。

8. 眼疾未愈或始愈禁忌行房事

因为在眼疾未愈或始愈时行房事，很可能会使眼睛失明。

9. 太饱或空腹时不宜行房事

在吃的过饱后行房事会损伤五脏，空腹时行房事会大伤元神。

10. 无欲不宜行房事

合理、和谐的性生活，应在双方都有要求的情况下进行。如一方因种种原因不愿进行性生活时，另一方不要勉为其难，以免对方产生反感心理。当然，如果一方有要求而对方无特殊情况时，不要压抑拒绝对方的要求。夫妻双方应互相体谅，让性生活为双方的身心健康带来裨益。

11. 清晨不宜行房事

每次性交最适当的时间，最好是在夜晚入睡（晚间12点）之前。有时男方日间工作较重，身体已感疲劳，最好先睡片刻再性交，以免发生泄精过早的现象。清晨起床后进行性生活，人会因为得不到适当的休息而使体力得不到恢复，容易使人感到头昏脑涨，四肢无力，精神衰退。长期清晨过性生活甚至打破生活规律，会形成恶性循环。这就是古代养生家们所倡导的"晨酒、晚茶、黎明色"的戒律依据。

六、食物中的另类伟哥

性激素的基础原料是胆固醇，胆固醇只存在于动物食品。虽然人体也能合成胆固醇，但这需要花费时间、能量和营养素，而肉食则能直接提供产生性激素的胆固醇。

精液的主要成分中，锌和精氨酸很重要，但每次高潮射精要流失掉3毫克左右的锌。锌缺乏时，容易造成性成熟晚，性器官小，容易阳痿和不育。而锌的最佳来源是海鲜（尤其是牡蛎）、肉类（尤其是羔羊肉）以及蛋类、豆类和坚果的种子。另外，动物食品中还富含精氨酸。肉食含有丰富的维生素A、维生素E等"性营养素"：维生素A参与性激素的合成，维生素E参与精子的生成。同时它们只溶于脂肪酸，不溶于水，单吃素食不易被吸收。

对于男性来说，含有"另类伟哥"的食物主要有：

虾——祖国医学认为，虾其味甘、咸，性温，有壮阳益肾、补精、通乳之功。凡久病体虚、气短乏力、不思饮食者，都可将其作为滋补食品。

泥鳅——泥鳅中含一种特殊蛋白质，有促进精子形成的作用。成年男子常食泥鳅可滋补强身，对调节性功能有较好的作用。

驴肉——中医认为，驴肉性味甘凉，有补气养血、滋阴壮阳、安神去烦的功效。驴肾有益肾壮阳、强筋壮骨的功效，其可治疗阳痿不举、腰膝酸软

等症。

牡蛎——牡蛎含有丰富的锌元素及铁、磷、钙、优质蛋白质、糖类及多种维生素等。对男子遗精、虚劳乏损、肾虚阳痿等有较好的效果。

大蒜——研究证明，大蒜可以迅速增强性欲，而且促进男性和女性阴部血液循环，刺激性感觉。每天食用900毫克大蒜就可以达到最佳效果。

鹌鹑——祖国医学认为，鹌鹑肉可"补五脏，益精血，温肾助阳"。男子经常食用鹌鹑可增强性功能，并可增元气、壮筋骨。

香蕉——因为香蕉中含有丰富的蟾蜍色胺，该物质能作用于大脑使其产生快感、自信和增强性欲。

鸡蛋——鸡蛋是人体性功能的营养载体，是性生活后恢复元气最好的"还原剂"。阿拉伯人在婚礼前几天，以葱烧鸡蛋为主，以保证新婚之夜性爱的美满。

蛇肉——近年来，食蛇肉已成为一种时尚。当两条蛇交尾时，会持续很长一段时间（蝮蛇可达6～24小时），食蛇肉能有效地使性生活的时间延长。

狗肉——《本草纲目》载，狗肉有"安五脏，轻身益气，益肾补胃，暖腰膝，壮气力，补五劳七伤，补血脉"等功效。用黑豆烧狗肉，食肉饮汤，可治疗阳痿早泄。但热疡及阳盛火旺者，不宜食用。

韭菜——韭菜因温补肝肾、助阳固精作用突出，所以在药典上有"起阳草"之名。韭菜籽为激性剂，有固精、助阳、补肾、治带、暖腰膝等作用，适用于阳痿、遗精、多尿等疾患。用韭菜籽研粉，每天早晚各服15克，开水送服，对治疗阳痿有效。

枸杞子——中医认为，枸杞子味甘，性平，入肝、肾、肺经，有滋补肝肾、益精明目、和血润燥、泽肤悦颜、培元乌发等功效，是提高男女性功能的健康良药。枸杞子有兴奋性神经作用，性欲亢进者不宜服用。

松子——松子是重要的壮阳食品。中医认为，经常食用有强身健体、提高机体免疫功能、延缓衰老、消除皮肤皱纹、润肤美容、增强性功能等作

红囍书

用。它是中老年人滋补保健食品，对食欲不振、容易疲劳、遗精、盗汗、多梦、体虚、勃起无力者有较好疗效。

海鲜——海鲜和瘦肉一样富含锌元素。锌是男人所必需的一种重要元素。因此性生活越频繁，就需要补充越多的锌。

银杏酚——每天食用两到三次，每次40到60毫克银杏酚，可促进脑部血液循环，但是，很少有人知道，银杏酚也会促进阴部血液循环。

另外，每天食用大量含有丰富维生素和矿物质的蔬菜和水果将促进性激素的产生。

切忌一点：大豆是精子的"杀手"！一项最新的科学研究显示，大豆中的某些成分能造成精子数量下降，从而影响男性的生殖功能。许多人一致推崇的豆奶和大豆酸奶也成了可以杀死精子的食品。

相关链接：

女性保健60条

1. 在干净的床上裸睡。
2. 生理期不吃巧克力，因为会加重痛经。
3. 经期只穿无钢圈内衣。
4. 养成记录生理周期的习惯。
5. 通过运动而非调整内衣来塑造曲线。
6. 不跷二郎腿，以免压迫神经。
7. 性生活结束后去一次洗手间。
8. 拉风的丁字裤不适宜日常穿着。
9. 如非必要，不使用卫生护垫。
10. 定期检查化妆品的保质期。
11. 洗浴后一小时再化妆。

12. 每周只用一次清洗液，用温水清洁私密部位。

13. 即使爱美，也不要在耳朵上部的外缘软骨部位穿耳洞。

14. 染发频率控制在半年一次。

15. 如果一天要接听5小时以上的电话，使用无线耳机。

16. 复印文件时，与复印机保持至少一米的距离。

17. 最好不要趴在办公桌上午睡。

18. 在办公室为自己准备小靠垫，放在腰部。

19. 别让电脑包围你，显示器的侧、背面辐射更凶。

20. 不要将笔记本电脑放在膝上使用。

21. 在办公桌上养一盆仙人掌，帮助吸收辐射。

22. 不要坐在马桶上看报纸。

23. 每30分钟伸一次懒腰。

24. 用完电脑后要清洁面部及手部，清除辐射微尘。

25. 单肩的短带挎包会加重肩周炎症状。

26. 公文包里的口红与签字笔分格存放。

27. 每天保证有2小时以上的时间，让脚从高跟鞋里解放出来。

28. 每周过22：00的加班不超过一次。

29. 浴室保持干燥，防止霉菌滋生。

30. 用冷热水交替洗脸。

31. 微波炉在工作时，请离开厨房。

32. 尽量避免使用厚绒布窗帘。

33. 用天然的花香或果香代替芳香剂。

34. 和宠物嬉戏完要认真洗手。

35. 不要贪图方便将电脑带进卧室。

36. 不要把手机放在枕边充当闹钟。

37. 头发没干时，别急着入睡。

38. 卧室的房间要用柔和色彩。

39. 在牛奶和豆浆之间，选择后者。

40. 觉得还可以再吃半碗饭时，离开餐桌。

42.如果身体不感到饥渴，每天只需饮用4杯水，另多喝酸奶。

43.多饮绿茶（这里的绿茶不是绿茶饮料）。

44.起床后先刷牙，再喝水。

45.经常嚼口香糖。

46.一早一晚，两个苹果可以有效改善便秘。

47.纯素食可能导致荷尔蒙分泌异常，造成不孕。

48.每周至少吃一次鱼。

49.远离碳酸饮料。

50.不喝久煮的火锅汤。

51.没有果汁牛奶这回事，它们是天生的冤家。

52.饭前吃水果胜过饭后。

53.睡前可以来一杯红葡萄酒。

54.喝咖啡可能引起女性骨质疏松。

55.多享受早晨8~9点钟的阳光。

56.跑步、骑脚踏车等运动可以保持优美的腿部线条。

57.睡半硬的床铺（这样更有利于颈椎健康）。

58.运动后休息半小时再沐浴。

59.每三个月改变一次你的健身菜单。

60.每天运动半小时，而非周末运动3小时。

第三节　"爱"到何处最销魂

一、正确认识处女膜的价值

在远古时代，人类的婚姻形态是比较自由开放的，那时候既没有什么婚龄的限制，更没有任何门第出身的约束，性结合的随意性相当大。而处女膜的存在，可以防止老弱病残和性功能低下的人对年幼少女的侵占。这样就可以减少或防止生育不太强壮的子孙后代，具有选择强者的进化意义。

性功能与体力之间有一定的关联，老弱病残者体力较弱，性功能也比较低下。处女膜的存在成了一道检验性功能的关卡。破"关"者，是强者，可以给后代留下自己的基因；不能入"关"者，常常是弱者，他们较少或没有传播自己基因的机会。

其实，人体的这种小器官，本来是没有多大意义的，只是出于封建夫权思想的需要，才强加给了它某些所谓的科学价值，就像是一些妄图压制、欺辱女性的人，强加给它的某种"莫须有"的道德意义一样。

人类学家在新几内亚一些婚姻相当自由的原始部族中调查发现，大凡漂亮、聪明、精干的女性，往往有相当多的追求者和性伴侣；而一些长相难看，甚至身体畸形的女性，虽说追求的人较少，但也都会产子育女。也就是说，所有成熟女性的处女膜，都会因男女的性结合而被抵破，只留下变形的残存物。这样，从进化论的角度看，处女膜似乎是一种多余的器官；从生理角度讲，它是性生活的障碍。

性生活应该是双方感情交融下的愉悦体验，处女膜的存在显然影响了它的形成。然而，大自然很少生产无用的器官，用进废退是大自然的一项重要

准则。既然在性生活中处女膜对男方没有什么好处，对女方则会带来很多痛苦，那么为什么还要让它存在呢？

当代人类学家认为，处女膜对女性的生殖系统乃至身体起着保护作用。它与覆盖男性性器官的包皮一样，是一种防止病邪入侵的屏障与保护膜。处女膜守卫在阴道门口，可以防止尿液流入阴道。人类童年时代的原始社会，女子是不穿衣服的，她们至多在下身围上一块兽皮，敞开的围裙容易被尘埃、病菌入侵。而少女们的阴道壁比较薄，卵巢发育尚未成熟。因此，处女膜的存在，对于防止病菌入侵，保护内生殖系统、保证女性的生育能力，具有十分重要的意义。

但是，初潮之后，处女膜就与男子的包皮一样无用了，反而成了性生活的一道障碍。赞成"保护说"的人类学家认为，在18岁以前，少女们的身体没有发育成熟，处女膜也就十分肥厚，这是一种避免过早开始性生活的警戒装置。现代医学资料表明，女性过早开始性生活，极容易因宫颈部感染而导致宫颈炎甚至宫颈癌。处女膜恰恰起了预防作用。因为，对男子来说，要与未成熟的幼女、少女过性生活，就难以克服尚很坚韧的天然保护膜；而对幼女、少女来讲，过早的性生活会带来相当大的肉体痛苦。

许多医学调查材料表明，处女膜破裂时，有2/3以上的女子会"刺痛"和"见红"。幼女、少女在不幸遭受强暴导致处女膜破裂时，常常会有撕心裂肺的疼痛；而成年女子，如果自愿与相亲相爱的人做爱，由于思想上有所准备，处女膜破裂时疼痛就会不明显，倘若这时性交达到高潮，许多女性反倒会因此表现得十分愉悦和欢快。另外，在今天，由于女子运动方式的增多，处女膜由于剧烈运动或其他因素也容易破裂。

其实，真正的贞洁并不在处女膜。只要我们明白了处女膜的人类学价值，它只是在封建社会的男权社会被极度推崇。在欧洲许多国家，基督教的传入对贞操观念的树立有很大影响。到了奥古斯丁时期，贞操观进一步深化。其实，一个人贞洁与否，与她有没有性行为无关，而要看她内心是否真

正有贞洁的观念。

男女双方因为彼此爱得深了，恩义重了，才有心的吸引力，身的忠诚，无论生生死死，心中那份爱永不转移，这才是贞操！当然，贞操也是建立在对等的基础上，这样才能称其为珍贵！一位台湾女作家曾说："有着纯洁阴茎的男生，才有资格要求有着完整处女膜的女生。"男人如果这样去要求女性，首先自己必须是完整的。

不过，还有一些例外的情况会发生，比如，当某一女性或男性在某些运动中或遭受其他意外致使处女膜或包皮破裂；有些女性因处女膜比较厚，虽然发生了性关系甚至怀孕了，处女膜仍然没有破裂，甚至有的人生来就没有处女膜。相反，还有的人因处女膜过厚，为了进行性生活，不得不通过手术来进行摘除……再换一种情况，即使男与女都是处女和处男，谁又能保证他们婚后是否幸福或性生活是否和谐呢？甚至在婚后因性生活不和谐而发生婚外情或离婚现象呢？

由于人类观念的原因，处女膜引发了无数使未来进步人类感到莫名其妙的悲喜剧。过去不少女性的被杀或自杀、不少婚姻的痛苦或破裂，罪魁祸首就是这层平平常常的膜！而这一切，在现代文化背景下已经失去了意义，因为现代社会女性的独立人格表现日益增多。其实，那种发自内心深处的爱恋才是婚姻幸福的保证。

红
囍
书

相关链接：

大龄处女为何不宜做

也许这个题目会冲击到传统的贞操观，但在今天，传统的贞操观已再没有多少人去维护它原始的意义，处女膜也早已不再"神秘"，对于大龄女而言，处女不宜做！大龄处女不仅对自身的健康和正常代谢不利，而且对今后的家庭也不利，甚至会影响到夫妻感情。

女性的生殖器官告诉我们，女性性器官是藏在内部的，它不像男人一样怕勃起不力，性生活是女人的正常生理需要，处女的性功能长期不用会逐渐衰退！处女的性器官如同人体其他器官，经常不用就会慢慢"生锈"，而若常常使用反而"越磨越亮"。如果一味地保持处女之身，长期处于性抑制状态，前庭大腺会过早衰退，激素水平则得不到正常的刺激，也将有所下降。这正应了一句成语：用进废退。

长此以往，一旦待到大龄才新婚同房或初有性体验，将出现性唤起困难，阴道分泌液及充血不足，阴道就会干涩疼痛，因而无法进行正常的性生活，或会不断拒绝男方正常的性要求。对于女人本身，会导致激素水平失调、月经周期混乱。这样下去，大龄处女新婚不久的家庭，如果缺乏性爱滋润，极易影响夫妻感情，甚至导致家庭破裂。

所以说大龄处女不宜做！长时间没有性生活会使性器官早衰，当今仍有"处女膜老死不破"思想的女性，一定要三思而后行。

二、性爱的五大元素

人类较低级动物性爱的高级之处就在于他（她）可以汇集所有的感觉，去尽情地享受性爱的终极乐趣。当然这也不是说，只有完全具备了这五大元素才可以达到性爱的极致享受。男人与女人是不一样的，不同的男人和女人也是不一样的，这可以根据夫妻双方的喜好具体而定。

（一）视觉

一位丈夫曾诉说从来都看不到妻子的外阴。他与妻子的性生活都是"在黑灯瞎火时进行的"。新婚之时，当他拉开电灯想看看妻子这个"黑箱"部位时，妻子马上将灯熄灭，并不再愿意性交。于是，从那时起，他从没想过要将电灯拉亮。妻子的这种做法无意间就剥夺了丈夫视觉参加性生活的权利。

其实，即使在古代，人们的性生活也早已让视觉参与进来。人们在形容性生活的环境时，离不了那句老话"夜深人静，灯明帐掩"。如果都在黑暗中进行，这显然减少了乐趣。因为这时借助视觉不仅可以了解静止的性器官和"动情区"，还可以了解性生活中对方和双方体位变化运动的全过程。另外，视觉与视觉之间的交流，对深入和发展日后的性生活，起着推动的作用。当然也有一些女性，在闭上眼睛的时候可以更投入地去享受性爱的快乐。但不管怎样，只要彼此能更快乐，也可以按一下视觉的"暂停键"。

（二）触觉

触觉是广泛的，它包含由虚到实、由上到下、由表及里、由浅入深、由静到动的过程。拥抱、接吻以至爱抚，均由触觉在起动情之作用。对两性，尤其对女性来讲，在情欲被激起后，是十分渴求的。

触觉的高峰应该是性器官的接触、插入、抽动及搅动。这时的快感，应该说双方都在"给予和赠送对方所没有的东西"，或者双方都在"插入、接受或容纳对方所渴望的东西"。这时，男性坚挺的阳刚之气和女性温柔松软的心身，都得到了充分的发挥。

（三）听觉

性欲的激起不仅需要视觉参与，也需要听觉来参与。不少介绍性知识的书籍都强调情话在性生活时的功效。其实，夫妇间的性生活，不仅要有情话，还应有性话参与。情话甚至性话的应用，都应有一个循序渐近的过程。

不仅夫妇间的情话与性话会充实、丰富性生活，甚至连对方急促的喘息声、呻吟声，以及性器官摩擦时的细微声响，也会起到动情的功效。

（四）嗅觉

嗅觉产生的功效来自两方面：一是来自异性身体中散发的气味，这是自然气味；二是各种芳香剂，这是人工气味，这种气味对创造调节性生活的环境起着重要作用。当一方在使用这种气味时，其实就在向对方输出这样的信息：性活动的准备工作开始了。这两种气味都会在一定时间与地点激起人们的情欲。

（五）味觉

接吻也好，吻舔身体其他部位也好，都在充分发挥味觉的敏锐感受。这种味觉的感受是妙不可言的。在味觉中，要充分发挥舌头，尤其是舌尖的感受性。

相关链接：

妻子在做爱时闭着眼睛

一位和妻子结婚半年多的男子说，他常喜欢在微弱的灯光下过性生活，因为在这个时候，妻子的形象非常完美、性感，让他十分陶醉。不过他发现，在性生活的过程中，这种观察是单向的，即从来都是他看妻子，妻子却从不看他。妻子在性生活过程中总是闭着眼睛，虽然她的表情大多数时间是很愉快的，但总不看他一眼。这一发现令他有些疑惑，为什么她会这样呢？她在想些什么？是不是所有的女性都是这样，还是就她有这个习惯？

专家建议：

性爱过程中，对男性最具性诱惑的是视觉形象，而对女性最具性诱惑的是所听到的声音，如情话。女性在性爱过程中不愿意看男人的解释有许多种，比如，男人那时的面部表情太狰狞；女人在"看不到"的时候更容易专心，更容易沉醉于性爱；性爱中看与被看，令女人害羞；闭上眼睛有助于性幻想。无论她因为什么而闭眼，有一点是肯定的：闭眼有助于她体验更美妙的性快乐。所以，你只需要尊重她的方式就行了，不必问为什么。

第四章 两性：婚姻的动力元素

三、吻到哪一步让她迷醉

（一）鼻尖、脸颊、睫毛、额头、头顶

亲吻可蜻蜓点水地落在鼻尖、脸颊、睫毛、额头、头顶等部位。这些都算是普通级，带有戏谑、愉快、轻松、问好、温暖、安慰、呵护、怜爱等用意，个中滋味尽在不言中。

（二）手背、手心、手指

撇开绅士需要亲吻淑女玉手的社交场合不谈，男士亲吻佳人的手背，浅尝即止，透露着节制的爱慕。如果是亲吻一根根玉指，舌头还舔着指节，透露的不仅仅是好感而已，还带有强烈的暗示，期待更进一步的肢体接触。

（三）嘴唇

嘴与嘴的亲吻充满了浪漫的感觉。一连串轻柔悦人的吻，诉说着款款柔情；深吻到对方嘴唇红肿、喘不过气来是热情；长久而热情的吻则可以唤起激情。花前月下、烛光中、沙滩上、彩霞满天、细雨霏霏，这些情境都可催化出动人的吻，有些女子甚至就能达到高潮般的快感。

（四）口、齿、唇、舌

法式热吻并不需要舌头能将樱桃梗打两个结的超难度动作。口、齿、唇、舌配合脸颊肌肉的吸吮、啃咬、交缠、舔舐、滑动、进出等细腻的动作，引爆激情，口腔与爱情同时满足。不论是弗洛伊德学说的"口腔期"，或是孔老夫子说的"食色，性也"，都可以解释法式热吻为何历久不衰，并且是热恋中情侣的经典之吻。

红囍书

看唇形辨别她的类型

问题：有关专家根据唇形将女人划分为个性不同的五类，你的她有着一双什么样的双唇呢？

A.饱满性感的唇形。

B.上下比例均匀，唇线优雅。

C.唇形宽大但比较匀称。

D.上下唇形皆薄，且唇形小并内敛。

E.唇形小而丰满。

答案：

A. 热情之唇。此类女性充分显示出戏剧化的人格特性，不喜欢受拘束，自我主张强烈，甚至有点任性，为所欲为，喜欢制造意外惊喜，体验不同生活。

B. 婉约之唇。此类女人具有谨慎、内向的特性，相当有才气，适合成为艺术家，对自己或别人都很真诚，但在感情上属于被动者，面对所爱的人也不好意思表示，容易错失良机。

C. 沉稳之唇。拥有此类唇形者通常都是女强人，个性沉稳、乐观且相当有主见，理性思维中常常带有感情成分。她们具有坚强的个性，充分具备领袖的特质。

D. 理性之唇。此种唇形的女人通常头脑清楚、思路敏捷，具有随机应变的聪明才智，是个标准的分析家，也是现实的实践者。她们在感情方面非常冷静，不容易受情感左右，属于理智型的女人。

E. 浪漫之唇。此类女人对自己充满自信，脑中存有罗曼蒂克幻想，相当注重感情生活。具有细心、善解人意、温暖体贴的个性，在朋友间很受欢迎。

四、今夜，一切在你的柔情中展开

销魂的夜，在你的风情中展开。浪漫的烛光为你的多情闪亮，玫瑰的芳香在你的床边延伸。

今夜，你不是家庭主妇，不是记者编辑，不是学者教授，也不是演员……而是一个蓄满爱的、一眸一笑、一伸一展都是媚的，活生生的极为敏感的等待高潮的肉体，你是性爱舞台上的主角。

你温情里飞出的软语，你肉体里发出的芬芳，你火热迷人的性爱内衣，你那如荷花般盛开的私处……全部在兴奋中闪亮登场，风情万种，又集聚成势不可挡的性冲动。

你的他在发热，在迷乱。你销魂的叫声是对他莫大的鼓励和赞扬，他的刺激牵引着你的反应在午夜的月光下蔓延。

今夜，你是一个真正、彻底的女人。

你驾驭着自己在风口浪尖上弄潮，让生命在美妙的性爱中加速，让灵魂备受高潮冲击的快意。他的猛烈动作和急促的呼吸，让你在刺激的叫喊中温柔地醉倒……

今夜，你可以在彻底的性爱投入中暂时逃离现实的不快，甩掉沮丧的心境，消除生活的压抑，用平时从未有过、也不敢有的放纵和激情，彻底刺激和释放性领域里的原始冲动。

你全身进入了酥麻的状态，他也在疯狂的律动中死去活来。世界不存在了，唯有你的亢奋，你的忘乎所以，你的风情万种，你在快感中彻底地被满足着。

古往今来，人们把这种性感描绘得如痴如醉。今夜，一切美丽的词汇都在你的狂舞中黯然失色！今夜，你是为情舞蹈的爱的奴隶！

红囍书

女子性高潮的人类学意义

有些研究证实，女子的性高潮是从一种"悬置感觉"开始的，全部感觉意识随之出现的便是快感的高潮。

这种快感由阴蒂开始，向整个阴部辐射，进入盆骨。有的女子在性高潮时会产生种种"失态"的表现，届时会有一种将其"往下推"的强烈愿望。高潮片刻之后，一种温暖的浪潮会从阴部流向全身，充满整个躯体。最后会感到阴部肌肉发生痉挛，抽搐，阴道深处的血管发生跳动。性高潮是性反应周期中最短暂的一个阶段，大约只持续几秒钟。所以，古今中外，在众多的文学艺术作品中，把这种超越自身境界的性高潮快感描绘为"优美的"、"绝妙的"、"销魂的"、"飘然欲仙"、"难以描述的"等诗情画意般的境界。

在生理学上，性高潮是由于持续的性刺激所积累的神经肌肉兴奋的释放；在心理学上，它却能给人以最强烈、最满意的快感。而在人类学中，女子性高潮也有其重大的价值，主要表现为：

（一）有益于身心健康

人类在性生活过程中，如能获得性高潮的来临，就能产生性快感，得到性满足，从而解除心理上的压抑，有利于身心健康。

对于女子来说，和谐完美的性生活是一种高级的快乐和美的感觉，可带来心情愉快、精神舒畅。这就是内在的动因和支配力量，在学习中有助于提高思考和分析能力；在工作中有助于更好地发挥创造力；在生活中有助于体贴丈夫、爱护子女。

（二）让女人更有女人味

有学者研究认为，婚后性生活美满的女子，荷尔蒙激素分泌活跃，会使体态丰腴，皮肤更加柔软润泽，头发更加乌黑秀美，面容更加俏丽，富有女性特有的魅力，而性高潮在其中的作用则是功不可没的。

（三）增加受孕机会

从生育学的角度来看，出现性高潮确有增加受孕的机会，其理由有三：

1.性高潮时子宫内出现正压，性高潮之后急剧下降呈负压，精子易向内游入宫腔。

2.由于性兴奋，子宫位置升起，使宫颈口与精液池的距离更近，有利于精液向内游入。

3.阴道正常显酸性，pH值为4～5，不利于精子生存活动；性兴奋时，阴道液增多，pH值升高，更适合精子活动。

所以，夫妻双方都应多学习一些性心理与性生理知识，促进妻子性高潮的到来。除此之外，性高潮还有利于胎教，是优生的重要因素之一，可使未来的宝宝聪明伶俐、活泼可爱。

（四）母亲有性高潮的孩子智商高

孩子的智商与母亲孕时有无性高潮有关！这是美国性科学家通过实验得出的结论。

女性达到性高潮时，不仅血液中的氨基酸与糖分能渗入生殖道，使进入的精子存活时间延长、运动能力增强，同时还利于精子竞争，让强壮而带有优秀遗传基因的精子与卵子结合，从而孕育出智商较高的下一代。年轻夫妇应注意性生活质量，抓住女性进入性高潮的机会受孕。

有关专家指出，女子性高潮的人类学价值理论不过是"纸上谈兵"。要实现这一理论的价值还需要广大女子为之付诸实践和体验。为此，有关专家告诫女子且莫掩饰性高潮。长期没有性高潮会对女性的身体和心理有以下不利因素：

一个成熟的女性长期得不到性的满足，容易忧郁、衰老，易患多种疾病。许多女子因性生活不和谐，经常处于闷闷不乐、忧郁寡欢的心理状态，影响人体的多种生理功能。体内有益于健康的激素、酶和乙酰胆碱分泌减少了，进而使人产生食欲下降、失眠、乏力、记忆力减退等的物质增加，诱发消化性溃疡、高血压等病症，不利于身心健康。女子长期达不到性高潮，不仅会使性反应受到严重的压抑，造成心理创伤，而且还会影响夫妻性生活的和谐与婚姻家庭的稳定。久而久之，就会产生性冷淡，而丈夫对妻子的性冷淡往往大为恼

红
囍
书

火、不满、挑剔、猜疑，最终导致家庭的破裂。

因此，无论丈夫或妻子，都应该懂得性高潮的到来是人类的本能，是大自然给予人们生儿育女这一艰辛劳动的赏赐。

作为妻子，应抛弃旧的传统观念和令人压抑的羞怯感，在自己的丈夫面前极尽施展性魅力，让性高潮自然到来，充分发挥，顺利结束，决不能掩饰甚至抑制。

作为丈夫，应提高性修养，让妻子获得享受性高潮、性满足的权利。

一般来说，女子性高潮的出现要比男子缓慢，所以性交前应对妻子充分体贴、抚摩、嬉戏、亲昵，进行"性诱导"，以缩短男女之间性高潮出现的"时间差"。夫妻之间在取得性欲上的一致时，才是最理想的性交时间，女子也才能享受到性高潮时的欢乐快感。

五、"爱"！如何做最安全

"爱"！如何"做"最安全？这是一个随着时代的发展可以有不同答案的问题，也是一个因人而异的问题。如何做才能既可使女性享受欢愉的性生活，又不必担心意外怀孕？避孕的方式很多种，但每个阶段的状况不同，适用的方法也各异。下面将介绍常见避孕方式之优缺点以供读者参考。

（一）保险套避孕法

保险套为一橡胶制成的套子，在行房前套在男性的阴茎上，以防止精子进入阴道内。保险套可降低性传染病感染的几率，如正确使用之，约可达93%的避孕效果，且其使用简便、无副作用（不过有少数人会对橡胶材质过敏），适合新婚夫妻采用。但有人会觉得戴保险套行房会影响性交时的快感，且用毕即要丢弃，必须随时准备，较为麻烦。不过，这种避孕方式国内外使用率都很高。据部分调查显示，有的国家甚至达80%以上。

（二）安全期计算法

通过测量每日的基础体温，可以帮助女性推算什么时候是安全期，以及什么时候最容易受孕。不过每个女性的月经周期不一定是固定的，所以，此自然避孕方式的失败率颇高，建议同时搭配其他避孕方式，如保险套等。

（三）性交中断法

在男性射精前将阴茎从女性的阴道中抽出，避免精子留在阴道里，这为一种古老的避孕方法。以此法避孕者，男性必须有很强的自我控制能力，不过男性在射精之前，精子仍可能会外泄在阴道内，因此极不可靠，此方法对男性的健康也极为不利。

（四）口服避孕药避孕法

以类似女性荷尔蒙的成分来抑制卵巢排卵，如按规定服用，效果接近100%。口服避孕药的优点在于行房前不需做任何准备，健康的妇女皆适合采用，且停药后可再怀孕。许多人误以为吃避孕药会造成不孕，其实这是错误的观念，只要吃个两年后再停一下让卵巢功能恢复正常，并不会有什么问题。在很多欧美国家，未婚女性大部分都采此方式来避孕。此外，口服避孕药能使月经规则、增进骨质密度、减少类风性关节炎及预防良性乳房疾病与卵巢囊肿。

不过要注意的是，使用口服避孕药的女性，须由医师诊察后服用，如果是肝脏疾病、高血压、心脏病、癌症、肥胖症、糖尿病等患者皆不适用。另外，使用口服避孕药的初期，少数人可能会有恶心、呕吐、头晕、头疼等现象，亦可能会有点状出血与月经量减少，假使症状严重或持续一两个月仍未消失，则须就医检查。

红
囍
书

（五）子宫内投药避孕法

这是一种小型的塑胶T型架，由医师将此装置放进子宫内。此系统的原理是通过让子宫颈上的黏液变浓稠，使精子难以进入子宫发挥作用，同时抑制子宫内膜的分泌与制造，甚至会防止排卵。子宫内投药系统适用于不想再生育或正在考虑结扎的妇女，有的女性有经血流量过多或缺铁性贫血的问题，亦适合使用子宫内投药系统。使用此法避孕者，每年每一百对性伴侣

中，至少有一位女性会怀孕。装置的前三个月，可能会有经期不规则或是产生一些副作用，像是胸部胀痛、头痛等，不过这些症状在使用几个月后应会逐渐消失。

（六）子宫内避孕器避孕法

子宫内避孕器由塑胶与铜组成，装置于子宫内以干扰受精卵着床，其避孕效果可达95%～97%。装置子宫内避孕器可能会造成不正常出血，还会增加子宫外孕、骨盆腔发炎、子宫感染的几率。有时亦可能不小心掉进肚子或膀胱里。子宫内避孕器大部分都只有一种尺寸，子宫颈较宽的妇女亦可能自行掉出体外，在不知情下突然怀孕。此避孕法适用于已生育小孩，或因某些因素无法使用口服避孕药的女性。其优点在于体积小，取出后即可再怀孕，但必须定期检查，使用三至五年就应考虑更换。

（七）女性结扎法

以外科手术将输卵管截断或阻隔，致使卵子与精子无法结合，效果约近100%，可永久避孕。女性结扎在大陆与台湾地区的施行率较高，这是因为大男人主义盛行之结果。女性结扎法的优点为行房前不用做任何的准备，手术简单不需住院，适用于各年龄层的女性，不会影响性生活，但必须经由专科医师施行手术，过程采用全身性麻醉，且如果想再生孩子时，要再动手术接通会比较困难。

（八）男性结扎法

以外科手术将输精管结扎并切断，致使精子无法通过输精管，效果约近100%，可永久避孕。其优点为行房前也不用做任何的准备，手术简单不需住院，适用于各年龄层的男性，不会影响性生活，但必须经由专科医师施行手术。一些专家表示，结扎手术过程采用局部麻醉，10至15分钟的时间手术即可完成，且不会影响男性在性方面的表现。

值得注意的是，术后要让精子完全消失在精液当中，往往需要数个月的时间，或经过12次以上的射精，不过在此期间行房必须并用其他避孕方式，

第四章 两性：婚姻的动力元素

直到连续两次的精液检查显示没有精子为止。而且若想再生孩子，要再动手术接通会比较困难。

（九）避孕贴片避孕法

这是一种复合型荷尔蒙避孕法，贴片大小约为5公分，通常被粘贴在身体任何无毛发的区域。一些专家曾建议，避孕贴片一周使用一次，为一种方便、效果不错的避孕选择。但是有些女性在用后会出现皮肤或粘贴处不适的症状，且对于体重超过90公斤的女性可能不具效力，价格也不便宜。此外，如果是哺乳妈咪，也不宜使用避孕贴片，这是因为贴片会被皮肤吸收，更可能因此进入乳汁当中。

（十）使用杀精剂避孕法

使用方式为在性行为之前将杀精剂置入阴道深处，以杀死精子或阻碍精子移动到子宫前，但置入杀精剂后，如有超过3小时以上的性行为，必须再次补充剂量。而且，此避孕方法不建议单独使用，应另外搭配使用子宫膜、子宫帽或保险套。

（十一）事后避孕法

一些专家表示，事后紧急避孕的方法可服用像是欣无妊、乐上偶等药物，在24小时内服用可达90%的避孕效果。在48小时内服药仍有80%的避孕效力。不过因为事后避孕剂的剂量很高，在服后的一两天可能会有出血、恶心、呕吐等副作用，且容易造成停经，除非不得已，不应拿来取代有规律的长期避孕方式。

事后避孕药虽可救急，但仍有怀孕的可能，在这期间如果女方不小心有了，很有可能生出先天畸形儿，这时，医师多半会建议孕妇做流产手术。因此，男女双方在享受鱼水之欢前，务必做好事先避孕的工作，才不会酿成难以弥补的遗憾。

（十二）哺乳妈咪避孕法

传统的错误观念认为，产后哺喂母乳就可以避孕。就是因为这样，受一

些传统观念的影响，许多妈咪在产后四五个月月经都没来时，就医检查才惊觉自己又有身孕了，所以仍建议产后的妈咪做好避孕措施。哺乳妈咪若能规律地哺乳，一般在产后八周内都算是安全期，但仍无法百分之百保证不会怀孕，因此必须搭配保险套或其他避孕方式。

另外，妈咪在哺乳期间都不可以吃避孕药或是使用避孕贴片，这些都可能进入乳汁，让宝宝不慎吸吮到，建议哺乳妈咪装置避孕器（条件为子宫恢复后才能装）或请先生戴保险套的方式来避孕。不过一般来说，为让子宫完全复原，产后一个月内最好不要行房事。

六、避孕误区"误"在哪儿

在我们生活中流传着许多关于怀孕和避孕的错误说法，总有不明真相的人盲目听信这些错误的传言，甚至抱着侥幸的心理，结果导致意外怀孕。为了防止不再发生意外，还是应该去了解一些常见的避孕误区，这会对以后的避孕有所帮助。

（一）第一次进行性交的女性不可能怀孕

第一次进行性交的女性是可能怀孕的，性交中没有"免费试用"的机会。

（二）女性月经期间不可能怀孕

女性经期一般不会排卵，但也有例外，而且精子在阴道内最多可存活8天，所以在经期行房事并不安全。另外，如果在月经期间进行性生活，还会出现如下不良后果：一是因双方兴奋，阴茎插入会使女性生殖器充血，导致月经量增多，经期延长。二是此时性交，男性生殖器可能会把细菌带入阴道内，经血是细菌等微生物的良好培养基，细菌极易滋生，沿子宫内膜内许多微小伤口和破裂的小血管扩散，感染子宫内膜，甚至可累及输卵管和盆腔器官，从而给女方带来不必要的麻烦。三是月经分泌物进入男子尿道，也可

能会引起尿道炎的产生。四是经期同房，因精子在子宫内膜破损处和溢出的血细胞相遇，甚至进入血液，可诱发抗精子抗体的产生，从而导致免疫性不孕、不育症。五是月经期间同房，由于性冲动时子宫收缩，还可将子宫内膜碎片挤入盆腔，引起子宫内膜异位症，导致不孕症的发生。

（三）男性体外排精，女性就不会怀孕

体外射精避孕法是指夫妻双方在进行性生活时，当男方快要进入性欲高潮即将射精的一瞬间中断性交，迅速抽出阴茎，将精液排在女方阴道外，以达到避孕的目的。这是一种古老的避孕方法，过去在缺乏避孕药具的情况下，民间有不少人采用此法避孕。

体外射精避孕法虽然简便，但并不可靠，失败率较高。原因是，男方在将阴茎抽出阴道前，已有少量精液射入阴道。因为即将射精和射精是一个连贯的动作，两者之间相隔的时间极短，多数男子不能准确地把握时机，以致在即将达到性高潮时，不能及时将阴茎从阴道内抽出，使最初射出的精液排入女性的阴道内，而这部分精液中的精子数量最多，所以容易导致怀孕。这是造成体外射精避孕失败的主要原因。

其次，男子往往在射精动作发生前已有少量精子进入阴道。这是积存在输精管内的精子，在性兴奋过程中，随着输精管的收缩，将其择先排入尿道，然后随尿道分泌物而溢入阴道。

同样以下这种说法也是错误的：有些人认为如果男性在性交前先通过自慰射精，性交时他的精子数就可以降低到不会造成对方怀孕的程度。

（四）房事后清洗阴道可以避孕清洗阴道

即在性交后，女性立即用清水或其他液体洗涤阴道，以把体内的精液冲走，因而避免怀孕。这种方法并不可靠，因为洗涤的范围只为阴道，但在冲洗前，很多精子可能已到达了子宫颈和子宫内。此外，若使用消毒药水，如滴露等来洗涤阴道，则很危险，因为若浓度调配不佳，可能导致灼伤或发炎。

红囍书

（五）射精后，如果女性上下跳跃或马上排尿就不会怀孕

在无保护的情况下进行性交之后，上下跳跃或其他任何形式的身体运动都无法减少怀孕的危险。无论对方射精时女性是站着还是躺着，精子都会在射精90秒内到达子宫的入口——子宫颈。

排尿也根本无法避免怀孕。尿液是从阴道上方的尿道排出体外的，因此不会冲走精子。

（六）在哺乳期发生房事，女性不会怀孕

女性在哺乳期内由于脑垂体前叶需要分泌大量的催乳素，以促使乳腺分泌乳汁，因而相对地抑制了脑垂体分泌卵泡刺激素的作用，使卵巢功能受到抑制，卵泡不能发育为成熟的卵子。所以，哺乳期的妇女一般在半年至一年内没有排卵功能，也不会受孕怀胎。

但哺乳期房事也不可靠，因为如果婴儿吸吮乳头减少、乳汁分泌量减少、乳汁浓度降低，或停止哺乳，或产妇受环境、气候、情绪变化及性生活影响时，催乳素对促性腺激素的抑制作用减弱，卵巢就会从哺乳期间静止状态开始恢复功能，排出成熟卵子，从此逐步恢复月经周期。据调查，有5%～10%的怀孕妇女就是在哺乳期时莫名其妙受孕的。

七、床上戏没有固定方程式

"一千个人心中有一千个哈姆雷特。"思想是这样，爱也是这样，性生活更是这样，创造本身就是一种快乐。世上没有最好的做爱方式，只有最适合自己的做爱方式。

无论贫富、贵贱，也无论文化、宗教是如何的不同，可以说，绝大多数人都是离不开性生活的。而每个人都是独立的个体，个人的喜好千差万别，一百个人就有一百种不同的性生活方式。性生活是绝对的个人隐私，只要双方经过充分沟通，找出令双方都满意的几种性交体位，只要是双方愿意而又

无损任何一方的身心健康的，这些方式就是合理的！

　　人的身体千差万别，思想也千差万别，性交的姿势体位更是千变万化。在一些比较保守的群体中，他们有可能在一生中只使用传统的"男上女下"的体位进行性生活，甚至一些人更从未听到过有其他方式可以选择。但在一些现代年轻人那里，他们打破传统的男本位性交模式，想千方设百计不断地变化着方式，去尝试最适合自己和对方的性交模式。喜欢什么样的方式是绝对的个人自由，你可以不赞同别人的方式，但至少你要尊重别人的权利。

　　比如，有些人认为口交和肛交是下流的行为，让人觉得恶心。按照弗洛伊德的"泛性论"的观点，性感区是逐渐通过口部区域、肛门区域、外生殖器转移的，即使到了成人期，仍然有部分人因性心理发育受阻而停留在口部或肛门期，或者仍然有该期的残留。口交的优点是它不受男性不应期的限制，作为性前戏和性高潮后的辅助手段，能很好地激发双方的性兴奋，并能让双方（尤其是女性）积聚的性冲动能量能充分地释放出来，从而达到性高潮，享受和谐的性生活。

　　据统计，现代愿意为女方进行口交的男性大多数是受过良好的教育、注重女方感受的部分城市男性群体。而受教育程度低的、观念比较保守的男性群体则极少有为女性进行口交的经历。可见，随着社会的进步，受教育程度的提高，人们的性观念也在逐步地开放。

　　其实，女性应抛弃传统的性交模式，不应该成为性的被动者，成为顺从男人的附庸，而应该提出自己的要求。因为女人最了解自己的身体和欲求，如果她们不明确要求，男人们往往不知道怎样做更好。女人有权利按照她们喜欢的方式过性生活，作为性爱中平等的双方，也都有责任使对方快乐。

　　有些夫妻喜欢在性生活中扮演施虐与受虐的角色，尤其是一些女性喜欢扮演"受虐"的角色，这可能是由于在教育、传统观念的影响下，对性是"下流"的一种反抗形式，从而能最大限度地减少性的负面认识，使自己在性生活中得到最大限度的放松，为更容易达到和享受性高潮创造条件。而一

红
囍
书

些男性认为在性生活中"粗鲁"、"攻击"才能满足其"征服"、"侵占"的雄性欲望。但是，这只是一种角色"扮演"，不是将自己的快乐建立在他人的痛苦之上的虐待。性爱是一种美好的生活"游戏"，只要两情相悦，不损害任何一方的身心健康，任何方式的"游戏规则"都是合理的。

经常地变换性生活的方式能提高人们的兴趣，保持性生活的活力。夫妻双方也可以玩点浪漫的花样，如吃一顿浪漫的烛光晚餐后再进行交合；或者在阳台上看月亮聊天，重温初恋柔情；也可以不时地到宾馆去享受"情人做爱方式"，以一种休闲的方式享受性生活，既可淡化压力，又可增进夫妻间的亲密度。

如果长久地一成不变的话，即使是最美好的事也容易失去它应有的魅力。所以，经常改变性交体位能保持性生活的吸引力，使夫妻性生活和谐、愉快，并且对人的身心健康也起积极作用。

最后要强调的是，不管哪一种模式，我们都应明白：阴蒂是女人最敏感的区域。男人在插入前，最好先刺激阴蒂，激发女性情欲，这有利于双方同时进入状态。女人也要彻底抛弃阴道高潮的神话，也抛弃对G点的寻梦，充分享受上天赐予我们的阴蒂，捕捉性快乐。女人们的快乐之途，第一步便是要放弃对男性的遵从。性生活一直是男人本位的，其实，只有呼唤女人本位，才能实现双方平等的性爱。聪明的男人应该明白使自己快乐的最佳途径，便是使女人快乐。

趣味测试：

你最喜欢的做爱姿势（女性）

问题：想要为你的卧室换季，左看右看，总觉得窗帘不协调，于是你决定换掉它。当你逛商店时，看到了四个图案都很喜欢的窗帘，而你的预算却只能买一个，必须从中挑选出你最想要的。下面哪一个图案的窗帘让你决定买回家装饰你的卧室呢？

　　A.动物的图案。

　　B.几何图形的图案。

　　C.宇宙形态的图案。

　　D.花的图案。

　　答案：

　　A. 动物图案意味着野性哟！选这个答案的你期望的是狂野的、能让你达到极点的性，因此，你也有追求带点野性的酷哥的倾向哦！这样的你在做爱时，当然也是同样地具有希望被征服的潜在欲望，所以你应该最适合，也最喜欢"后背位"吧！

　　B. 喜欢几何图形的你应该是不喜欢太规则的东西。另一方面，你是属于对任何事都很积极的人，相对地，你的征服欲也比较强，即使是在恋爱中，你也会让自己成为那个握有主导权的人。在做爱过程中，你当然是喜欢骑在上面的喽，因为你喜欢靠自己去追求快乐。

　　C. 宇宙本来就是神秘的，如果你选择的是这个图形，那就表示你是一个充满好奇心的人，对任何新的事物都勇于尝试。正是由于你的好奇心强，加上挑战精神旺盛，只要是能让你得到快感，不论用什么样的姿势做爱你都无所谓。你喜欢在做爱过程中不断地变换姿势，甚至对于成人玩具这类的小道具，你也会很积极地使用哩！

　　D. 最正常的花的图案，是浪漫的、纯洁的少女的象征，也代表了你期待被爱、被呵护的潜在愿望。说到性姿势呢，你最喜欢的当然也是最正常的体位喽，从上面被征服的感觉，会让你有被保护的安全感。

八、前戏与后戏的重要性

　　再美妙的旋律，如果没有前奏和结尾也会给人一种不完整或不完美的感觉。其实，夫妻生活也是，只是它是一首合奏的乐曲。只有双方全身心投

入、协调一致，方能奏出美妙动听的音乐。

这首乐曲的前奏就是性交前的嬉戏和调情，也即我们常说的前戏。它包括向对方表达绵绵的情话、爱抚、拥抱、接吻等。前戏可以增加性情趣，激起性高潮，有利于充分调动女方的性欲，从而达到性和谐。所以，它是必不可少的。然而，遗憾的是，许多人不重视或不懂得前戏的重要性。

上海性社会学研究中心曾对城镇和农村的8000对已婚夫妻进行了调查，其中34.1%的农村夫妻和17.2%的城市夫妻，承认他们的性前准备不到1分钟，或者根本就没有前戏。同时发现有44.7%的城市妻子和37%的农村妻子在性行为时感到痛苦。

中国性学会对北京等七省、市2666人进行的调查表明：性交前能进行爱抚的有23.4%，亲吻的有17.6%，拥抱的有13.7%，而没有前戏的竟占到45.3%。显然，约有半数的女性没有达到性兴奋，因而性生活质量自然难以令人满意。

一位少妇曾向医院的性心理咨询师诉说，她的丈夫没有一点情调，做爱时缺乏前戏，使她恨不得立即披衣下床。她很讨厌他这种行为，在嘴上亲两口，在身上摸几下，然后就强行插入。还有一位刚迈入而立之年的男士，其性欲正值旺盛期，但他的妻子却莫名其妙地出现了性冷淡。后来他忍不住追问原因，妻子抱怨道："你一上床就只想做那件事，我压根儿还没有被激起就完事了。你说我能有兴趣吗？"妻子把这关键性的一句话说出后，他恍然大悟——原来是自己长期匆忙和鲁莽行房酿成的后果。自此以后，他开始注意每次事前充分对妻子进行抚爱诱导，没多久奇迹发生了，妻子的性冷淡从此销声匿迹。由此看来，和谐的性爱既是一门学问，也是一种艺术。为了获得高质量的性生活，作为丈夫还必须补上前戏这重要的一课。

然而，仅演好前戏仍远不足以使妻子获得充分的性满足。一位女性曾这样埋怨她的丈夫："我对老公最恼火的就是他只顾自己，不管别人。当你被他激发时，他却突然结束了，然后倒头大睡，将我冷落一边，寂寞难眠。有

时，我忍不住了，就告诉他——除非你有充分的时间和耐心，否则就不要与我亲热！"

行房之乐的确令人神往，和谐的性生活不但能把双方都送入销魂的境界，还能够增进彼此的感情。可是，要想达到"两情相悦，水乳交融"的境界却非易事。前戏固然重要，但美妙性事同样也离不开后戏，这点更容易被许多夫妻，尤其是丈夫所忽视。

按照现代性反应四周期理论，一次完美的夫妻性生活，应该包括兴奋期、持续期、高潮期和消退期。这四个阶段是密切相关，缺一不可的。其中，兴奋期主要是进行前戏，它是为性交做准备的"前奏曲"；持续期和高潮期是已经进入性交阶段；消退期主要是进行后戏，使整个做爱过程有始有终，令人回味无穷。

所谓后戏就是夫妻性交之后，双方继续亲切温柔的情话和动作，即达到性高潮以后的"余兴"。前面已经提到前戏如同序曲或前奏，那么后戏则类似于乐曲的尾声。

事实上，后戏是实现性愉悦并决定夫妻性生活是否美满的重要一环，特别是对女方尤其重要。因为从性生理上来说，男子产生性兴奋快，达到性高潮快，性兴奋消退的速度也快。所以，当他们达到性高潮射精后，往往感到很困乏，只想睡觉；而女方的性反应要比男方慢得多，即使已达到性高潮，也不像男子在完事后便烟消云散，在性兴奋的缓慢消退中，她仍需丈夫的继续爱抚。这时，丈夫若能与妻子说些缠绵的情话或以双手轻柔地抚摩妻子的乳房，静静地拥抱着她，就能使她感到满足，深深地陶醉在性爱的幸福之中。

与此同时，她也会毫不吝啬地将这种幸福感和满足感传递给丈夫。然而，在生活中，许多丈夫在做完爱之后，不是出于生理原因，就是粗心得不愿再多向妻子表达自己的感激和情爱，他们往往是在满足之后，便心安理得地翻身大睡，撇下仍需爱抚的妻子，使得她顿感失落，甚至心生怨恨。

所以，丈夫如果不了解妻子的这种性心理需求，势必会使这首夫妻协奏的乐曲一到高潮就戛然而止，缺乏悠长深远，令人回味无穷的尾声。长此以往，妻子则会认为丈夫并不真心爱自己，或认为丈夫十分自私。她不仅生理上得不到满足，而且在心理上也很不舒服，甚至会导致性冷淡，从而使美妙的协奏曲成了悲凉的独奏。

九、男人最爱的20种前戏

1. 女人用手滑过男人的全身，在他的耳边吹气，用手指穿过他的头发，亲吻他的脖子，用指尖搔他，抓他的背，同时他趴着，你趴在他的背上，在他耳边嘟嘟哝哝，最后用手指插入，这时男人会真的爱死了。不过大部分女人没办法放松到这样的程度，或者根本没想到这些。

2. 男人特别敏感的地带是从耳根到脖子、胸部、腹部、性器官周围、膝盖内侧、大腿内侧以及脚趾。嘴唇或许是在前戏中最能令他亢奋的部位，嘴唇互相碰触或是法国式热吻等都会令他莫名地兴奋。

3. 男人喜欢女人亲吻他的嘴巴和耳朵，他的乳头和臀部也很敏感，也可用你充满柔情的小手去抚摩。

4. 男人喜欢女人亲吻和轻抚他宽广的胸膛然后爱抚和按摩全身，如果女人知道怎么做，抚弄睾丸也很舒服，不过这需要指导和练习。

5. 有的男人很迷恋女人漂亮的指甲，喜欢女人用指甲温柔地抚触、轻搔他的背部。

6. 对男人来说，女人的头发有特殊的魔力。不妨学着让他躺下，然后用头发轻轻挑逗他的身体，他会觉得自己徜徉在另一个虚拟的性爱乐园。

7. 亲吻、互相搔痒、假装摔跤、轻轻拍击、搂抱、爱抚全身，还有用指甲爱抚他的乳头，或者你在上面，胸部垂下来，用乳头掠过他。

8. 除了性器官的抚弄外，激情地去吻他，将舌头伸进他的嘴里。向他

诉说温柔的话语，例如，我爱你，你很帅气、绅士、优雅等。

9. 男人也喜欢两人光溜溜地，在房子里嬉戏或走动，不时玩玩性游戏，时常勃起，在这种情境下带给女人高潮。不过很少有男人能享受到这种另类的性游戏。

10. 也有的男人喜欢让女人亲吻、触摸、爱抚、舔舐、轻咬……做他喜欢以及他感觉舒服的任何事。

11. 亲吻、爱抚全身、身体互相摩擦以及舔舐。男人比较喜欢温柔、羽毛般地抚触掠过他的胸膛和腹部，以及大腿内侧。也有的男人发现，当他和他的爱人共享这个空间时，全身都会变得很敏感。在和陌生人做爱时，会变得非常冷淡和迟钝。

12. 在男人亢奋激情时，全身都异常敏感。有的男人喜欢在进入正题之前按摩对方以及接受按摩。

13. 全面而完整的爱抚是最重要的，大部分男人都喜欢女人爱抚他的全身，男人希望接受爱人的"蹂躏"，或者在他被你的柔情慢慢陶醉时，轻轻拉起他的手指，慢慢地跳舞或搂抱。

14. 轻柔、安静、舒缓地深吻，让人永远不会厌倦，胜过任何享受。胸部是超级敏感的地方，不断地轻轻抚摩绝对使他无法抗拒。

15. 和女人一起淋浴，互相擦洗，为对方擦干，这比性爱更令人体验到分享与关怀。

16. 光溜溜的身体拥抱光溜溜的身体；男人的背部被轻轻爱抚；深情的法国式热吻。

17. 无声地引诱他。有没有试过在他面前静静地一件件脱去自己身上的衣服？无须言语，他的热情会马上被你的柔情点燃。

18. 用强烈、温柔而梦幻般的眼神直直地看着他的眼睛，他就会感受到你的电力，融化在你的魅力之下。当然，在令男人销魂的同时，你也会由内而外地快乐，享受由你挑起的激情快意。

19. 美国性教育学者表示，其实宝贝的底部才是男人最敏感的地带。你只需换一下握法，让手指朝下逗弄他的敏感地带，用手心暖暖地包围住他的宝贝，他将马上为你失去理智……

20. 温柔的爱抚、低声诉说当时的想法、相互微笑、交换眼神、嘟哝和呻吟。探索的双手不放过每一寸肌肤和每一根毛发。

十、让女人迷醉的20种前戏

（一）送她一套性感内衣

在前序工作准备好之后，突然送她一套你早已买好的内衣，并示意她换上，试试合适与否。也许她的情欲之门正在一点点地被悄悄打开。当然，你首先要知道她穿多大型号的内衣。试试只是一个借口，但她可能不知道你醉翁之意不在酒，而在于她内衣所遮掩的部位也。

（二）拥抱着她直到她希望离开

接吻高手最能让女性兴奋，但是不要低估了热情拥抱的力量，特别是如果她主动搂抱。让她知道你不想停止拥抱她。

（三）突然换一种新的昵称

也许你们平时只是什么也不称呼，或者称呼对方为亲爱的，但等你想以一种新的称呼打开她的情欲之门时，就来换一种更加亲切的称呼来称呼她吧，比如，宝贝、宝宝等。只要你觉得合适，而且她爱听就可以。

（四）在她耳边轻语

在公众场合、聚会中，私下问她晚一点想做什么，并告诉她："今晚，我想让你不断地到达高潮。"对女性来说，这种互动和真正的实战一样能令她兴奋不已。

（五）告诉她爱她的理由

每个人都会说"我爱你"，但是要让一个恋爱中的男人解释为什么爱，比较困难。也许是她轻咬巧克力的样子，或者当她喝烈酒的时候鼻子稍微皱了一下的娇媚神态。你给她越独特的理由，她越感觉到特别。

（六）把她的照片放在你的钱夹里

看似庸常的一个做法就是在你的钱包中藏一张她的照片。此举乃善小，但为之获益匪浅。女人天生喜欢到处翻寻东西，当她翻到钱夹或者偶然瞥见，于她无疑是一次暗喜。

（七）表现你的相思病

在房间里的很多地方留下爱的字条：冰箱上、浴室的镜子上、她的枕头下。这些过于甜蜜的举动可能让你觉得做作、酸、假，但是一个真正陷入爱情中的男人，很多行为已经丧失过多理性参考值，而且最重要的是她会觉得你像一个害相思病的少年。

（八）记住你们在一起的细节

要想今晚和以后都过得完美，就要记得第一次在一起的每件事情：你当时在哪儿，她当时穿什么，你们谈了什么，感觉如何等。

（九）帮她涂嘴唇

帮女人修饰是一种逆向行为，她会觉得被点缀和得到服务，也会让她感觉到她身体的某部分吸引着你。其他方法：帮她刮脚、上脚趾油、洗头发。根据一项国外网上调查，76%的男性为他们的伴侣洗过头发。

（十）亲吻她的关节结合部

你尽管已经知道应该亲她那些部位，现在换一下注意力：她的膝盖、肘部、肩膀、脚踝、脖子、髋部。不用长时间爱抚，但是这些部位非常敏感，看你能不能让她疯狂。

（十一）为她备些浆果

忘掉咖啡和烤面包吧，带点热巧克力（容易引起女性性欲的食品）或者草莓到床上。另外，浆果也可以补充你射精后失去的锌。

红囍书

（十二）挤水果汁在她身上

电影是很好的情爱教科书，可以从中学到不少怡情益性的方法，比如，用巧克力酱和奶油玩点古怪的游戏。也可以用芒果或者木瓜的果汁在她身体上抚摩，然后把果汁连她一起舔干净。把你们都弄得黏乎乎的，之后的鸳鸯浴则可以进入另外的境界。

（十三）以静制动

做前戏的时候，告诉她你不会往她身体的那个地方进攻，直到她告诉你她需要。这个办法对身体和思想的反应都是有效的，鼓励她放松神经，体会性过程中每个细微的感觉，身心合一，能够清楚分辨真正的需要是什么。然后，作为主角的你才在她提到的地方出场。

（十四）帮她按摩

这个属于老生常谈了，似乎人人都会，但这里要强调的是要用有趣的方法：天热的时候，把一个罐装冷饮沿着她的大腿滚下去；天冷的时候，则用微波炉将一条毛巾烤热，用来给她做按摩。

（十五）给她点冰凉的刺激

单纯的抚摩需要伴侣投入地去感受，而对于实施抚摩的一方来说，变换抚摩手法、增加抚摩花样能大大加深对方的感受程度。比如，用某些适合玩弄的、冰凉的东西刺激她的感觉——将一把葡萄冰冻20分钟，使用时将它们一排排地放在她的脖子、乳房和大腿边上，然后慢慢嚼碎。最后用牙齿咬住一个葡萄，轻轻压在她的阴蒂上。

（十六）浴室性爱

以下是大师级的浴室性爱的玩法。将浴缸放满热水和泡泡，然后将泡泡涂到你的腹部、胸部和大腿，让她躺在你上面，用她的身体像洗澡的刷子一样摩擦你的身体。

（十七）从头到脚地抚摩她

如果希望增加淋浴的效果，可以将沐浴液和水充分混合，给她喷洗全身，然后抚摩下去。这样，她可以感受三种不同的刺激：淋浴喷头的冲洗、沐浴液的柔滑和你有力的爱抚，三种刺激可以让她迅速兴奋。

（十八）疯狂一绝

突然将她抱住放在床上，然后给她法国式的热吻，紧接着是紧紧地拥抱。一直到吻遍她的全身，再对她的全身进行爱抚。

（十九）刺激她身体最敏感的部位

除乳房之外，女性最敏感的部分就是阴蒂。当然也可以通过不断变换姿势和方式对乳房和阴蒂同时进行刺激，直到她的身体开始扭动，她的欲望无法抗拒你。

（二十）请求允许"进入"

在"进入"之前，问一下她是否可以。她会觉得这样做非常可爱，让她觉得自己受到尊敬，让她更有安全感，从而在性爱过程中更放松。在首次进入的同时，亲吻她的嘴和脸，此举显示对她这个个体的重视，而不单单是她的性器官。

相关链接：

冲击女性性高潮的技法

男人经常用目的导向的思考方式去想事情，所以他会以他认为最有效的方式增加女人性快感。一旦女人快要达到高潮，男人就会继续甚至更加刺激她。

其实，要让女人得到更多快感的秘密就在于：将她带到高潮边缘，然后暂时撤回、放慢速度、减少刺激，之后，再重新开始。

要增加女人性快感的最有效方法就是：在女人达到高潮那一刻使她平衡下来。然后再加温，之后又让她平衡下来。在男人带给她两三次的高潮体验之后，给她最后的高潮，一次最强烈也最满足的高潮。

当女人一次又一次地趋近高潮，她对高潮的渴望就会一次次地增加，她的身体也会为最后的高潮做好准备。用这种方式来延长前戏，就会让女人的高潮越来越强烈。

在相互吸引的性爱中，男人必须先储备达到高潮所需要的能量，当暂停并将注意力转移到女人身上，他存储的能量是处于和缓的状态，过一会儿，轮到他达到高潮时，他的快感就会很强烈，因为他等待已久。

女人可以用暗语向男人示意她快要达到高潮，例如说"求求你"这个字眼有双重意涵："求求你停下，不然我就要达到高潮了！"当男人收到暗语，他可以选择继续刺激她，并让她达到高潮，也可停止刺激阴蒂三十秒到一分钟，然后重新挑逗她。

如果男人选择暂时停下来，那并不表示说一切动作都停止，你可继续抚摩她的身体但不要直接刺激她的阴蒂。这让女人有机会去释放一些存在于她体内的能量，然后男人再把这股能量带到更高的境界。

十一、性爱对健康的11个好处

"性爱可以治病"并不是什么天方夜谭。美好的性生活对很多病症，都有意想不到的缓解和抑制作用。

1. 有利于消除失眠。所有人都渴望有个深沉、甜美的睡眠，但是各种各样的原因导致的失眠，经常困扰着大家。特别是女性，更容易失眠。而当经历一次和谐的性爱后，紧张激动的身体开始放松，肌肉也在满足之后的疲倦中得以舒展，睡意自然而然地袭来，有助于消除失眠症。而且性爱越是美满，事后也越容易入睡。

2. 减轻经期前的综合征。女性在月经前的5~7天内，流入骨盆的血液增加，有可能引起肿胀和痉挛，导致腹胀或腹痛。而性爱中的肌肉收缩运动，能促使血液加速流出骨盆区，进入血液总循环，而减轻骨盆压力，从而减轻腹部不适。

3. 精液有助于女性阴道的消毒。实验证明，精液中有一种抗菌物质——精液胞浆素，它能杀灭葡萄球菌、链球菌、肺炎球菌等致病菌，所以可以帮助女性生殖器免遭微生物的侵袭。长期没有性爱的女性，更容易患阴道炎、子宫内膜炎、输卵管炎等病症。

4. 有助于保持头脑年轻。根据日本的医学研究表明，"用进废退"的性萎缩，也适用于缺乏性爱的人。适当的性爱有助于防止大脑老化和促进新陈代谢，记忆力也较强。

5. 有效减少心脏病和心肌梗塞的发生。性爱可以让骨盆、四肢、关节、肌肉、脊柱更多地活动，促进血液循环，增强心脏功能和肺活量。拥有和谐性爱的人发生心脏病的危险比性爱不和谐的人至少减少10%的风险。

6. 减轻或是缓解疼痛症。性爱同阿司匹林有一样的功效，听起来似乎有点神乎其神。不过，大量的医疗机构的反馈，证实了性爱能刺激大脑中枢神经系统，分泌出一种叫胺多酚的化学物质，对减轻疼痛相当有效。

7. 减少皮肤病的发生。皮肤血液循环不良，会导致粉刺、暗斑等皮肤病。而适度的性爱会加速血液循环、均衡新陈代谢，让皮肤光洁细嫩，并起到防治皮肤病的作用。

8. 提高免疫系统的抗病能力。现代文明生活，反而让人们的免疫系统比以往更加脆弱。感冒、高血压、各种溃疡经常是躲也躲不过。性爱可以使肾上腺素均衡分泌，肌肉先收缩，再放松，从而形成良性循环，使免疫系统保持较好的状态。

9. 促进女性生殖健康。雌激素能够使女性保持良好的血液循环系统的结构和功能。性爱有规律的女性，雌激素水平比偶尔做爱的女性要高得多，从而使卵巢的生理功能加强，月经正常，还可推迟更年期。而且每一次性爱都会使阴部分泌物增加，防止阴道黏膜干燥。

10. 减缓衰老。女性在35岁左右，骨骼开始疏松，性爱可以调节胆固醇，保持骨骼的密度，减缓骨质疏松，使整个人看上去步态轻盈，身体的灵活性也增强。

11. 让男性更强壮健康。适度的性爱，可使男性的睾丸酮分泌量增多，使男性的肌肉更发达，体重增加，提高了骨髓造血功能，而且还能减少体内脂肪的积存。

十二、女性G点与射精的奥秘

近年来，人们对于女性G点与射精一类的文章已并不陌生，但人们始终怀疑女人真像男性一样会射精吗？女性射精与性高潮有何关系呢？

1983年，拉德斯、惠普尔和佩里三人合著的《G点及人类性行为的其他新发现》一书，给性学界、医学界以及整个社会带来了巨大的影响。女性的G点首次为人们所知晓。他们研究了400名自愿受试者，受试者中无一例外地都发现了G点的存在。那么，到底什么是女人的G点呢？

早在1950年，德国妇产科医生格拉芬勃格(Glafenberg)发现了两种现象：一是女性靠近尿道一侧的阴道前壁的前端有一个"动情区"，女性性兴奋时该区域增大，并向阴道内突出，在达到性高潮时又恢复正常，这一现象至少在部分女性中可以见到。

格氏的这一发现在当时并没有引起人们的重视，30年后，由于上述三位作者所著的书使世人了解格拉芬勃格当年的研究工作，三位作者于是就用格拉芬勃格名字的第一个字母"G"来命名女性阴道内的这一性敏感区域，将此称之为"G点"。

其实早在1672年，一位荷兰解剖学家格拉夫也介绍过"女性前列腺"，并指出它的功能是产生使女性性欲增强的黏液性分泌物，这种刺激女性G点所产生的快感，与刺激男性前列腺所引起的快感是一致的。

现代的解剖学、影像学、化学检验及生理学，都证实了女性G点的存在，并说明G点受到刺激后所分泌的液体就是前列腺液。刺激这一部位时，

刚开始有尿意，马上又转为快感，对许多从未探索这一领域的女性而言，是一种全新的快感体验。

虽然说大多数女性都有G点存在，但能有"射精"能力者只占10%～40%，这与女性耻骨尾骨肌强弱有密切关系。有些女性在性高潮时有少量"流尿"现象，其实就是女性"射精"。对于女性"射精"，我国古代书籍早有记载，古代称为女性丢精或阴精，一些荒淫无知之徒，甚至用酒杯来接取女性的精液，认为可以延年益寿，长生不老。

我国近代性学先驱张竞生先生曾发表《第三种水》一书，他说女子在性交时能射出第三种水（第一种为尿液，第二种为性兴奋阴道分泌物），如同男性射精一样，有些女子可射二尺多远，但一般要在性交达20分钟之后，而且性交体位要不断变化，又须女子主动，男性对女性身体各处要不断吮捻、拨弄等才能达到。30年代，张竞生先生能对女性射精做出如此详细的描述，实属难能可贵，但旧中国毕竟缺少产生性学家的土壤，一代性学大师很早便夭折了。

有关G点与女性射精的研究还在不断进行，尤其女性射精的真正机理，以及与性高潮的关系，还有待进一步研究证明。但目前的研究结果已足以提示，女性可以通过变化性交体位或用手来刺激G点，达到阴道型性高潮，而增加耻骨尾骨肌收缩力的凯基尔练习对此不无裨益。

红
囍
书

相关链接：

凯基尔练习

什么是凯基尔练习呢？凯基尔（Kagel）是一位美国的心理学家，他于上个世纪70年代发明了一套帮助女性进行训练以便达到性高潮或增强性交快感的方法。此后人们就以他的名字命名，称为凯基尔练习。

凯基尔练习是一种练习耻骨肌、尾骨肌收缩能力的方法。在性交过程中或性高潮时阴道的收缩主要是靠这两块肌肉。容易达到性高潮或性高潮反应强烈的女性，这两块肌肉收缩能力也较强，相反亦然。为此，通过训练可以提高肌肉收缩能力，提高性快感。对男性而言，阴道对阴茎的紧握作用增强，性交时感受更明显，有助于性关系的改善。

凯基尔练习首先要找到耻骨肌、尾骨肌。耻骨肌、尾骨肌在双腿之间，收缩直肠与阴道时就可以感受到这两块肌肉的存在。当你排尿时，你故意中断尿流，也是这些肌肉在起作用。当你能够确定这些肌肉的存在之后，可以进行如下练习：仰卧于床上，将一根手指轻轻插入阴道，此时尽量将身体放松，然后再主动收缩肌肉夹紧手指，在收缩肌肉时吸气，你能够感到肌肉对手指的包裹力量。当放松肌肉时呼气，并反复重复几次。每次肌肉持续收缩3秒钟，然后放松3秒钟。

现在可以拿出手指，并且继续练习放松收缩肌肉。集中精力感受肌肉的收缩与放松。任何时候都可以进行凯基尔练习，没有人知道你正在做什么。我们建议做10个3秒钟的收缩和放松。每天要做几次，目的在于逐渐能够增多肌肉收缩次数、增加收缩强度。从紧缩肌肉5秒钟到收缩10秒钟，大约要用几周时间才能达到这个目的。

如果要进行凯基尔练习，至少要持续6周，练习时如果能够收缩与放松自如，可以进行从收缩到放松的快速转变练习，达到1秒钟内可以收缩放松各一次。另外，练习阴道肌肉向外下推送也有一定的意义。6周的凯基尔练习也要付出一定的劳动，也可能很乏味，但这种练习会是苦尽甜来的过程，有一分耕耘，定有一分收获。

199

第四章 两性：婚姻的动力元素

第四节　当两性生活不合拍时

一、他不能满足我怎么办

27岁，对于女性来说，这应该是一个很诱人的年龄。然而，一位已婚女性却在结婚一年后遇到了意想不到的困惑。下面我们来看看当事人向专家的陈述：

我与老公认识四年，我们结婚已经一年多了。在我们认识的前两三年，他在那方面还是很棒的。可是，在我们结婚一年后，我老公不能满足我，现在我总是自慰，但每次那样后又很后悔，有时甚至在他的面前我也会自慰。老公就怀疑我会有外遇，其实刚开始我并没有，只是他的怀疑让我很生气，后来我出现了外遇。但有时我又感到自己太坏了，有时又会想，我这样都是他逼我的。

现在的这个男性朋友在那方面很强，让我很舒服。同时，在工作上、感情上我感到他比我老公更适合我，可是我对我的老公也放不下。我在生活中比较出色，有一个好工作，交际也不错，他现在只是一个普通的打工者，又比我大8岁，所以他现在的压力也很大，我不想伤害他。昨天，与他做爱，是我主动叫他放A片看的，可是没有几分钟他就那样了。他也说过会再来，可是当我在他面前自慰了两次后，在我一再要求我还想要时，我主动吻他的"宝贝"时，我们又做了一次，可是时间也最多15分钟。我常找老公沟通，可是到现在事情都没有好转。

现在，生活上他不愿拿出自己的钱，都是我拿出来，日常花费都是我付钱，其实我不想为钱的事与他发生不快，但他这样做让我很烦，让我感觉不

到他是爱我的。我也不想破坏这个家，但我确实不知道自己该怎么办。

我们从以上的陈述可以看出：年龄的差距、工作与收入的差距，都让这个女主人公高老公一等。按照中国的文化传统，男人是要养家糊口的，只有能够为女人撑起一片天时他才能感到自己是一个真正的男人，才会有自信心。这些因素其实很容易让男人性功能发挥不佳。

但是，从女主人公的叙述来看，当她给老公一些新颖的性刺激的时候，他也能持续勃起15分钟才射精。照这样看来，他的性功能还是在正常范围的，甚至可以是正常范围中偏于良好的水平。但她还是很难在这15分钟内取得性高潮、获得强烈的性快感。这与两个男人在她心目中的对比有很大关系，也许，她已经从心底里不再喜欢他了。

女主人公通过性自慰来获得性快乐，这值得尊重，也无可非议。但在老公面前去自慰，这似乎是在向老公"示威"，故意让老公产生"性无能感"、"性自卑感"、"内疚感"，这多少有点伤夫妻感情。也从另一角度表达了因为对老公的不满意，所以去找别的男人。因为找了别的男人，就更加对老公感到不满意，这样就构成了一个恶性循环。在这个恶性循环中，她的老公越来越被动，她却越来越主动，老公越来越没有自信心，而她就越来越有理由去找别的男人，结果又会使他变得越来越内疚。这样继续下去，也许我们最终看到的将是一对夫妻以离婚收场。

也许，这样的事情会发生在我们身边，甚至会随着女性的不断解放逐渐增多，希望我们都能够掌握一些婚姻自救和他救的方式，毕竟"愿天下眷属都是有情人"是我们共同的期盼，当然也是我们共同的责任。

针对上述情况，专家为这个处于危机中的婚姻开出了药方。

1. 无论是什么原因，建议你先把婚外的性行为暂时停下来。因为如果不停止的话，你就很难再有动力去与老公深入探讨你们之间所发生的问题。而停止婚外性行为之后，你才可能"被迫"去面对这些问题。

2. 与老公直接讨论关于经济收入的问题。多去倾听老公的心声，看他

对于经济收入的多少是否在意，看这是否成为他男子汉自卑的一个重要原因。

3. 性自慰是你的权利，你可以通过性自慰而得到性满足，特别是在你与老公之间的问题还没有得到解决的这段时间里。建议你性自慰的时候，自己悄悄进行，不至于由此而起到向老公"示威"的作用，这样可以避免给老公带来更大的心理压力。当然了，如果你老公愿意配合的话，在你要性自慰的时候，邀请老公参与，与你一起进行，让他帮助你进行性自慰，让你获得性满足；同时，你也可以帮助老公进行性自慰，让他也能够在你的参与和帮助下得到性的满足。这样一来，你们之间在性的方面就有了更多交流与合作。这样或许更能促进你们之间在其他方面的沟通与交流。

现实生活中，这样的例子也许不少，但也有一种性欲特别旺盛的女性。曾经有一位男士很苦恼地反映，他的妻子一天需要六七次甚至更多，只有这样她才会觉得舒服，他怎么也不能满足她。

在这种情况下，"红杏出墙"也许是我们每个人都想到的事，可是，这与我们当前的婚姻道德显然是格格不入的。但是，对于这种现状，苦恼的不仅仅是丈夫，妻子也很郁闷，她真的也不想这样，可很多时候就是身不由己，稍微有一点性刺激，她就无法控制。这到底该怎么办？婚姻难道就这样让它亮起红灯？

丈夫不忍，妻子也不忍。毕竟，他们之间还是有着很深的感情的。有人说，女人"三十如狼，四十如虎"。不过相对于男性而言，女人到了这个年龄段，男性的体力也会明显地滑坡，无论做爱次数、时间还是射精数量都比以往少了许多，对照另一半的性需求，自然而然就觉得自己吃不消了。其实，许多人也说这种情况是正常的现象。但作为丈夫，他是怎么也接受不了妻子身体经常出轨。在使用了许多无效的招数后，他开始尝试着与妻子坦白地沟通，帮助妻子走出困惑。

为了他，也为了她，更为了这个家，他们都表现出极大的宽容和理解，

红
囍
书

夫妻俩也都极力去挽救这个尴尬的局面。至于纵欲对身体的危害，这个自不必说，他与妻子也都知道。由于他的身体实在吃不消，刚开始，他就尝试着使用身体的其他部位刺激或使用辅助的性用品器具来满足她的需求，可喜的是，效果还不错。紧接着，他把性刺激环境约束在一个很有限的范围内，分阶段制定目标，哪怕让妻子的性要求能够半个月减少一次，他仍然不放弃这一努力。与此同时，他自己也在不断地去调适自己的身体，尽量与妻子在性生活方面慢慢吻合，保持大致相同的步调。慢慢地，他的爱、宽容、理解和努力，让他看到了一点一点在不断增长的希望。

这个例子不常见，于是许多人可能会误解这位妻子是性欲亢进。其实，由于每个人所处环境和对性的认识程度不同，性欲表现的强弱程度亦不同，因此很难区别正常与高亢性欲的界限。性欲亢进是一个笼统、模糊的概念，正常或亢进的性欲，很难有一个客观的判断标准。一般中青年男性，每周有3～4次的性交频度，只要不感到精力不济，不影响工作和生活，夫妻双方是满意的，都属正常范围。如果表现为每天都要求有性活动（性交或手淫），而且经常换性伴侣，甚至不断地出现性欲念，不分时间、地点、场合要求发生性行为，则属于性欲亢进。

这种性欲亢进就好像药物成瘾一样，也可称为性成瘾。这种性的成瘾状态支配人的意识、思维和生活，导致出现每日的性成瘾活动。高亢的性欲使人不能正常生活，影响人的健康及人际关系。尽管如此，有部分性医学专家并不认为高亢的性欲是一种病态，因为在临床上很少遇到因此而就医者。

很显然，这位女性并没有达到这个地步。丈夫用他那博大的爱最终带妻子回归到了生活的常态，他的行动让我们看到了一个丈夫的深情大爱。爱有拯救世界的力量！当问题出现的时候，我们先不要轻言放弃，而是应该考虑如何尽全力去解决。

二、她满足不了我怎么办

一个网友在网上发帖——我性欲太强，几乎每天都想与妻子做爱，但是妻子好像有点性冷谈，她满足不了我，我也曾试图为此努力，虽有点效果，但不是太明显，我该怎么办？请求众网友的帮助或专家为此出招。

下面是网友给出的一些建议：

1. 你的爱心是治疗妻子性冷淡的最好良药！

2. 按正常的情况似乎是你不正常，你应该去医院问问医生。

3. 你没激发出她的兴趣呀，可能是你的技术不行。

4. 做爱时双方要配合、动作要温柔、感情要投入、抚摩要到位、心情要放松、安全要保证、环境要选择、时间要适合。还有，一会儿疾风暴雨、一会儿慢条斯理、一会儿翻江倒海、一会儿情话连绵。这样就容易达到高潮，就这么多，回家试试看！

5. 不少女性由于身体素质、性爱技巧等方面的原因，在性生活上比较冷淡，阴道干燥。要解决女性性冷淡的问题，不但要注意做爱前的准备与诱导，还需"里外配合"，多吃一些能帮助提高性欲的食物。有利于提高女性性欲的食谱有：

（1）猪肾2个，枸杞子30克，将猪肾去筋膜切片，入枸杞子同煮汤，调味食用。

（2）冬虫夏草5～10枚，雄鸭一只。将雄鸭去毛皮、内脏，洗净，放沙锅或铝锅内，加入冬虫夏草、食盐、姜葱调料少许，加水以小火煨炖，熟烂即可。

（3）肉苁蓉15克，水煎去渣取汁，和羊肉、粳米各100克同煮，肉熟米开汤稠，加葱、姜、盐煮片刻，寒冬食用。

（4）麻雀2只，去毛及内脏，放入菟丝子、枸杞子各15克，煮熟去药食肉喝汤。

（5）枸杞子30克，鸽子1只，去毛及内脏后放炖锅内加适量水，隔水炖熟，吃肉喝汤。

（6）公鸡1只，去内脏，加油和少量盐放锅中炒熟，盛大碗加糯米酒500克，隔水蒸熟食用。

（7）鲜胎盘1个，冬虫夏草10克，隔水炖熟吃。

（8）青虾250克，韭菜100克，洗净，切段后，先以素油煸炒青虾，烹黄酒、酱油、醋、姜片等调料，再加入韭菜煸炒，嫩熟即可食用。

6. 你勤劳勇敢的双手呢？！

7. 作为丈夫，你首先要知道她有什么心理障碍，再加以解决，具体步骤：

第一步，你不妨禁欲一段时间，长短从半个月到两个月不等。中间的煎熬你就要自己忍住了。方法很多，我就不一一列举了。如果她在半个月或者一个月内会有主动需要的情况，证明她还是在正常范围之内，只是说性欲不够强罢了。

第二步，事出必有因。在生活中善于发现问题和解决问题。从生活中、心理上对她加以关心。男人嘛，就算多付出一些又算什么呢。切记，不能用对抗或者消极冷战态度对待此类问题。

第三步，想改变别人，就先改变自己。如果你做得很好，相信你的伴侣会很感动，这时你就可以敞开心胸，和她畅所欲言地沟通房事的问题。每个女人都有来自于心底的欲望（有生理问题的除外），只是看你能不能挖掘出来。

你必须正视这个问题，此类事情处理好了就皆大欢喜。如果坚持不下来，半途而废，接下来只会更加痛苦。多牺牲一些，为了今后的幸福。

8. 可能是因为你妻子的性观念比较保守，这影响到了她在性生活中的态度。如果是这样，确实需要经历较长的时期才能慢慢转变。总有目标去调整，就说明你们的性生活总处于改善当中，处于向更美好的境界前进的过程中，而没有停滞。也许，停滞，没有更好的目标去追求，才是真正的麻烦呢。不同夫妻的情况可能不一样，但肯定都曾经为默契的建立付出过辛苦。幸运的是，我注意到你们这一过程已经在进展中，她至少没有抗拒转变。所以，你应该有信心。

……

如果我们在现实中调查或询问，肯定得不到这些全面而细致的"指教"。这样的问题也许最适合向网友求助：一层朦胧的面纱遮住了大家所有的羞涩！毕竟，在今天这个社会大背景下，能否像在网上这样公开且畅所欲言地谈论性，这还是一个羞涩的问号。至于到底该怎么做，这还要咨询专家或医生，当然，网友的一些建议也是很不错的参考。

三、性高潮！是否一定要同步

有许多书籍把男女同时达到性高潮描写成性生活的最佳状态。这样给人们一个错觉，似乎男女不能同时达到性高潮总是有所缺憾或不够完美。

从男女两性的生理特点出发，女性的性高潮应是越早越好，男性的性高潮应是越晚越好。这是因为女性有多重性高潮的能力，性交持续时间延长，可领略多重性高潮的愉快；而男性性高潮在一般情况下与射精同时发生，因此应尽量延迟，否则一旦射精，性高潮来临的同时也意味着性交的结束，女性不会再有获得性高潮的机会。

从生理机制上看，男性的射精与女性的性高潮是相等的。但男性将早泄定为性功能障碍，而且要进行治疗，男性的晚泄却常常被看成是性能力强的表现而无须治疗。女性的"早泄"（性高潮来得快）被认为是正常或性能力旺盛的标志，而女性晚泄（不容易达到性高潮）却被定为性功能障碍，需要治疗。

同样一件事物，正常与否由性别决定，确实有些好笑，其原因正反映了人们希望把两件本来就不易同时发生的事件尽量地结合在一起。

性高潮男女同步那是许多夫妻都渴望的销魂境界。但当彼此不能经常同步时，夫妻双方应该如何做呢？原因可能很多，但大致不外乎以下几个方面。

首先是心理方面。

有人说，男人是"做"了再"爱"，女性是"爱"了再"做"。这句话可能不是百分之百的准确，但绝大多数夫妻还是很赞同的。女人的心理也确实要比男人复杂得多，对于男人来说，感受到了做爱的快感，他可能才会去更爱女人；可是，女人却不一样，对于大多数女人来说，只有感觉到男人浓浓的爱，她才会愿意与男人做爱，或者更愿意去配合男人，寻觅摸索更能使夫妻性生活和谐的方式、方法或技巧。许多夫妻性生活不和谐，其中绝大部分原因就是心理方面的。其实，女人嫁给男人就是要男人去疼的！只有在男人的疼爱中，女人才会更性感、更美丽、更温柔、更可爱。所以，丈夫那浓浓的爱，不仅是日常生活和谐的要素，更是夫妻性生活和谐的内因。

其次是生理方面。

世界上没有完全相同的两个人。这其实不仅是指心理方面的，也是指生理方面的。男与女生殖器官的这一特殊而精致的"组合"，也会有那么一点点或更大一点的差异。这些生理的差异有两个方面，一是不可改变的。比如，男的阴茎长些或短些，粗些或细些；女的阴道深些或浅些，大些或小些等。这些即使通过食疗或药疗或者变换不同方式的刺激也仍然无法改变。为了达到理想的效果，一般可以尝试着通过选择合适的性交方式来解决。二是可以改变的。比如，性冷淡，这可以通过食疗或药疗进行调节；为了增强快感，女性也可以通过凯基尔练习使阴道更具有弹性。

再次是方式和技巧。

在正常的性生活中，男性应尽力控制和延长射精时间，以便于女性在此

之前达到性高潮。标准的做法是使女性首先达到阴蒂的性高潮，这个过程主要靠抚爱、手或口与生殖器接触，这是达到阴蒂性高潮的关键。性交可直接或间接地刺激阴蒂，也会继续阴蒂性高潮，也可能诱发阴道性高潮，最终以阴道形式的性高潮结束性生活。

最后是环境和氛围。

温馨浪漫的小屋也是能激起男女性欲的一个重要因素。比如，在做爱前把卧室打扫得干净整洁，可以洒些香水，把灯光调到最合适的亮度，或者放些玫瑰花，也可一起看电视然后抱着她，轻轻抱着她的胳膊，注意按摩她的肩膀，让她产生依靠的感觉，放一曲浪漫的轻音乐，创造一个融洽的聊天氛围，开启一个适当的暧昧话题……这些都可以为夫妻性生活或高潮的同步起到很重要的作用。

男性的射精时间与女性阴道性高潮时间接近即可，并非要完全同步。有些人更愿意清晰地体验女性性高潮时的阴道收缩时的感受以及心满意足的"叫床"之声，这些快感促使男性无法忍受和控制才不得不射精，达到性高潮时令他更加快活。

总体而言，性高潮同步固然好，如果不同步，但男女双方都达到满意，最终也都达到性高潮仍是完美的、正常的。千万不应该把所谓的同步性高潮当做目标，使本来已经很完美的性生活蒙上一层阴影。

红
囍
书

相关链接：

每周做爱几次最健康

性交频率是夫妻性生活最直观、也是最重要的表现，但是性生活频率受婚姻状态、身体素质、双方年龄以及性能力强弱等多方面的影响有很大差异，并一直处在动态变化当中。

五六十年前，美国性学家金赛的调查报告最早为人们提供了有关当代人性生活状态的可资参考的资料。这一资料显示，随着年龄的增长，性生活的频率呈下降趋势：20～30岁时每周大约3次，31～40岁每周2次，41～50岁每周1～2次，51～55岁每周1次。但是，当代人性生活的频率具有极大的个体差异。如一项对当代美国人性生活频率的调查显示，有8%的男性和7%的女性每周性生活达4次以上，26%的男性和30%的女性每周性生活2～3次，16%的男性和18%的女性在一年内过几次性生活，还有14%的男性和10%的女性在调查前一年中基本没有性生活。

　　在夫妻性生活频率上，与年龄具有同样重要意义的是婚龄的影响。根据著名性学家玛斯特斯援引的资料，在所调查的新婚夫妇中，第一年每月性生活频率为14.8次，以后逐年减少，第二年则为12.2次，第四、第五年每月9次，而到了第六年便减少到6.3次。在许多性学家指出夫妻间性交频率随婚龄增加而下降的同时，也有报告指出确有一些夫妻在婚后15～20年时性生活频率达到顶峰。

　　目前大多数调查和普遍看法是，教育程度、职业类别和宗教信仰对夫妻性生活频率无显著影响。国内一项对6210名城市居民和1392名农村居民的调查显示，城市夫妻每月性交次数为4.66次，农村夫妻为每月5.43次。看来，在这方面国人与国外相差无几。

　　据美国"今日生理"网站的报道，性医学专家温尼佛雷德·卡特勒博士发现，规律的性生活还能调经。这是因为，性生活能让女性从伴侣身上获得有益的信息素，从而影响自身的内分泌状况。而性生活越规律，她们体内的雄激素分泌水平就越恒定，相关的生理反应，如月经周期，也就越稳定。

　　具体说来，每周做爱一次，就能把月经周期调节到29.5天，并且这是保持女性生育能力和内分泌健康的最佳周期。如果性爱频率低于每周一次，则效果欠佳，甚至还不如完全不做爱；而高于这个频率，只要适度，也很有利于女性生理健康。

第五章

先『计划』后生育

第一节　理解计生意义

一、从百年大计看生育

"为了实现人口与经济、社会、资源、环境的协调发展，推行计划生育，维护公民的合法权益，促进家庭幸福、民族繁荣与社会进步，根据宪法，制定本法。我国是人口众多的国家，实行计划生育是国家的基本国策。国家采取综合措施，控制人口数量，提高人口素质。"

这是《中华人民共和国人口与计划生育法》中第一章第一、第二条中的内容。可谓精辟、透彻！这一法条同时也告诉了我们计划生育的宏观意义所在，特别是像我国这样的发展中国家。

一份来自可持续发展世界首脑会议的资料显示，联合国预计2050年全球人口将增加到93亿，预计全球人口能稳定在105或110亿左右，而未来的几乎所有人口增长均来自于发展中国家。世界人口的急剧增长已经给人类的可持续发展带来了巨大挑战。

自从上世纪80年代以来，世界人口和经济几乎以同样的速度增长，加上不可持续的生产和消费模式，给我们这个地球增加了越来越大的压力，这已经成了摆在人类眼前的事实。发达国家作为世界环境污染的主要出口商，他们的环境问题主要是生产、生活垃圾和废物的处理不当造成的，人口增长在其中的影响微乎其微。与发达国家截然相反，发展中国家的人口则是以快于经济增长的速度在增加，这使本来已经相当脆弱的生存环境受到更加严重的破坏。

提起计划生育，人们都会想起国家的计生政策和地球妈妈的承受能力。其实，这只是站在宏观角度的一个大思考。为了全人类的长久生存，不管哪

个民族、哪个国度的人们，都有计划生育的责任。可是，从提高人类整体素质的初衷出发，家庭内部的微观计生细节，也有着另一层更重要的意义。

一个家庭到底该要几个孩子？什么时候要孩子比较合适？世界上没有两个完全一样的家庭，这个计划当然也要根据每一个家庭的具体情况而定。

从传统的观念来说，"多子多福"是每一个家庭的期盼。但多子是否就一定多福？这却是一个很大的疑问。人是一切的根本，一定数量的人口固然重要，但人的质量也是很关键的因素。我国提倡一对夫妇生一个孩子，只有在特殊情况下才允许生两个。人的精力是很有限的，一般情况下，养育一个孩子与养育多个孩子其结果会区别很大。我们常说，投资与收益成正比，对于孩子的培养，其道理也是一样的。

我国农村有一种传统的说法叫"一个小鸡带两爪儿"。大意是每个小孩儿一生下来就带有两只手，有这两只手他就能够维系住自己的生存。所以，父母也不必担心孩子会饿死，只要把他们养育到成年即可。不过，这一幼稚的想法完全忽略了优生优育的意义。放羊娃与科学家是两个截然不同的概念，作为父母，不但要给孩子生命，更要给孩子提供一个良好的教育环境。

关于夫妻计划何时生育孩子，这可以说是一个家庭计划生育环节中的延伸计划。这一环节也对优生乃至一个家庭的整体规划和发展起着重要的作用。

首先，是夫妻孕育年龄的计划。一般来说，女性在25～30岁，男性在30～35岁为最佳生育期。这一年龄段，男女双方不仅精力比较充沛，而且身体各方面的健康状况都比较好，生殖器官发育也比较完善，精子和卵子的质量比较好，有利于优生优育。

其次，夫妻最好把受孕时间安排在生物钟的高潮期。因为在夫妇双方的智力、体力、情绪最佳时受孕的孩子会聪明健康。研究表明，制约人情绪的生物钟周期是28天，制约人体力的生物钟周期是23天，制约人智力的生物钟是33天。人的这三种生物钟是相互影响、密切相关的。当一个人处于三种生

物钟的高潮期时就会精力充沛、开朗豁达、心情愉快，并表现出强烈的创造力和丰富的艺术感染力，而且头脑灵活、思维敏捷、记忆力强，比平时更具有逻辑性。这个时候是最理想的状态。健康的男女双方在生物节律的高潮期受孕，往往能生出一个身体健康、智力超群的孩子来。如果一方在高潮期而另一方在低潮期，出生的孩子先天素质和智力就一般；如果双方生物节律都运行到低潮期时性交并怀孕，则生出的孩子就可能会体力和智力较差。

最后，生育时期要结合一个家庭的整体计划和条件。比如，经济条件、夫妻事业的发展规划、夫妻双方的身体健康状况等。这些都是能够影响孩子健康成长和未来家庭幸福的要素。每个家庭的具体情况不同，经济条件当然也会有所差异，但不管怎样，至少要保证准爸爸和准妈妈基本的营养需要和身体健康，因此，经济计划也是生育前的一个重要计划。年龄固然重要，但健康也绝对不可忽视，与其生出一个残疾的孩子，还不如在受孕时就终止这一错误的举动，这直接关乎着孩子一生的幸福。所以，夫妻双方一定要保证在身体和心理都健康的情况下生育。当然，如果生育年龄、经济条件和夫妻双方的健康状况都允许的话，夫妻可以结合双方的事业发展规划决定生育的最佳时期。

总之，从现在到未来，从大家到小家，从宏观到微观，夫妻在生育前的每一步、每一环都要做好充分的计划与准备工作，因为这不仅关乎着自己和孩子的幸福与未来，也间接影响着一个国家乃至整个人类的可持续发展。

二、我们为什么要宝宝

我们为什么要宝宝？这个问题现代人一直在追问，而且也一直在思考。我们即便开动脑筋，调动全部的聪明才智，恐怕也仍然找不到能够使每个人都信服的理由。但是，生育依然是大多数人的选择。

也许习惯唱高调的人会回答：为了人类的发展与延续。如果人人都不要孩子那人类不是要灭绝了吗？可是，人类已经庞大到让地球母亲无法承受的地步了，我们对这个星球的掠夺与欺凌难道还有延续的价值吗？

自私一点说，为了养儿防老，避免晚境的凄凉。这种想法本身是否自私姑且不论，我们知道养儿不能防老已成为新一代人的普遍共识。在世界大同的未来社会，我们是否有什么权利将孩子圈在身边？即使将他圈在身边，我们又怎能保证他不是一个逆子，不会使我们感到更多的凄凉呢？

也有人会说，为了延续自己的生命。这种绝对自欺欺人的梦幻根本无法挽救我们面对死亡归宿时的恐惧。我们生育的生命与我们有天壤之别，而且他们也将结束，他们再生育的生命还将结束。人类这一物种注定是宇宙的匆匆过客，如此脆弱的生命何必延续又怎么能够延续？

我们也已经看到，越是科技发达、国民文化修养高的国度，出生率越低，志愿不育的人数比例愈大。漫长的孕育，漫长的寄生，成为我们沉重的负荷。带大一个孩子，往往要以牺牲整个人的事业为代价，或是父母中一个人的事业，或是父母各自一半的事业。女人付出的则更多，她们正值事业的上升期，生育将她们圈在尿布中。女人在与男人争取平等权利的斗争中，因为生育首先便输了一步。所以，女权主义者主张：女人不生育！

此外，如果不生育，我们的生命中至少多出十多年的轻松时光，我们的经济生活也更为富足，我们可以更多地享受人生，也更多地对世界有所贡献。

我们可以找出千千万万个不生育的理由，可是，绝大部分人还是愿意去生育，有的国家甚至鼓励、奖励愿意生育或多生的家庭。愿意为人父母的人可能会说：我就是想浪费十多年的时光，我就是想过经济拮据的日子，我就是愿意体验生命的这一种乐趣，我就是想养儿防老，我就是愿意……或许他们为此找不出一个更深刻的理由，但是，这其中的任何一个理由就足以让他们去生育。

可是，如果仅仅站在一个角度去分析，任何一种思维都有它正确或错误的理由。作为一种个体的自主选择，我们无权对它的存在说三道四。人活着就是为了追求生命的意义，并体验生命的多姿多彩。

如果一对很相爱的夫妻认为，孩子是他们爱的结晶和升华，是他们之间爱情和亲情的纽带，他们想让这份爱有个"结果"，并想把爱情升华为亲情，那么，相信所有的人都会支持他们生个孩子；

如果他（她）的梦今生未圆，他（她）想生个孩子圆自己未了的夙愿，这也是一种最好的精神寄托；

如果她今生没体验够生命的多姿多彩，生个孩子继续体验，把这种体验的快乐延续，这也是一种别样的快乐；

如果他想找一个财产的继承人，法律、生命和感情，都会为他的孩子让步，孩子是再合适不过的了，不管国内还是国外；

如果她想为人类发展作贡献，能让人类生生不息，她可以要个孩子，再说，没有国家可以强迫个人生孩子的；

如果她（他）想当一次妈妈或爸爸，要个孩子是唯一的选择，当然领养一个愿意喊他们爸爸妈妈的孩子也可以；

如果她最大的快乐或心愿是教育出一个或几个优秀的孩子，任何人都没理由干涉她的选择，"妈妈"也是一个职业；

如果孩子纯净的目光能成为他看世界的另一双眼睛，使他从这个混浊的世界中另外有所发现，童真能够净化他的心灵，升华他的精神世界……他为什么不要呢；

如果养育孩子是她生命中无法割舍的情节，甚至这一情节胜于她生命中的任何元素，孩子的乐趣让她找不到可以取代的东西，她完全可以这样做，即便她是"不婚妈妈"；

如果他仅仅想把自己的血脉延续下去，留下一个个自我的翻版，社会和国家都会尊重他和他的子子孙孙的生存权；

……

216

写不完的"如果"，找不完的"理由"，不管是为要孩子还是不要孩子。那都是一种个体的选择，任何人无权干预。只要他们觉得幸福、快乐，个体的个性选择没有对与错，只是，我们生活在这个社会里和地球上，要为人类的整体发展尽一点责任和义务。社会和国家尊重我们的个性，我们也要为社会的可持续发展多考虑一点。

三、一生优育从早教开始

生，只是完成了生育内容的一半；育，才是最关键的内容，特别是早期教育。

人们常说，"三岁看大，七岁看老"。可见，早期教育对孩子一生的影响是何其重要。

卡斯比教授曾指出，3岁幼童的言行能预示他们成年后的性格。一项科学研究表明，宝宝一出生，脑重量为400克，达到成年人智力的25%，6个月迅速发展为50%，1岁达66%，3岁达80%。俗话说，"三岁定终身"，这也就意味着宝宝三岁的智力、体能、个性等已经定型80%以上。而同时0～3岁还是运动、语言、个性等能力发展最快的敏感期，此时让孩子在父母的鼓励和参与下，完成有针对性的潜能开发训练会收到事半功倍的效果。所以，父母应当认真对待小孩子的所作所为。

早教的意义和作用很大，但更重要的是如何对孩子进行早教。一谈到早教，也许父母就想到如何开发智力，提高孩子的智商，如何让孩子聪明等。

其实孩子从一出生就比我们成年人聪明。爱因斯坦曾经说："孩子生来都是天才，在他们的求知岁月中，是错误的教育方法扼杀了他们的天才。"所以，从智力的角度来说，父母大可不必操心，我们恰恰忽略的是孩子性格、行为习惯等方面的培养。

一些专家曾说，教育往往不能立竿见影，但它具有潜在的长期作用。早

期教育与小学教育模式也不同：早期教育是通过孩子参与各种针对性的游戏和活动，不断刺激视觉、触觉、听觉等感官来丰富他们的体验，增长他们的能力，比如，感官潜能、体能、社交、人格、语言等；早教不是简单的知识传授，它的一个指导思想应该是在游戏中教与学。

大部分家长都选择在孩子2岁半到3岁时送孩子上幼儿园，而几乎所有的孩子在入园初期都会产生"分离焦虑"的不适应现象，部分孩子会持续2~3个月，甚至更长时间。这对孩子和家长的心理及生理都是一个极大的挑战。而3岁前让孩子参加亲子班潜能开发课程后，孩子会在非常自然轻松的状态下，和老师、小朋友一起游戏生活，从而为上幼儿园做好更为充分的准备，大大缩短了孩子入园的不适应期。

独生子女在未上幼儿园前，在家庭教育下普遍缺乏与同龄孩子交往的经验，容易形成以自我为中心的个性，从而对其将来的集体生活造成困扰。因此，让孩子在0~3岁这个个性品质形成最重要的时期进入亲子班，是对孩子社会性发展需要的一个促进手段。同时，教师的指导和参与，对孩子完整的人格个性形成将有重要的帮助。

早期教育首要的是培养孩子的学习兴趣，引导孩子形成良好的行为习惯。此外，父母是早教成功与否的关键。早期教育的主要对象是家长，而不是幼儿园；早期教育的主要目的是家长育儿观念的转变，而不是强行给幼儿大量知识、技能的灌输。父母要把在早教课堂上学到的知识应用于日常生活中，这样才能对孩子进行真正有效的早期教育。早期教育的主要形式是家长与幼儿互动互进式的，而不是家长与幼儿单向促进式的。

早期教育的成败，是能否保证孩子身心健康和快乐成长的关键。至于人们常说的"千里之行始于足下"，以及"万丈高楼平地起"等，都与早教有着同样的作用与意义。所以，每一位做父母的，要想建"万丈高楼"，还是从"平地"开始，努力做好早教工作吧。

红
囍
书

第二节 掌握生育常识

一、血型遗传的规律

血型是一种人类遗传的性状，从狭义来说，它是专指细胞抗原的差异，但从广义来说也包括白细胞、血小板、血浆等血液成分抗原的不同。

早在13世纪，我国民间就开始采用滴血法做亲子鉴定，这种方法虽受当时条件的限制，在试验技术和理论方面都不成熟，但这是世界上最早的血型交叉试验的尝试。

17世纪，欧洲人将动物的血液输入人体，其目的是想治愈疾病，结果病人往往死亡。其后改用人的血液，这才对某些疾病的控制得到了良好的效果，但对多数疾病效果仍不好，而且也会招致病人死亡，死亡的原因当时还无法理解。自从1900年发现了ABO血型以来，人们对这种现象才有了初步的了解。

迄今，人类已经发现20多个红细胞血型系统。在人体红细胞表面的种种不同血型中，最早被发现和确定的、最为重要的和常见的是ABO血型。因为这系统的抗体是天然存在的，不是经诱发才产生的。

血型种类很多，在血清学研究方面和输血的反应上也比较复杂，但从遗传学的角度来看，其遗传方式比较简单。一个人的血型是指该个体红细胞表面存在着各种血型抗原，这些抗原均由遗传物质基因所决定。如一个人存在有A抗原，则可肯定这一个体的红细胞表面存在A抗体。

而且，血型基因对血型抗原产生的关系是单一的，即肯定存在着与抗原有关的某一基因。此外，基因与血型抗原表现的关系，一般不受环境条件的影响。通常情况下，有关血型的基因多属于等显性基因，即一些常染色体上

的等位基因，彼此间没有显性和隐性的关系，在杂合状态时，两种基因的作用同样得以表现，分别独立地产生基因产物。这种遗传方式称为共显性或等显性，ABO血型的遗传是一种共显性遗传。

ABO血型有四个主要的血型，即A、B、O和AB型，这四种血型在世界上不同地区和不同人种的分布是不相同的。据统计，人群中ABO血型的比例是A型占27.51%，B型占32.33%，O型占36.49%，AB型仅占9.67%。

在医学和遗传学上，我们常利用父母的血型来推断子女血型，如父母双方均为O型，其子女必为O型血而不可能出现别的血型。又如父母一方为O型，另一方为B型，其子女可为B型或O型。但有时就难以判断，如父母中一方为A型，另一方为B型，子女中就可以出现四种血型中任何一种类型。

如果碰上这种情况就要借助别的血型和技术来综合进行鉴别。ABO血型系统是人们所熟悉的，系输血工作上极其主要的一种血型。忽视ABO血型的鉴定，或鉴定方法出现差错，都会造成溶血性输血反应，严重的可以导致死亡。

人类的血型除了ABO血型外，还有其他各种血型，如Rh、MN等多种血型。人类红细胞的各种血型，它们都是由不同染色体的基因所决定的，现在已知决定ABO血型的基因在第九对染色体上，而决定Rh血型的基因则在第一对染色体上。Rh血型是人类另一种血型，Rh血型可以分为两种，即Rh阳性和Rh阴性，它们分别由两个等位基因所决定。Rh阳性的基因显性，用Rh或D表示；Rh阴性的基因是隐性，用rh或d表示。Rh阳性个体在中国人中占99%以上，而在白种人中只占85%；Rh阴性个体在中国人中只占1%左右，而在白种人中要占15%左右。因而白种人由胎母Rh血型的不亲和而引起的新生儿溶血症要比中国人高得多。Rh血型发现在临床上有很大的意义，一方面使输血技术更臻完善，另一方面解决了由于Rh抗原——抗体反应所引起的新生儿溶血症的诊断。

附：ABO血型遗传的关系表

红
囍
书

父母血型	父母遗传因子	子女遗传因子	子女血型
O × O	OO × OO	OO	O
O × A	OO × AO	OO, AO	O, A
	OO × AA	AO	A
O × B	OO × BO	OO, BO	O, B
	OO × BB	BO	B
O × AB	OO × AB	AO, BO	A, B
A × B	AO × BO	OO, AO, BO, AB	O, A, B, AB
	AO × BB	BO, AB	B, AB
	AA × BO	AO, AB	A, AB
	AA × BB	AB	AB
A × A	AO × AO	OO, AO, AA	O, A
	AO × AA	AO, AA	A
	AA × AA	AA	A
B × B	BO × BO	OO, BO, BB	O, B
	BO × BB	BO, BB	B
	BB × BB	BB	B
A × AB	AO × AB	AO, AA, BO, AB	A, B, AB
	AA × AB	AA, AB	A, AB
B × AB	BO × AB	AO, BO, BB, AB	A, B, AB
	BB × AB	BB, AB	B, AB
AB × AB	AB × AB	AA, BB, AB	A, B, AB

二、母子信息的传递

　　现实中大量的研究结果表明，在胎儿时期，母子之间不但有着血脉相连的关系，而且还具有情感相通的关系。母亲与胎儿能分别通过不同的途径彼此传递情感的信息。那么，这些信息到底是如何传递的呢?

首先要了解胎儿脑的发育以及神经网络的形成，了解这些有助于帮助我们了解胎儿与母亲生理心理的传递。

（一）脑的发育

人的诞生始于受精卵，受精卵在子宫内着床后依次分化出外胚层、中胚层、内胚层，其中外胚层就是脑的原形。开始它是圆板状，随后发育成神经管，如果以最初神经管的形态发育下去就只能长成鱼类的细长形大脑，而胎儿的神经管在初期即发生弯曲弯形，出现褶皱，以便在有限空间容纳更多的细胞，正是这一原因造就了复杂的最终布满沟回的大脑。在胚胎的第4周胎儿脑已在原始形态上完成了主要的部分。第7周胎儿面部轮廓形成，眼、鼻、口已依稀可辨。到第9周脑干和脊髓便以半个大脑的体积完成了发育过程，这时胎儿触觉神经出现。大脑继续发育到第4个月，胎儿便形成了头部比例过大的完整人形。

（二）神经网络的形成

在脑的发育过程中最关键、所需时间最长的是神经网络的形成，因为是神经网络最终导致大脑动能的产生。不可思议的是构筑这一神经网络的主要突触的数量在出生后反而急剧减少。通过实验得出结论：急剧减少的部分是胎期的储备，供出生后适应环境过程中的消耗。

神经细胞的数量及神经纤维的长度由遗传元素决定，而突触的形成则受制于子宫内的环境元素。突触的形成略迟于神经细胞和神经纤维。

胎儿在孕妇体内就存在听、触、嗅等大脑神经活动。随着年龄的增长，人的记忆力逐渐增强，就其增幅而言，则以婴儿期的记忆力增长最快。这时期的孩子之所以能很快记住电视画面和儿歌，是因为早在胎儿期就已形成了这种能力。

母亲与胎儿之间，究竟在传递着哪些信息，这些信息又是通过何种途径进行传递的呢？一些专家认为，主要包括生理、行为、情感信息，同时，这些信息的传递，也能够使准爸爸和准妈妈进行有效的胎教。

红
囍
书

（一）生理信息的传递

胎儿的存在，促进了母体分泌维持妊娠所需要的激素，并使母体产生孕育胎儿所必需的生理上的变化，如子宫增大、变软、乳腺增生、乳房变大、新陈代谢加快、激素活动增加以及全身各器官的生理机能增强，等等。胎盘分泌的一系列激素可以维持妊娠的进行，协助母亲维持自己的生命，这也就是说胎儿已经能够对自己的生命施加一定的影响。

同时，母体也在积极地向胎儿传递生理信息，如母亲不安时分泌出来的激素使血液中化学成分发生变化，从而通过胎盘对胎儿的生长发育产生影响。当母亲有嗜烟、酗酒、滥用药物、暴饮暴食以及遭受外伤等情况时，可使胎儿的生长环境发生有害的变化，进而使胎儿产生恐惧的心理，表现为胎动异常、心动过速等。

（二）情感信息的传递

母亲的情感，诸如怜爱胎儿、喜欢胎儿，以及恐惧、不安等信息也将通过有关途径传递给胎儿，进而产生潜移默化的影响。比如说，当母亲在绿树成荫的小路上散步，心情愉快舒畅，这种信息便会很快地传递给胎儿，使他体察到母亲恬静的心情，随之安静下来。而母亲愤怒之时，胎儿则会迅速捕捉到来自母亲的情感信息，变得躁动不安。据报道，一些毫无医学原因的自然流产正是由于母亲的极度恐惧不安造成的。

《内经》上曾经有这样的记载："人生而有病癫疾者，病名曰何？曰名胎病。此得之在母腹中时，其穆有所大经，气上而不下，精气并居故令子发病癫疾也。"可见母亲所传递的情感信息对胎儿是至关重要的，影响是极其深远的。

（三）母子的心电感应

直至今天，还是有不少人认为新生儿根本听不懂大人说的话，而且也不会思考，没有情感，因此胎教是无稽之谈。事实上，孩子从胎儿期开始，就能借着心电感应感觉母亲带来的波动了。美国的约翰·亚伦瓦德博士将母子

223

第五章　先『计划』后生育

间的波动关系命名为"母子的心电感应关系"。

3～4个月胎儿的心灵已经产生作用。心灵的作用就是借着心电感应与人沟通。胎儿期可说是人类的一生中心电感应能力最强的时期。母亲的情绪在变化的时候，腹中的胎儿也会接受着相应的变化。当母亲打从心底觉得安详的时候，此时，胎儿也能敞开心扉接受母亲的各种波动。当母亲对于胎儿的成长感觉不安或焦躁、疑虑等，心中有否定的情绪时，胎儿就会封闭心灵，无法直接接受母亲的波动。这时，即使母亲想将意图传达给胎儿，胎儿也会腻烦。

心电感应不只限于母子之间，孩子与父亲的心电感应也是很强烈的。如果从胎儿期开始，父亲就经常对孩子说话，则生下的孩子就会与父亲非常亲近。父亲只要是不在胎教中扮演一个旁观者的角色，孩子就能获得心灵的满足，比其他孩子更容易成长为温柔的孩子。

还有一种说法，胎儿能通过母亲的梦向母亲传递信息。这种说法看上去似乎荒诞可笑，但大量的医学文献中都曾经记载过孕妇的梦成为事实的例子。虽然这种现象并不一定带有普遍性，有些也许是巧合，但是其中是否具有科学道理，还有待于研究加以验证。有些孕妇的梦是在她清醒状态下的情绪和思维的反映，所谓"日有所思，夜有所梦"，这种"思"与"梦"之间的联系通过何种途径实现值得进一步研究。

总之，母亲与胎儿之间是存在信息沟通渠道的。至于这条渠道是怎么建立的，母亲与胎儿之间的相互影响是如何发生的，目前还是一个未解之谜。但是有充分的事实已经证明，凡是生活幸福美满的母亲所生的孩子大多聪明伶俐，性格外向；而生活不幸福的母亲所生的孩子往往反应迟钝，存在自卑、怯懦等心理缺陷。作为母亲，千万不要忽视与胎儿之间的情感传递，要随时想到腹中的那个小生命是个善解人意的宝宝，多给他一些温暖、多给他一些爱，使他对母亲以及外面的世界充满美好的愿望。

催眠发现的惊天秘密

母子之间，是血浓于水的深情，她们不但有血脉相连，而且还心灵情感相通。德国医生保罗·比库博士曾经治疗一位男性患者，当这位患者处于剧烈不安状态时，全身常出现时暂性的发热感觉。

为了查明病因，保罗博士对这位患者进行了催眠。于是，这位患者渐渐回忆到胎儿时期发生的重大事情。当他在讲述他的母亲在怀孕7个月以前的情况时，语调很平静，神态也很安详；可是当他讲述7个月以后的情形时突然变得嘴角僵硬，浑身发抖，高烧，并露出恐惧的神色。显然，这位患者回忆起了导致他出现这一疾病的胎儿时期的情况。

到底是怎么回事呢？几个星期之后，保罗博士走访了患者的母亲。这位母亲说，在她妊娠7个月后，曾洗过热水浴，试图堕胎。可见，母亲的这一行为给患者留下了难以磨灭的印象。

三、关于生双胞胎的研究

美国的一项新的研究发现：食用畜产品尤其是牛奶制品的妇女生育双胞胎的几率要比不食用牛奶制品的女性大五倍。研究人员称，食用牛奶制品导致妇女生育双胞胎几率增加也许与喂养奶牛时添加的生长激素有关。

在生长激素的作用下，动物和人体的肝脏会释放出生长蛋白质，科学家称之为IGF。IGF在血液内循环，进入了动物的奶中。因此，食用奶制品就会增加体内IGF生长蛋白质的含量。科学家通过检测发现，坚持素食主义的女性体内的IGF浓度比食用牛奶制品的女性低13%。所谓的素食主义者就是指完全不吃任何动物食品的人。

位于纽约长岛的犹太医学中心的加里·斯坦曼是这个研究项目的领导者，他说IGF有促进排卵作用，也许有助于胚胎在发育早期存活。

妇女生育双胞胎甚至多胞胎的比例从1975年开始明显上升。几乎与此同时，人们开始利用科学技术帮助不孕夫妇生育子女。双胞胎出生比例提升，一方面原因是妇女怀孕的年龄增大，根据统计数据，大龄孕妇生育双胞胎的几率更大。

加里·斯坦曼说，"双胞胎的出生比率增长的势头一直持续到90年代，这是为增加牛肉和牛奶产量而对奶牛采取生长激素疗法所导致的结果。"研究人员把此项研究成果发表在《生殖医学》杂志上。

瑞典一医学研究机构最近指出，服用叶酸的女性怀双胞胎的机会比没有服用的女性高出近一倍。据报道，瑞典的研究人员自1994年开始研究分析当地孕妇曾服用药物的资料和数据，他们发现在2569名曾服用叶酸的孕妇中，她们所生的孩子每100名中就有2.8人为双胞胎婴儿，而在没有服用叶酸的孕妇中，这一比例为1.5。研究人员指出，服用叶酸导致生双胞胎机会增大的原因还不太清楚。据专家估计，叶酸补充剂可能会增加排卵的次数，使多个卵子进入子宫，因而产生双胞胎。这一结论是否正确，还有待于进一步研究证实。

"试管婴儿"是通过促排卵技术促进女性卵巢内的卵泡发育，然后从中取出卵子进行体外人工受精，再将发育的胚胎移植到子宫里孕育。因为这一过程是在医生的人工操纵下进行的，为了保证受精卵的质量，一般会多选几个卵受精，在它们发育到一定程度时，选择最好的2~4个植入母体子宫腔内，最后保留一个最好的胚胎，让其在子宫内着床发育，直至胎儿诞生。但有些女性的身体条件允许两个胚胎同时发育，加之自己又有要求，医生也可为其保留两个胚胎，于是就产生了双胞胎。不过，卫生部对应植入多少个受精卵有明确规定：35岁以上的可植入3个，35岁以下的最多只能植入2个，尽量减少双胞胎或多胞胎出生率。

另外，荷兰专家还发现，妇女在12月份、1月份生育力最强，而且在这段时间怀孕后生育双胞胎和三胞胎的概率最高。

第三节 做好孕前准备

一、夫妻孕前如何准备

孕前准备的重要性相信每一对即将结婚或生育的夫妇都很清楚，但具体如何做，特别是具体到每一个细节时，也许一些夫妇还有些疑问，专家和妇科医生给出了以下建议。

（一）怀孕前三个月

1. 选择最佳季节受孕，每年的5~7月是受孕的最佳季节。

2. 停止避孕药的使用。其实，停服避孕药3个月后怀孕才好：口服避孕药的主要成分是甾体激素，吸收代谢时间较长，3个月后才能完全排出体外。

3. 不能照射X线，不能服用病毒性感染或慢性疾病药物，脱离有毒物品，如农药、铅、汞、镉、麻醉剂等。

4. 夫妻双方都不要吸烟、喝酒。

5. 调整自己的情绪，精神受到创伤或情绪波动，如洞房花烛、丧失亲人、意外的公伤事故等大喜大悲之后一段时间之内不宜怀孕。

6. 在怀孕前三个月每天补充400毫克叶酸。据科学家最新发现，叶酸具有抗贫血的性能，能有效地降低发生胎儿神经管畸形的几率，还有利于提高胎儿的智力，使新生儿更健康更聪明。

7. 要有一定的经济准备。

8. 检查你饮用水的质量是否合格，水污染会影响胎儿的正常发育，一定要选择合适的净化装置。

9. 清除夫妻身体内的烟尘与有毒物质，可食用畜禽血、春韭、海鱼、

红囍书

豆芽等。

（二）怀孕前两个月

1. 这个月你可以整理居室环境，以方便怀孕后的行动。

2. 把可能绊脚的物品重新归置，留出最大的空间。

3. 经常使用的物品要放在你站立时方便取放的地方，清理一下床下与衣柜上的东西，调整一下厨房用品的位置。

4. 把你的晒衣架或晒衣绳适当调低，加长灯绳。

5. 在卫生间及其他易滑倒的地方加放防滑垫。

6. 在马桶附近安装扶手，使你孕晚期时更加方便。

7. 尽量使你的工作环境保持良好的通风状态。

8. 如果你的居室通风条件不好，要设法安装换气扇或做其他的改善。

9. 要养成物归其位的习惯。

10. 适量补充优质蛋白质。

11. 与家里的狗、猫、鸟等宠物隔离。

（三）怀孕前一个月

1. 调整一下梳妆台，把美容品、化妆品暂时放在一边，留下护肤品，因为孕妇原则上只护肤不美容。

2. 护肤品应选择知名品牌，以防皮肤过敏对胎儿造成伤害。

3. 电视、音响、电脑、微波炉、手机都会造成电磁污染，对胎儿发育极其不利。已经面市的防护罩可有效防磁，建议预先购买一套。

4. 准备至少一套孕妇服、两双平底软鞋。

5. 受孕时间不要选择长途出差、疲劳而归不满两周的时候。

二、准爸爸应做好哪些

（一）规划一个孩子出生后的生活蓝图

和妻子谈谈有孩子后的生活，当然谈话应该是围绕着孩子的，例如，应该准备些什么？孩子出生后由谁来带？因为孩子，可能需要增加哪些开销？对孩子如何进行教育等。还可以和妻子回忆一下儿时的经历，再看看周围有孩子的父母，对孩子幼年时期将出现的问题做一些估计，并寻找一些双方认可的应对方法。在你们准备为人父母前，和你的她共同谈论有关孩子的种种话题是很重要的，这还会令你们更加珍惜即将逝去的宝贵的二人世界。

（二）做一次全面的健康检查

如果你和她已决定要个宝宝的话，那么你们就需要一起做一些孕前健康检查，检查内容包括夫妻是否有遗传缺陷或传染病、精子和卵子的质量、夫妻双方的血型（如果妻子是 O 型，丈夫是 A 型、B 型或者 A B 型，都有可能出现胎儿溶血，需要查抗体效价高不高，如果高了，就进行药物治疗，把溶血因子降下来再受孕）、夫妻的体内有无病毒（病毒会导致胎儿出现先天性缺陷）等，以确定孕前两个人的健康都处于良好状态。父母身体健康是孕育健康宝宝的基础。

（三）留下一年的准备时间

准爸爸要给自己预留出至少一年的时间做准备，这包括身体、心理、经济等多方面的准备。在这段时间内，要多留心周围新生宝宝的父母，从他们身上总结出以后可以用到的方法和经验，还可以了解一下夫妻在孕前应该准备些什么。同时，还要先调理好身体，如果可能，准备好需要的费用。当然，这一切都不是说做就立即能做好的，它需要一段时间，还需要投入一些精力。

红
囍
书

（四）养成一个健康的生活方式

从现在开始实行健康的饮食习惯、科学的锻炼方案，并保持一份好心情。首先，要保证每天摄入均衡充足的营养。富含优质蛋白质的食物有深海鱼虾、牡蛎、大豆、瘦肉、鸡蛋等。合理补充矿物质和微量元素，人体内的矿物质和微量元素对男性生育力具有同样重要的影响，锌在体内可以调整免疫系统的功能，改善精子的活动能力，人体内锌缺乏会引起精子数量减少，畸形精子数量增加；缺硒会使精子的活动力下降。含锌较高的食物有贝壳类海产品、动物内脏、谷类胚芽、芝麻、虾等，含硒较高的食物有海带、墨鱼、虾、紫菜等。一些含有高维生素的食物，对提高精子的成活质量有很大的帮助，这类食物中的维生素 A 和维生素 E 都有延缓衰老、减慢性功能衰退的作用。如果长期缺乏蔬果当中的各类维生素，就可能有碍于性腺的正常发育和精子的生成。

其次，每天中速步行30分钟，是一种保持良好体形的最佳方法。当然仅仅身体好还不算健康，健康还要有健康的心理，让自己轻松快乐每一天。

最后，丈夫也要避开不良的物理和化学环境，高温、辐射、噪音、汽油等都是容易使精子畸形的环境因素。现在比较流行的桑拿、洗浴，待孕丈夫最好少参与，因为桑拿、盆浴的高温会影响睾丸生精功能，导致精子质量下降。此外，还要注意饮酒、吸烟、乱吃药或过量服用药物都有可能影响生育能力和未来宝宝的健康。

（五）找一家信得过的医院

应当根据自己的健康状况、需要、经济条件、居住地点及医院所提供的医疗服务水平为妻子选定一家孕期保健和分娩医院。一定要去正规大医院或正规专科医院，还要注意了解、比较医院妇产科的医疗和服务水平，是否提供人性化的孕期和围产医疗保健服务。前辈的经验当然很宝贵，但百闻不如一见，还是自己亲身体验一下来得真切。

第五章　先「计划」后生育

（六）做一次优生信息咨询

去医院请医生为你们做一次优生咨询，向优生专家详细说明自己和她现在的身体健康状况，并且把家庭中其他成员的健康状况也对医生讲清楚。如果被确认有家族病史的话，就要提早找出解决方案，从而及时保护宝宝的健康。

（七）编织一张"优生支持网"

养育宝宝的过程，往往离不开家人、朋友、社会上一些机构的帮助。当你遇到麻烦和困难时，他们会给你帮助。当你感到失落时，会从他们那里得到安慰。尤其不能忽视和你的她之间的感情交流，还要和父辈保持密切的联系。

三、孕妇"最佳"食谱

生一个健康聪明的小宝宝，是每个孕妇最大的心愿。科学地选择食物不仅有利于母体健康，更有益于胎儿的发育。

（一）最佳防吐食物

晨吐是孕妇最难受也是最常见的反应之一，给孕妇带来相当大的痛苦。选择适合孕妇口味的食物有良好的防吐作用，营养学家认为，柠檬含有多种维生素，对孕妇尤为合适。

（二）最佳保胎蔬菜

菠菜含有丰富的叶酸，每100克菠菜的叶酸含量高达350微克，名列蔬菜之首。叶酸的最大功能在于保护胎儿免受脊髓分裂、脑积水、无脑等神经系统畸形之害。因此，专家主张怀孕最初的两个月应多吃菠菜或服用叶酸片。同时，菠菜中的大量B族维生素还可防止孕妇盆腔感染、精神抑郁、失眠等常见的孕期并发症。

（三）最佳饮料

绿茶乃微量元素的"富矿"，对胎儿发育作用突出的锌元素就是其中富含的一种。根据测定，在食谱相同的情况下，常饮绿茶的孕妇比不饮者每天多摄取锌达14毫克。此外，绿茶含铁元素也较丰富，故常饮绿茶可防贫血。

（四）最佳防早产食品

丹麦专家研究表明，常吃鱼有防止早产的作用。丹麦得乐群岛的孕妇，平均孕期比其他地区长5天以上，其奥妙就在于食谱中鱼类所占比重较大，因而专家推测是鱼肉中某种特殊脂肪酸起了积极作用。由于孕妇的孕期延长，婴儿的平均出生体重也比其他地区高107克，为日后的发育打下了良好的基础，故此孕期要多吃鱼。

（五）最佳零食

孕妇在正餐之外，吃一点零食可拓宽养分的供给渠道。专家建议嗑一点瓜子，诸如葵花子、西瓜子、南瓜子等。葵花子富含维生素E；西瓜子含亚油酸较多，而亚油酸可促进胎儿大脑发育；南瓜子的优势则在于营养全面，蛋白质、脂肪、碳水化合物、钙、铁、磷、胡萝卜素、维生素B_1、维生素B_2、尼可酸等应有尽有，而且养分比例平衡，有利于人体的吸收利用。

（六）最佳酸味食品

孕妇往往对酸味食品感兴趣，而孕妇吃酸也确有好处。女性怀孕以后，胎盘会分泌一种绒毛促性腺激素，它可抑制胃酸的分泌，导致消化酶的活力降低，使孕妇胃口减弱，消化功能下降，故吃酸无疑是对此种反应的一种补救。

胎儿的发育特别是骨骼发育需要大量的钙质，但钙盐沉积下来形成骨骼离不开酸味食物的协助。此外，酸味食物可促进肠中铁质的吸收，对母亲和胎儿双方都有益。不过孕妇食用酸味食品要注意选择。山楂的营养较丰富，但可加速子宫收缩，有导致流产之嫌，故孕妇最好"敬而远之"。而西红柿、杨梅、樱桃、葡萄、柑橘、苹果等是补酸佳品，孕妇宜食之。

（七）最佳分娩食品

产妇分娩时需要足够的产力，而产力来源于食物，在各种食物中当以巧克力为最佳，美国产科医生称它为最佳分娩食品。巧克力营养丰富，热量多，如100克巧克力含糖50克，且能在短时间内被人体吸收，并迅速转化成热能。巧克力的消化吸收速度为鸡蛋的5倍，对于急需热量的产妇来讲无疑是"雪中送炭"，故产妇临产时吃几块巧克力，可望缩短产程，顺利分娩。

四、孕妇饮食十禁忌

1. 忌偏食：孕妇长期挑食、偏食，可造成营养不良，影响胎儿生长，所以，孕妇应多食用富含蛋白质、维生素、钙、铁等营养物质和易消化食物，如鸡蛋、瘦肉、豆制品、鲜鱼、花生、新鲜蔬菜和水果等。

2. 忌营养过剩：孕妇过多地进食肉类、鱼类、蛋类和甜食等，可使体内儿茶酚胺水平增高，使胎儿发生唇裂、腭裂；孕妇过多地进食动物肝脏，体内维生素A明显增高，可影响胎儿大脑和心脏发育，以及出现生殖器畸形。因此，孕妇对营养丰富的食物不宜吃得过多过饱。

3. 忌吸烟：香烟的烟雾中有数百种有害物质，孕妇吸烟或被动吸烟后，会严重影响胎儿的发育。据统计，世界上每年有8000多名胎儿死于孕妇吸烟或被动吸烟。这是由于烟雾中的一氧化碳和尼古丁通过胎盘影响胎儿，致使胎儿在宫内缺氧，心跳加快甚至死亡。

4. 忌饮可乐：孕妇过多饮用可乐型饮料，会损害胚胎，因为可乐型饮料含有咖啡因和可乐宁等生物碱，孕妇饮用后可通过胎盘进入胎儿体内，危害胎儿的脑、心、肝和胃肠等器官的正常发育。

5. 忌常喝咖啡：咖啡中的咖啡因可作用于胚胎，与细胞中脱氧核酸结合引起突变。孕妇常喝咖啡，还有造成流产和畸胎的危险。

6. 忌常饮浓茶：孕妇常喝浓茶，对胎儿骨骼的发育会有不良影响，严

重时可导致胎儿畸形。

7. 忌饮酒：孕妇嗜酒，会导致胎儿宫内发育迟缓，增加早产率和围产期死亡率。

8. 忌菜肴过咸：孕妇常吃过咸的食物，可导致体内钠潴留，引起浮肿。另外，八角茴香、小茴香、花椒、胡椒、桂皮、五香粉、辣椒粉等均属热性香料，孕妇常食之可诱发便秘，也可加重肢体浮肿，血压升高，影响胎儿的正常发育。

9. 忌食农药污染的果菜：孕妇吃了被农药污染的蔬菜、水果后，可引起基因正常控制过程发生转向或胎儿生长迟缓，从而导致先天性畸形，严重的可使胎儿发育停止而死亡，发生流产、早产。

10. 忌多吃罐头食品：罐头食品中的化学添加剂对健康人无多大影响，但对孕妇有时影响很大，它可影响胎儿的细胞分裂，造成发育障碍。

相关链接：

孕妇不宜吃的八种食物

芦荟：中国食品科学技术学会提供的资料显示，怀孕中的妇女若饮用芦荟汁，会导致骨盆出血，甚至造成流产。对于生产后的女性，芦荟的成分混入乳汁，会刺激孩子，引起下痢。芦荟本身就含有一定的毒素，中毒剂量为9~15克。一般可能会在食用后8~12小时内出现恶心、呕吐、剧烈腹痛、腹泻、出血性胃炎等中毒反应。

螃蟹：它味道鲜美，但其性寒凉，有活血祛淤之功效，故对孕妇不利，尤其是蟹爪，有明显的堕胎作用。

甲鱼：虽然它具有滋阴益肾的功效，但是甲鱼性味咸寒，有着较强的通血络、散淤块作用，因而有一定堕胎之弊，尤其是鳖甲的堕胎之力比鳖肉更强。

薏米：它是一种药食同源之物，中医认为其质滑利。药理实验证明，薏仁对子宫平滑肌有兴奋作用，可促使子宫收缩，因而有诱发流产的可能。

马齿苋：它既是草药又可作菜食用，其药性寒凉而滑利。实验证明，马齿苋汁对于子宫有明显的兴奋作用，能使子宫收缩次数增多、强度增大，易造成流产。

味精：其主要成分为谷氨酸钠，可与血液中的锌结合从尿液排出，故吃入过多味精可消耗掉大量锌元素，导致胎儿缺锌，进而对其发育产生消极影响。

土豆：含有龙葵碱和卡茄碱，属于类固醇糖甙生物碱，蓄积于孕妇体内可产生致畸效应。据推算，有一定遗传倾向并对土豆生物碱敏感的孕妇，吃入40克土豆即可能出现致畸作用。

花生：据保加利亚专家调查，母亲在孕期吃入大量花生，可能使所生子女对花生食品或花生油产生过敏反应。

第四节　一切为了优生

一、优生应从恋爱开始

《诗经·关雎》唱出了"窈窕淑女，君子好逑"的名句。实际上，中国历代有过各式各样的婚配理想。小说、戏曲中常有"才子佳人"的婚姻模式，这些都是朴素的优生思想。

俗话说："男大当婚，女大当嫁。"青年男女从恋爱到结婚是爱情发展的归宿，结婚意味着两性的结合，生儿育女是这种结合的必然结果。

谁不想寻找到一个满意的终身伴侣呢？拥有一个幸福的家庭，生下一个聪明伶俐、健康漂亮的小天使，这可以说是每一个人的心愿。从恋爱到结婚，不仅仅是两性的结合、个人的幸福，而且是涉及后代，影响民族素质的大事。因此，优生应从恋爱开始，科学择偶是优生的先决条件。

在恋爱时，冷静一点，理智一点，科学一点是非常有益的。在双方感情缠绵之时，切莫忘记理智地思考一个未来家庭的后代。

比方说，恋爱双方有没有近亲血缘关系，有没有相同的疾病，双方的身体状况是否允许很快结婚，双方的家族有没有遗传性疾病方面的问题等，应该做些必要的相互了解，做到心中有数，并征询医生的意见，得到有益的忠告，以便安排婚后的生活。科学地选择配偶，一定会使爱情之花更加鲜艳开放，并结出丰硕的果实。

在强调理智的时候，并不是说不要感情，感情也是一个科学问题，选择对象必须要以感情为基础。感情也可以影响优生，父母间的感情对子女的身心健康也有直接作用。

二、选择最佳受孕时机

选择最佳受孕时机是保证优生的第一步，也是最关键的一步，因为这一步直接影响着宝宝以后的方方面面。下面介绍专家总结的四大最佳受孕时机，助准爸爸和准妈妈成功创造"最佳宝宝"。

（一）最佳受孕年龄

专家认为：最佳的受孕年龄，女性一般为25～30岁，男性为30～35岁。因为这一年龄段，男女双方不仅精力比较充沛，而且身体各方面的健康状况都比较好，生殖器官发育也比较完善，精子和卵子的质量比较好，有利于优生优育。女性最好尽量避免在35岁以上怀孕，因为在35岁以后，流产、死胎、畸形儿的几率比较高。

（二）最佳受孕季节

从季节上来说，5～7月是受孕的最佳时期。

主要依据是：首先，从新生儿方面来说，准妈妈在5～7月怀孕，到来年的3～5月生育，这样孩子出生正好跨过严寒，避开酷暑，孩子的护理相对比较容易。其次，从准妈妈的角度来说，怀孕早期比较重要，稍不留神，细菌和病毒就有可能侵入体内，造成流产、胎儿畸形。特别在北方，常出现准妈妈因叶酸不足而导致胎儿出现神经管的情况。如果准妈妈选择在5～7月受孕，这时正值春夏交替，各种水果、蔬菜比较充足，将有利于预防这种疾病的发生。分娩时又适逢大地回春，正是大自然生机勃勃的美好季节，更有利于婴儿的生长和抚育。在夫妇双方的智力、体力、情绪最佳时受孕的孩子一定会聪明健康。

（三）最佳健康时段

为了生育"优质宝宝"，准爸爸、准妈妈要努力使自己保持最佳的身体、精神状态，具体要做到以下几点：

1. 身体健康

准爸爸、准妈妈要加强锻炼，保持身体健康，避免在受孕期间患上肝炎、心脏病、肾病、糖尿病等急慢性疾病。

2. 精神状态良好

年轻的准爸爸、准妈妈正处于事业的打拼期，工作和社会压力比较大，所以如果准备要宝宝的话，一定要保持乐观开朗的心理状态，避免疲劳。尤其是准爸爸需要特别注意，因为很多男性不孕问题，都与精神抑郁、精神状态不佳有很大关系。

3. 远离烟酒

烟酒会影响精子活动、降低精子质量或造成精子畸形，对生殖细胞和胚胎发育有很大的破坏作用。准爸爸最好在受孕前3个月戒烟戒酒。

4. 生殖系统卫生、健康

准爸爸和准妈妈要特别注意日常生殖系统的护理。尤其是患有宫颈炎、子宫内膜炎的准妈妈和患有前列腺炎的准爸爸，更要注意日常的保健。因为以上这些疾病对精子在阴道里的生存时间、精子和卵子的结合以及受精卵着床都有破坏作用。

5. 营养补充要适当

为了保证精子、卵子的质量，准爸爸和准妈妈要适当补充维生素以及微量元素，除了吃大量的蔬菜、水果以外，还可以服用一些含叶酸的保健品。尤其是在北方的准妈妈更要注意补充绿色蔬菜、服用叶酸，以避免胎儿神经管畸形的情况产生。

（四）最佳受孕时间

一般来说，从每月排卵前3天至排卵后1天，是准妈妈最容易受孕的时间，因此医学上称之为易孕阶段。准爸爸和准妈妈如果抓住这个时机，就可以成功受孕。但是如何才能知道什么时候是自己的排卵日呢？推荐以下两种方法供准妈妈们参考：

1. 日程推算法

一般来说，准妈妈的排卵日是在下次月经来潮前12～16天（平均为14天）。

具体的日期可以通过日程推算法来计算。主要方法是根据以往12个以上的月经周期记录，来推算出目前周期中的"易孕期"和"不易受孕期"，推算公式如下：

（1）以往最短周期天数-19＝排卵前"不易受孕期"的末一天。次日就是"易孕期"的第一天。

（2）以往最长周期天数-10＝排卵后"易孕期"的末一天。这样可以算出"易孕期"的具体日期。

一般月经时间正常的女性通常周期为28天。准妈妈可以根据自己月经的情况进行日程计算。

2. 基础体温测量法

体温法是一种比较可靠的测量排卵日的方法，因为一般来说，女性在排卵这天身体的基础体温会突然下降，而后几天体温则比基础体温上升0.3～0.5度。

建议准妈妈购买一个体温计，每天在睡觉前甩到35℃以下，测量的方法是每天一醒来（8个小时睡眠后）不做任何运动，立即测量体温。因为任何动作都可能使体温升高而产生误差，所以必须在不运动的情况下完成测量。至少持续14天，最好是坚持测量下去，并记录下来，画出曲线图，以便掌握体温上升、下降的规律，来确定自己的排卵日。

相关链接：

生物节律可否助优生

生物节律(也就是平常说的生物钟)是指生物伴随着时间的变化而作周期变化的规律。每个人从出生到生命的终结，每个月都存在着生物节律的高潮期和低潮期。一个人处于生物钟的高潮期时精力充沛，开朗豁达，心情愉快，并表现出强烈的创造力和丰富的艺术感染力，而且头脑灵活，思维敏捷，记忆力强，比平时更具有逻辑性；而在生物节律的低潮期，人体在体力上容易疲劳，做事马虎、拖拉，情绪烦躁易怒，反复无常，思维反应迟钝，注意力涣散，容易遗忘，判断力降低。在高、低潮期交界之间为临界期，是一个极不稳定的时期，机体各方面的协调性差，易患疾病，易出差错，易发生事故。

制约人情绪的生物钟周期是28天，制约人体力的生物钟周期是23天，制约人智力的生物钟周期是33天。人的这三种生物钟，又是相互影响的，密切相关的。人的三种生物钟都处于周期线以上时，就会情绪高昂，精力充沛，智力高，是最理想的状态。

如果健康的男女双方在生物节律的高潮期受孕，就能生出一个身体健康、智力超群的孩子来；如果一方在高潮期而另一方在低潮期，出生的孩子先天素质和智力就一般；如果双方生物节律都运行到低潮期时性交并怀孕，则生出的孩子就可能会体力和智力较差。我们在生活中常常能看到，尽管父母都聪明伶俐，但其结晶却痴愚鲁钝，而"中人之资"的夫妻却生了个出类拔萃的孩子。

三、哪些妇女暂时不宜怀孕

为了确保孩子健康，实现优生优育，女方患有心脏病、肝炎、肾炎、肺结核、糖尿病、甲状腺机能亢进、哮喘、癫痫等疾病，如果在急性期，必须

积极治疗，暂时不宜怀孕。待疾病控制后，身体情况能够胜任妊娠负担或不具传染性时受孕，这样既保护了母体健康，又可以避免因疾病或用药而造成的胎儿发育异常。此外，患有阴道炎的妇女应在治愈之后再受孕。

妇女患某些良性肿瘤，如腹腔、盆腔、乳腺、甲状腺等部位良性肿瘤者，在孕前应手术或药物治疗，以免孕期疾病加重，难以处理。其他腹腔疾病，如亚急性或慢性阑尾炎经常发作也应在孕前治疗，以免孕期发作时给手术麻醉和用药造成困难，同时也可避免影响胎儿的发育或造成流产。

对患上述疾病的妇女，经过治疗，病情有好转或已经痊愈的，应进行医学咨询，选择合适的时机受孕。

另外，有接触某些急性传染病史者，尤其是可以通过胎盘感染胎儿的传染病，如接触了带风疹病毒的患儿或接触了急性传染性乙型肝炎、腮腺炎、麻疹等患者，均应进行检查，待排除受感染的可能后再怀孕。

受孕不仅要考虑健康状况，还要考虑环境因素。有的妇女长期接触对胎儿有害的物质，也有的长期服用某些药物或由于职业的原因长期接触某些化学物质，这都可影响卵子的发育，应暂缓怀孕。

红囍书

四、孕期日常保健

人类社会的不断发展与进步，使人们不仅仅只满足单纯的生儿育女，更重要的是生育出智力优秀、体魄健康的后代。孕期保健是优生的基础和关键，必须从以下几方面做好孕期保健。

（一）保持良好的心情

良好的心态，融洽的感情，是幸福美满家庭的一个重要条件，也是达到优孕、优生的重要因素。孕妇愉悦的情绪可促使大脑皮层兴奋，使血压、脉搏、呼吸、消化液的分泌均处于相互平稳、相互协调状态，有利于孕妇身心健康。同时，还能改善胎盘供血量，促进胎儿健康发育。母亲妊娠1个多月，如果受到惊吓、恐惧、忧伤、悲愤等严重刺激，或其他原因造成精神过度紧张，会引起流产等不良反应。在夫妻感情融洽、家庭气氛和谐、心态良好的情况下，受精卵会"安然舒适"地在子宫内发育成长，生下的孩子就更健康、聪慧。

准爸爸应该为自己的小宝宝创造一个安定、舒适的环境。孕妇更应该注意心理保健，控制各种过激情绪，始终保持开朗、乐观的心情；做丈夫的也应该在精神上给妻子以安慰。怀孕期间，不仅准妈妈要常常微笑，准爸爸也要常常微笑，因为准爸爸的情绪常常影响着准妈妈的情绪。如果准妈妈快乐，会把这种良好的心态传递给腹中的宝宝，让宝宝也快乐。胎儿接受了这种良好的影响，会在生理、心理各方面健康发育。微笑也是给予宝宝的胎教。

（二）加强营养

妇女怀孕后，不仅本身需要足够的营养，而且还要满足胎儿生长发育需要的营养。孕期是胎儿脑细胞、神经细胞、骨骼生长的重要时期，因此，孕妇要多吃含蛋白质、矿物质、维生素及碳水化合物的食物，如鸡、鱼、肉、蛋、动物肝脏、豆制品、奶粉及新鲜蔬菜和水果等，为孕妇和胎儿提供足够的营养。与此同时，孕妇还要适量地晒晒太阳，以利于钙的吸收，促进胎儿骨骼发育。孕妇营养的好坏，直接影响孩子的身体健康。总之，孕妇的饮食要各种营养搭配，品种多样化并易于消化。只有这样，才能营养全面，保证胎儿的健康。

（三）防病和合理用药

1. 孕期要注意卫生保健，预防各种疾病。尤其预防流感、风疹、带状疱疹、单纯疱疹等病毒的感染，这些病毒对胎儿危害最大，可通过胎盘侵害胎儿，导致胎儿生长迟缓，智力缺陷，各种畸形，甚至引起流产、死胎等。因此，孕期预防疾病，防止病毒感染非常重要。

2. 妊娠期间孕妇一定要谨慎用药，尤其是前3个月，正是胎儿各器官发

243

第五章 先「计划」后生育

育和形成的重要时期，此时胎儿对药物特别敏感。有些药物可通过胎盘进入胎儿体内，由于胎儿的代谢和排泄功能不健全，容易造成药物蓄积中毒。导致胎儿损伤或畸形的药物很多，例如，四环素类药物能引起胎儿骨骼发育障碍，牙齿发育不良、变黄；链霉素和卡那霉素可引起先天性耳聋及肾脏损害；镇静药，如利眠灵、安定片等，可引起先天性心脏病、发育迟缓；有些激素类抗癌、抗结核药物能引起各种胎儿畸形，甚至死胎。孕期用药影响胎儿发育，必须引起重视。非用药不可时，应在医生指导下，尽量少用或有选择地合理用药。

（四）避免致畸因素的影响

1. 孕妇吸烟不仅影响自身的健康，而且直接影响胎儿的发育。烟草中有20多种有毒物质，其中尼古丁的毒性最大，它可以通过胎盘直接进入胎儿体内，使胚胎发育缓慢，引起畸形、先天性心脏病等，甚至造成流产；由于胎儿的肝脏解毒能力差，烟雾对胎儿的肝脏也有损害；胎儿的大脑受到烟中有毒物质的毒害，会使智力发育迟缓，甚至死亡。据统计，每天吸烟10支左右的孕妇，发生畸形儿的危险增加10%；吸烟超过30支，畸形儿发生率可增加到90%。另外，孕妇由于被动吸烟而吸入的烟雾对胎儿也是有害的。

2. 孕妇大量饮酒不仅能引起慢性酒精中毒性肝炎、肝硬化，还会造成子女智力低下。酒精对生殖细胞有不良作用，使受精卵质量下降、发育畸形，此时受孕，孩子出生后可引起"酒精中毒综合症"，出现体重轻、中枢神经发育障碍，可有小头畸形、前额突起、眼裂小、斜视、鼻梁短、鼻孔朝天、上口唇内收、扇风耳等怪面容，甚至还有心脏及四肢的畸形。酗酒的妇女所生婴儿畸形危险性比不饮酒妇女高两倍。所以，为了孩子的健康，孕妇不要饮酒。

3. 孕期要避免接触放射线，尤其是前3个月。因为，越是妊娠早期，对射线越敏感，胎儿受害越重。放射线可引起胎儿畸形，如无脑儿、脊椎裂、唇裂、腭裂等。所以，怀孕6周以前要绝对禁止射线照射。

（五）减少有害物质接触

1. 妊娠期间，由于体内内分泌功能改变，孕妇面部会出现色素斑。为了增加面部美，有的孕妇常用一些化妆品打扮自己。医学研究证明，绝大部分化妆品都是由化学物质制成的。妇女在妊娠期皮肤尤为敏感，如果使用过多的化妆品，会刺激皮肤引起过敏反应，化妆品中的有害物质通过母体皮肤吸收后还会间接危害胎儿。例如，染发剂化学冷烫精不仅易使母体产生过敏反应，而且还会影响胎儿的正常生长发育。孕妇涂口红后，有些有害物质就会吸附在嘴唇上并随唾液和呼吸进入体内，使胎儿受害。所以，妊娠期间最好不使用化妆品，一定要使用时，应以清淡为宜。

2. 孕妇不宜饮含咖啡因的饮料。由于妊娠期间妇女的清除能力降低，饮料中的咖啡因在母体中积蓄，积蓄的咖啡因通过胎盘被胎儿吸收，会影响胎儿的正常发育，导致胎儿体重减轻。此外，茶叶中含有鞣质，它能与铁结合，影响铁在肠内的吸收，诱发或加重孕妇的缺铁性贫血。所以，妊娠期妇女一定要克服饮茶、咖啡、可乐的习惯，力求少饮或不饮。

（六）胎教与优生

妊娠期间适时、适度地对胎儿进行教育和训练，有利于孩子的后天发育，是早期教育的起步。胎儿在第4周时神经系统开始形成，第8周时大脑皮层开始出现。24周以上的胎儿大脑发育已接近成人，此时，胎儿在母体中已经有完整的听觉、触觉，能对环境条件的刺激做出反应。胎儿在母腹中能接受"教育"，进行"学习"，并形成最初的"记忆"，具备了接受教育的条件。孕妇应不失时机地调适情绪，经常聆听优美的音乐，用委婉的音调给胎儿唱歌、朗诵诗歌散文等，形成良好的应激反应，维护母子的生理、心理健康，使人的精神因素在胎儿时期就得到优化和美化。这有利于胎儿的大脑发育、智力发育、身体发育，为培养德智体美全面发展的人才打下良好的基础。

（七）孕期节制夫妻性生活

妊娠期间要注意节制夫妻性生活，这是影响胎儿生长环境的一个重要因素。在妊娠早期3个月内要避免性生活，以免子宫收缩引起流产。为了防止早产和胎盘剥离、出血危及母子生命，妊娠末3个月要禁止过性生活，以保证生一个健康、聪明的小天使。

相关链接：

准爸爸如何让准妈妈笑口常开

经常为怀孕的妻子按摩，经常给她热情的拥抱，不时带她出去吃浪漫晚餐，又或者为孩子买很多可爱的衣服。但4个月之后，准爸爸们会很快发现要哄这位准妈妈开心已经快没有办法了。那么，准爸爸们就要再多学一些简单、经济而又能够让妻子笑口常开的方法或技巧了。

（一）给妻子讲故事

随着怀孕时间的增加，孕妇会觉得越来越难找到一个舒服的体位睡觉。但如果你在妻子睡觉之前能给她讲一个故事的话，就可以分散她的不适感，同时还可以培养给孩子讲故事的能力。

（二）运用一些新技巧

给妻子买一些对妇婴无害的洗发水，装上浴霸等保暖设备，然后等妻子走进浴室的时候，你也走进去为她洗头，然后给她一次浪漫的按摩之旅。如果你对自己的按摩技术没有自信的话，先咨询一些专业人士。

（三）来次大清洁

在妻子洗完澡的时候给家里来次清洁，不是简单地将垃圾堆到一边，而是认真地用吸尘器将角落都打扫一下，还有清洁一些炉具等。不要以为这是在简单地做家务，只要看看妻子的反应，你就知道你也是在哄她开心了。

（四）小小枕头显功效

孕妇通常都是采用侧睡，而且许多孕妇都会发现抱着枕头睡觉会比较舒服。所以，给妻子准备一个小枕头，在上面写上"老婆睡觉专用"，放在床上让她容易看到，这样也会给她一个惊喜。

红囍书

（五）一起做运动

当她知道怀孕时，可能会开始一系列的运动计划，如产前瑜伽或者水底有氧运动等。你可以空出一天时间来陪她运动一下，不要担心你没有她灵活，妻子的快乐只是在于你能够跟她一起分享。所以，你能够陪她越多就越好。

（六）继续献殷勤

给她写一封信，告诉她20项你爱她的原因。在信封写上你自己的特有地址，然后附上一些小礼品等，浪漫和傻气两者的结合肯定能够给她带来一个温暖的冬天。

（七）给她买新衣服

无论她有多少衣服，你给她买一条裤子或者一件上衣都能够给她带来惊喜。将其放在一个礼盒中，在上面写上一些甜蜜的话，不过记得拿回来包装之前要将衣服先洗一遍。

（八）帮她剪指甲

帮她剪指甲不属于极具创意的方法，但事实上，这种方法最能够给她提供一种安全感，即使多几次也不为过。首先，你关心她的手的话她会很感动，而且看到丈夫能够为自己做这种女性才做的事情她会很开心。

（九）当一个厨师

其实最重要的是你的努力，而不是结果。所以，如果你的厨艺不精的话，也可以来个简单的晚餐。当然孕妇不能喝酒，但不代表你不能增添情趣。你可以用高脚杯装上葡萄汁、开水等，碰杯不成问题。

五、十月胎教知识问答

（一）胎教练习法的原理是什么

即通过孕妇练习获得良好的身心修养，进而影响胎儿的智、体发育。年轻夫妇在怀孕前要做一些相应的练习，从而提高生殖细胞的质量，促进受精卵的优化。受孕后，孕妇要继续练习，以调整体内血流，分散心中的烦恼，并将夫妻双方对未来小宝宝的愿望，如希望宝宝聪明伶俐、希望宝宝活泼健

壮、希望宝宝容貌姣好等转化为意念，在练习时加入这些信号，以心声来呼唤胎儿，从而达到优化胎儿的目的。同时，净化母体的内环境，使孕妇保持自然、宁静、愉快的心境，使腹中的胎儿受到相应的熏陶和感染。但是，进行这种试验一定要慎之又慎，要有医生的指点，决不能盲目进行。

（二）怎样不让早孕反应影响胎教

早孕反应情况因人而异，所以，自己设法克服是很重要的。心情不好时，干脆外出或听自己喜欢的音乐，看自己爱看的碟片等。总之，要做一些让自己愉快的事情。

孕妇能否忍受早孕反应，心理因素的作用很大。在胎儿的成长过程中，孕妇心情的好坏足以促进或抑制其发育。所以，孕妇如果对自己生理状况的改变感觉非常不耐烦，或认为子宫内的胎儿很麻烦，这种情绪会直接传达给体内的小生命。

但是若早孕反应的情形很严重，也不要强忍，必须到医院检查，因为如果早孕反应得非常厉害，有时可能是妊娠异常的预兆。例如，孕吐严重得连水也不能喝，最后甚至吐血，并且体重减轻，有可能是"葡萄胎"，得马上住院检查，情况才不至于继续恶化，如果不注意，很可能会危及孕妇的生命。

（三）受孕当月如何养胎和胎教

受精卵种植在母亲的子宫内膜这块"肥沃的土壤"上的第1个月，从现代胚胎学的角度讲，正是卵裂期、胚层期和肢节期，其生长速度快得惊人。到第1个月末，胚胎大约已经有0.5厘米长。这时，母亲的血液已在小生命的血管中缓缓地流动，心脏已经形成并开始了工作。

《千金方·徐之才逐月养胎方》中指出："一月之时，血行否涩，不为力事，寝必安静，无令恐畏。"也就是说，妊娠第1个月，血的运行尚滞涩，不要做力所不能及的事，睡卧必须安静，不要有恐惧害怕的情绪。但由于妊娠产生的反应，孕妇容易出现情绪不快、精神疲倦、烦躁不安等反应，这时特别需要增加精神与饮食的营养，如丈夫或家人给以精神上的抚慰；努力调节好日常生活；给孕妇看些描述天伦之乐的图书；丈夫陪妻子定时到户外散步，协助做胎教练习等。切实保护好初期孕育的胚胎，为日后胎儿的正常生长发育开个好头。

（四）妊娠第2个月应如何养胎、护胎与胎教

小生命长到2个月时，身长已达2～3厘米，形成了头部和身体，五官也清晰可见，所有的器官原形已初步形成，全身覆盖着一层薄薄的皮肤，手与脚的纹理也能看出来了。总之，大自然赋予人的一切素质都已经基本具备了。

古人说："二月之时，儿精成于胞里，当慎护之，勿惊动也。"是说妊娠两个月时，胎儿的精气在母体的胞宫内生成，必须谨慎护理，不要随便惊动他。这时的胚胎不仅形态上已产生了巨变，而且还能够感受到外界的刺激，孕妇切不可认为怀孕不久，胎儿尚未成形而掉以轻心。其实，这正是胚胎发育最关键的时刻，这时胚胎对致畸因素特别敏感，因此要慎之再慎，绝不可滥用某些化学药品，或接触对胎儿有不良影响的事物。在养胎、护胎与胎教措施的选择方面和受孕1个月时所不同的是，要在思想感情上确立母子同安的观念，以很好地在精神与饮食营养上保护胎儿。

需要强调指出的是，这时孕妇的反应多数比较明显，容易因饮食量过少而导致营养缺乏。倘若发生营养不良后，胚胎容易因营养物质缺乏而殒坠。就像是果树上结的果子，在水分与养料不足时就容易枯萎掉落，这一点必须引起重视。

（五）妊娠第3个月应如何养胎、护胎与胎教

中医认为，"妊娠，三月名始胎，当此之时，血不流行，形象始化，未有定仪，因感而变。欲子端正庄严，常口谈正言，身行正事；欲子美好，宜佩白玉；欲子贤能，宜看诗书。是谓外象而内感者也"（《妇人良方·总论》）。胎儿在第3个月时尚未能定型，可因感受外来事物的影响而多有变

化，如果希望孩子形体长得端正，禀性严谨端庄，则必须谈正当的言论，做正常合理的事情；若想子女形体与性格美好，则宜佩用白玉；若想子女贤惠聪敏，则宜多看诗书。这都是借外物的形象，使胎儿在母体内受到感应而向美好的方向变化。

怀孕到第3个月，"胎儿"已长大不少，实际上到第3个月末期已经不能称为"胚胎"，而是真正的"胎儿"了。通过胎盘上的脐带，从母体获得丰富的营养。

这个时期，胎儿的身长约9厘米。这时脸部已略具人类的雏形，有了眼睑，耳廓部分也已形成，嘴唇构造完全，鼻子隆起，并且已有鼻孔。性器官则在第11周后期开始形成。

这时胎儿会转动头部，也会改变身体的方向或姿势，会有走路、跳跃和惊吓等动作，会在羊水中做非常活泼的运动。孕妇可以通过超声波设备，看到尚未出生的宝宝的活动情形。妊娠第8周，通过超声波拍摄的胎儿活动情形，往往令母亲感动。这时候胎儿的小心脏已经开始搏动。堪称生命之源的心脏，存在于只有2～3厘米的身体内，持续搏动着。看到这种情形，母亲们都非常惊喜。过去尚未感觉到自己已是身为人母，但在此时会从内心涌上一股难以言喻的母爱。

对3个月大的胎儿，已可开始采用音乐进行胎教。选择一些较有节奏但又不太强烈的音乐来播放，让自己和腹中的胎儿一道享受音乐的旋律，以刺激胎儿脑细胞的成长。

怀孕3个月是胎儿对致畸因素十分敏感的时期，这时无论是在精神、饮食、工作、生活等各个方面均应特别谨慎，尽力避免不良因素影响孕妇和胎儿。

（六）妊娠第4个月应如何养胎、护胎与胎教

当妊娠进入第4个月时，胎儿逐渐长大，身长约16厘米。头发也已经长出，脊柱形成，肝、肾及其他消化腺已开始发挥作用。胎儿活动的幅度与力

量越来越大，母亲已经可以感觉到胎动。这个时期的孕妇除需要像妊娠3个月那样继续把饮食生活调节好，并做好"外象内感"的胎教外，还有必要增加一些新的胎教内容，如抚摩胎儿、开始训练胎儿的运动功能等。由于这时胎儿已有了精神活动，还可以采取让胎儿听音乐以及和胎儿对话等直接的胎教措施。

母亲或者是父亲，通过动作、声音和语言与孕妇腹中的胎儿对话，是一种非常有益的胎教手段。对话可随时进行，每次时间不宜过长，一般以3~5分钟为宜。对话内容可灵活掌握，例如，当孕妇洗刷过程中，闻见丈夫所做早饭的香味，可深吸几口气让胎儿也闻一闻，并问胎儿："你爸爸做得早饭香不香？"吃过早点，在车水马龙的上班途中，孕妇不妨将自己小心行驶的心意也告诉胎儿："哦，宝宝，不要怕，我们靠右边慢慢走。"下班时间快到时，丈夫一定早早地来接了，当孕妇见到已在单位门口等候的丈夫，则可告诉胎儿："宝宝，你爸爸真好，又来接我们了。"丈夫陪伴着妻子散步，可以把所看见的景色悉心地讲述给胎儿，让胎儿也领略一下大自然的美好。在就寝以前可以由丈夫通过孕妇的腹部轻轻地爱抚胎儿，同时告诉他："宝宝，爸爸在叫你了，你听见了吗？"这样每天定时或不定时地和胎儿讲话，互相沟通一下信息，不仅可以增添小家庭的欢乐和谐气氛，对胎儿的正常发育也有颇多好处。随着胎儿月份的增长，对话内容可以灵活调节和增减。

（七）妊娠第5个月应如何养胎、护胎与胎教

胎儿生长发育到5个月时，胎动更加活跃，心跳也更加有力，感知功能明显提高，身长已达25厘米左右，体重也有320多克，对外界传入刺激信号的接受能力大大提高，开始出现吞咽和排尿功能。在孕妇身上能听到胎心音。这时，除了继续前几个月的胎教方式外，还可增加和胎儿做游戏，给胎儿讲故事等内容。

母亲或父亲与胎儿做游戏，是利用父母的手掌轻轻拍击胎儿，以诱引胎儿用手推或用脚踢的回击，国外有学者称这种游戏叫"踢肚游戏"。这种胎

儿游戏既可提高孩子的健康灵敏程度，又有利于孩子智力的发育。

给胎儿讲故事也是沟通母子信息，进行胎教的有效措施。胎儿长到5个月时已是个能听、能看、会玩、有感觉的小生命了，孕妇将美好故事讲述给胎儿，只要你在专心地讲，胎儿就一定能聚精会神地听。但有一点必须注意，不要讲述令人恐惧、伤感、忧郁等不利于母子心神畅悦的故事。

（八）胎儿到第6个月大用什么胎教方法好

在这个月，胎儿状态较为安定，所以孕妇可进行简单的运动，既可避免肥胖，也可使未来的生产过程更为顺利。适度的运动对胎儿非常重要，因此，除了继续音乐胎教外，适量的运动应为这个月的部分胎教内容。

可采用游泳或跳舞等运动方式。游泳前要量血压和脉搏，最好在医生的指导下进行。如果不能游泳，可改用运动量不大的体操。至于跳舞，在家放听音乐即可进行，并非一定要跳正规舞蹈，只需跟随旋律和节奏，手舞足蹈就可以了。

妊娠中的运动，不仅对生产有帮助，也能有效地转变孕妇的心情。运动能充分地摄取氧气，通常，胎儿是透过脐带来摄取氧气或营养的，如果母亲能充分摄取氧气，胎儿的脑即会因为充足的氧气而活性化。运动能生出头脑聪明的孩子，这并不是夸张的说法。

（九）如何用舞蹈与6个月大胎儿沟通

要与胎儿沟通，采用有规律的动作和舞蹈可说是最有效的方法。舞蹈不仅会为胎儿带来刺激，对孕妇本身也有好处。配合音乐来活动身体，可以让心中的感情向外抒发，收到安神定心的效果。事实上，确实有人利用舞蹈来达到心理治疗的目的。

跳舞能令人感受到单纯的喜悦，并直接将感觉传递给肚子里的宝宝，所以怀孕中跳舞是值得鼓励的。

当然，所谓的舞蹈并非的士高式的激烈舞步，而是配合华尔兹等缓慢的音乐来摇摆身体。不必遵照正确的舞步，也不必选择固定的音乐，只要能达到有节奏地活动身体的效果就可以了。

（十）怎样与6个月大胎儿进行按摩对话

胎儿浸润在羊水中，羊水产生平稳的波浪打在胎儿身上，形成一种温柔的按摩。

随着胎儿的成长，母亲也能充分感受到他的存在。而进入第6个月的时候，胎儿已经能自由活动身体，以传递自己的感受。当你轻轻抚摩肚子时，胎儿的动作会跟着缓和下来，心情也变得平静。

所以，当宝宝踢向你的肚子时，应该轻轻地抚摩肚子。首先，以舒服的姿势坐着或躺下，然后从腹部下方慢慢抚摩至胸部，或者在同一范围内做圆圈式的环状抚摩。这虽然是简单的动作，却能充分传递你的爱。

为了提高沟通的感觉，也有人使用非黏性天然油来抚摩肚子。事实上，不必用油就可以达到效果，不过油质能使手的活动更加滑顺。油品的选用，应以不含添加物或化学药品的天然植物菜油为佳。

做这项练习时，可以一边放着节奏和缓的音乐，或一边跟宝宝说话、唱歌。你的手配合音乐做规则的律动，将会带给宝宝无限的安全感。

（十一）怎样对6个月大胎儿做触觉式胎教

想要通过触觉与胎儿沟通，首先必须感受到胎儿的活动。做触觉式胎教，可按如下方式进行：

身体横卧，把一只手放在肚子上，集中精力去感受胎动，可以数一数胎动次数，每天早晨起床前或晚上入睡前做一次。

不同的胎儿，其活动的情形可能有很大的差异。根据超声波诊断，胎动次数每天约72～120次不等，因胎儿的月龄或个别差异而有很大的不同。有些孕妇能明显感觉到胎动，有些则几乎毫无感觉。你的宝宝的活动情形，也许像足球运动员那么有力，但也可能像蜻蜓点水那么轻盈。

无论如何，这只是生理上的个别差异，跟宝宝或你的健康状况没有任何关系。即使孩子在你的子宫里表演起特技来也没有关系，只要每天都能感受到他的活动，则可以视为正常。一般过了8个月，胎动就会略微减少。

（十二）妊娠第6个月应如何养胎、护胎与胎教

这时胎儿大脑已比较发达，并产生了自我意识，还能很快地对外界刺激做出反应，渐渐形成了胎儿的个性特征与爱、憎、忧、惧、喜、怒等不同情感，也可以说这时候胎儿已经"懂事"了。此时期胎儿的肌肉正在加紧形成，皮下也开始有了脂肪，胎动的频度更高，身长已长到28厘米左右，体重可达到600克。从此时开始，孕妇应该像对待已出生的婴儿那样对待胎儿，要考虑给孩子起个乳名经常地去呼唤他，并为胎儿唱儿歌、放音乐以及增强胎儿运动训练，提高胎儿运动功能，或者教胎儿学知识等。这是胎教任务最重的时期，年轻夫妇应有明确的"人父"、"人母"意识，提高自我修养，不失时机地进行胎儿教育。主要有3件重要事情要去做。

1. 头等要事是给胎儿起个名

这时胎儿不仅具有听的能力，而且还能对听到的声音做出不同的反应。给胎儿取个名字，每当和胎儿对话时，先呼唤他的名字，当胎儿出生后再去呼唤，婴儿回忆起这熟悉的呼唤以后，可产生一种特殊的安全感。

2. 第二件事情是要加强母爱

在整个妊娠期内，孕妇倾注博大的母爱，仔细捕捉来自胎儿的每一个信息，以一颗充满母爱的心，浇灌萌芽中的生命，这是最起码的胎教基础。仅就胎儿来说，母爱是独一无二的，能得到母爱是最最幸福的事。但是，也有一些孕妇不愿付出，对腹中所怀的胎儿更是漠不关心，为了保持其身材线条美，既不注意给胎儿增加营养，还硬是束胸勒腰，束缚了胎儿的正常发展与活动。胎儿缺乏了足够的母爱，待降世后必然给以不够称心如意的报答。所以，孕妇怀孕以后，特别是在怀孕的中期、后期，要仔细体察胎儿发给的信号，关注胎儿的生长，及时锻炼身体，摄入足够营养，避免不良刺激，将伟大的母爱付诸实际行动。

3. 第三件事要教胎儿学习

如前所说，胎儿不仅能与母亲互通信息，并且还可以学文化、长知识。美国加利福尼亚州成立了一所胎儿大学，只要怀孕5个月以上的妇女即可入学，在具有丰富经验的教员指导下，孕妇用扩音器对胎儿讲话，同时用手在腹部做各种示范动作，与胎儿做游戏，教一些常用的词汇等。经过如此训练，胎儿出生时可懂得大约15个词汇和其中的意思，并能对这些词汇做出反应。这表明了胎儿也是"学习"的。如果孕妇能保持着旺盛的求知欲，胎儿也必将受到积极的影响，从而促进大脑智力的发育。

（十三）怀孕第7个月的胎教重点是什么

怀孕第7个月，胎儿感应声音的神经系统已经接近完成阶段。这时胎儿越来越大，几乎要碰到了宫壁。由于母亲腹壁变薄，所以胎儿可以听到外界的各种声音。

因此，这个月的胎教，除了继续听音乐外，宜多对宝宝说话或讲故事。宝宝经常听到母亲的声音，出生后，对于母亲所说的话会有安全感。母亲对胎儿的爱，可以通过声音传递，并在妊娠期间建立起良好的联系。

（十四）胎儿7个月时宜采用哪种胎教方式

7个月的胎儿已经相当具有个性，不仅能配合音乐活动身体，且会对不同的音乐表示出自己的好恶，对你的声音、动作及爱抚，也能做出敏锐的反应。

根据最新的研究报告显示，7个月的胎儿已有进行"条件学习"的能力。事实上，在这个时期诞生的婴儿，多半都能顺利成长，可见其成熟已经到达相当的程度。

什么是"条件学习"呢？迈克尔·黎巴曼博士曾经做过一项实验，他以有吸烟习惯的孕妇作为研究对象，证明母亲吸烟对胎儿的影响。研究结果显示，胎儿在发觉母亲想要吸烟之后，精神就会紧张，并以心跳增加的形态表现出来。

也就是说，母亲想吸烟但尚未付诸行动，7个月的胎儿在意识到这个信息时，就能感知随之而来的生理征候，于是把吸烟将影响自己的不快感先行反应出来。

这个例子可以解释为：当胎儿"学习"到母亲给他吸烟这个"条件"时，他必须要有所反应，这就是所谓的"条件学习"。

由以上的例证可知，想要驱使这个时期的宝宝去感受声音，并发挥想象力，必须用充满爱意的肯定态度来进行沟通，这才是正确的。

（十五）怎样与7个月大胎儿做交流式接触

妊娠第29周到产后28天，是母子关系最密切的阶段，这种关系可借助肌肤之亲或对话更显得亲密。

为了使宝宝顺利成长、发育，母子之间的接触是十分必要的，这是一种精神的、心理的情绪反应，可以使宝宝更爱妈妈、妈妈更疼宝宝，这种相互作用也能决定孩子未来的性格发展。

7个月的胎儿，已经能感受到母亲的精神状态并加以反应，所以母亲不必使用语言，也能和胎儿沟通。

运用与胎儿对话的方式，可以达到语言沟通的目的。然而，一边听音乐，一边做放松练习，能使你和宝宝完全沉浸于安定的状态，进入"无言交流"的境界。

当然，胎儿此时对外界的感受性也不断提升，你跟他说话、唱歌或共舞，也是不可或缺的。

此外，透过按摩与宝宝沟通、定期实施精神松弛练习、写日记和与丈夫交谈等，都是重要的功课，可别忘了！

（十六）妊娠第7个月应如何养胎、护胎与胎教

胎儿发育到第7个月时，身长已有35厘米左右，体重也达到了1000克以上，胎儿皮下脂肪开始出现，皮肤皱纹逐渐张开，皮肤表层皮脂腺分泌物增多，形成胎儿皮脂。眼睑半张开，有了眼睫毛。外耳道开通，视网膜分化完

成，大脑皮层表面开始出现特有的沟回，脑组织也快速增长。除此之外，胎儿在这时已经长出了头发。此时期胎儿的神经系统已相当发达，能呼吸、吞咽、哭叫、喘气、咂手指头，并且还能做360度的大转身。这一时期除继续加强之前的养胎、护胎与胎教措施外，还要做到"劳身摇肢，无使定止，动作屈伸，以运血气，居处必燥，饮食避寒"（《千金方·徐之才逐月养胎方》），就是要求孕妇宜适当活动，使肢体得到锻炼，通过屈伸的动作使血气运行流畅。居住的场所也宜干燥一些，饮食上要尽量避免过量食用寒凉的食物。

（十七）怀孕第8个月时的胎教重点是什么

8个月的胎儿，听觉能力已具备，也开始有了视觉能力。虽然味觉和嗅觉的发展程度还不是很明显，但是当母亲第一次给新生儿喂奶时，他会自动将嘴撅向该方向，由此可知胎儿在母亲腹中即已具有某种程度的嗅觉。至于味觉部分，如果将柠檬汁或砂糖沾在初生婴儿舌上，婴儿会立刻产生反应（感觉味道的味蕾，在妊娠第3个月就已经形成），从这点可以知道，胎儿此时的味蕾已经相当发达。

胎儿的皮肤感觉（触觉、压觉、冷觉、热觉、痛觉）究竟发达到何种程度呢？从妊娠第8个月时自然流产的胎儿发现，在相当于上唇和鼻翼的部位，对外力已经有反应，可见皮肤在相当早的时候就已经开始发挥作用了。

听觉在此阶段已经完成，不仅可以分辨母亲子宫内血流声，对其他声音也有反应。在妊娠30周左右，可以测出大脑的脑波，表示胎儿此时已有意识存在。

第8个月时，胎儿跟大脑连接的神经回路更加发达，这时母亲的腹壁和子宫壁变得更薄，所以胎儿更容易听到外界的声音。从超声波的画面上可以看出，当父亲和母亲交谈时，胎儿的行动会有明显的变化，因此判断胎儿可以听见声音。

这个时期的胎教，要注意多与胎儿轻声说话，语气要和蔼温柔，让宝宝感受到母爱，以建立牢固的亲子联系。

（十八）妊娠第8个月应如何养胎、护胎与胎教

到了妊娠第8个月，胎儿的主要器官都已经发育完毕，身长可达40厘米，皮下脂肪增多，体态日渐丰满。已临近怀孕的晚期，孕妇的身子也显得有些笨重。此时的胎儿对各种外界刺激信息已有了比较灵敏的反应，对体育的接受能力进一步增强，要把握住有利时机，强化对胎儿的教育。

这时还需要注意不断活动肢体，做一些力所能及的家务劳动，或做适合妊娠晚期练习的体操，为胎儿的顺利降生做些准备工作。

（十九）妊娠第9个月应如何养胎、护胎与胎教

胎儿到了9个月大，由于已有了视觉能力，对光有了反应，因此可让宝宝通过自己的腹壁，享受一些阳光。在晴朗的日子里，准妈妈最好到公园散散步。散步时，可将手放在腹上，轻轻地和宝宝说："宝宝，你知道现在的阳光多好吗？"适量的光线和母亲温柔的声音，对即将出生的胎儿而言，是一种良性的刺激。

另外，除了充分利用阳光进行胎教外，还要积极做好分娩前的准备，注意精神应激因素对妊娠的影响，尤其是那些高危孕妇，往往忧虑胎儿是否健康，能否顺利分娩。如果情绪高度紧张，容易导致心理上的不平衡，甚至使整个养胎、护胎与胎教的过程功亏一篑。因此要求孕妇要保持乐观的精神状态，全身心地期盼着与小宝宝见面。

（二十）怀孕第10个月时的胎教重点是什么

因为此时胎儿的头会进入骨盆中，所以活动量会减少。这个阶段，母体会通过胎盘将各种疾病的免疫能力转送给胎儿。此时胎儿一般体重约3400克，身长约50厘米。

阵痛仿佛是来自胎儿的信息，仿佛告诉母亲："妈妈，我已准备好要出来了。"孕妇要用努力和爱帮助胎儿诞生，要了解婴儿是如何通过产道诞生出来的，要认真练习呼吸法和怎样放松，并在分娩时正确运用（包括生产的

辅助动作）。这个月的胎教，可以多和胎儿说话，告诉他要好好和妈妈配合，乖乖地诞生。

（二十一）妊娠第10个月就可以放弃胎教吗

"瓜熟蒂落"是世间常理，到了怀胎10月，就面临分娩。在这万事俱备的时刻，只等待"一朝分娩"了，胎儿马上就要降生和妈妈见面，这是多么令人喜悦、使人振奋的事情啊！可随着产期的临近，孕妇也往往越发心里不安，有许多这样那样的忧虑。只要胎儿没有降生，孕妇肩负的养胎、护胎与胎教的任务就没有完成，一定要精神振奋，全身心地演完养胎、护胎与教育胎儿的最后一幕。

（二十二）为什么要让小宝贝有个安稳的好梦

有人曾说过："胎儿在母体内的这段期间，就好像在做一个绵长的梦。"这个梦大约可以追溯到生命诞生的30亿年前，也就是从单细胞鱼类到两栖类的所有的进化梦。

在母亲腹中的胎儿之所以突然踢母亲的肚子，或时而弯曲着身体，这都是胎儿做梦的反应。此外，刚出生的婴儿突然如做噩梦般的哭泣或者微笑（通称为天使的微笑，是原始反射的一种），也都是在延续着胎内的梦。

关于胎儿做梦到底是真是假，可惜没有一个人记得在母亲腹中时的情况，因此也没有办法说出些什么。但是有件事可以确定，妊娠到了第8个月，胎儿的睡眠情况出现了变化，而且可以了解到其睡眠正如大人在做梦时的睡眠一样。从超声波的观察中发现，腹中的胎儿从25周左右开始，便可出现相同的状态，越接近怀孕末期此种现象越频繁。

最近，人们的生活有逐渐倾向夜生活的趋势，一般睡眠的时间也缩短许多，而这个影响也逐渐出现在小孩子身上。如果这个影响波及到腹中的胎儿的话，胎儿再也无法享受到甜蜜、快乐的美梦了！

另外，母亲的行动几乎都会传给胎儿，为了能使胎儿安稳地睡觉，母亲在怀孕时一定要多睡觉、多休息。

第六章

『围城』怎样才能不『围』

第一节　围城"围"在哪里

一、从婚姻的本质说起

钱钟书的《围城》里有一句经典的话——婚姻就像一座围城，城外的人拼命想冲进来，城内的人拼命想冲出去。

《围城》的象征源自书中人物在对话中引用国外的一句话，"结婚仿佛金漆的鸟笼，笼子外面的鸟想住进去，笼内的鸟想飞出来；所以结而离，离而结，没有了局。"

按照人类的基因安排的生物活动程序行事，乱交和群婚是必然的结果。但是，当裸猿成为狩猎猿之后，便不可能再拥有采集猿那种自由自在的、轻易便可获得食物的独立生活环境了。狩猎需要合作，不仅是雄性间的经济合作，还有两性分工后共同抚养后代的合作。此外，还需要通过固定的性伙伴使男子出外狩猎时对后方生活的安全有一份信心。这些，都促使狩猎猿克制自己的自然生物欲求。于是，婚姻出现了。

我们知道，人类是幼态成熟的动物，与其祖先采集猿相比，他在母亲的怀抱度过更长的时间，成年后离开父母，这便形成了一个情感真空。人需要另一种纽带来补偿这一种亲情的缺失，这便是人结偶活动的基础。

但是，人类的矛盾在于——既反对婚姻的束缚，又渴望婚姻的安定。反抗束缚是人这一物种的生物本能，麻烦的是，渴望安定同样也是人的生物本能。

人是一种双重性的动物，追求自由和渴望安定是人类不可改变的本性。人类一直处于两种生物本能的竞争与搏斗中。结婚使得人类的安定本能占了上风，离婚则是使人类的自由本能占了上风。男女两性那种既要保持关系又

红
囍
书

要自由的基本欲求，在个体内和个人之间都很难找到完美的和谐。亲密与自由的主题在根本上是冲突的，正如依赖和独立的原则经常冲突。

不断的追求和对所追求到成功后随之而来的不满足与厌烦，使两者之间交织着的希望与失望、欢乐与痛苦、执著与动摇不断发生转换。"围城"的困境告诉我们：人生追求的结果很可能是虚妄的，这看起来好像有点悲观，但骨子里却是个严肃的追求，热忱深埋在冷静之下。

从单身到结婚，再离婚、结婚，这种个人生活的起伏波动反映了自主的需要与承担义务的需要间变动的平衡。经济的匮乏会抑制这种变动，因为在经济困难时期，人们对稳定性的追求超过了对发展和变化的追求。

再婚是补偿由离婚造成的痛苦和紊乱的一种方式，而新的痛苦和紊乱又往往会由新的婚姻带来。

那么，对这种一夫一妻制婚姻的另一种挽救便是单身。未涉入婚姻之中，便也谈不上对婚姻法则的背叛。但是，完全不要家庭的做法也是违背人类这一物种的结偶本性的。进入中年，发现自己既无真正相爱的配偶，也没有孩子，或者孩子已经成人独立谋生，那种孤独感、失落感同样是极强烈的。况且，长期缺乏家庭温暖会导致精神和肉体的疾病。

性伙伴的不断更新将使人的欲求得到满足，但与此同时，人渴望情感生活的本能又会使他感到空虚。这时，结发的妻子便会显出无法比拟的独特意义，这种意义远远超出了性满足的层次。

"两口子"携手"过日子"，是一种充满温情与亲情的记忆。共同走过的年深日久的岁月，会成为夫妻双方生命中无法割舍的一部分。与之相比，再浪漫的艳遇也会黯然失色。艳遇虽然色彩艳丽却缺少厚重，而岁月的沧桑烙在每个人的生命中，任何一个懂得时间可以增加价值的人，都不会轻易为一时的激情放弃多年的夫妻之情。

喜新是人类的本性，怀旧同样是人类的本性。就是这种矛盾的缠绵，让人类婚姻一边在摸索中变革，一边在结婚——离婚——结婚的圈子中循环。

但是，我们也看过无数悲欢离合的婚姻故事，发现生活中最终能够相依相伴的往往是那些看似平淡无奇的夫妻。

两个人之间最浪漫的事或许不是一而再地结婚和再而三地离婚，而是在细小、点滴的幸福感下携手一起走过漫漫人生，然后一起慢慢变老。等到风景都看透，终究要有人陪你看细水长流。

二、从根本的人性说起

人从动物进化而来，不免会带有许多和动物类似的生物属性和本能，这是人的自然属性，人都是在遗传规律控制下生成的生物体。

当文明的发展使人类脱离野蛮，人类同时也为之付出了沉重的代价，而重要的便是——人作为一种自由生灵的自然本性被压抑了。人是大自然中变异最大的物种，也是受奴役最大的物种。这种剥夺带给个人及社会的痛苦，已经越来越凸显了。而且，我们已经看到：人类复归自然的生活正在逐渐成为一种必然。我们用几千年、几万年的时间走到今天，但不知要用多少年才能走回去。

今天的大猩猩与我们的祖先古猿是近亲，我们不妨来考察一下它们的"婚姻"生活。大猩猩从来不会在同一棵树上连续睡两夜，也从不与同一个异性发生第三次性生活。它们吃饭的时候总是不断地从一棵树跳到另一棵树上，品尝不同味道的果实。

它们对这个世界充满了无限的好奇，而正是这种好奇让我们的祖先森林古猿，在众多的物种遭到绝灭后，只有它们勇敢地跳到陆地上开始了直立行走的新生活。这一跳！需要的不仅是勇气，还有对未知世界的好奇心与占有欲。人类也正是在这勇敢而好奇的一跳中诞生了，所以才从茹毛饮血的远古一点点进化到今天，而且，这一好奇的基因还促使我们在不断地向未知的世界挑战。

学者谈大正说，正是由于不断探究外界事物的本能，使猿猴能适应新的环境，进化为人。同时，这一优势又造成了人类在两性关系中求新的冲动，成为人类性爱不持久的生物基础，也为人类婚姻蒙上了一层永远的阴影。

人类高度性感，一年四季都有发情期。动物的外界性刺激主要是异性的直接刺激，至多还有形成条件反射后的第一信号系统，但是，人类除了第一信号系统之外，还有第二信号系统语言的作用，甚至人类即使通过想象也可唤起性兴奋。

也许我们以自己是高级动物而自豪，但殊不知衡量一个物种是进步还是退步的生物法则只有一个——这个物种是否还具有自然的自由属性。我们的身上依然还有着人不可抹灭的生物性。作为一种生物性格，人在情感与性欲的选择上，也具有不断尝试新鲜事物的生物学基础。

人是自然的人，所以人具有自然性。但是，人同时又是社会的人，所以，人更具有社会性。而且，人真正区别于动物本质属性的是人的社会属性。人的自然性渗透着社会性，社会性制约着自然性。社会性是矛盾的主要方面，力量超过自然性，居于支配地位，对人类的生存和延续起着主导作用。

人只有同时具备自然性和社会性这两种属性才是完整的人，失掉其中任何一种属性，人都将是残缺不全的。只有自然性而没有社会性，或者只有社会性而没有自然性的人，是根本不存在的。

人类走到今天，其自然性已是"人化"了的自然性，被打上了深深的社会烙印。不论是饥食渴饮，还是性欲生殖，都已不是纯粹的自然本能，而成为了一种社会文化现象：要讲究文明的方式方法，要合乎法规要求和伦理准则。所以，人的自然属性在今天已是社会性制约的自然性。

当然，人类能够对固有的生物学基础进行规范，这种"文明"的要求是符合人类对理想世界的追求的。在不伤害他人利益和维护社会稳定下的个人自由选择，这是人本社会一条公认的社会理想与道德规范，它同样也适用于两性的婚姻关系。所以，人是自然的人，更是社会的人，不能撇开社会性去追求纯粹的自然性。因为——大写的"人"字肩上还有着自然性以外的社会责任和家庭责任。

三、从传统的观念说起

自古以来，传统社会就主张"存天理、灭人欲"的封建礼教，教导女人要禁欲，更甚的是，这些灭人欲的倡导者还把毒害人心灵的贞操观推向极致，企图让每个男人和女人吞下这一谬论，甚至融化到骨髓里。

当女人在整个社会文化中被置于"第二性"的位置时，她们在两性里的被歧视地位便也注定了。不论是东方还是西方，一些关于女人的性认识竟出奇的一致。诸如，女人性欲淡薄、女人不需要性高潮、女人的性快感来得慢等。在我们的心目中，似乎性对于女人远远不如对于男人重要。

事实上，这些认识完全属于谬论。玛斯特斯和约翰逊通过他们的实验告诉我们：女人可以整夜地做爱，而男人却不行。这是因为，一次高潮过后，女人并不是在生理上恢复到性欲未被唤起的阶段，而是直接恢复到性兴奋之前性高潮的水平，这与男人有所不同。玛斯特斯和约翰逊说，如果一个女人能够有规律地达到性高潮，那么在她首次达到高潮之后的很短时间里若给予适当的刺激，她在绝大多数情况下都有能力达到第二次、第三次、第四次，甚至第五次和第六次性高潮，直到她感到完全餍足。

这两位性学家通过观察发现：那些不能达到性高潮的女人容易发脾气，情感上有障碍，心生抱怨，髋部充血，感觉有压力，痉挛，短时间的刺痛，以及持续不断的、剧烈的脊背下部的疼痛。海特进而认为，对于女人来说，无法达到性高潮所能产生的最糟糕的影响是精神性的，当女人们看到男人心安理得地从她们身上得到性高潮而她们自己却得不到时，她们会觉得自己是卑下的、被压迫的、无足轻重的。显然，这种两性心理上的对抗将波及整个社会生活，后果绝不会仅仅局限于性行为中。

红囍书

历史发展到今天，女人们开始要求她们自己的性权利了，男人们也开始意识到这种传统的误导给两性造成的严重不和谐了。于是，他们开始想给自己的性伴侣以性的满足。

《人类性反应》一书中曾说：女人所有的性高潮都是刺激阴蒂的结果。但是，男人们同时又认为，阴道性交也可以带来性高潮，从而造成观念上的混乱。海特则更为明确地告诉我们：女人绝对不可能从纯粹的阴道性交中获得性高潮！

海特调查的女人们认为，性交中获得的快感较为弥散，而无性交的性高潮快感较为强烈。之所以许多女人喜欢阴道性交，一方面是受文化的影响，她们认为阴道性交是"正式"的性行为，另一方面是男人的插入行为使她们感觉自己与所爱男人的亲近。当然，也不能排除一些女人的男伴懂得在阴道性交的同时有效地刺激她们的阴蒂，而这已经不是我们前面所说的纯粹的阴道性交了。

可悲的是，一些女人习惯于自己没有性高潮的性生活，并将其视为理所当然。那些原本便很少关心女人在性交中感受的男人，便不会被加以任何要求，而他们更不会自觉地检查自己在性交中的态度。当然，也不排除许多更高明的女人懂得连续获取多次性高潮的可能。

与这种对高潮的无知与无求同时到来的，往往是对性生活的乏味感受，而如果男人再"差强女意"，对性的厌恶情绪便会乘机侵据女人的心头。更进一步，性冷淡便出来了，和谐而愉悦的两性生活便成了天方夜谭，直至最后婚姻这座围城出现危机。当然聪明的男人会明白使自己快乐的前提是使女人先快乐，因为使女人快乐之后他们往往会得到加倍的快乐！

四、从男女的差异说起

早在人类幼年时期，男人外出狩猎、女人在家生育的社会分工便为今天

两性的差异奠定了基础。男人对于"战绩"比较关注，在情爱关系中似乎更关心自己是否获得了女人的肉体这一"结果"，而女人在哺乳的过程中培育了自己绵绵的温情，她们情感更为细腻，对爱情有着永恒的向往，对情爱的需求几乎贯穿了她们从青春期到人生终止的全部时空。

几千年过去了，种种男女不平等的迹象依然存在着，直到今天，这种腐朽的文化残余，依然在伤害着世间绝大多数男男女女。对于一个女人来讲，情爱永远是生命中最重要的话题。女人是通过情感来思维和理解世界的，而男人大多是通过对种种现实利益的衡量来判断和处理自己与世界的关系的。情爱的存在，使女人变得美丽，使世界变得温情而灿烂。我们可以想象，如果这个世界上只有男人的"现实"，而无女人的"浪漫"，我们将会陷入怎样的生存处境？

现在，似乎有很多因素在使我们相信——男女平等机制的大厦基石已经奠定。一项调查显示：经济地位和社会地位比丈夫或男友低的女人只有14.4%，47.1%的女人与男人差不多，24%的女人甚至高于她们的异性伙伴。但调查的另一组数字则不能不阻碍我们的情绪沿着乐观的轨迹攀升。只有2.9%的女人认为男女的完全平等已经实现，76%的女人认为她们仍处于男权的奴役之下。我们因此不得不思考这样一个问题：被认为是妇女解放最重要标志的经济地位与工作待遇的改变，为何未改变女人们对这个不公平的两性世界的抱怨与谴责？

我们可以对此做出种种解释，但最根本的症结也许被我们忽略了，那就是这个世界一直是男权的世界，所有的伦理规范与道德标准都是男人为了自己的快乐制定的。

让我们先来看看几个关于两性的专有名词：男人——三妻四妾，女人——三从四德；男人——事业成功，女人——相夫教子；男人——坚强，女人——泪水；男人——性欲强，女人——贞操观……我们几乎相信了所有这些谎言，而这正是旧的封建伦理观念对我们伤害最深的地方：对男人有利的观念已经内化为女人自己信奉的准则与思维的出发点了。

于是，女人会为自己最正常、最健康的欲求而羞愧，会为自己最愚蠢、最陈腐的行为准则而自豪。旧的伦理对女人的毒害，便这样一代代相传着发挥效应。其实，这种腐朽的谎言不但在伤害着女人，也在伤害着男人。

刘德华的一首《男人哭吧哭吧不是罪》曾经红极一时，这一曲高歌几乎唱到了所有男人的心灵深处。但是，当"心在生命线上不断地轮回"、当"人在日日夜夜撑着面具睡"、当"我心力交瘁"……试问：现实中有多少男人敢轻易流出眼泪？当这种郁闷在心中压抑到一定程度时，它势必会导致各种疾病，甚至是男人最忌讳的——"阳痿"。女人在被这种文化压抑着，其实男人也没解放到哪里去。关于这个问题，建议大家读读作家方刚的《男人解放》。

当妇女解放发展到今天，我们已经看到工作权与参政权早已不再是一个问题。性别革命需要的是一场更深层次的文化革命，是针对社会整体的广泛、持久、艰难、彻底的革命，它的目的在于促使一代观念全新的"新人"诞生。

当西方极端女权主义者更看重性的解放的时候，在历史上饱受男权性文化奴役的中国女人，在她们对"妇女解放何者更重要"的多项选择中，首先选择了政治解放。我们也许忽视了，当文化仍是男权文化时，政治便也是男人的政治，观念的革命没有舍本逐末的便捷之途。

两性不平等的起源虽然并非性权利的不平等，但由于经济、文化的进步，当初成为不平等起源的动力已被破坏，而性的解放却可以成为女性观念革命"牵一发而动全身"的关键之处。

虽然社会的进步有了女性主义，有了两性平权的理想，有了女人的自我解放，更有了种种真正人本的、现代的科学观念的产生与普及。较之于我们的母亲、祖母、曾祖母，今天的女人们开始具备面对多种选择的可能了。但当我们思考的时候，还是发现了一个问题——更多的苦恼与尴尬接踵而至。

即使我们知道什么是我们不需要的了，什么是伤害我们的了，但要彻底抛弃这些，又谈何容易！我们的身心早已被弄得分裂了！

其实，女人所有关于情爱的困窘、伤痛，都缘于自我生命意识与男权文化下的道德的冲突、社会现实与虚幻理想之间的冲突。而我们的情爱迷惘，正是自我意识觉醒后在现实中寻找出路时所必然的体验。

所以，以一种平等的心态看待两性，以一种无束缚的姿态对待自己，接受所有让我们快乐的，拒绝所有伤害我们的。我们是自己的主人，只听从自己的召唤——这是我们未停止的追求，也是世间男女未了的愿望。

第二节 寻找破"围"之计

一、解读COUPLE密码

"COUPLE"翻译成汉语是"夫妻"的意思，当我们把这个词本身分开解读，它包含了C——Cycle(循环)；O——Obligations（义务）；U——Understand（理解）；P——Peacemaking（调停）；L——Love（爱）；E——Eros（性）。

如果我们能做好C—O—U—P—L—E这其中的每一个细节，我们也就真正读懂了究竟何为"夫妻"，而夫妻之间的Happiness（幸福）也将不会再是一件难事。下面我们来一一解析这每一个字母、每一个单词，当它们在组合到一起和分开时，其中到底暗含了什么意思。

C——Cycle（循环）：当夫妻一起走入婚姻，也就意味着他们不再是单纯的我与你的关系，而是糅和为了一个整体——我们。而夫妻两个人的情感和思想就是婚姻的血液，它只有在婚姻里永远保持循环畅通，家庭才可永远保持和谐与幸福。所以，这就要求夫妻任何一方都最好向对方敞开心扉，不要让郁闷在心中凝结。有什么想法及时与对方沟通，另外在沟通时讲究点艺术性，艺术的沟通往往会让爱情升温。当心中有什么想不开的事情时，告诉对方，两个人的智慧总比一个人的多。不管在什么时候，他（她）的事也是你的事，婚姻里没有"我的事你管不了"之说。只有当两个人的心紧紧地融合为一起时，困难与痛苦才会减半，收获与快乐才会加倍。

O——Obligations（义务）：在人生的舞台上，人只有一个角色——自我；而在社会的舞台上，人可以扮演千万个角色。当然，在婚姻与家庭这个舞台上，人最多可以扮演三个角色：儿子（儿媳）、丈夫（妻子）、父亲

（母亲）。相对于父母，我们是儿子（儿媳）；相对于对方，我们是丈夫（妻子）；相对于孩子，我们是父亲（母亲）。每一个角色都对应着一种责任和义务，在自己的"位置"上做好自己的"工作"，这是每个人应尽的义务。只因为有了这种义务和责任，有了千千万万个为个人、家庭和社会负责任和尽义务的人，一个个小家或单位，甚至还有我们整个社会才得以健康、和谐地发展。

U——Understand（理解）：这是一个与误解相对应的概念。婚姻家庭里的许多争吵或冷战都是由于误解产生的。男人和女人看问题的角度不同，脑海里所形成的画面也完全不同。爱默生说，女人看这个世界时戴的是粉红色的太阳镜；而男人却是透过蓝色的太阳镜来看这个世界的。很显然，透过不同颜色的镜片所看到的世界也是不同的，故不难理解男人和女人在理解事情、看待问题上为什么会出现差异。男人和女人能准确地看待相同的某种境遇，但对待生活的看法却大相径庭。

男人和女人不仅在看东西方面不一样，而且他们听到的也不一样。比如，妻子说："我没有什么可穿的了。"（确切的意思是，她没有什么新衣服可穿了。）丈夫说："我没有什么可穿的了。"（确切的意思是，他没干净的衣服可穿了。）

当然，这并不算是严重的冲突，但是从他们的话语"没什么可穿"就可以看出：我们总是站在自己的角度看待事情，根据自己的需要和感觉处理事情。由于男人和女人戴着不同颜色的"太阳镜"和"助听器"去感觉这个世界，他们传达的信息经过重重"编码"，这就是男人和女人交流时出现障碍的真正原因。难怪女人经常这样评价男人：男人都是死脑筋，他们有两个脑袋，只可惜一个丢了，另一个出去寻找丢失的脑袋了！所以，男人在对待自己的妻子时要采取一种特殊的方式，站在她的角度去理解她，因为她是女人。而作为妻子，对丈夫也应如此。

P——Peacemaking（调停）：当误解与争吵在夫妻之间发生时，除了调停和讲和没有别的更好的办法。我们要学会及时意识到即将可能发生的冲突，并且控制局面，以阻止小分歧演变成大危机。做好让步的准备，或者改变话题，或者使用诙谐幽默的语言给争吵降温。婚姻里的争吵没有纯理性的胜与负，而更多的则是情。

当妻子在大吵时，丈夫可以暂停5分钟，一句话也不说，让她随便去"演说"，相信等不了5分钟她自己就会闭嘴，一个人的"独角戏"实在没意思，然后等她"演说"完毕丈夫可以上前道一声："亲爱的！你辛苦了！喝杯水歇歇吧！"相信，她怒气再大到此也会结束。但千万不可继续把争吵的"火焰"进一步燃烧，或者扔下一句伤心的话自己离开。这样的调停即使暂时让争吵停下了，但双方心中的怒气却一点也没有消散。"冰冻三尺，非一日之寒"，用在这里再合适不过了。

L——Love（爱）：爱是婚姻里最不可缺少的东西！爱的方式有无数种，种类也有无数种，每一对相恋的人，只要你想去爱，都可以变换着不同的模式，尽情地去挥洒和表达自己的一片爱恋。但不论你采取哪一种方式，都离不开一颗真心。关怀、惦念、包容、尊重……在爱的概念里有千万种元素，每一种元素都可以在爱的空间里无限制地放大或缩小。

然而，男人和女人毕竟不是同一种人类，他们需要的爱的表达方式也往往不同。就像爱默生所说的：男人需要尊重，女人需要爱。对于丈夫而言，他会觉得妻子尊重他就是爱他，这是丈夫需要的爱的表达方式，男人需要的更多的是尊重。而对于妻子，爱她就意味着关心体贴她、让她时时刻刻感觉到你很在乎她，她是你心中最重要的人。因为女人是活在爱的世界里，只有靠爱的滋养才会变得更美丽与可爱。

E——Eros（性）：如果说大多数男人更看重性的话，那么，女人更在乎的则是爱。但不管是男还是女，都很看重有爱的性。很多时候，对于真心相爱的双方来说，性是爱的催化剂。然而在现实的婚姻中，爱与性往往充满了矛盾，或者更确切地来说，是女人对爱的企求更多和男人对性的企求更多

第六章 『围城』怎样才能不『围』

所造成的矛盾。

举一个最常见的例子，丈夫出差一个星期，他太想念妻子了。一下飞机脑海里满是和妻子一夜缠绵、温情浪漫的画面，带着如此美好的心情，他极力加速脚步。可当他踏进家门时，妻子对他说的是："我正需要你帮忙去学校接孩子。哦，对了，不要忘记今天晚上还有家长会……"听了妻子一连串指令，这个可怜的浪漫绅士不免有点闷闷不乐，出门前，无奈的丈夫耸了耸肩，回了一句："见到你很高兴，我们有一个星期没见了。"妻子立刻察觉到丈夫话中的讽刺意味，可她已被整个星期的烦琐事情弄得疲惫不堪。妻子感受到莫大的伤害，她反驳道："你从来都不关心我在做什么，还有什么理由生我的气？真是一点都不讲道理。你关心我的时候也只是因为你想要性！"

也许旁观者清，当事者迷。我们站在旁观者的角度会很清楚地感到：他们都没有站在对方的角度考虑一下对方的感受，如果妻子理解并接受丈夫的性要求，如果丈夫也想到妻子一周的疲惫，也许一切都会迎刃而解，他们也都会感到很幸福、很恩爱。

红囍书

相关链接：

结婚证能证明什么

有一个离婚的傻子，平时没事儿总爱在街上溜。一天，一个卖菜的老农逗他说："还不回家守着媳妇，让人拐跑了，哈哈……"他傻笑说："跑不了，结婚证在我兜里揣着呢……"听完之后，大家哈哈大笑。

本来这就是一则笑话，从一个傻子嘴里说出的话自是无可厚非，也没有什么耐人寻味的东西。有许多类似于这个笑话版本的说法，说婚姻是什么？不就是一张证嘛，两个人在一起是更深的寂寞，丈夫和情人的区别无非是一张纸，如此云云。

由此看来，这个傻子也不傻——因为常人也有这么认为的。以这个逻辑推理，那只有两种可能：一是这个傻子不傻；二是持有同样观点的人都是傻子。

于是，出现了一个疑问：结婚证到底能证明什么？

按常理出牌的人也许会说，结婚证能证明我们的婚姻是合法的，即她是我合法的妻子，我是她合法的丈夫。可是，法律管得了婚姻，但管不了爱情。而爱情是婚姻的支柱！一见钟情也罢，日久生情也罢。在这个年代，可以说没有一点爱情的婚姻几乎是不存在的。如果男人只是一味地认为：结过婚她就是我的了，我怎么对她都无所谓，她永远也跑不了。那么，如果你真这样去做，傻子的离婚证就是等待你的结果！结婚证能证明什么？

至于不按常理出牌的人，也许怎么说的都有。如果能证明你是她的丈夫，同时也等于证明了她是你的妻子、你父母的儿媳和孩子的母亲等。但是，一旦婚姻里没有了爱，你们离了婚，她虽然还是孩子的母亲，但已经与你没有任何关系了。

现实中的男人和女人，用整个青春的梦想纺织了一幅婚姻画卷，然后便迫不及待地展开了它。男人对婚姻说，给我安逸，给我力量，给我勇气，给我希望的一切；女人对婚姻说，给我快乐，给我幸福，给我荣耀，给我渴望的一切。于是，婚姻沉默不语。它只想说，我太累太沉重了，为什么向我索取那么多？我不是一个天然供给库，要什么就有什么，我能给予你们的只是一种平平淡淡的生活，如果把人生的所有需求都推给我，那我只能让你们大失所望。果然，当男人和女人真的站在婚姻画卷里，才如梦方醒——原来那斑斓的色彩全留在梦里了，眼前只是一片苍白，于是他们把这失望归罪于婚姻。

结婚证在有爱的前提下，可以在婚姻内部证明一切；当婚姻里没有了爱，它仅仅是一张纸而已，到最后可能由一张红纸变成一张绿纸，仅此而已。

二、婚姻的稀有元素

托尔斯泰说过，"幸福的家庭都是一样的，不幸的家庭却各有各的不幸"。那么，如何让不幸的家庭变得幸福？幸福家庭的共性在哪儿？我们通

过走访或问卷调查发现有以下共同点：

1.童心：其实只有童心未泯，才会永驻，才可历久弥新，所以最好能多保留一点天真，多拥有一点爱好、好奇心。在外面尽可当"正人君子"，可回到家，大门一关就最好当个大孩子。

2.浪漫：不少中国家庭太注重实际而缺少浪漫。不要以为浪漫无边就是献花、跳舞，不要以为没有时间、没有钱就不能浪漫。要知道，浪漫的形式是丰富多彩、多种多样的。

3.幽默：说话幽默能化解、缓冲矛盾和纠纷，消除尴尬和隔阂，增加情趣，让一家人乐融融。

4.亲昵：许多夫妻视经常亲昵为黏黏糊糊，解释"不当众亲昵"是不轻浮的表现。但专家研究发现，亲昵对提高家庭质量有着妙不可言的作用，而长期缺少拥抱、亲吻的人容易产生"肌肤饥饿"，进而产生情感饥饿。

5.情话：心理学家认为，配偶之间每天至少得向对方说三句以上情话，如"我爱你"、"我的宝贝"、"亲爱的"等。然而，不少国人太过注意含蓄，很少把爱挂在嘴边，以为这样是浅薄、令人肉麻。不少中国夫妻更是希望配偶把爱体现在细致、体贴的关心上。这固然没错，但是如果只有行动，没有情话，会不会给人以"只有主菜，没有作料"的缺陷感呢？

6.沟通：不少中国夫妻把意见、不快压抑在心里，不挑明，还美其名曰"脾气好"。其实，相互闭锁，只能导致误会加深，长期压抑等于积累恶性能量，一旦爆发，破坏性更大。正常的做法应该是加强沟通，有意见、不快应该诚恳、温和、讲究策略地说出来，并经常主动地了解对方的想法。吵架也不一定是坏事，毕竟它也是一种沟通的手段，只是应该就事论事，不要进行人身攻击。

7.欣赏：人们经常用欣赏的眼光看自己的孩子，所以总觉得"孩子是自己的最好"；又因为常用挑剔的眼光看配偶，所以总认为老婆（丈夫）是别人的好。用不同的眼光去评价同一件事，结论会大相径庭。如果你不假思索就能数出配偶的许多缺点，那么你多半缺少欣赏的眼光。如果你当面、背后都只说配偶的优点，那么，你就等于学会了爱，并能收获到爱。

相关链接：

幸福婚姻的秘诀

前不久，英国婚庆网站对3000对夫妇进行了调查，总结出了他们婚姻幸福长久的秘诀。

调查结果显示，婚姻长久的夫妇会时刻保持联系，工作时也一样。他们至少每天通过电话、短信或电子邮件联系3次。专家建议，每天拥抱3次、接吻4次、至少说1次"我爱你"能让婚后爱情不褪色；两人有2项共同爱好、每周3次性生活以及每月两次浪漫晚餐也有助于婚姻持久。

为维持爱情"火花"，夫妻除每月外出享受浪漫晚餐外，最好每周有3天一起依偎在沙发上。

美满婚姻需要夫妻有共同爱好，不过每月和朋友一起出去玩两次，享受一下个人空间也十分重要。

英国《每日电讯报》援引网站工作人员卡罗尔·理查德森的话说："这项调查告诉我们有多少因素促成美满婚姻，其中包括理想的年龄差距、婚前交往时间和结婚时间。"

理查德森说，人们现在结婚越来越迟，因为女性比以前更重视工作，于是爱情和婚姻退居其次。

调查人员发现，夫妇间最理想的年龄搭配是新郎比新娘大，不过前提是男方事业稳定、性格成熟。研究人员还发现"最稳定婚姻"的"时间表"：男性31岁结婚，比妻子年长2岁左右，结婚2年后有第1个小孩。

调查显示，男女若通过朋友认识，一般会信守"天长地久"的誓言，这些人平均相识3年半后结婚。

三、浪漫不分时间地点

在生活中，有许多夫妻说对方不够浪漫，其实，也许他（她）在意的并不是"你没有时间陪着他（她）"，而是"你的心里没有他（她）"，如果你心里装着对方，即使没有时间，也是可以制造出很多浪漫让对方感受到幸福的。

1.利用坐在出租车上或者马桶上的时间，给他（她）打个电话或发一条短信；

2.在各种对你们来说具有特殊意义的日子里，给花店打个电话，让别人替你给她送上鲜花和祝福；

3.清晨匆忙起床的时候，他（她）还在熟睡，轻轻地将一只玩具熊放在他（她）的臂弯，她（他）醒来之后看见了会开心的；

4.晚归时，上床后给他（她）一个充满歉意的吻，她（他）看起来已经睡着了，但八成是在装睡；

5.在外面吃饭，碰到好吃的菜或点心，请服务员打包一份带回家让她（他）也尝一尝；

6.去外地出差，没有时间给她（他）买礼物，就将酒店里送的草编拖鞋给他（她）带两双吧，最重要的是要给她（他）带礼物，而不是带什么；

7.多多运用眼神，即使你忙得没有时间陪她（他）吃饭、和她说话，但隔三差五至少要给她一个含情脉脉的眼神；

8.先于他（她）洗澡时，在沾满水汽的镜子上，画上两颗连在一起的心；

9.下雨天，街上有了积水，她穿着皮鞋不能过，你二话不说就背起她过去了，满街的女人都会羡慕死她的；

10.突然起风了，你停下脚步，亲手为她系上风衣的帽子；

11.偶尔去接她下班，事先别告诉她；

12.在他晚归时，为他留一盏灯；

13.养成给他（她）留纸条的习惯，即使没有事情，也可以告诉他（她）：你熟睡的样子像个小猪猪，真可爱；

14.秋天，在飘着落叶的林荫道上手拉手散步；

15.在她睡不着的时候，抱着她，给她唱催眠曲；

16.工作的间隙，突然想起他（她）来，立即打电话告诉他（她）：亲爱的！我想你了！你在干啥呢？

……

其实，只要你想浪漫，只要你心里有他（她），浪漫是不分时间和地点的。日子本来就够单调的了，为何在能够做得到的情况下不多在生活里制造一点情趣呢？这不仅可以让你们的爱增值，也可以为你的生活增添许多色彩。幸福，本来就是为有心的人准备的。

四、不化蝶也可以双飞

有这样一个感人的故事。在中国东北有一个叫张奎的普通男人，当他53岁的时候，与妻子的婚姻也已经快30年了。30年的风风雨雨自不待言。让人感动的是，从40岁开始，他默默照顾他那因事故而成为植物人的妻子长达13年之久，靠每天咬妻子10个脚趾刺激她的神经，历经10年之后，终于唤醒了自己昏睡已久的妻子。

张奎没说过只要有一丝希望就要尽百分之百的努力之类的豪言壮语，也没有奢望内心想要发生的奇迹一定会发生在自己身上。他只是相信妻子一定会好起来，只要自己悉心照料，尽力而为。凭着内心的信念和对妻子苦难的承受，在他默默照顾她10年以后，感天动地，终于唤醒了沉睡中的妻子。

张奎的妻子是因为一场事故而成为植物人的。1995年4月12日，妻子在

工厂清理卫生时，突然被载有重达1吨的升降机砸在脑袋上。手术进行了13个小时，浑身是血的医生一出来就让张奎准备后事，然而张奎无论如何也不同意放弃。面对妻子连续7天42摄氏度的高温却束手无策，急中生智的张奎买来两瓶62度的白酒，倒在脸盆里，为妻子来回擦身体降温，病友们都以为他疯了。第二天早晨，昏迷中的妻子体温下降到37度，命保住了。可张奎发现，不管自己怎么呼唤，妻子却一直没有反应。

为唤醒她，张奎试过各种方法。在她床边放收音机，给她唱歌，跟她聊天，听说有什么好办法自己就尝试，从来都没有想过要放弃。有一次，他在她的脚边看书，无意识地把她的脚握住，看入了迷，就咬了她的脚趾。"都说人脚上的神经多，我就琢磨，能不能通过咬脚趾让她苏醒呢？"一个五大三粗的男人啃女人的脚丫子，这举动看着实在不雅，但张奎对此议论视而不见。

就这样，10年过去了，2006年开春的一天，张奎正给妻子擦身体时，一双手握住了他的手腕。他震惊了，原来，妻子有意识了，她终于醒了。他激动地落下了泪水。连医生也说，对于一个常年卧床的病人，却始终没有褥疮，这太少见了。每个人都被他不放弃妻子的这种精神打动了。

在张奎的观念里，一个女人一旦结婚，就意味着把终身托付给这个男人，当她病了，就应当用自己的一切尽自己的能力去照顾她，这才对得起当初的托付和信任。谈到这儿张奎说："我们结婚27年了。27年前，我问她，如果你们家人嫌我穷怎么办？她说了一句我一辈子也忘不了的话，'那你就走，我跟你走'。"

妻子醒了，可是也只是有意识，由于妻子的体温调节中枢出现了问题，她始终离不开医院的生命监测仪来观察生命状态。如今在家，没有了那些仪器，张奎全是凭着自己的感觉在保持她的体温，小心翼翼，不敢疏忽，因为他知道，一旦体温失控，妻子就会离开他。

婚姻就是这样的一份承诺。当初，妻子对他说："那你就走，我跟你走。"而今，张奎的誓言只是："只要我在，你就会在。"结婚以后，他们

红囍书

谁也没有离开谁，他们一起走，也一直一起走下去，哪怕，她一直在沉睡中，他也一直在她身边守候。她对他说的话，他对她说的话，他们都做到了。

"那你就走，我跟你走。"

"只要我在，你就会在。"

这两句话是对婚姻最朴实而又最神圣的诠释。

一时的晴朗很精彩也很容易，难就难在一世的晴朗。要找到真正的爱情，就需要对天空的理解，对云彩的热爱，对乌云的包容。有了这份深邃的爱恋，我们才能够永远留住爱情的颜色。

五、关键时刻不缺席

作为爱人，也许我们常常会抱怨对方他（她）竟然在那样的时刻也不在我身边！这个"那样的时刻"具体是什么样的时刻？它对婚姻的作用到底有多么重要？

（一）妻子分娩的时候

这个时候丈夫不管工作有多么忙，也不管丈夫有什么重要的事，都应该抛到九霄云外来全身心陪伴你的妻子。否则，你会经常可以听到这样的抱怨——我生孩子的时候他都不在我的身边！这句抱怨她到老了还是会放在嘴边，这个遗憾她一辈子都不可能忘记。因为每一个女人躺在产床上挣扎的时刻，都希望自己的丈夫就站在离她不远的产房门外，为她加油，为她心疼，与她一起迎接爱情的结晶；都希望自己被推出产房的时候，第一个看见的就是丈夫的脸，听见的是丈夫的问候：亲爱的，你受苦了。这将是她生命中最为动人和骄傲的记忆。著名影星李连杰，当初放弃后来获得奥斯卡奖的电影《卧虎藏龙》中的角色，就是为了陪妻子生孩子。谁又能说他这样做不值得呢？

（二）丈夫（妻子）生病的时候

有男人说：女人最美的时刻，就是深夜守护在丈夫的病榻旁的时刻（虽然每一个男人都不渴望得病）。人在病痛中的时候，会变得像孩子般脆弱，这时候最需要的是丈夫（妻子）的疼爱和呵护，而这个时候也是增进夫妻感情的最佳时机。一位女士说："每次老公做了什么让我生气的事情，我都想和他大吵一架，但是想到我那一年得乙肝住院，他无微不至地照顾我，心一下子就软了，就不想和他吵了。"

（三）丈夫（妻子）人生遭遇重大挫折的时候

俗话说："夫妻本是同林鸟，大难临头各自飞。"这句话道尽了许多人对于婚姻的失望和感慨，甚至有人更直接地说："经不起挫折考验的婚姻是没有价值的。"如果在夫妻一方遭遇挫折的时刻，另一方能够不离不弃，陪伴在他（她）的身边，即使帮不上什么忙，即使无力改变现实，但是你的陪伴，将是他（她）最大的慰藉，将给予他（她）战胜挫折的勇气和力量。一位"文化大革命"时曾被打成右派的老人，很多年过去了，但是他还记得：在那个人人避之唯恐不及的时候，是他的妻子坚定地和他在一起，并告诉他——我相信你是个好人。

（四）丈夫（妻子）在人生中最得意的时刻

有一句话说：人生的不幸有两种，一种是痛苦无人分担，还有一种是幸福无人分享。在人生最得意的那一刻，在辛勤耕耘这么久终于有所收获的这一刻，最希望的就是自己的妻子（丈夫）能和自己分享这一刻的欣悦，见证这一刻的光荣！这也就是为什么我认识的一位编剧，得了一个编剧方面的奖项，应该是很开心的事情吧，可是她每次回忆起来却对丈夫错过了颁奖典礼的直播而耿耿于怀，"偏偏我老公没看见，真遗憾啊！"

六、回头重新爱一次

考试失败了，还可以重修。婚姻失败了，还可以再来。其实，婚姻也是一个考场，失败——大多是因为我们努力不够。

失败不可避免，即使专家也不例外，但一定要学会克服。人无完人，我们都会犯错。但绝不要放弃！重新追求她，你能重获芳心。即使接下来的可能是糟糕的一次，或者两次，抑或三次。这没问题，无论何时，你都可以重新再来，多一次尝试就多一次成功的机会。当一个男人通过爱与尊重的沟通，踏着婴儿般的步伐，步入更佳的婚姻殿堂时，他会发现自己已坠入爱河七次，甚至更多。

有些丈夫的坏习惯时常伴随左右。然而，我们不试图改变，旧习惯就不会消亡。你如果摆出一副男人的姿态，认为拒绝答应她的请求很光荣，这无益于你们的关系，也不能阻止这种恶性继续循环。她希望你倾听她的哭声，靠近她，让她宣泄，抑制她的消极和愤怒。

如果你能做到并能承受随之而来的"拳头"，继续努力，那么你就有可能说出这样的话："亲爱的，我很抱歉忽视了你。当你那样'攻击'我，我感觉你不尊重我，这让我生气。但是我想要改变，请帮助我吧。"

生活中各种冲突与不快都很多，但只要你去用心改变，都会找到很好的方法。

希望丈夫和妻子们都要寻找勇气和激情来尝试爱与尊重的沟通。妻子对丈夫无条件的尊重是我们信息中的一部分，具有全新性和革命性。当妻子体会到丈夫的好意，并原谅过去，她们轻视丈夫的大部分感情会逐步消失。即使还残留了一些，她充满敬意的行为也会赋予她改变婚姻的力量，朝她长期渴望的方向前进。

当丈夫做到无条件地爱妻子时，如果他能对妻子报以关爱，继续维护婚姻并振作起来，将会产生极其惊人的力量，其实，这惊人的力量也会来自于他们本身。当丈夫和妻子学习如何互相尊重及互相热爱时，奇迹真的会发生。

七、让他有钱不变坏

"男人有钱就变坏，女人变坏就有钱。"这个不按常理推论的逻辑也许只对了一半，似乎男人与女人的坏都与钱有着密不可分的关系。照这个谬论推理，现在经济的发展是一个错误！人类还是最好回到那个衣不遮体，食不果腹的远古时代，因为那时候的男人和女人都是好男人和好女人。

多么荒唐的逻辑！这个不成立的因果关系叫嚣了几千年，还有一些人在信奉。其实，这根本不是性别的关系，也不是经济的关系，而是人的本性、文化素养和社会观念的问题。

有钱的男人也许会变坏，但女人也不一定是变坏了才有钱。现在好多知识女性或女强人的社会地位和经济地位并不低于老公，甚至有的比老公还要高，她们中用大脑挣钱的大有人在，而且在社会中还日益凸显增多之势。

不可否认，随着钱包越来越厚，男士们越来越经常地放纵自己的欲求，找"小姐"，泡"小蜜"，主流社会的传媒中经常见到给妻子"支着儿"的文字，教导她们如何看管好丈夫，如何增加自己的魅力，如何进行婚姻内部的"调节"。这些说教本身便在不自觉地传达着这样一种概念：如果丈夫"变坏"，即使责任主要在他，作为妻子同样也要承担责任——你本来是可以"调节"的呀，可以想方设法笼住丈夫的心的呀。既然你没有做到，便说明你在某些地方表现得不好，至少助长了丈夫"变坏"的气焰。

这本质上是在延伸着腐朽封建社会对妇女的奴役，中国女人几千年来便受着"相夫教子"的道德教化，如果丈夫没有出人头地，责任在女人，这女人被认为不是贤妻良母。事实上，"男人有钱就变坏"在某种意义上有着其

不可逆转的自然性。

我们不妨将"变坏"的意义在此仅局限于各种形式的外遇，如嫖娼、"包二奶"、找情人等等。男性原本便是不甘于只与老婆做爱的，如果不出现外遇，仅仅是因为没有条件，而不会是因为他们不想。多性伴是从祖先古猿那里遗传下来的生物属性，人类的近亲大猩猩从来不与同一个异性发生第三次性接触。早在人类幼年时期，男人便被狩猎生活训练成关注猎物数量的动物，与此同时女人便被训练成只知道在家中带孩子的物种。现代社会的男性，当其还是个幼童的时候，他的性器官便会受到关注与夸奖，社会告诉男人：性欲求强、性能力强是男性的骄傲。所有这一切都使男人注定成为猎艳的种族，富有之后，压制在内心的潜在力量自然要去寻找宣泄的途径。所以，"有钱"仅仅是为男人"变坏"提供了机遇与条件，而不是"变坏"的根本原因。既然如此，做妻子的便实在没有什么良方妙法可以阻止丈夫"变坏"了。

新的经济时代，男人有钱变坏，女人原本是受害者。问题应该是如何保护女人，以及女人的自我保护，而不应该是教导妻子们做永远无法成功的努力。这只会增加做妻子的痛苦，使其无法从所受伤痛中解脱。

对于"变坏"男人的妻子，要学会自尊、自强、自立，不要把丈夫和婚姻看成生命与幸福的唯一寄托，应该努力去开创属于自己的快乐。这其实也是给所有女人的建议。什么时候，女人把丈夫看得太重要了，把男人看做自己生命的依靠了，她就离痛苦不远。

女人是与男人完全平等的人，应该有自己的人生追求，有自己成功的事业。甚至，女人也有"变坏"的权利。我们必须知道，没有哪一种权利是只属于男人的。当女人从男权文化的束缚下解放出来，从男人的巨大阴影下走出来，开创自己作为一个独立的、个人的、与男人平等的人的新生活时，哪里还会因为"丈夫有钱就变坏"而痛苦呢？痛苦的也许倒会是男人呢，因为男人被娇惯得已经没有适应一个独立女人的能力了。

八、可包容不可纵容

真正的爱是怎样的呢？

喜欢、理解、信任、支持、帮助、心疼、呵护、惦记……这些都是爱的表达方式，然而包容是最关键的。包容不但要接受爱人身上的缺点，像接受美玉上面的瑕疵一样，还要在爱人犯了些错误的时候，能宽宏大量，不去计较和追究。海有容乃大，爱有容才会持久。然而，许多人在爱的世界里却把握不住度，把纵容当包容。

爱一个人，就应该能够接受他（她）孩子气，无论年纪多大了，有时候仍然还是个孩子，还会淘气贪玩，还会犯一些错误，这时对方一般会原谅他（她）的错误，给他（她）改正的机会，还和原来一样爱他（她）。人在相爱的时候，会不由自主地宠着对方，无论对方怎么顽皮淘气、撒娇耍赖，自己心里都是欢喜的。两个人亲密无间的时候，会在对方面前毫无掩饰地展现自己的喜好及缺点，因为自己心里知道，无论自己怎么样，对方都是爱自己的，都会接受；两个人在亲密无间的时候，也会毫无道理地接受对方在别人面前拼命掩饰、却在自己面前暴露无遗的自然本色，甚至还为此有点沾沾自喜。爱一个人，就是把他（她）当成自己。

但是，有的人却掌握不好"包容"的度，一味迁就、放任，把宠爱变溺爱，把包容变纵容。包容，指的是宽大有气量，不计较或追究。纵容，指对错误的行为不加制止，任其发展。包容是指善意的，对对方是有利无弊的迁就；而纵容则是无原则的任由对方发展。

包容是善意的爱，纵容是不负责任。当包容超出了一定限度的时候，宽宏博大的心就会因为仁慈和善良犯下致命的错误，反而把自己推上受伤害的角色。你越纵容就受的伤害越多，而不是得到爱的回报，这样只能让爱在递减过程中很快走向灭亡的结局。所以，你过度的包容，已经不是爱，而是毁

爱了。

人，归根结底还是自私的，即使再爱一个人，在受到这个人一次又一次无休止的伤害的时候，爱也会慢慢减少直至不爱。

爱像生物一样，是动的、是活的、需要对方的爱作为生长壮大的营养；或者说，爱是互动的，需要两个人共同努力才会有爱情的精彩，一个人的独角戏，不是真正的爱情。

无论爱与被爱，都要有理、有节、有度。千万不要把自己的爱，由包容变纵容；也不要把对方对自己的爱和包容当纵容。

九、一退一进双人舞

爱是一场双人舞，和着节拍、随着旋律有进、有退、有旋转，偶尔松开手独舞才美妙。双人舞就需要配合，但和谐不代表迁就；一个人的弱点要两个人弥补，但宽容不代表懦弱。没有了配合和宽容就没有了和谐之美。

女人向后退两步时，男伴可以往前进两步，反之亦然，就像两人共舞一样。这种一进一退的和谐状态，是两性关系的基本节奏。

有时，两人会双双退后，再一齐向前，就像每段关系都会遇到双方无意付出，因而退后重新出发的情形。

跳舞时，女人会风姿绰约地滑入男人怀里，然后又款款离去。在一对成功的两性关系里，也可以看到同样的模式，女人会欣喜地投入男人的怀抱，待他做好准备后，再自他怀里旋绕而出，在他身边舞动，分享自己的感受。有时，男人在女人舞回他怀里时，会用双手环住她，让她向下仰倒。同样的，女人在分享感觉时，男人若能给予适度的支持，她就能一路仰倒至贴近的板，然后再体验到被挟持回来的畅快。

在跳舞的过程里，女士会自然地绕圈，男士则会留在原地不动。同样的，当女人在掏心吐肺时，男人以不变应万变，就会让她觉得自己的话被听

进去了。当然有时两人也会同时转圈，不过就像在舞蹈中一样，两人必须先分开个别舞动，然后才能再回来重新共舞。

跳舞时，男士会在带引女伴的过程里，享受到自主与自立的感觉；女人则借着支援自己的舞伴，满足她对合作与交流的需求。其实，婚姻也同双人舞一样，存在着进退的问题。

但至于如何进退，要靠多年历练的功夫。一味地前进前进，结果无非是踩了对方的脚，乱了优美和谐的舞步。有很多女人平常连一点小事都不知退让，她们总是坚持着自己的主张，而把要紧事抛在一旁不管，当然也有男人是这样的。聪明的女人就刚好相反，小事情她都忍让，要紧事则坚持原则。她很清楚夫妻吵架时，或多或少都有可退让的余地。

当然，让女人先道歉，自己却坚持己见的男人也是遇事畏首畏尾的。他会以妻子为对手来坚持己见，只想到有伤大男人的自尊。换言之，这种水准的男人，从一开始就不能将优秀的女人娶到手。但男人每次都要对妻子让步的话，这也是很没有骨气的，因为经常要去取悦一个糊涂女人，这男人还会有什么出息？最理想的情况，就是夫妻双方都能作出适当的让步。

可能一些大男子主义者会觉得先让步有失面子，而且也有可能会被妻子误以为真是自己错了。其实，在家中，没有绝对的对与错，也没有太多的"理"或"面子"，只有无限的"爱"和"情"。对于男人而言，女人嫁给你，就是让你去爱的。明智的妻子也不会在对与错上去一味地计较，她可能只是看你是否在乎她、爱她或处处让着她。或许你的一句"宝贝，我错了"就能让她破涕为笑。

既然选定了舞伴，就要相信她能舞的最好，没有信心又何必给她惊喜？当她舞得疯狂时你却止步，她摔得很重很惨却找不到原因，这一切只因你已止步。在婚姻中，独角戏唱得再好都无法与双人舞相比。所以，爱和婚姻都是双人舞，它的美皆因为两个人的密切配合。

第三节 围城的门与窗

一、围城也需门与窗

时光隧道有了门，社会便有了历史、现实和未来的界限，人们心里有了门，便有了戒备、提防和拒绝的意味。门关着，拒别人于门外，成阻隔的高山；门打开，可成沟通的渠道，让门内与门外合成一个世界。而婚姻这座围城，也需一扇门和一扇窗。

砸开门，圆明园被人一把火烧了，所珍藏的珍宝被洗劫一空，只剩一个残破的门框孤零零站着；打开门，在我们睁大双眼看世界的同时，世界也以惊奇的目光回应。天堂和地狱是同一扇门，门这边，是革命家、思想家、哲学家的炼狱；门那边，是平庸者闲适、懒散的天堂。后门开了，前门就闲置起来，有些人觉得这是罪恶，可有些人却觉得那是希望。

而窗，它与门不同，它是一个特别的对象。它是有形的，也是无形的。它可谓是房屋的眼睛，当屋子有了窗户，里面的人可以看见外界，外界的人也可以看见屋内。有了窗户，屋子就有了生机。如心灵之窗、文化之窗、行业之窗、形象之窗、社会之窗、国家之窗等，这些都是无形的，每个人的心上也都有一扇窗。

有的人开着窗，所以他的心是亮的；有的人关着窗，所以他的白天也是黑夜。一个人生活在阳光中或是生活在黑暗里，取决于他是否找到了心窗的钥匙，是否把窗打开。婚姻这座围城也是，幸福的婚姻一般都有一扇通风透气的窗。

透过文化之窗，我们可以看见刀耕火种的史前文明，战火纷飞的朝代更替，气壮山河的纵横捭阖，舒缓闲适的浅吟低唱；透过行业之窗，我们可以

看到学生为未来大展宏图寒窗苦读，农民为秋天硕果累累披星戴月，工人为民族振兴夜以继日，商人为利益终日奔波……透过婚姻之窗，我们可以看见自己感情深处那片广阔的、或明或暗的天空，以纠正昔日倾斜的脚步，一步步走向幸福。

虽然窗户与门一样，既封闭，又开放。但门和窗却有不同的意义。门，是家与社会的区隔，也是家的颜面。窗打通了人和大自然的隔膜，在家中扮演着不可或缺的角色。有了门，我们可以出去；有了窗，我们可以不必出去。门许我们追求，表示欲望，窗许我们占领，表示享受。这两样东西都是在完全的开放与完全的封闭之间的一种妥协，或者是一种智慧的选择与转圜。

窗口可以窥看外面的世界，眺望远方的风景。门则比窗口多了一份自信与宽容，它意味着沟通与融合的可能。打开的门可以将两个不同的世界与空间沟连结合，关上门则立即将一切拒之门外。门是可以完全开启的，比之于窗，它有开启的钥匙，而钥匙是会丢失或遁形的。

在某种异常的环境中，叩门与开门均需勇气与智慧。不得其门而入是无奈，为门窗所困则是悲哀。门窗让人在完全保护自我的情况下可以了解外部的世界，既要保有自我又要拥有世界，则必须打开门，仅开着窗，你可能永远只是看到路人与不可信任的人，而有了门，你则可以找到伙伴与朋友，你的世界也会更加丰富多彩。

红囍书

相关链接：

现代婚姻使夫妻关系网缩小

美国社会学家葛斯特和沙基香发现，婚姻经常导致与周围关系缩减。他们进行的全国调查显示，与未婚和离婚者相比，已婚男女比较少与亲人同住，或是探望、打电话、写信给亲人。已婚男子情况更显著，连与父母联络都得靠太太。过去的婚姻是为了扩大人际关系，现代婚姻却使夫妻缩小了关系网。

离婚者与周围的关系比维持婚姻的人强，但比不上未婚者，显示出在婚姻关系解除后，因结婚而与亲人和小区减少往来的影响都未能完全消除。研究结果发现，未婚者与朋友往来的频率，比已婚男女高出一倍以上，也更能与邻居交往。

但有年幼子女的已婚男女是特例。由于他们经常向亲友和邻居求助，因此容易融入由交情和义务形成的互惠关系网。但是，这些夫妻与没有子女的夫妇同样面对"婚姻的惩罚"，与朋友和邻居相处的时间很少。

此现象可能与现代婚姻当事人财务状况的改善有关。家庭更为独立自主，就不太需要别人的帮助，对他人的义务感也跟着减少。

二、蓝颜知己与心窗

有人说，蓝颜知己就是比爱情要淡、比友情要深、比第三者要清白的一种男女关系。从表面上来看，我们似乎看不出蓝颜知己与心窗有什么干系，但是，如果从婚姻这座"围城"来看，其实，蓝颜知己就像能够照亮我们心灵的一扇窗户。

一个女人，不管你已婚或未婚，你再坚强也会有脆弱的时候；不管你的婚姻生活再幸福美满，你也会有几许失落的时候；不管你的骨子里有多么骄傲的成分，也会有在男人面前低头的时候。

其实，作为女人，我们不要否认自己不需要有一个懂你的蓝颜知己，也不必为了老公的面子而说自己没有蓝颜知己，每个女人都希望有那么一个男人，他不需要有多英俊与潇洒，不需要有多深的学识与才华，更不需要拥有一大笔的钱财，他只需要有一颗善解人意的心，能在你情绪低落的时候为你说个笑话逗你开心；能在你烦恼忧愁时为你排解一切的不痛快；能在你最伤心甚至是落泪时轻轻拍打你的肩膀安慰你，给你递上一张擦泪的手帕；能在

你最高兴的时候一同分享你的喜悦。

对于女人来说，遇到一位蓝颜知己也就找到了一份沉沉的依恋。无论你在哪里，若你流泪，先湿的总会是他的眼。这种心甘情愿为你分担苦恼、没有性别意识、只欣赏和尊重你思想的男人，我们称之为蓝颜知己！

所谓的蓝颜知己，他不是婚姻这座"围城"的一个不该存在的洞，而是"围城"的一个窗户。通过它，我们不但可以打开"围城"与外界的天空，让清新的空气自由流通，同时也能让我们的"心灵"不必"出去"就可以在窗内观望窗外的世界。

蓝颜知己！他不是老公，也不是情人，但比朋友更亲近一层，这是一种男女间的第四种情感，这种感情与性无关，与爱情也无关。它是储藏在心底，游走在男女双方之间的精神领域的一种最纯净、最温馨、最值得留恋与回忆的情感。

其实，女人寻找蓝颜知己，更多的是在寻找一份心灵寄托和情感倾诉，或者是在寻找一个人生导师。一般情况下，蓝颜知己会比女性的年龄大些，成熟稳重，人品过硬。他虽然不是爱人，但有时比爱人更能让你心动；他也不是朋友，但有时比朋友更能抚慰你脆弱的心灵，支撑起女人骨子里的自信。这样的知己也许是女人精神世界里最亮丽的一道风景线。

然而，一个合格的蓝颜知己首先应该品质高尚，不要对女人有非分之想，稳定好自己的婚姻也是最重要的前提；其次要有广博的知识，让女人开阔眼界，丰富知识，增长见识，并给她心灵上的安慰；另外还要有很好的沟通理解能力，善于倾听和包容女人。女人选择蓝颜知己一定要坚持宁缺毋滥，否则反受其乱。

当然，如果你的老公本身就是一个合格的蓝颜知己的话，这是再好不过的了，那你也完全没有再寻求蓝颜知己的必要了。但是，作为丈夫，如果你做不到这些，也没有必要去干涉妻子与蓝颜知己的交往；作为妻子，如果他愿意，不妨也可偶尔带他见见你的这位"人生导师"或者说蓝颜知己，大家一起商谈些问题等，让他也能够真正地了解你的蓝颜知己，从而对你们的交往能够不再存有戒备甚至抗拒心理。如果丈夫真的爱自己的妻子，就应该想尽一切办法给她快乐的生活。从某种程度上说，她的快乐也会间接地影响到你，甚至整个家庭的快乐。如果在没有违背原则和背叛感情的前提下，能让你的家庭更幸福、快乐、和睦，为什么我们不可以这样呢？

女人寻找蓝颜知己与男人寻觅红颜知己也不同，男人的红颜知己当然要相知，更重要的是男人还渴望一份红袖暗添香，有些精神之外的非分之想。女人对蓝颜知己，一般是没有这种欲望的，感情纯洁而美好，彼此可以拉着手在舞场上跳舞，但手指间却不会轻易传递任何男女间的复杂感情。床上的两性关系绝不是女人寻找蓝颜知己的主要动机，有"心可以漫游，身不可乱动"的境界。

好的蓝颜知己是可遇而不可求的。再说，一个男人如果可以达到一个蓝颜知己的修养和水准，那么，他也一定很不简单了。人生得一知己足矣，其实后面应该加一句——特别是蓝颜知己。如果哪个女人有幸遇到了这样的知己，千万要把握住！抓住这属于你一生难得的缘分！

三、在红旗与彩旗之间

我们有时会听到这样一句话——"家里红旗不倒，外面彩旗飘飘。"

当然这是给予某些在感情和婚姻上不负责任的男人的评说。这里的"红旗"，我们也都知道她所指的对象是家中的妻子，"彩旗"指的是情人。

这里的"彩旗"永远只能被挡在"围城"的门外，见不得阳光，更无法在公众场合高高飘扬。在婚姻内部，伟大的爱情有时就是被这面"围城"门外的"彩旗"搅和成一盘乱局的。而"红旗"，却是这座"围城"的主人，她掌管着这城门的钥匙，出出进进永远没有任何人能够干涉。

"红旗"是"城门"的主人，而"彩旗"永远与"围城"无关。

波斯纳，被莱西格誉为"世界最有影响的法学家"，曾在《性与理性》中说，质量之需求本身就是婚姻的一个正函数。当人们挣钱更多时，他们并不只是购买更多的汽车，他们购买的是更好的汽车……我们也许会类似地推想，收入上升会在其他因素保持不变时减少一个社会中性活动的数量，而增加其质量。这也许是伴侣婚姻增加的一个重要原因。

当然，随着经济收入和修养、素质的提高，人们所追求的生活质量也会提高，而婚姻也是。作为男人，他会寻找一位更优秀的妻子，作为女人，他会寻找一位更优秀的丈夫，而不是多个情人。感情的泛滥并不是为婚姻打开了一扇门，让城内的空气得到了更好地流通。

我们都知道门的作用——打开或关闭。打开是为了主人出入方便，或者为了城内更好地通风透气；关闭是为了挡住外界不良的袭击，或盗贼的入侵，以及抵御风寒。

婚姻这扇城门，不管是关闭还是打开，它都是为了城内的主人考虑。面对不利于婚姻和谐的元素，它需要关闭——因为只有关闭了这扇门，才能更好地保护主人的安全；当遇到有利于婚姻幸福的元素，它需要打开——因为只有打开这扇门，才能让婚姻充满无限的活力或生机，才能让婚姻更加和谐与幸福。

很显然，"彩旗"，它不是有利于婚姻和谐、幸福的元素，它与蓝颜知己或红颜知己是两个完全不同的概念，在蓝颜知己或红颜知己那里，没有性的背叛。

其实，说白了，一部分男人找情人大都是为了性，还有那一份见不得阳光的虚荣。这些人误以为找个情人就是冲出了"围城"，既可以在外面透透风，排解一下"围城"内的压抑，又可以稳定住自己的"围城"不被他人侵犯。实则不然，现在不是昨天，在女人越来越能够独立的今天，许多有智慧、有头脑、有能力的女性，她们离开男人照样可以活得很潇洒，她们也不把婚姻看成活下去的唯一精神支柱。当你不在乎她的时候她们也不在乎你，

红
囍
书

这时候尊严最重要！一旦发现你背叛感情，不与你闹个天翻地覆才怪。最后，也许你只落得个妻离子散情人跑，当然还有身边的嘲笑和属于你的漫长的黑夜，现实中这样的例子不少。在情感的高空走钢丝——大多数男人现在还没有这么高的水平。当然如果你能够在"围城"外玩到绝密的状态，而且还能够稳固住你的"围城"，专家都会服你。不过，"世上没有不透风的墙"……

所以，一夫一妻制在综合社会、法律、道德等多种因素的前提下，还是比较科学合理的。除了法国第一夫人布吕尼在全世界公开叫嚣一夫一妻制有点沉闷外，很多人还是鼎力维护一夫一妻制的，甚至包括那些在情感的高空走钢丝的人。毕竟，人渴望刺激，但是，人更渴望安全与稳定。

故此，愿见不得阳光的"彩旗"不要再去为了装点别人的虚荣而出卖自己的自尊！你完全可以成为自己婚姻中那面高高飘扬的"红旗"，只要你冲破那道社会、道德和法律都鄙视的"门槛儿"。

第六章 『围城』怎样才能不『围』

第七章

在婚姻的最深处

第一节 婚姻边缘的词汇

一、理智与激情

真正的爱情，都独特地交织着从低级范畴到高级范畴的不同的心理因素。理智与疯狂、感情与思想是按照美的规律和社会生活的准则结合在一起的。它们紧密相联，形成心理的和谐，构成完整的感受。

奥地利作家茨威格说：斯汤达是遵循古老的波斯美德的，对于狂喜的心儿在它陶醉时倾诉的一切，总要清醒地去思考。他是自己情欲的奴隶，而且很忠心；因为他有理智，他又是自己情欲的主人。要懂得自己的心，给自己隐秘的情欲带来新鲜的诱惑，并用理性来测量它的深度。无疑，在爱情生活中，情感放纵无度会引起灾难性的后果。然而，过分冷静的思考，缺乏感情冲动，也可能使人的心理变态。这两种极端对爱情的发展都会产生消极影响。

当理智与激情相遇，必然要给激情让路，然而，失去理智控制的炽烈感情会把心灵烧毁。因此，莎士比亚在长诗《维纳斯与阿都尼》中警告人们说：情欲就像炭火，一定要使它冷却，不然那烈火就会烧焦你的心。

弗洛伊德曾经把情感比作马，把理智比作骑手。他否认历史上人的思想和意识的巨大作用。他认为，社会生活及爱情的发展道路是由那匹马本身决定的，这就是说，是由无意识的本能和情感决定的。但理智并非英国作家梅恩·里德《无头骑士》中的主人公，可以不管那匹烈马随便把他带到哪里去。

同时，我们还要看到，人的爱情表现机制包含着思想和情感、意识和潜意识、文化修养和本能等，具有综合性质。它坚强而稳定地站在人这一系统

红
囍
书

的制高点上，而非脱离必然的范围随意地选择路线和方面。它具有照亮人性格的非理性深渊、暗中察视生活的秘密、及时地发出危险警告、纯洁情感，使它更富于目的性、更深沉而且富于理性的高尚的能力。

人是世界上最高级的生物，有着非常复杂的自我调节系统。费尔巴哈说，人性有理智、意志和心灵这三个显著的标志。即所谓神圣地通过抽象方式反映了一定的社会现实的"三位一体"。

因为有这几种力量，人才变成了"统一体"。因此，应把这些力量看做起决定作用、占统治地位而给人活力的源泉。世界上没有盲目的非理性的爱情。也就是说，理智必定有爱情，而爱情也必定有理智。

拉达克里希南在《印度哲学》一书中曾说：理性的存在告诉我们，有一种高于一般自然的东西，需要把我们的自然存在转变为有思想、有目标的人的存在。由此看来，人类的理性对情感起着决定性的作用。

二、自由与束缚

关于爱情、自由与婚姻，恩格斯曾有一句精辟的描述：要普遍实现婚姻的充分自由，必须要消灭资本主义所造成的财产关系，并消除当前对选择配偶影响的经济问题。这样，除男女之间的相互爱慕外，就不会再有别的目的了。

在爱情上，男女的自由就是各自按照理智和本能、直觉和个人评价，命令自己挑选爱情对象的权利和可能性。这也是各人按照自己对社会责任的认识，决定自己爱情的持久程度和强度的权利及可能性。

由此我们可以看出：解放人的感情是进一步解放思想的重要任务。

恩格斯说，自由是借助于对事物的认识来作出决定的能力，但它也反映了个人的尊严和自我意识的许多方面。或者说，由所有条件的总和决定的一个人的内在能力叫做自由。

但是，自由并不是随心所欲。鲁宾斯坦认为，自由具体表现在：其作为个人的自我决定的多种行动；作为社会不逼迫的自由；作为控制自己欲望的特别表现。在这三方面中，都分别具有表现为某种"个人主动性"的自由。这种自由是一个人进行反省和检验的权利，是他为自己的行为准则承担责任。因此，这种关于自由的描述指出了它在历史进程中培养个性方面的重要作用及其社会意义。

　　在现实生活中，自由与爱情始终密切地联系着。男女关系之间的自由是政治自由水平与实现爱情的直接联系。前者涉及内部条件，后者则与外部条件有关。可见，占优先地位的是客观的具体历史环境。

　　政治自由使爱情具有实现的可能，它是社会发展水平的标志。它赋予人平等的权利，降低社会悲剧出现率，减轻部分人对另一些人的经济依赖，减轻部分人对另一些人的统治程度。自由要创造有利于各种形式的感情交往的气氛，这是必然的事情。并且，还符合较高水平的精神文明。

　　随着标志较高级社会形态的政治自由制度的发展，人用于个人活动的自由时间就相对增多。有了自由，无论恋爱或不恋爱，男女们都可以更密切地相处，丰富自己的感情修养。

　　爱情！它是对意识屈从、阶级专制、人剥削人、社会压迫和私有制的否定。它在完成重要的社会职能的同时，又是表达人的个性的因素。在个人自由中有极其重要的作用。

　　自古以来，爱情就是人人平等的宣言书和倡导人道主义的序曲。在弱肉强食规律的气氛中和对抗性的阶级中，它只有死路一条。只有在一个文明、平等、和谐、自由的社会制度下，它才能在精神上真正地丰富起来，成为使人获得自由的新型社会关系的不可或缺的重要组成部分。

　　在资本主义社会，人的亲昵感情都是有约束的。女性选择爱情对象时往往受到这样或那样的限制，她不得不无奈地压制自己的激情。婚姻如商业一样也是金钱交易。社会主义制度让竞争和利润的残酷规律，不再像在资本主

红
囍
书

义制度那样激烈。人道主义有着广阔的发展空间，尽管社会压迫的形式是多种多样的，但都会永远地消失，而使女性成为与男性有平等权利的社会成员。她们战胜过去的压迫而与男性并肩奋斗。她们会参加革命的实践、精神生产和物质生产，参与社会生活各个领域的管理。

千万年来的社会差别消失了，然而，在恋爱男女双方的相互关系中，已产生的爱情是有利于达到双方的平等，还是会引起一方压迫另一方呢？对这个问题的回答往往是矛盾的。

屠格涅夫在《烟》里指出："男性软弱，女性有力，即阴盛阳衰，机缘的威力更是无穷。安于淡泊的生活难度是很大的……这里有光明和温暖，有美貌和同情……怎能抗拒得了呢？你就像婴儿扑向保姆那样奔过去……反正免不了要落入谁的手里。"

这种诱惑就像铁屑投向磁石般无法避免，直到有一天，死亡来为他们解脱。既然男性像铁屑，女性像磁石，那么，男性就无法表现出自由的意志了。于是，两人之间的平等变成了名誉上的存在。可是，男女之间也有互换位置的可能而形成相反的情况。男性也可能把女性相反的自由意志压制着。在封建家庭中，在传统的一夫一妻制中，这的确是存在的。而真正深厚的爱情却在逐渐将这种不平等消灭，从而推动情人互爱的自由意志。在交往过程中，亲昵感情越深，这种客观趋势就体现得越明显。

正如罗素所说："只有爱情自由自在时，它才可能茁壮成长。只需一句话：你爱某个人，你就能深深地恨他（她），将你爱的程度转为恨的程度。"爱情关系使男女双方都承担责任。这其中必会无法避免地出现一个人对另一个人的承诺而使他们的自由意志遭受限制。

可是，当男女双方感受到完满地亲密地融合以至彼此不分你我，于是，这种从属就具有了另一种性质。因为愿望、兴趣一致，调整行动的那些做法就不再像从外部注入的东西那样，而把强制性丧失了。于是，责任就转让成了自由意志。在他们的共同生活中，双方共同协调自己的行动，朝着共同的

理想努力。

爱情绝非相互关系中纯粹的舒适宁静，在有些场合，一方的意志与另一方意志并不符合。这种个性差异是很自然的。然而一旦爱情存在，双方的愿望在共同的主要问题上就总是相近或一致的，否则就越不符合，爱情就越显得退化。相互承担的责任就开始向自由意志的限制转化，这就是男女之间爱情慢慢破灭的过程。对个人本性的挤压和限制使爱情得不到真正的发展，相互关系的自由逐渐变得不自由起来。

然而，就算是互爱双方的自由，也不是怪僻任性、为所欲为的。自由在对两性关系、两性的社会职能和必然性的范围内是有限度的。由于自由的本质往往与客观的历史必然性、个人的发展过程及交往的正常形式相联系，超出上述限度就等于脱离了真正的自由。

关于自由、爱情与婚姻，车尔尼雪夫斯基的小说《怎么办》中的主人公罗普翟夫对薇拉·巴甫洛夫娜说出了一句经典的话："爱一个人就是希望和他一起幸福。然而没有自由，幸福就无从谈起。你不会爱我的束缚，我也不会爱你的束缚，倘若你由于我而受到束缚，你就会让我痛苦。"

在人与人相互关系的从属性中，社会自由的发展是有一定作用的。从历史上看，社会自由的范围表明爱情得以实现的可能性。爱情利于精神文明发展，利于人们明智地利用自由。

自由与爱情之间，有着深刻的、必然的社会联系。两者互相充实，彼此渗透。假如没有相互尊重和自由的气氛，爱情就不存在了。但倘若男女双方都尊重彼此的自由，爱情就可以幸福地长期维持下去。这是由于这种一致范围内的相对自由能促进感情加深。

三、性压制与好奇心

"愿望的力量是与禁令的严厉程度成正比的。回避绝对自然的东西，就等于加强对它的兴趣，并且越是回避，就越是病态地加强。"这是英国哲学家罗素关于禁欲主义的一句经典表述。

现实中大量的医学资料也已表明，智力停滞、精神受到创伤等症状，多是由于长期节制性行为导致的。长期节制性行为，甚至还可能引起神经官能症及其他一些神经心理病症。历史上多有记载，这种病在中世纪欧洲的修道院里十分普遍。

翻过一页页性的发展史，我们可以看到，无论是在道德上还是法律上，这类守则规定得越严厉，性的诱惑力所引起的痛苦就越强烈。通常来说，宗教狂热分子都完全丧失了人的感情上的需要，他们脱离生活，思想残酷，根本不懂得生活的美妙和乐趣。

狄德罗在《修女》一书中描绘了主人公因为保持贞洁而引起的思想变态。他认为：人生来是要有伴侣的。假如夺走了某人的伴侣，将他隔离起来，他的神经就会失常，性格就会变态，他的心头就会升起多种多样的激情。

人们经常可以看到：一个男孩爱上一个女孩，或一个女孩爱上一个男孩，他们在心中痴痴地、火辣辣地爱着对方，爱得面红耳赤，但从来没有过身体上的接触。从这一点看来，柏拉图式的爱情还是存在的。

到底有没有不是在性欲基础上产生的爱情？一个人在没有尝到性的滋味儿以前，是否能体验到爱情？从科学的角度讲，前者的答案是否定的，而后者的答案却是肯定的。研究也表明：再崇高的爱情也有肉体的接触。

在今天，尽管人们摆脱了中世纪封建主义的桎梏，可一谈到性，人们还是会感到害羞。修道士们宣称，虽然性行为被婚约视为一种生命所需，传统的罪孽被丑恶地神圣化了。这种"罪孽"也只有在精神检疫的条件下才可能进行。似乎爱情的产生将使人们以一种特殊的仪式来亵渎人的圣洁性。

人的精神是与肉体作为统一物而存在的，因为这种对立的统一，才产生了和谐。可是，笃信宗教的人和神秘主义的信徒们总是对人自然的体验和感

情进行攻击，对人性的虚伪，他们却加以保护。

在19世纪末20世纪初，中世纪宗教的虚伪并没有被文艺复兴和资产阶级革命完全粉碎。那种对创造生命的自然规律的禁欲主义及其对性的诅咒仍笼罩在人们的头上。在文明的欧洲，庸人们还能感到新约书里的那种腼腆和羞答答。那些被教会革出教门的人，仍然要俯首帖耳地去忍受已经逝去的时代的残酷批判。一些卫道士们甚至认为：他们的神圣职责，就是不让人们的眼睛和思想受到肉体的诱惑。

在第一次世界大战前的维也纳，人们的私生活常常受到半市民半贵族式的所谓道德的严格限制。为了运动而穿上一条长裤也被看做女性的罪过。倘若必须要提到"裤子"一类的词语时，她们只能文静地用"上衣"或更含糊不清的词语来代替，甚至在词典中也完全删除了能让人联想到肉体的那些词汇。要忍气吞声地承受这些历代遗留下来的虚伪道德的折磨，似乎是被注定的。由于害怕肉体会做出某种罪恶的勾当，便造成了一种进行监视的不信任的气氛。与异性出去游玩，要在有人监督的情况下才能实现。

维也纳的姑娘们穿着连衣裙，裸露着手臂打网球，也被看做不成体统。如果女性在别人身边或架着腿就坐，也会被道学先生们骂为大逆不道，因为那样，常常可以从裤下或裙下看见她们的踝骨。女性们裸露的皮肤甚至不能与阳光、空气和水接触，她们在大海里游泳时，也要穿着一身笨重的游泳衣。女学生们在寄宿学校和修道院里洗澡时，也要穿着长长的白衬衣，以使她们不想到自己的躯体。老妇人死了，除了她的丈夫和殡葬人外，其他任何人都不能看到她的身体。无论是上层社会，还是底层平民，都有这种对肉体的畏惧心理。

其实，这种对人的肉体的道德上的歧视，是在天主教的布道、诅咒和传统的直接影响下造成的。这种对肉体诱惑力的不公平对待，使它们往往还以报复。那种秘密，也往往会唤起某种病态的遐想或不健康的好奇心。在青年人的身上，可以看到某种潜在的超自然的感应能力。由于不让他们与异性接

红
囍
书

触，不让他们了解必要的性知识，他们就会变得好色，不断地在心理进行
"爱"的幻化。为此，奥地利著名作家斯蒂芬·茨威格说，这种遮掩手法最
能加强、最能刺激好奇心了。

第七章 在婚姻的最深处

第二节　爱情之外还有爱

一、爱情之外的另一种爱

"爱一个人就是关心一个人、心疼一个人。爱得深了，潜在的父性或母性必然会参加进来。如果只是迷恋，并不心疼，这样的爱还只停留在感官上，没有深入到心窝里，往往不能持久。"这是作家周国平关于爱情的一段经典语录。

人成年之后为什么渴望结婚呢？实质上就是渴望在离开生育我们的这对父母之后，再找到另一个母亲或父亲，以便接着续那未了的恋母情结或恋父情结。人类是情感动物，一刻也离不开情感的呵护。

恋母或恋父情结通俗地讲，是指男性或女性的一种心理倾向，就是无论到什么年纪，都总是服从和依恋母亲或父亲的欲望，也就是在心理上还没有断乳，这是大多数人都有的一种心理情结。

精神分析学家弗洛伊德提出，女儿对父亲都有一种特别的感情。的确，有些女人在寻找另一半的时候，都会不自觉地在异性身上寻找自己父亲的影子。很多女性朋友表示，和她年龄差不多的男生，她看都不想看，她就喜欢比她大的，而且要看上去很成熟的，让她觉得很有安全感。其实，女性大多在骨子里都渴望从丈夫身上得到一种爱情之外的父爱。

不仅仅女人是，男人更是。许多已婚男人也都渴望从妻子那里能够再找到一种母爱。在许多人看来，这好像是一种变态心理。而事实上，弗洛伊德最初提出这一概念的时候，并没有把它当做一种心理问题，而仅仅是一种心理现象，而且是每个人都要经历的心理历程与心灵体验。也就是说，恋母才正常，不恋母才反常。

红囍书

也许是由于这个原因，主流社会对恋母的误识导致恋母情结被污名化，所以男人不敢为自己辩驳。于是，提起恋母我们便带有对男性的歧视色彩。实际上，不仅男人恋母，女人也恋母。

其实，恋母情结仅仅是用来指称儿童在成长阶段对于母亲的亲昵感、依赖感与留恋感。我们都是喝母乳长大，更重要的是，人是一种幼态成熟的动物，也就是说，人的幼年成长期特别长，对于母亲的依赖期特别长，这就使得我们的精神世界一生都与她们密不可分。

社会的传统习惯赋予了男人更多的责任和负担，但殊不知男人有时是很脆弱的。大丈夫们不仅需要妻子的情爱，也需要她天性中流露出的母性的爱。女人，不仅是妻子，某些时候也是男人的“母亲”。在情感的世界里，在爱人的怀抱里，男人再大也是个孩子，当然，女人再坚强也是个小鸟依人的小女人。

有位男士，他妻子比他小十几岁，他不能从她身上获得母性的关爱，反而她对他的倚赖更像他的一个孩子。他在与一位朋友谈话时说到：“我现在等于抚养两个孩子，特别累。很想能找一个年龄大点的女人做朋友，把工作中遇到的烦恼、麻烦向她倾诉。”因为他不能对他的妻子说，她不理解他。他很想有一个在思想感情上更成熟的女朋友，能够倾听、理解和安慰他。他需要的恰恰是母性的这种情感和胸怀。他为此感到苦恼，怀疑自己道德上是不是出问题了。

这也不是什么道德问题，是大多数男人的正常心理。中医上讲的“缺什么，就补什么”其实就是这个道理，人的心理的缺失，也是这样。有一位年轻男子和一位老女士的恋情就是如此。这个老年女士的老伴儿在几年前就过世了，她没有孩子，当然也没体味过做母亲的滋味。这个比她年轻得多的男人是她的邻居，经常照顾她，这其实也是人之常情。他可能唤起了她做母亲的感觉和她内心深处母性的爱，她因此而获得心理上的满足。

在别人眼里这种爱的形式好像是怪怪的，可对他们是好事，只是一般世

307

第七章　在婚姻的最深处

俗的眼光看不到而已。再说，人家又没有妨碍我们，我们要理解、尊重别人选择与我们不同生活模式的权利。

但是，无论我们怎样试图转移我们对父母的依恋，总有一些情感是配偶无法代替的。不同仅在于，对于不同的人来讲，这可以移到配偶身上的恋母或恋父的能量有多有寡。

作为妻子，如果能正确理解丈夫的恋母情结，并给予丈夫以母亲般的关爱和呵护，让他在疲惫时有你温柔的胸怀可以消解，在受伤时有你的安慰可以疗伤，在委屈时有你的倾听可以让他倾诉，给他超越爱情的母爱，也许，你们的婚姻会更加幸福绵长。当然，男人也是。可爱的女人是用爱滋养出来的，当男人用炽热的爱将妻子包围，妻子的款款柔情也会将丈夫融化。

在幸福的婚姻中，爱情都会升华——从爱情升华到亲情。如果爱到那浓得化不开的亲情的分儿上，如果一位丈夫能把爱人之爱、兄长之爱和父爱三者集于一身去爱自己的妻子，一位妻子能将爱人之爱和母爱集于一体去爱自己的丈夫，也许金婚对每一对新婚夫妇来说，都将是一个不远的梦中之美梦！

二、爱他也爱他身边的人

婚姻生活不等于"我"加"你"，一个和睦幸福的家庭不是一个简单的二人世界。除了丈夫和妻子，和婚姻生活息息相关的还有双方的父母、朋友、同事等。

这些身边的人，也与婚姻生活的幸福、和谐有着密不可分的关系。其实，婚姻生活是一个以夫妻二人为圆心，以身边的各种关系网为半径的圆。

双方的父母没有彼此之分，不管是男方的还是女方的。如果没有他们，就没有你和爱人的生命和未来，当然，也更不会有这一段千年一遇的美好姻缘。再退一步说，即使父母给了我们生命，如果没有他们那浓于水的血肉之爱，可能，我们也不会走到今天，在这个美好的世界上与自己心爱的另一半相遇、相爱，直到最后走进婚姻，组成一个新的家庭，让生命在这个家中继续延续。

从这个意义上说，第一应该感谢的就是双方的父母亲，他们才是他（她）与你身边最亲近的人。所以，爱他们才会让你爱的人感到你的博爱和伟大，这是爱的延伸。工作之余常回家看看他（她）家中的父母亲，与他们聊聊天、谈谈心，给他们说说你们工作中的快乐和收获；每逢节假日或定期给他们打个电话，问问他们需要什么，送个节日的礼物，道声节日的问候，也主动给他们定期买一些需要的东西。

当然，关怀和爱有时也不仅仅是物质上的，老人精神上也容易感到空虚和孤独。因此，平时也要多关注老人的心理，抱着理解的态度与他们多交流，多安慰他们。医学研究表明，唠叨可以排解老人心中的压抑，对他们的身体健康很有利。所以，如果有机会，我们就多听听他们的唠叨，并且鼓励他们多唠叨。如果你很爱爱人的父母，他（她）肯定也会很感激你，并会加倍地去爱你。

身边的同事、朋友也是影响双方事业发展和家庭和睦恩爱的一个重要因素。女性也要多锻炼自己的社交能力，以辅助丈夫搞好社交，使丈夫能够在事业上游刃有余。当然，丈夫也要在妻子的同事和朋友面前尽到一个好丈夫的职责，做到宽宏大度，对妻子体贴关爱。

爱人的亲朋好友也是你的，夫妻在结伴出入公开场合时，都要扮演好一个好"助理"的角色。对爱人的上级要表现出一定的尊敬和爱戴，做到谦虚谨慎，不出风头，彬彬有礼。对同事和朋友也要表现出适度的友爱、大度、涵养。当然，也要给爱人足够的面子，一定不要在众人面前给爱人难堪，更不要蛮不讲理，因一点点小事就大吵大闹。如果有合适的机会，当然在外人面前故意秀恩爱也不是不可以，但要分清场合和情景。

当朋友或同事来家中拜访，做妻子和丈夫的都要表现出热烈欢迎之意。

毕竟，多个朋友多条路，朋友多了路好走。不管什么人，想要在社会上生存，就必须靠朋友来帮忙。有的朋友也不见得能帮你什么忙，甚至还会一时拖累你们，但每个人、每个家庭都会有低谷，我们不能因为朋友一时的困难就将其排斥在外，患难时见知己。谁也不能保证自己的一生就一帆风顺。

因此，只有那种懂得如何处理好爱人的亲属、上司和朋友之间的关系的妻子或丈夫，才能让爱人在外的评价不断提升，同时自己与爱人也能享受到无比的幸福。这种爱情之外的博爱是让爱情恒久、婚姻美满、家庭和睦的重要因素。

第三节　百年好合铸金婚

一、从鸟游戏悟金婚

一家名叫赫利克斯的公司耗时3年，总投资8500万美元，并通过问卷调查全球50万对金婚老人，开发了一张针对成人的大型游戏软件。这个软件的名字就叫《别让那只鸟飞了》。

在这一游戏中，那到底是一只怎样的鸟儿呢？

一位曾经亲自玩过此游戏的网友说，在她和先生结婚10周年那天，一位移居加拿大的朋友寄来一份礼物：一张游戏光盘，名字叫《别让那只鸟飞了》。因没有玩游戏的习惯，就把它当做一份纪念品收藏了起来。

一天，她8岁的儿子在书房里发现了这张光盘。玩过之后，儿子对她说："妈，这里面有一只鸟，弄不好就会从窗口里飞走，一飞走，游戏就砸了。"在儿子的提醒下，她打开了计算机，执行那张光盘。

游戏打开之后，映入眼帘的是一栋具有皇家风范的豪宅。豪宅里各项生活设施应有尽有。游戏者进去之后，可以以主人的身份在这里生活。你想打高尔夫，可以去高尔夫球场；你想看书，可以走进书房；想喝咖啡，可以让仆人给你送去；想举行舞会，可以邀请包括马丹娜在内的100位世界级影视明星；想去旅行吗？车子就在门口；上了车，沿着门口的路，你可以去埃及、法国、中国等世界任何一个地方……总之，在这里，你可以按照自己的意愿想怎么样就怎么样。

但与现实不同的是，这栋豪宅里有一只鸟在飞，它嘴巴叼着一只篮子，从客厅飞向卧室，又从卧室飞向书房，飞向餐厅，飞向豪宅的每一个房间。这只鸟有一个特点：不论你是外出旅行，还是在家读书，或是在公司处理商

务，你都不能忘记往这只鸟的篮子里放东西。假如你忘了，到了一定的时间，它就会从某个窗口里飞出去，这时，屏幕上就会出现一个画面：豪宅倒塌，野草丛生；夕阳下，一个孤独的身影慢慢地消失在黑暗中。

那么，该向那只篮子里面放些什么呢？游戏里有一份菜单，那上面有包括金钱、花朵、微笑、哭泣、亲吻在内的152种日常用品和日常行为。是赫利克斯公司耗时3年，从全球50万对金婚老人那里征集的，每一件东西，每一个行为都按照这50万对金婚老人得票数，被赋予了不同的时间价值，有的代表1个月，有的只代表3分钟。至于哪种代表1个月，哪种代表3分钟，上面没有明说，得完全由游戏者根据自己对它们的认知来判定。这个游戏曾经迷住了好多人，也有许多人在知道有这样一个游戏之后都说很想玩一玩。

这位网友说，起初，由于不知该向鸟儿的篮子里放些什么，所以那栋豪宅经常被她弄得从屏幕上消失。有一次，实在是不知该怎样伺候它，就随便挑了一个吻放在篮子里。结果大出意外，它竟然让她在书房里看了整整一下午的书，有几次它甚至还把篮子放在她的书桌上，然后自己跳到里面打一个盹。还有一次，这位网友在送给它一个亲密的拥抱后，就去了墨西哥的古玛雅城市遗址奇琴伊察。这次更出乎她的意料，半个月后，她回来了，鸟儿不仅没有飞走，当她到达家门口时，它还热情地迎接了她。

这到底是怎样的一只鸟儿呢？她送它金钱，它只在家里待3分钟，她送它一枝花朵，它竟可以待上3个小时。

后来终于发现，它是一只婚姻鸟，它有许多不起眼的救星。一个轻吻，一个微笑，一个拥抱，一句关切的话语，一份小小的礼物，一段短暂的离别，都可以把它留下。

其实，这不仅仅是一个游戏，而是50万对金婚老人在婚姻生活中的感悟和发现。它告诉我们，一句微不足道的赞许，一杯顺手递去的热茶，一枝10块钱的玫瑰，这些日常生活中微不足道的东西，竟然具有滋养婚姻的神奇力量。

红囍书

前不久，一位朋友结婚，她把这张光盘当做礼物转赠了出去。许多网友都觉得，应该让更多的人从这个游戏中，悟出婚姻中的一些道理。把心带回家，不要把一生心血精华卖给公司，留给家人的却是破铜烂铁。

现实中，往往许多人在抉择伴侣时，容易东想西想，不知所措，就是因为害怕一时做错决定，看错人，造成终生的遗憾。

诺贝尔文学奖得主萧伯纳曾经说过这样的话："此时此刻在地球上，约有两万个人适合当你的人生伴侣，就看你先遇到哪一个。如果在第二个理想伴侣出现之前，你已经跟前一个人发展出相知相惜、互相信赖的深层关系，那后者就会变成你的好朋友。但是若你跟前一个人没有培养出深层关系，感情就容易动摇、变心，直到你与这些理想伴侣候选人的其中一位拥有稳固的深情，才是幸福的开始，漂泊的结束。"

爱上一个人不需要靠努力，只需要靠"际遇"，这是上天的安排。但是，持续地爱一个人就要靠"努力"。在爱情的经营中，顺畅运转的要素就是沟通、体谅、包容与自制（面临诱惑有所自制）。培养经营感情的能力才是幸福的关键。若没有培养出经营幸福的能力，就算真的另一半出现在你身边，幸福依然会错过的。

若你此刻已有一位长久相伴的伴侣，不要再随便三心二意地犹豫了，我们往往不易察觉感情中的一个陷阱，就是"近亲生慢侮"，也就是经济学中的铁律"边际效益递减法则"。跟你在一起越久的人，就越容易麻木与忽视，而新鲜的"际遇"总是那么动人可爱。

在交往中，难免有摩擦与无心的伤害，而且论得罪自己的次数累加起来最多的人，当然是跟我们在一起最久、最亲近的人。而新欢呢，又还没开始有得罪你的机会，再加上他的刻意讨好，所以新欢怎么看怎么可爱，旧爱怎么看怎么讨厌。但别忘了，新欢身上总是有不确定的未知数，旧爱身上就是有难得的熟悉感、确定感、信赖感。千万不要随便在偶然的"际遇"中迷失了自己，错放了幸福温暖的手。所以萧伯纳的话，是要提醒情人不要太钻牛角尖于寻觅那唯一，应该把精神用在学会经营幸福的能力上，同时也提醒我们"弱水三千只取一瓢饮"。若有幸遇到了难得的伴侣，就不要再三心二意了，因为我们永远不知道一生何时会遇到两万个其中的几个。

这个游戏的光盘也许有千千万万张，但每一个"光盘"中只有这么一只"鸟"。

二、金婚！现实中的梦境

背靠着背坐在地毯上

听听音乐聊聊愿望

你希望我越来越温柔

我希望你放我在心上

你说想送我个浪漫的梦想

谢谢我带你找到天堂

哪怕用一辈子才能完成

只要我讲你就记住不忘

我能想到最浪漫的事

就是和你一起慢慢变老

一路上收藏点点滴滴的欢笑

留到以后坐着摇椅慢慢聊

我能想到最浪漫的事

就是和你一起慢慢变老

直到我们老得哪儿也去不了

你还依然把我当成手心里的宝

赵咏华这首《最浪漫的事》唱得许多老年人心波荡漾，也唱得许多年轻人无限神往。这首歌！彻底颠覆了那些信奉"婚姻是爱情的坟墓"的年轻夫妻们。

　　"一路上收藏点点滴滴的欢笑/留到以后坐着摇椅慢慢聊……直到我们老得哪儿也去不了/你还依然把我当成手心里的宝。"简单的几个字，却道出了婚姻中所有的幸福与浪漫，还有那一种深入灵魂的温馨。

　　"夕阳无限好，只是近黄昏。"这是许多老人都为之感慨的一句话，它的惋惜也让许多老人的心中有一种淡淡的苦涩。可是，水是山的故事，海是帆的故事，天是云的故事，夕阳就是黄昏的故事。如果换一种心态，我们会感动于它的另一种美丽。

　　不错！黄昏里有一份时光的无奈；黄昏里有一份失落的情怀。可我们不能为此否认它美好的存在！夕阳虽没有朝阳"年轻"，但它已经拥有了一个完整的生命！那份成熟和深邃有什么可以比拟呢？朝阳不也是在一天天中走向成熟、走向终点的美丽吗？

　　每一对金婚老人都创造了一个人间最美的童话！也许，金婚本来就是一个美丽的童话吧。特别是在婚姻瓦解和重组越来越频繁的今天。

　　踩着西天的云彩，迎着落暮的夕阳，看那一对对老人牵手在晚霞的余光中散步、徜徉，那一点头，一微笑，一回眸，一个轻轻的举动，甚至根根白发在太阳的余辉中飘荡、飞扬的动作，仿佛都是同一个节拍。那份心照不宣，那个一生都难忘的相互"搀扶"……面对他们那份深邃的爱恋，也许我们年轻人只有羡慕和妒忌的份儿。

　　"夕阳"在我们的视线中一步一步走向终点的美丽，遥望他们远去的背影，想想我们现在年轻人的闪婚、闪离，心不免会在夕光中一步一步往下沉。"夕阳"的美，让人心碎，但更让人沉醉。我们甚至不忍面对夕阳坠下的一幕，也许会含泪背对夕光暮思，因为我们感动于它的美丽——那份平

315

第七章　在婚姻的最深处

淡、简单，而又真真切切的美丽！

五十集电视连续剧《金婚》，一集一年，集集都是那么平淡而真实，但却让许多婚姻中的夫妻看得如痴如醉。仿佛剧中的每一幕都在我们的身边，仿佛我们就是其中的主人公。

哭过，笑过；悲过，喜过；痛过，痒过。剧中的主人公经历了那么多的感情挫折而最终能共同走到金婚，走完人生，其核心就在于他们在心中都深深地存放着彼此，脚下的轨道虽然偏离了一点，但彼此都没有把对方请出自己的内心深处。面对灯红酒绿充满诱惑的世界，他们经住了最终的考验，也对此产生了一定的免疫力。

他的心中只有你，你的心中只有他。婚姻就是与一个知心的伴侣相伴到老，驱走孤独。也许是因为我们看不透人生，所以总是想要去拼去挣。物质的东西，其实只要能保障最基本的生活就可以了。人终归要赤裸裸地来，而后又赤裸裸地去。人生短短几十年，如果我们能够在离开这个世界之前，找到一份真而纯的爱情，然后不离不弃相伴走到终点，这该是何等的幸福！

"全世界我也可以放弃，至少还有你值得我去珍惜……"爱情和婚姻，因久远而深刻，因深刻而沉重，因沉重而有价值。

就算已经走到生命的暮年，也许我们仍会把最后一缕阳光辐射到爱人的心间；就算已走出了生命的舞台，他（她）仍带着彩虹似的梦和绵绵的牵挂离开。

老人！金婚！夕阳！这几个看起来似乎没有什么逻辑，却有着千丝万缕的联系，让我们一次次在剪不断、理还乱的思绪中翻飞。也许我们不知道"夕阳"的前身为何物，却知道它的原身是太阳！左边是黎明，右边是黄昏。当它从西天坠落的同时，也为东方的人们升起了一个新的黎明。

走过了一天的历程，它只在乎一天的收获。除此之外，它不在乎什么！至于其中的生命哲学——它留给阳光下的人去思索。婚姻呢？也是如此。看看那一对对金婚老人心心相印的默契，我们感叹他们的一生，羡慕他们收获的那一份沉甸甸的爱情和那一个美丽的童话。他们在走到金婚这个幸福驿站的时候，于是我们开始思索……

宇宙中匆匆行走的过客，让我们以黄昏时的心态去解读"夕阳"的美吧！让黄昏之曲为黎明之歌祝福吧……

三、走向金婚之路

当羞答答的玫瑰静悄悄地绽放之后，那一段浪漫的恋曲也就开始了。这是一对情侣金婚开始的第一步，同时也是很关键的一步。

从起初的相识到中间的相知，再到后来的相恋和最后的牵手走向婚姻。这每一步，都有两个人的欢笑和泪水、激动和感动、柔情和蜜语、风雨和雷电，但甜也罢、苦也罢、风也罢、雨也罢，有一个心爱的人与你一起去尝试、去感触，这种风雨中的前行总是一种很幸福的事。

婚姻既然能让两个人结为夫妻，那就要有一旦牵手就不再分手的决心和勇气，有勇气选择就要有决心负责。人生是一场赌博，婚姻也是。明智的人不会轻易去下定决心作出选择，但一旦目标确定就会全身心地去投入"经营"。也许我们并不知道结果如何，但在我们未为之付出努力和心血之前，结果也一定不会告诉我们它是什么。

为了那既定的"目标"和已定的"选择"，我们不妨去赌它一把。如果你为之付出努力，有一定要成功的信心和永不放弃的决心，那么，恐怕不成功就是一件很难的事。也许在婚姻的路途中会有许多曲折和坎坷，这样或那样层出不穷的问题。但是，人生无论在何时都会有一个接一个的问题出现，只要我们还活着就要准备好去面对和解决现实中随时出现的一个个问题。与爱人一起携手同现实去决斗，这才是人生最大的成功与快乐。

在漫长的婚姻生活中，时常会出现一些危险期，在这些危险期期间，夫妻双方如果关系处理不当，就会导致婚姻破裂。当然，这也是最能考验夫妻

关系的时刻。一般来说，婚姻生活中会出现七个危险期：

1. 责任焦虑期。比如，当孩子降生后，此时夫妻应该时常以相互传递敬重和爱慕之情来巩固和发展爱情。

2. 厌倦劳动期。家务是这一时期的矛盾焦点。在家中，夫妻双方都有分担家务的义务。由于女人生理的原因，每个月都有那么一周身体不适和心情烦闷的情况，作为丈夫，要主动去承担起所有的家务，关系体贴妻子一些；在丈夫很疲惫的时候，妻子也要多分担一些；两个人都很疲惫的时候可以暂时休息一会儿，然后共同来做。

3. 逐渐分离期。到一定时间，夫妻之间会出现所谓的"静默期"，相互之间很少吐露内心的想法和情感，似有无话可说的感觉。这个时候，男女双方通常会去找能谈心里话的知己。

4. 七年渴望期。这是离婚率最高的年份，也即人们常说的"七年之痒"。聪明的夫妇往往在这时重新调整他们的生活，使之丰富多彩。

5. 实力地位较量期。夫妻双方通常会为了金钱、孩子、性或姻亲而发生争吵。这个时候，夫妻都应听取抱怨，不要让争吵暴露在他人面前，也可以在双方心情都轻松平静的时候多次讨论，但切记不要在争吵中提出离婚这两个字。

6. 20年渴望期。一般也称是男性的"绝精期"。这是他最需要安慰和理解的时候。作为妻子应多给丈夫一些理解和安慰。

7. 老年恐慌期。一些人慢慢失去生活的追求，开始欣赏和抱怨所过的生活。鉴于此，夫妻双方更应该相互理解和安慰，共同战胜恐慌期。

当罗曼蒂克的激情与性的兴奋渐渐消退之后，夫妻不必感到沮丧，婚姻的幸福与美满需要时间和耐心，只有通过时间和耐心培养起来的爱情才能够经得起考验。这个时候，爱情并没有消失，如果去寻找另一个伴侣，那是极其幼稚的爱情观。其实，成熟的爱是一种精神上的相互激励，事业上的相互支持，同时，它也是心灵上的相互理解和关心。

如何应对婚姻的各个危险期？这是夫妻共同的责任。作为夫妻，首先要认识到，这些危险期其实并不危险，也不必向外求援，找别人止痒。在外面有的，家里哪一样都有。夫妻俩应该多分享自己对性爱的感受、彼此沟通性方面的需求。在做爱的时间、地点和方式上经常力求变化，以保持性爱生活的新鲜感，让双方的激情永不消退，婚姻也会日久常新。

缔结一段美丽的姻缘不容易，能让这一段姻缘走到金婚更不容易。它需要男与女在性情、习惯、兴趣、喜好、思想、观念等等方方面面一步一步去不断磨合和相互渗透。

等到两个人在夕阳下牵手漫步，或坐着摇椅慢慢聊的时候，那一生中收集的点点滴滴的微笑，也许已成为他们难忘的回忆。这个时候，他们不但性相近了，习相连了，而且心也相印了。于是，谁也再离不开谁，那时的融合才是真正的身与心的合二为一！这是每一对新婚夫妻都渴望的，当然也希望并祝愿——

每一对新婚夫妇都能牵手走过银婚、走到金婚、走向钻石婚！

延伸阅读：

中国历史上唯一走到金婚的皇后

如果说古代最危险的职业是皇帝，那么最最危险的职业就是皇后。

这是因为皇帝虽然随时会被别人砍头，但他们也可以随时砍别人的头，最重要的一点他们是终身制。而皇后都是聘用制，不仅要面临全天下女人的竞争，还要面对一个变心比变脸还快的丈夫，她们本人却永远没有变心的权利。

所以在中国漫长的历史长河中，长时间在位的皇帝很多，长时间在位的皇后却很少，能走完金婚的皇后就更少，甚至少到了只有一个——她就是赫赫有名的宋高宗赵构的皇后吴氏。

吴氏出生在公元1114年，在她12岁那年，即靖康元年（公元1126年），刚

刚灭掉辽国的金国派兵大举南侵，兵锋直指北宋的都城开封。她未来的丈夫赵构当时还只是康王，临危之际奉哥哥宋钦宗之命，与张邦昌一起出使金国求和。这时的赵构已经有了正房邢秉懿和两位侧室田春罗、姜醉媚，以及五个女儿。求和是国之大事，不能拖家带口，所以赵构的一家老小就留在了自己在开封的王府里。然而他没想到的是，他们一家再次团聚的时候已是下辈子。

赵构当时19岁，领命之后一根筋似的想早点见到金兵统帅，希望磕几个头把人磕回去。可惜金国人不是土地爷，而是狼。对此北宋宗泽有清楚的认识，所以当赵构路过他的辖地磁州（今河北省磁县）时，就苦口婆心地劝阻道："金朝要你去议和，这是骗人的把戏，他们已经兵临城下了，求和还有什么用，你此去岂不是自投罗网！"总之一句话，赵构此去就是那打狗的肉包子。宗大人一个人出动不算，当地百姓也拖家带口一起上，硬生生地拦住了他的马，不让他北去。面对这帮"刁民"，赵构动摇了，害怕自己真的成了肉包子死在金国，便停下来驻扎相州（今河南省安阳县），自称河北兵马大元帅。

过了一年，也就是靖康二年（公元1127年），金兵终于攻陷汴京，北宋政权宣告结束，宋朝皇帝、大臣、宗室、新科状元等三四千人全部做了俘虏，包括赵构的一家八口。不过好在赵构还在，于是北宋王朝就有了续集——南宋。他在当时的南京应天府（今河南省商丘县南）即位，又康王殿下升职成了皇帝陛下，年号"建炎"。而他的倒霉哥哥宋钦宗和倒霉老爹宋徽宗就升职成了太上皇和太皇太上皇。

作为续集，南宋的开头部分延续了上集结尾时的惊魂落魄。赵构刚即位，金兵就本着痛打落水狗的精神打了过来。眼看小命不保，赵构则遵循"敌进我退，敌退我不追"的原则一路南逃，过起了四处流窜的生活。跑了好多地儿，死了好多马，丢了好多大臣，赵构总算在杭州安了家。房子有了，可是家里不能一个人生活呀，于是赵构又开始充实后宫。在这种情况下，公元1128年，吴氏被他挑中进了皇宫。按照今天的标准来看，吴氏的年龄虽然还只是个初一学生，但胆量却比大学生赵构大多了。当时的南宋朝廷外有金国强兵压境，内有兵痞、刁民时不时地捣乱，赵构指不定哪天就为国捐躯了，整天过得比通缉犯还难受。这时的吴氏为了保护丈夫，身披铠甲，头戴钢盔，腰挎宝刀，整天跟随赵构身边充当临时保镖。可以想象，美貌超群的身形配上保家卫国的一腔正

红囍书

气，吴氏当年是多么的英姿飒爽。而赵构那个时候最缺的就是安全感，对于能给自己安全感的吴氏他自己会记在心里。

公元1142年前后，金兵再次发动对南宋的大规模入侵，赵构吓得一度入海避敌，途中还写信给金兵统帅，请求给予怜悯。和以往一样，吴氏依旧坚定地守在他的身边。在从定海转赴昌国的途中，赵构念于她的功劳，封为和义郡夫人，跟着到了越州又递封才人。此后，吴氏在舞刀的同时，开始博览群书，刻苦学习，不久就晋升为仅次于皇后的贵妃。之所以没有升为皇后，是因为赵构心中还一直念念不忘自己的元配邢氏。

邢秉懿被俘的时候已经身怀有孕，可惜在押往北方的途中不慎坠马流产。然而祸不单行，金国侵略者没有一点怜悯之心，她刚刚小产没几天，金国的盖天大王就要强占邢秉懿，绝望中的她差点自尽。赵构做了皇帝后，金国政府为了极尽羞辱，又把他的生母韦贤妃、妻室邢秉懿以及其两个女儿赵佛佑、赵神佑等，统统送到官营妓院中。这种惨无人道的羞辱直到绍兴五年（公元1135年）才结束，邢秉懿等人被送至五国城与宋徽宗等人一起安置。这段时间中，宋徽宗派遣大臣曹勋偷偷逃回南方去见赵构，并让其带上沾有自己眼泪的一方手帕。一旁的邢秉懿思夫心切，也脱下一只金耳环交给曹勋，请他转交给赵构。赵构见到耳环后，回想当初夫妻恩爱的情景，自然悲从心中来，于是他遥册邢秉懿为皇后。

可惜注定红颜薄命的邢秉懿没等到重逢的一天，就于绍兴九年（公元1139年）去世。而赵构直到绍兴十二年（公元1142年）要迎回生母韦贤妃时，才得知邢秉懿已死，此时中宫已经虚位长达十六年。坦率地讲，作为皇帝赵构，他对百姓并没有多少爱心，但作为丈夫，他对邢秉懿却是十分尽心，为了祭奠这位发妻，他专门"罢工"（专业术语为辍朝）数天。此后时常思念，对吴氏也不加掩饰。

好在吴氏贤惠，她不仅不吃醋，还对归来的韦太后（即韦贤妃）孝顺有加，亲自伺候起居，恪尽一个儿媳的孝道。人心都是肉长的，何况吃了那么多年苦的韦太后突然见到这么一个乖巧的儿媳，心里自然欣慰不已。经过她的一番劝慰，赵构终于于公元1143年正式册立吴氏为皇后。

之后两口子恩恩爱爱，生活过得有滋有味。公元1162年，赵构在一片不满声中禅位于宋孝宗，吴氏被尊为寿圣太上皇后。退休了的赵构身体硬朗，一直活到公元1187年。从公元1128年入洞房，到公元1187年赵构病死，吴氏和赵构稳稳携手走完了一个金婚又9年，这不能不说是中国皇室婚姻史上的一个奇迹。

公元1197年，在寡居十年之后，吴氏病死，终年八十三岁，谥号"宪圣慈烈皇后"，葬永思陵。

附录

中华人民共和国婚姻法

（1980年9月10日第五届全国人民代表大会第三次会议通过根据2001年4月28日第九届全国人民代表大会常务委员会第二十一次会议《关于修改〈中华人民共和国婚姻法〉的决定》修正）

目 录

第一章　总　则

第一条　本法是婚姻家庭关系的基本准则。

第二条　实行婚姻自由、一夫一妻、男女平等的婚姻制度。

保护妇女、儿童和老人的合法权益。

实行计划生育。

第三条　禁止包办、买卖婚姻和其他干涉婚姻自由的行为。禁止借婚姻索取财物。

禁止重婚。禁止有配偶者与他人同居。禁止家庭暴力。禁止家庭成员间的虐待和遗弃。

第四条　夫妻应当互相忠实，互相尊重；家庭成员间应当敬老爱幼，互相帮助，维护平等、和睦、文明的婚姻家庭关系。

第二章　结　婚

第五条　结婚必须男女双方完全自愿，不许任何一方对他方加以强迫或任何第三者加以干涉。

第六条　结婚年龄，男不得早于二十二周岁，女不得早于二十周岁。晚婚晚育应予鼓励。

第七条　有下列情形之一的，禁止结婚：

（一）直系血亲和三代以内的旁系血亲；

（二）患有医学上认为不应当结婚的疾病。

第八条　要求结婚的男女双方必须亲自到婚姻登记机关进行结婚登记。符合本法规定的，予以登记，发给结婚证。取得结婚证，即确立夫妻关系。未办理结婚登记的，应当补办登记。

第九条　登记结婚后，根据男女双方约定，女方可以成为男方家庭的成员，男方可以成为女方家庭的成员。

第十条　有下列情形之一的，婚姻无效：

（一）重婚的；

（二）有禁止结婚的亲属关系的；

（三）婚前患有医学上认为不应当结婚的疾病，婚后尚未治愈的；

（四）未到法定婚龄的。

第十一条　因胁迫结婚的，受胁迫的一方可以向婚姻登记机关或人民法院请求撤销该婚姻。受胁迫的一方撤销婚姻的请求，应当自结婚登记之日起一年内提出。被非法限制人身自由的当事人请求撤销婚姻的，应当自恢复人

身自由之日起一年内提出。

第十二条　无效或被撤销的婚姻，自始无效。当事人不具有夫妻的权利和义务。同居期间所得的财产，由当事人协议处理；协议不成时，由人民法院根据照顾无过错方的原则判决。对重婚导致的婚姻无效的财产处理，不得侵害合法婚姻当事人的财产权益。当事人所生的子女，适用本法有关父母子女的规定。

第三章　家庭关系

第十三条　夫妻在家庭中地位平等。

第十四条　夫妻双方都有各用自己姓名的权利。

第十五条　夫妻双方都有参加生产、工作、学习和社会活动的自由，一方不得对他方加以限制或干涉。

第十六条　夫妻双方都有实行计划生育的义务。

第十七条　夫妻在婚姻关系存续期间所得的下列财产，归夫妻共同所有：

（一）工资、奖金；

（二）生产、经营的收益；

（三）知识产权的收益；

（四）继承或赠与所得的财产，但本法第十八条第三项规定的除外；

（五）其他应当归共同所有的财产。

夫妻对共同所有的财产，有平等的处理权。

第十八条　有下列情形之一的，为夫妻一方的财产：

（一）一方的婚前财产；

（二）一方因身体受到伤害获得的医疗费、残疾人生活补助费等费用；

（三）遗嘱或赠与合同中确定只归夫或妻一方的财产；

（四）一方专用的生活用品；

（五）其他应当归一方的财产。

第十九条　夫妻可以约定婚姻关系存续期间所得的财产以及婚前财产归各自所有、共同所有或部分各自所有、部分共同所有。约定应当采用书面形式。没有约定或约定不明确的，适用本法第十七条、第十八条的规定。

夫妻对婚姻关系存续期间所得的财产以及婚前财产的约定，对双方具有约束力。

夫妻对婚姻关系存续期间所得的财产约定归各自所有的，夫或妻一方对外所负的债务，第三人知道该约定的，以夫或妻一方所有的财产清偿。

第二十条　夫妻有互相扶养的义务。

一方不履行扶养义务时，需要扶养的一方，有要求对方付给扶养费的权利。

第二十一条　父母对子女有抚养教育的义务；子女对父母有赡养扶助的义务。

父母不履行抚养义务时，未成年的或不能独立生活的子女，有要求父母付给抚养费的权利。

子女不履行赡养义务时，无劳动能力的或生活困难的父母，有要求子女付给赡养费的权利。

禁止溺婴、弃婴和其他残害婴儿的行为。

第二十二条　子女可以随父姓，可以随母姓。

第二十三条　父母有保护和教育未成年子女的权利和义务。在未成年子女对国家、集体或他人造成损害时，父母有承担民事责任的义务。

第二十四条　夫妻有相互继承遗产的权利。

父母和子女有相互继承遗产的权利。

第二十五条　非婚生子女享有与婚生子女同等的权利，任何人不得加以危害和歧视。

不直接抚养非婚生子女的生父或生母，应当负担子女的生活费和教育费，直至子女能独立生活为止。

第二十六条　国家保护合法的收养关系。养父母和养子女间的权利和义务，适用本法对父母子女关系的有关规定。

养子女和生父母间的权利和义务，因收养关系的成立而消除。

第二十七条　继父母与继子女间，不得虐待或歧视。

继父或继母和受其抚养教育的继子女间的权利和义务，适用本法对父母子女关系的有关规定。

第二十八条　有负担能力的祖父母、外祖父母，对于父母已经死亡或父母无力抚养的未成年的孙子女、外孙子女，有抚养的义务。有负担能力的孙子女、外孙子女，对于子女已经死亡或子女无力赡养的祖父母、外祖父母，有赡养的义务。

第二十九条　有负担能力的兄、姐，对于父母已经死亡或父母无力抚养的未成年的弟、妹，有扶养的义务。由兄、姐扶养长大的有负担能力的弟、妹，对于缺乏劳动能力又缺乏生活来源的兄、姐，有扶养的义务。

第三十条　子女应当尊重父母的婚姻权利，不得干涉父母再婚以及婚后的生活。子女对父母的赡养义务，不因父母的婚姻关系变化而终止。

第四章　离　婚

第三十一条　男女双方自愿离婚的，准予离婚。双方必须到婚姻登记机关申请离婚。婚姻登记机关查明双方确实是自愿并对子女和财产问题已有适当处理时，发给离婚证。

第三十二条　男女一方要求离婚的，可由有关部门进行调解或直接向人民法院提出离婚诉讼。

人民法院审理离婚案件，应当进行调解；如感情确已破裂，调解无效，应准予离婚。

有下列情形之一，调解无效的，应准予离婚：

（一）重婚或有配偶者与他人同居的；

（二）实施家庭暴力或虐待、遗弃家庭成员的；

（三）有赌博、吸毒等恶习屡教不改的；

（四）因感情不和分居满二年的；

（五）其他导致夫妻感情破裂的情形。

一方被宣告失踪，另一方提出离婚诉讼的，应准予离婚。

第三十三条　现役军人的配偶要求离婚，须得军人同意，但军人一方有重大过错的除外。

第三十四条　女方在怀孕期间、分娩后一年内或中止妊娠后六个月内，男方不得提出离婚。女方提出离婚的，或人民法院认为确有必要受理男方离婚请求的，不在此限。

第三十五条　离婚后，男女双方自愿恢复夫妻关系的，必须到婚姻登记机关进行复婚登记。

第三十六条　父母与子女间的关系，不因父母离婚而消除。离婚后，子女无论由父或母直接抚养，仍是父母双方的子女。

离婚后，父母对于子女仍有抚养和教育的权利和义务。

离婚后，哺乳期内的子女，以随哺乳的母亲抚养为原则。哺乳期后的子女，如双方因抚养问题发生争执不能达成协议时，由人民法院根据子女的权益和双方的具体情况判决。

第三十七条　离婚后，一方抚养的子女，另一方应负担必要的生活费和教育费的一部或全部，负担费用的多少和期限的长短，由双方协议；协议不成时，由人民法院判决。

关于子女生活费和教育费的协议或判决，不妨碍子女在必要时向父母任何一方提出超过协议或判决原定数额的合理要求。

红
囍
书

第三十八条　离婚后，不直接抚养子女的父或母，有探望子女的权利，另一方有协助的义务。

行使探望权利的方式、时间由当事人协议；协议不成时，由人民法院判决。

父或母探望子女，不利于子女身心健康的，由人民法院依法中止探望的权利；中止的事由消失后，应当恢复探望的权利。

第三十九条　离婚时，夫妻的共同财产由双方协议处理；协议不成时，由人民法院根据财产的具体情况，照顾子女和女方权益的原则判决。

夫或妻在家庭土地承包经营中享有的权益等，应当依法予以保护。

第四十条　夫妻书面约定婚姻关系存续期间所得的财产归各自所有，一方因抚育子女、照料老人、协助另一方工作等付出较多义务的，离婚时有权向另一方请求补偿，另一方应当予以补偿。

第四十一条　离婚时，原为夫妻共同生活所负的债务，应当共同偿还。共同财产不足清偿的，或财产归各自所有的，由双方协议清偿；协议不成时，由人民法院判决。

第四十二条　离婚时，如一方生活困难，另一方应从其住房等个人财产中给予适当帮助。具体办法由双方协议；协议不成时，由人民法院判决。

第五章　救助措施与法律责任

第四十三条　实施家庭暴力或虐待家庭成员，受害人有权提出请求，居民委员会、村民委员会以及所在单位应当予以劝阻、调解。

对正在实施的家庭暴力，受害人有权提出请求，居民委员会、村民委员会应当予以劝阻；公安机关应当予以制止。

实施家庭暴力或虐待家庭成员，受害人提出请求的，公安机关应当依照治安管理处罚的法律规定予以行政处罚。

第四十四条 对遗弃家庭成员，受害人有权提出请求，居民委员会、村民委员会以及所在单位应当予以劝阻、调解。

对遗弃家庭成员，受害人提出请求的，人民法院应当依法作出支付扶养费、抚养费、赡养费的判决。

第四十五条 对重婚的，对实施家庭暴力或虐待、遗弃家庭成员构成犯罪的，依法追究刑事责任。受害人可以依照刑事诉讼法的有关规定，向人民法院自诉；公安机关应当依法侦查，人民检察院应当依法提起公诉。

第四十六条 有下列情形之一，导致离婚的，无过错方有权请求损害赔偿：

（一）重婚的；

（二）有配偶者与他人同居的；

（三）实施家庭暴力的；

（四）虐待、遗弃家庭成员的。

第四十七条 离婚时，一方隐藏、转移、变卖、毁损夫妻共同财产，或伪造债务企图侵占另一方财产的，分割夫妻共同财产时，对隐藏、转移、变卖、毁损夫妻共同财产或伪造债务的一方，可以少分或不分。离婚后，另一方发现有上述行为的，可以向人民法院提起诉讼，请求再次分割夫妻共同财产。

人民法院对前款规定的妨害民事诉讼的行为，依照民事诉讼法的规定予以制裁。

第四十八条 对拒不执行有关扶养费、抚养费、赡养费、财产分割、遗产继承、探望子女等判决或裁定的，由人民法院依法强制执行。有关个人和单位应负协助执行的责任。

第四十九条 其他法律对有关婚姻家庭的违法行为和法律责任另有规定的，依照其规定。

红
囍
书

第六章　附　则

第五十条　民族自治地方的人民代表大会有权结合当地民族婚姻家庭的具体情况，制定变通规定。自治州、自治县制定的变通规定，报省、自治区、直辖市人民代表大会常务委员会批准后生效。自治区制定的变通规定，报全国人民代表大会常务委员会批准后生效。

第五十一条　本法自1981年1月1日起施行。

1950年5月1日颁行的《中华人民共和国婚姻法》，自本法施行之日起废止。

中华人民共和国
妇女权益保障法

（1992年4月3日第七届全国人民代表大会第五次会议通过 根据2005年8月28日第十届全国人民代表大会常务委员会第十七次会议《关于修改〈中华人民共和国妇女权益保障法〉的决定》修正）

目 录

第一章 总 则

第一条 为了保障妇女的合法权益，促进男女平等，充分发挥妇女在社会主义现代化建设中的作用，根据宪法和我国的实际情况，制定本法。

第二条 妇女在政治的、经济的、文化的、社会的和家庭的生活等各方面享有同男子平等的权利。

实行男女平等是国家的基本国策。国家采取必要措施，逐步完善保障妇女权益的各项制度，消除对妇女一切形式的歧视。

国家保护妇女依法享有的特殊权益。

禁止歧视、虐待、遗弃、残害妇女。

第三条　国务院制定中国妇女发展纲要，并将其纳入国民经济和社会发展规划。

县级以上地方各级人民政府根据中国妇女发展纲要，制定本行政区域的妇女发展规划，并将其纳入国民经济和社会发展计划。

第四条　保障妇女的合法权益是全社会的共同责任。国家机关、社会团体、企业事业单位、城乡基层群众性自治组织，应当依照本法和有关法律的规定，保障妇女的权益。

国家采取有效措施，为妇女依法行使权利提供必要的条件。

第五条　国家鼓励妇女自尊、自信、自立、自强，运用法律维护自身合法权益。

妇女应当遵守国家法律，尊重社会公德，履行法律所规定的义务。

第六条　各级人民政府应当重视和加强妇女权益的保障工作。

县级以上人民政府负责妇女儿童工作的机构，负责组织、协调、指导、督促有关部门做好妇女权益的保障工作。

县级以上人民政府有关部门在各自的职责范围内做好妇女权益的保障工作。

第七条　中华全国妇女联合会和地方各级妇女联合会依照法律和中华全国妇女联合会章程，代表和维护各族各界妇女的利益，做好维护妇女权益的工作。

工会、共产主义青年团，应当在各自的工作范围内，做好维护妇女权益的工作。

第八条　对保障妇女合法权益成绩显著的组织和个人，各级人民政府和有关部门给予表彰和奖励。

第二章 政治权利

第九条 国家保障妇女享有与男子平等的政治权利。

第十条 妇女有权通过各种途径和形式，管理国家事务，管理经济和文化事业，管理社会事务。

制定法律、法规、规章和公共政策，对涉及妇女权益的重大问题，应当听取妇女联合会的意见。

妇女和妇女组织有权向各级国家机关提出妇女权益保障方面的意见和建议。

第十一条 妇女享有与男子平等的选举权和被选举权。

全国人民代表大会和地方各级人民代表大会的代表中，应当有适当数量的妇女代表。国家采取措施，逐步提高全国人民代表大会和地方各级人民代表大会的妇女代表的比例。

居民委员会、村民委员会成员中，妇女应当有适当的名额。

第十二条 国家积极培养和选拔女干部。

国家机关、社会团体、企业事业单位培养、选拔和任用干部，必须坚持男女平等的原则，并有适当数量的妇女担任领导成员。

国家重视培养和选拔少数民族女干部。

第十三条 中华全国妇女联合会和地方各级妇女联合会代表妇女积极参与国家和社会事务的民主决策、民主管理和民主监督。

各级妇女联合会及其团体会员，可以向国家机关、社会团体、企业事业单位推荐女干部。

第十四条 对于有关保障妇女权益的批评或者合理建议，有关部门应当听取和采纳；对于有关侵害妇女权益的申诉、控告和检举，有关部门必须查清事实，负责处理，任何组织或者个人不得压制或者打击报复。

红囍书

第三章 文化教育权益

第十五条 国家保障妇女享有与男子平等的文化教育权利。

第十六条 学校和有关部门应当执行国家有关规定，保障妇女在入学、升学、毕业分配、授予学位、派出留学等方面享有与男子平等的权利。

学校在录取学生时，除特殊专业外，不得以性别为由拒绝录取女性或者提高对女性的录取标准。

第十七条 学校应当根据女性青少年的特点，在教育、管理、设施等方面采取措施，保障女性青少年身心健康发展。

第十八条 父母或者其他监护人必须履行保障适龄女性儿童少年接受义务教育的义务。

除因疾病或者其他特殊情况经当地人民政府批准的以外，对不送适龄女性儿童少年入学的父母或者其他监护人，由当地人民政府予以批评教育，并采取有效措施，责令送适龄女性儿童少年入学。

政府、社会、学校应当采取有效措施，解决适龄女性儿童少年就学存在的实际困难，并创造条件，保证贫困、残疾和流动人口中的适龄女性儿童少年完成义务教育。

第十九条 各级人民政府应当依照规定把扫除妇女中的文盲、半文盲工作，纳入扫盲和扫盲后继续教育规划，采取符合妇女特点的组织形式和工作方法，组织、监督有关部门具体实施。

第二十条 各级人民政府和有关部门应当采取措施，根据城镇和农村妇女的需要，组织妇女接受职业教育和实用技术培训。

第二十一条 国家机关、社会团体和企业事业单位应当执行国家有关规定，保障妇女从事科学、技术、文学、艺术和其他文化活动，享有与男子平等的权利。

第四章　劳动和社会保障权益

第二十二条　国家保障妇女享有与男子平等的劳动权利和社会保障权利。

第二十三条　各单位在录用职工时，除不适合妇女的工种或者岗位外，不得以性别为由拒绝录用妇女或者提高对妇女的录用标准。

各单位在录用女职工时，应当依法与其签订劳动（聘用）合同或者服务协议，劳动（聘用）合同或者服务协议中不得规定限制女职工结婚、生育的内容。

禁止录用未满十六周岁的女性未成年人，国家另有规定的除外。

第二十四条　实行男女同工同酬。妇女在享受福利待遇方面享有与男子平等的权利。

第二十五条　在晋职、晋级、评定专业技术职务等方面，应当坚持男女平等的原则，不得歧视妇女。

第二十六条　任何单位均应根据妇女的特点，依法保护妇女在工作和劳动时的安全和健康，不得安排不适合妇女从事的工作和劳动。

妇女在经期、孕期、产期、哺乳期受特殊保护。

第二十七条　任何单位不得因结婚、怀孕、产假、哺乳等情形，降低女职工的工资，辞退女职工，单方解除劳动（聘用）合同或者服务协议。但是，女职工要求终止劳动（聘用）合同或者服务协议的除外。

各单位在执行国家退休制度时，不得以性别为由歧视妇女。

第二十八条　国家发展社会保险、社会救助、社会福利和医疗卫生事业，保障妇女享有社会保险、社会救助、社会福利和卫生保健等权益。

国家提倡和鼓励为帮助妇女开展的社会公益活动。

第二十九条　国家推行生育保险制度，建立健全与生育相关的其他保障

制度。

地方各级人民政府和有关部门应当按照有关规定为贫困妇女提供必要的生育救助。

第五章　财产权益

第三十条　国家保障妇女享有与男子平等的财产权利。

第三十一条　在婚姻、家庭共有财产关系中，不得侵害妇女依法享有的权益。

第三十二条　妇女在农村土地承包经营、集体经济组织收益分配、土地征收或者征用补偿费使用以及宅基地使用等方面，享有与男子平等的权利。

第三十三条　任何组织和个人不得以妇女未婚、结婚、离婚、丧偶等为由，侵害妇女在农村集体经济组织中的各项权益。

因结婚男方到女方住所落户的，男方和子女享有与所在地农村集体经济组织成员平等的权益。

第三十四条　妇女享有的与男子平等的财产继承权受法律保护。在同一顺序法定继承人中，不得歧视妇女。

丧偶妇女有权处分继承的财产，任何人不得干涉。

第三十五条　丧偶妇女对公、婆尽了主要赡养义务的，作为公、婆的第一顺序法定继承人，其继承权不受子女代位继承的影响。

第六章　人身权利

第三十六条　国家保障妇女享有与男子平等的人身权利。

第三十七条　妇女的人身自由不受侵犯。禁止非法拘禁和以其他非法手段剥夺或者限制妇女的人身自由；禁止非法搜查妇女的身体。

第三十八条　妇女的生命健康权不受侵犯。禁止溺、弃、残害女婴；禁止歧视、虐待生育女婴的妇女和不育的妇女；禁止用迷信、暴力等手段残害妇女；禁止虐待、遗弃病、残妇女和老年妇女。

第三十九条　禁止拐卖、绑架妇女；禁止收买被拐卖、绑架的妇女；禁止阻碍解救被拐卖、绑架的妇女。

各级人民政府和公安、民政、劳动和社会保障、卫生等部门按照其职责及时采取措施解救被拐卖、绑架的妇女，做好善后工作，妇女联合会协助和配合做好有关工作。任何人不得歧视被拐卖、绑架的妇女。

第四十条　禁止对妇女实施性骚扰。受害妇女有权向单位和有关机关投诉。

第四十一条　禁止卖淫、嫖娼。

禁止组织、强迫、引诱、容留、介绍妇女卖淫或者对妇女进行猥亵活动。

禁止组织、强迫、引诱妇女进行淫秽表演活动。

第四十二条　妇女的名誉权、荣誉权、隐私权、肖像权等人格权受法律保护。

禁止用侮辱、诽谤等方式损害妇女的人格尊严。禁止通过大众传播媒介或者其他方式贬低损害妇女人格。未经本人同意，不得以营利为目的，通过广告、商标、展览橱窗、报纸、期刊、图书、音像制品、电子出版物、网络等形式使用妇女肖像。

第七章　婚姻家庭权益

第四十三条　国家保障妇女享有与男子平等的婚姻家庭权利。

第四十四条　国家保护妇女的婚姻自主权。禁止干涉妇女的结婚、离婚自由。

第四十五条　女方在怀孕期间、分娩后一年内或者终止妊娠后六个月内，男方不得提出离婚。女方提出离婚的，或者人民法院认为确有必要受理男方离婚请求的，不在此限。

第四十六条　禁止对妇女实施家庭暴力。

国家采取措施，预防和制止家庭暴力。

公安、民政、司法行政等部门以及城乡基层群众性自治组织、社会团体，应当在各自的职责范围内预防和制止家庭暴力，依法为受害妇女提供救助。

第四十七条　妇女对依照法律规定的夫妻共同财产享有与其配偶平等的占有、使用、收益和处分的权利，不受双方收入状况的影响。

夫妻书面约定婚姻关系存续期间所得的财产归各自所有，女方因抚育子女、照料老人、协助男方工作等承担较多义务的，有权在离婚时要求男方予以补偿。

第四十八条　夫妻共有的房屋，离婚时，分割住房由双方协议解决；协议不成的，由人民法院根据双方的具体情况，按照照顾子女和女方权益的原则判决。夫妻双方另有约定的除外。

夫妻共同租用的房屋，离婚时，女方的住房应当按照照顾子女和女方权益的原则解决。

第四十九条　父母双方对未成年子女享有平等的监护权。父亲死亡、丧失行为能力或者有其他情形不能担任未成年子女的监护人的，母亲的监护权任何人不得干涉。

第五十条　离婚时，女方因实施绝育手术或者其他原因丧失生育能力的，处理子女抚养问题，应在有利子女权益的条件下，照顾女方的合理要求。

第五十一条　妇女有按照国家有关规定生育子女的权利，也有不生育的自由。

育龄夫妻双方按照国家有关规定计划生育，有关部门应当提供安全、有效的避孕药具和技术，保障实施节育手术的妇女的健康和安全。

国家实行婚前保健、孕产期保健制度，发展母婴保健事业。各级人民政府应当采取措施，保障妇女享有计划生育技术服务，提高妇女的生殖健康水平。

第八章　法律责任

第五十二条　妇女的合法权益受到侵害的，有权要求有关部门依法处理，或者依法向仲裁机构申请仲裁，或者向人民法院起诉。

对有经济困难需要法律援助或者司法救助的妇女，当地法律援助机构或者人民法院应当给予帮助，依法为其提供法律援助或者司法救助。

第五十三条　妇女的合法权益受到侵害的，可以向妇女组织投诉，妇女组织应当维护被侵害妇女的合法权益，有权要求并协助有关部门或者单位查处。有关部门或者单位应当依法查处，并予以答复。

第五十四条　妇女组织对于受害妇女进行诉讼需要帮助的，应当给予支持。

妇女联合会或者相关妇女组织对侵害特定妇女群体利益的行为，可以通过大众传播媒介揭露、批评，并有权要求有关部门依法查处。

第五十五条　违反本法规定，以妇女未婚、结婚、离婚、丧偶等为由，侵害妇女在农村集体经济组织中的各项权益的，或者因结婚男方到女方住所落户，侵害男方和子女享有与所在地农村集体经济组织成员平等权益的，由乡镇人民政府依法调解；受害人也可以依法向农村土地承包仲裁机构申请仲裁，或者向人民法院起诉，人民法院应当依法受理。

第五十六条　违反本法规定，侵害妇女的合法权益，其他法律、法规规定行政处罚的，从其规定；造成财产损失或者其他损害的，依法承担民事责

任；构成犯罪的，依法追究刑事责任。

第五十七条 违反本法规定，对侵害妇女权益的申诉、控告、检举，推诿、拖延、压制不予查处，或者对提出申诉、控告、检举的人进行打击报复的，由其所在单位、主管部门或者上级机关责令改正，并依法对直接负责的主管人员和其他直接责任人员给予行政处分。

国家机关及其工作人员未依法履行职责，对侵害妇女权益的行为未及时制止或者未给予受害妇女必要帮助，造成严重后果的，由其所在单位或者上级机关依法对直接负责的主管人员和其他直接责任人员给予行政处分。

违反本法规定，侵害妇女文化教育权益、劳动和社会保障权益、人身和财产权益以及婚姻家庭权益的，由其所在单位、主管部门或者上级机关责令改正，直接负责的主管人员和其他直接责任人员属于国家工作人员的，由其所在单位或者上级机关依法给予行政处分。

第五十八条 违反本法规定，对妇女实施性骚扰或者家庭暴力，构成违反治安管理行为的，受害人可以提请公安机关对违法行为人依法给予行政处罚，也可以依法向人民法院提起民事诉讼。

第五十九条 违反本法规定，通过大众传播媒介或者其他方式贬低损害妇女人格的，由文化、广播电影电视、新闻出版或者其他有关部门依据各自的职权责令改正，并依法给予行政处罚。

第九章 附　则

第六十条 省、自治区、直辖市人民代表大会常务委员会可以根据本法制定实施办法。

民族自治地方的人民代表大会，可以依据本法规定的原则，结合当地民族妇女的具体情况，制定变通的或者补充的规定。自治区的规定，报全国人民代表大会常务委员会批准后生效；自治州、自治县的规定，报省、自治区、直辖市人民代表大会常务委员会批准后生效，并报全国人民代表大会常务委员会备案。

第六十一条　本法自1992年10月1日起施行。

中华人民共和国
人口与计划生育法

（2001年12月29日第九届全国人民代表大会常务委员会第二十五次会议通过 2001年12月29日中华人民共和国主席令第六十三号公布）

第一章 总 则

第一条 为了实现人口与经济、社会、资源、环境的协调发展，推行计划生育，维护公民的合法权益，促进家庭幸福、民族繁荣与社会进步，根据宪法，制定本法。

第二条 我国是人口众多的国家，实行计划生育是国家的基本国策。

国家采取综合措施，控制人口数量，提高人口素质。

国家依靠宣传教育、科学技术进步、综合服务、建立健全奖励和社会保障制度，开展人口与计划生育工作。

第三条　开展人口与计划生育工作，应当与增加妇女受教育和就业机会、增进妇女健康、提高妇女地位相结合。

第四条　各级人民政府及其工作人员在推行计划生育工作中应当严格依法行政，文明执法，不得侵犯公民的合法权益。

计划生育行政部门及其工作人员依法执行公务受法律保护。

第五条　国务院领导全国的人口与计划生育工作。

地方各级人民政府领导本行政区域内的人口与计划生育工作。

第六条　国务院计划生育行政部门负责全国计划生育工作和与计划生育有关的人口工作。

县级以上地方各级人民政府计划生育行政部门负责本行政区域内的计划生育工作和与计划生育有关的人口工作。

县级以上各级人民政府其他有关部门在各自的职责范围内，负责有关的人口与计划生育工作。

第七条　工会、共产主义青年团、妇女联合会及计划生育协会等社会团体、企业事业组织和公民应当协助人民政府开展人口与计划生育工作。

第八条　国家对在人口与计划生育工作中作出显著成绩的组织和个人，给予奖励。

第二章　人口发展规划的制定与实施

第九条　国务院编制人口发展规划，并将其纳入国民经济和社会发展计划。

县级以上地方各级人民政府根据全国人口发展规划以及上一级人民政府人口发展规划，结合当地实际情况编制本行政区域的人口发展规划，并将其纳入国民经济和社会发展计划。

第十条　县级以上各级人民政府根据人口发展规划，制定人口与计划生育实施方案并组织实施。

县级以上各级人民政府计划生育行政部门负责实施人口与计划生育实施方案的日常工作。

乡、民族乡、镇的人民政府和城市街道办事处负责本管辖区域内的人口与计划生育工作，贯彻落实人口与计划生育实施方案。

第十一条　人口与计划生育实施方案应当规定控制人口数量，加强母婴保健，提高人口素质的措施。

第十二条　村民委员会、居民委员会应当依法做好计划生育工作。

机关、部队、社会团体、企业事业组织应当做好本单位的计划生育工作。

第十三条　计划生育、教育、科技、文化、卫生、民政、新闻出版、广播电视等部门应当组织开展人口与计划生育宣传教育。

大众传媒负有开展人口与计划生育的社会公益性宣传的义务。

学校应当在学生中，以符合受教育者特征的适当方式，有计划地开展生理卫生教育、青春期教育或者性健康教育。

第十四条　流动人口的计划生育工作由其户籍所在地和现居住地的人民政府共同负责管理，以现居住地为主。

第十五条　国家根据国民经济和社会发展状况逐步提高人口与计划生育经费投入的总体水平。各级人民政府应当保障人口与计划生育工作必要的经费。

各级人民政府应当对贫困地区、少数民族地区开展人口与计划生育工作给予重点扶持。

国家鼓励社会团体、企业事业组织和个人为人口与计划生育工作提供捐助。

任何单位和个人不得截留、克扣、挪用人口与计划生育工作费用。

第十六条　国家鼓励开展人口与计划生育领域的科学研究和对外交流与合作。

第三章　生育调节

第十七条　公民有生育的权利，也有依法实行计划生育的义务，夫妻双方在实行计划生育中负有共同的责任。

第十八条　国家稳定现行生育政策，鼓励公民晚婚晚育，提倡一对夫妻生育一个子女；符合法律、法规规定条件的，可以要求安排生育第二个子女。具体办法由省、自治区、直辖市人民代表大会或者其常务委员会规定。

少数民族也要实行计划生育，具体办法由省、自治区、直辖市人民代表大会或者其常务委员会规定。

第十九条　实行计划生育，以避孕为主。

国家创造条件，保障公民知情选择安全、有效、适宜的避孕节育措施。实施避孕节育手术，应当保证受术者的安全。

第二十条　育龄夫妻应当自觉落实计划生育避孕节育措施，接受计划生育技术服务指导。

预防和减少非意愿妊娠。

第二十一条　实行计划生育的育龄夫妻免费享受国家规定的基本项目的计划生育技术服务。

前款规定所需经费，按照国家有关规定列入财政预算或者由社会保险予以保障。

第二十二条　禁止歧视、虐待生育女婴的妇女和不育的妇女。禁止歧视、虐待、遗弃女婴。

第四章　奖励与社会保障

第二十三条　国家对实行计划生育的夫妻，按照规定给予奖励。

第二十四条　国家建立、健全基本养老保险、基本医疗保险、生育保险和社会福利等社会保障制度，促进计划生育。

国家鼓励保险公司举办有利于计划生育的保险项目。

有条件的地方可以根据政府引导、农民自愿的原则，在农村实行多种形式的养老保障办法。

第二十五条　公民晚婚晚育，可以获得延长婚假、生育假的奖励或者其他福利待遇。

第二十六条　妇女怀孕、生育和哺乳期间，按照国家有关规定享受特殊劳动保护并可以获得帮助和补偿。

公民实行计划生育手术，享受国家规定的休假；地方人民政府可以给予奖励。

第二十七条　自愿终身只生育一个子女的夫妻，国家发给《独生子女父母光荣证》。

获得《独生子女父母光荣证》的夫妻，按照国家和省、自治区、直辖市有关规定享受独生子女父母奖励。

法律、法规或者规章规定给予终身只生育一个子女的夫妻奖励的措施中由其所在单位落实的，有关单位应当执行。

独生子女发生意外伤残、死亡，其父母不再生育和收养子女的，地方人民政府应当给予必要的帮助。

第二十八条　地方各级人民政府对农村实行计划生育的家庭发展经济，给予资金、技术、培训等方面的支持、优惠；对实行计划生育的贫困家庭，在扶贫贷款、以工代赈、扶贫项目和社会救济等方面给予优先照顾。

第二十九条　本章规定的奖励措施，省、自治区、直辖市和较大的市的人民代表大会及其常务委员会或者人民政府可以依据本法和有关法律、行政法规的规定，结合当地实际情况，制定具体实施办法。

第五章　计划生育技术服务

第三十条　国家建立婚前保健、孕产期保健制度，防止或者减少出生缺陷，提高出生婴儿健康水平。

第三十一条　各级人民政府应当采取措施，保障公民享有计划生育技术服务，提高公民的生殖健康水平。

第三十二条　地方各级人民政府应当合理配置、综合利用卫生资源，建立、健全由计划生育技术服务机构和从事计划生育技术服务的医疗、保健机构组成的计划生育技术服务网络，改善技术服务设施和条件，提高技术服务水平。

第三十三条　计划生育技术服务机构和从事计划生育技术服务的医疗、保健机构应当在各自的职责范围内，针对育龄人群开展人口与计划生育基础知识宣传教育，对已婚育龄妇女开展孕情检查、随访服务工作，承担计划生育、生殖保健的咨询、指导和技术服务。

第三十四条　计划生育技术服务人员应当指导实行计划生育的公民选择安全、有效、适宜的避孕措施。

对已生育子女的夫妻，提倡选择长效避孕措施。

国家鼓励计划生育新技术、新药具的研究、应用和推广。

第三十五条　严禁利用超声技术和其他技术手段进行非医学需要的胎儿性别鉴定；严禁非医学需要的选择性别的人工终止妊娠。

第六章　法律责任

第三十六条　违反本法规定，有下列行为之一的，由计划生育行政部门或者卫生行政部门依据职权责令改正，给予警告，没收违法所得；违法所得

红
囍
书

一万元以上的，处违法所得二倍以上六倍以下的罚款；没有违法所得或者违法所得不足一万元的，处一万元以上三万元以下的罚款；情节严重的，由原发证机关吊销执业证书；构成犯罪的，依法追究刑事责任：

（一）非法为他人施行计划生育手术的；

（二）利用超声技术和其他技术手段为他人进行非医学需要的胎儿性别鉴定或者选择性别的人工终止妊娠的；

（三）实施假节育手术、进行假医学鉴定、出具假计划生育证明的。

第三十七条　伪造、变造、买卖计划生育证明，由计划生育行政部门没收违法所得，违法所得五千元以上的，处违法所得二倍以上十倍以下的罚款；没有违法所得或者违法所得不足五千元的，处五千元以上二万元以下的罚款；构成犯罪的，依法追究刑事责任。

以不正当手段取得计划生育证明的，由计划生育行政部门取消其计划生育证明；出具证明的单位有过错的，对直接负责的主管人员和其他直接责任人员依法给予行政处分。

第三十八条　计划生育技术服务人员违章操作或者延误抢救、诊治，造成严重后果的，依照有关法律、行政法规的规定承担相应的法律责任。

第三十九条　国家机关工作人员在计划生育工作中，有下列行为之一，构成犯罪的，依法追究刑事责任；尚不构成犯罪的，依法给予行政处分；有违法所得的，没收违法所得：

（一）侵犯公民人身权、财产权和其他合法权益的；

（二）滥用职权、玩忽职守、徇私舞弊的；

（三）索取、收受贿赂的；

（四）截留、克扣、挪用、贪污计划生育经费或者社会抚养费的；

（五）虚报、瞒报、伪造、篡改或者拒报人口与计划生育统计数据的。

第四十条　违反本法规定，不履行协助计划生育管理义务的，由有关地方人民政府责令改正，并给予通报批评；对直接负责的主管人员和其他直接责任人员依法给予行政处分。

第四十一条 不符合本法第十八条规定生育子女的公民，应当依法缴纳社会抚养费。

未在规定的期限内足额缴纳应当缴纳的社会抚养费的，自欠缴之日起，按照国家有关规定加收滞纳金；仍不缴纳的，由作出征收决定的计划生育行政部门依法向人民法院申请强制执行。

第四十二条 按照本法第四十一条规定缴纳社会抚养费的人员，是国家工作人员的，还应当依法给予行政处分；其他人员还应当由其所在单位或者组织给予纪律处分。

第四十三条 拒绝、阻碍计划生育行政部门及其工作人员依法执行公务的，由计划生育行政部门给予批评教育并予以制止；构成违反治安管理行为的，依法给予治安管理处罚；构成犯罪的，依法追究刑事责任。

第四十四条 公民、法人或者其他组织认为行政机关在实施计划生育管理过程中侵犯其合法权益，可以依法申请行政复议或者提起行政诉讼。

第七章 附 则

第四十五条 流动人口计划生育工作的具体管理办法、计划生育技术服务的具体管理办法和社会抚养费的征收管理办法，由国务院制定。

第四十六条 中国人民解放军执行本法的具体办法，由中央军事委员会依据本法制定。

第四十七条 本法自2002年9月1日起施行。

结婚纪念日

纸婚（1周年）纪念日

丈夫对妻子的话：

丈夫签名：

妻子对丈夫的话：

妻子签名：

皮婚（3周年）纪念日

丈夫对妻子的话：

丈夫签名：

妻子对丈夫的话：

妻子签名：

铜婚（7周年）纪念日

丈夫对妻子的话：

丈夫签名：

妻子对丈夫的话：

妻子签名：

锡婚（10周年）纪念日

丈夫对妻子的话：

丈夫签名：

妻子对丈夫的话：

妻子签名：

银婚（25周年）纪念日

丈夫对妻子的话：

丈夫签名：

妻子对丈夫的话：

妻子签名：

金婚（50周年）纪念日

丈夫对妻子的话：

丈夫签名：

妻子对丈夫的话：

妻子签名：

孕妈咪40周周记

YUN MA MI SI SHI ZHOU ZHOU JI

陈若黎　崔万立　编著

河南文艺出版社

准备做孕妈咪
早知道

孕妈咪的变化

孕妈咪怀孕计划——怎样估算预产期

从受精到胎宝宝娩出的时间从末次月经来潮的第一天算起，大约是40周，即280天。通常计算的方法是以末次月经的月份加9或减3，日数加7，即为预产期。例如：末次月经为3月8日，则预产期为同年12月15日；末次月经为5月20日，则预产期为翌年2月27日。目前部分地区仍习惯用农历，计算时，应以末次月份加9或减3，日数加15，所得之数即农历的预产期。

通常"预产期"是以40周为原则，在38至42周之间生产都有可能。另外，需要说明的是40周的前两周并没有真正怀上胎宝宝。

孕期可以分为3个阶段。前12周为孕早期，13周至28周为孕中期，29周至40周为孕晚期。

孕妈咪生理变化——每个月的孕妈咪

孕1月（孕早期1～4周）：孕妈咪还察觉不到刚刚开始的怀孕，一直到第四周末，才会有所察觉，因为她的月经没有按时来。

孕2月（孕早期5～8周）：孕妈咪早孕反应开始了，乳胀、易疲劳、爱犯困，还可能会恶心、呕吐、便秘和尿频。

孕3月（孕早期9～12周）：孕妈咪的早孕反应开始减弱了，虽然身体变化还不明显，但是可以选择合适的孕妇装了。

孕4月（孕中期13～16周）：第一次胎动就要出现，初产的孕妈咪感觉到的要晚一些。

孕5月（孕中期17～20周）：孕妈咪的重心发生了改

变，行动开始不方便了，臀部"圆"了起来，胃口好了许多。

孕6月（孕中期21~24周）：孕妈咪身体会越来越重，差不多每周就要长一斤。

孕7月（孕中期25~28周）：孕妈咪腹部迅速增大，子宫接近了肋缘，会有气短的感觉。胎动会使腹部像波浪一样地动起来。

孕8月（孕晚期29~32周）：由于长大的子宫挤压膀胱，孕妈咪开始像孕早期一样频繁地去厕所，出现尿频、胃口不好等现象。

孕9月（孕晚期33~36周）：肚子有鼓胀感，有的孕妈咪会感觉到下腹部坠胀。

孕10月（孕晚期37~40周）：孕妈咪下腹部会轻微胀痛，阴道分泌物出现少量血液预示着分娩的临近。

胎宝宝的成长

胎宝宝的身长和发育——每个月的胎宝宝

孕1月（孕早期0~4周）：胎宝宝开始在孕妈咪的子宫里"着床"，大约有半厘米长。

孕2月（孕早期5~8周）：胎宝宝身长大约2~3厘米，体重约4克，开始有了人形。

孕3月（孕早期9~12周）：胎宝宝身长大约7厘米，重约28克，性别分明，头颈分明。

孕4月（孕中期13~16周）：胎宝宝身长超过12厘米，体重约150克。腿的长度超过了胳膊，手指甲完整地形成了，指关节开始运动，头发、睫毛、指甲、脚甲开始生长，声带及味蕾也已经长成。

孕5月（孕中期17~20周）：胎宝宝身长约20厘米，体重约400克，头发继续生长；感觉器官开始按照区域迅速发展，神经元之间的连通开始增加，胎动愈来愈强烈，身体各部分的器官逐渐成长。

孕6月（孕中期21~24周）：胎宝宝身长约28厘米，体重约600克，充满了整个子宫，可以开闭眼睛，对外界的声音比较敏感。

孕7月（孕中期25~28周）：胎宝宝身长约40厘米，体重约1000克，几乎占满整个子宫。皮肤呈深红色，略带些皱纹。胎宝宝会做梦了。

孕8月（孕晚期29~32周）：胎宝宝身长约44厘米，体重约1700克，皮肤变得淡红光滑，肌肉和神经变得很发达。

孕9月（孕晚期33~36周）：胎宝宝身长约48厘米，体重约2800克，头部已经开始进入到孕妈咪的骨盆。

孕10月（孕晚期37~40周）：胎宝宝身长约50厘米，体重约3200克，头围在35厘米左右，头盖骨变硬，身体各个部位已经发育完好，随时都有可能出生。

目录
Contents

独一无二

一的生命之书

留给孩子最 珍贵 的礼物

记录妊娠 最 不平凡的生活

请记录下这段你和胎宝宝距离 <0 的亲密接触吧！

第1周

"孕妈咪" 你准备好做妈妈了吗

"孕妈咪"的变化 Change

"胎宝宝"的成长 Growth

Change

● **"孕妈咪"生理变化**

从本周起，准爸爸和"孕妈咪"要准备迎接一个可爱的宝宝了，这需要制订一个怀孕计划。虽然"孕妈咪"没有真正怀孕，但这一周对于你来讲是至关重要的时期。

夫妻俩都要戒掉抽烟、喝酒等不良嗜好，暂时离开有害的工作和生活环境，加强身体锻炼，补充营养，停服避孕药，提前注射疫苗，做做孕前体检。

● **"孕妈咪"心理变化**

这一时期，夫妻双方都要做好心理准备，为受孕营造夫妻恩爱、家庭幸福的良好心理环境。

Growth

● **"胎宝宝"的发育**

孕1周的"胎宝宝"还没有形成，存在于准爸爸体内的是精子，存在于"孕妈咪"体内的是卵子，卵子还没有发育成熟。

"孕妈咪"保健 *Maternal health*

"孕妈咪"生活须知
——孕前生活方式

要禁烟戒酒。烟草中的有害成分可以通过血液循环进入生殖系统，直接或间接发生毒性作用。吸烟不仅会影响到受孕的成功率，也会严重地影响受精卵和胚胎的质量。酒精对男性生殖系统有毒害作用，会使精子不正常。

咖啡要少喝。咖啡最多一天一杯的量，可乐等饮料最好从食谱中彻底消失，新鲜果汁或蔬菜汁是比较好的选择。

准爸爸不要留胡须。胡须会吸附空气中的灰尘和污染物，然后通过呼吸进入体内，影响"生产精子"的内环境，也可能在与"孕妈咪"接吻时，将各种病原微生物传染给她。

有些男士认为蒸蒸桑拿，洗得干净又解乏。其实，睾丸最怕高温了，精子在34℃～35℃环境中是最能保证质量的，而洗桑拿浴时温度可高达70℃～80℃，准爸爸要避免高温的洗浴环境。

带宠物去医院做个体检，主要检测一下弓形虫病抗体。记得每月都带宠物去医院做一次检查，以确保百分之百的安全。这一时期，"孕妈咪"最好不养宠物，或远离宠物。

如果"孕妈咪"在工作中经常会接触到化学物质、电磁波等有害物质，在准备受孕期间，要注意回避。"孕妈咪"在生活中应尽量避免接触染发剂，一天超过8小时以上的微机操作也是不健康的，应每隔3小时离开一下空调环境，到户外呼吸新鲜空气。

另外，生活方式也应当有规律，劳逸结合，适当锻炼，改掉熬夜等一些不良习惯。

饮食方面要做到食品新鲜、卫生，不要食用棉籽油。食谱尽可能广泛一点，注意不要挑食。

"孕妈咪"保健须知
——孕前检查

孕前检查项目除了一般的体格检查外，通常还包括以下内容：

1.血常规检查

通过这项检查可以知道血色素的高低，孕妈咪贫血，不仅会出现产后出血、产褥感染等并发症，而且还会导致新生的宝宝易感染、抵抗力下降、生长发育落后等。

2.尿常规检查

尿常规检查有助于肾脏疾患的早期诊断。

3.妇科B超检查

4.性传播性疾病检测

5.乙肝两对半检查

乙肝两对半及肝功能检查可以判断是否

有肝炎、肝脏损伤等。

6.心电图

7.病毒及弓形体筛查

8.子宫颈刮片检查

9.口腔检查

10.准爸爸要做的检查

除妇科B超检查和子宫颈刮片检查外，以上各项男士也应该检查。人们往往有一个误区，认为生一个健康的宝宝，只要"孕妈咪"做检查就行，殊不知，无精子症等疾病自身并不一定有不适感觉。为了保险起见，准爸爸也应该进行相应的检查，并重点检查精液和生殖系统疾病。

饮食与胎教 Diet & prenatal education

"孕妈咪"关键营养
——孕前全面营养饮食

孕前要保证摄入均衡适量的蛋白质、脂肪、碳水化合物、维生素、矿物质等营养素，这些营养素是胎儿生长发育的物质基础，缺一不可。

我国的营养学家把各种各样的食物分成五大类：膳食中能量的主要来源谷类；主要提供膳食纤维、矿物质、维生素和胡萝卜素的蔬菜和水果类；鱼、虾、肉、蛋类；奶类和豆类；油脂类。这五大类是人体所需的必备营养来源。

"孕妈咪"还要注意多吃动物肝脏和红黄色的果蔬（如西红柿、柑橘）、坚果（如花生、核桃）等含丰富叶酸的食物。另外，也要注意增加钙、铁、维生素A等微量营养素的摄取。

"孕妈咪"爱心胎教
——充分做好孕前心理准备

除了孕前的生理准备外，孕前夫妻双方的心理准备也是相当必要的。如果怀孕了，女性的体形就会发生变化，原来凹凸有致的身材，会变得"大腹便便"，心理上肯定会产生波动。有些女性不能接受自己孕期的身材改变，就拒绝孕期营养饮食，产后更是拒绝哺乳，甚至不愿意抚养孩子。其实，只要注意做好孕前准备，孕中、孕后合理安排锻炼，产后体形很快就可以得到恢复。

"孕妈咪"要充分了解妊娠过程出现的某些生理现象，知道分娩时所产生的疼痛非常短暂，有现代化的医疗设施，有家人、医护人员的小心看护，一定能够平安分娩。

夫妻双方都要在心理状态良好的情况下完成受孕过程。任何一方受到较强的劣性精神刺激，都会影响精子或卵子的质量，从而影响"胎宝宝"的发育。"孕妈咪"要用积极的态度去克服困难，排除烦恼。为了让将来的"胎宝宝"更健康，更聪明，尽全力让自己快乐多一点，高兴多一些，保持良好的精神状态。准爸爸也要做好承担责任的心理准备，采取各种方法使"孕妈咪"保持心情愉快，顺利地度过孕期和产期。

“孕妈咪”，要不要制定一个孕期计划呀？ 第1周

Record

年　　月　　日　　　天气

贴心提示

孕前检查的好处

全面了解准爸爸和“孕妈咪”的健康状况，有利于生育健康的宝宝。

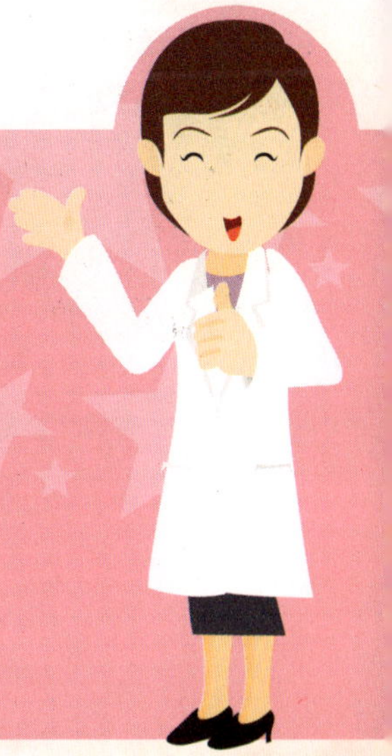

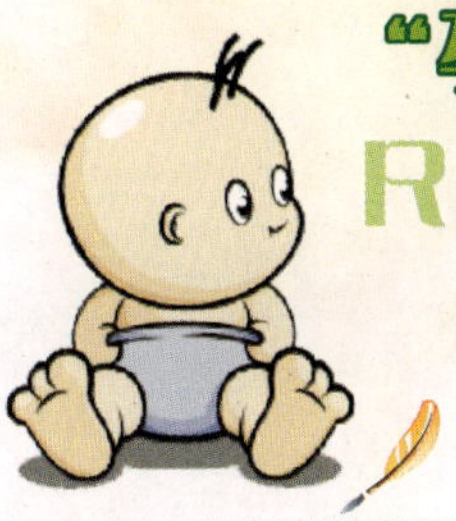

年　　月　　日　　天气

_____

_____

_____

_____

_____

_____

_____

_____

每周食谱 | 补叶酸+维生素食谱

凉拌豇豆

精心配料：
嫩豇豆、胡萝卜、红辣椒各适量，料酒、味精、盐、花椒油、姜汁各少许。

制作方法：
1.将豇豆择去蒂、筋后洗净沥干、切段；胡萝卜、红辣椒洗净后均匀切丝备用。
2.汤锅放入清水，烧开后放入豇豆，余透后捞出沥去水分，趁热放入姜汁、料酒、味精、盐、花椒油等调料，再将胡萝卜、红辣椒放入拌匀后晾凉即可。

第2周

"孕妈咪"

缔造你的希望

"孕妈咪"的 **变化**
Change

"胎宝宝"的 **成长**
Growth

Change

● "孕妈咪"生理变化

　　正常生育年龄的妇女，排卵后体温立即升高，并持续到下个月经周期开始。一般来说，卵泡大约在月经周期的第5~13天成熟，这时子宫内膜增生，排卵后大约在月经周期的第14~23天时是黄体成熟阶段，这时子宫内膜继续增厚，如果没有受精，子宫内膜就会脱落，成为月经。

　　孕2周后期，你已经进入排卵期，14~20天时是"孕妈咪"的最佳怀孕期，准爸爸和"孕妈咪"要调整好身心健康，在最佳时间完成受孕的使命。

● "孕妈咪"心理变化

　　为了让将来的宝宝更健康，更聪明，"孕妈咪"要让自己更快乐一点，保持最亮丽的心情去迎接那一刻。

Growth

● "胎宝宝"的发育

　　孕2周的"胎宝宝"也还不是宝宝，存在于准爸爸体内的是精子，存在于"孕妈咪"体内的卵子已经发育成熟了。

"孕妈咪"保健 *Maternal health*

"孕妈咪"生活须知
——高龄"孕妈咪"怎样生个健康小宝宝

医学研究发现，35岁以后生育的"孕妈咪"，比正常育龄的"孕妈咪"危险性明显增高。高龄"孕妈咪"的骨盆和韧带功能退化，软产道组织弹性较小，子宫收缩力相应减弱，易导致产程延长而引起难产，还会造成"胎宝宝"产伤、窒息。另外，由于高龄"孕妈咪"的卵细胞易发生畸变，"胎宝宝"畸形及某些遗传病的发生率也较高。

高龄"孕妈咪"想要一个健康的"胎宝宝"，做好产前检查最为重要。完善的产前检查可以及早发现"孕妈咪"及"胎宝宝"的异常，把握适当的处理时机，为"胎宝宝"和准妈妈的健康把关。

第一次产前检查时，产检部门会发给"孕妈咪"一本《孕妇健康手册》。每次接受产前检查都要携带，医护人员会将检查结果详细记录在手册里面。一般来说，怀孕28周前每4周检查一次，怀孕29周后每2周检查一次，怀孕36周后每周检查一次。高危险妊娠或有妊娠并发症的"孕妈咪"，需要根据实际情况适当增加检查次数。

海洋性贫血，是单基因遗传性疾病，如果夫妻双方是同型地中海型贫血的带因者，每次怀孕，子女有1/2的机会为带因者，1/4的机会为重型地中海型贫血患者，重型患者将会危及"孕妈咪"、"胎宝宝"的生命。

染色体异常的几率随着"孕妈咪"年龄的增加上升，以唐氏症自然发生率为例，每一千个新生儿中有一位可能是唐氏症儿，35岁以上的"孕妈咪"是生下唐氏症儿的高危人群，每三百人中约有一位会生出唐氏症儿。高龄"孕妈咪"可以进行羊水穿刺检查及早确认，以免夫妇在未知的情况下生出缺陷儿。

所谓羊水穿刺检查，是将怀孕中所产生的羊水，经由一种简单的仪器，在无菌下抽出若干毫升，加以化验，以判断"胎宝宝"的健康状况。怀孕的第16~18周是羊水穿刺检查的最佳时间，抽取少量的羊水检查"胎宝宝"染色体是否正常，大约3~4周后就能知道结果。

"孕妈咪"保健须知
——"孕妈咪"居住环境

首先，保证家中没有污染源。其次，居室中的设施要安全，便于"孕妈咪"的日常起

居。"孕妈咪"的日常用品随手可得，不需要爬高上低。家中的设施安置要便于"孕妈咪"从事家务劳动，厨具、熨衣具、晾衣

具、灯绳等等的高度要适当，以"孕妈咪"站立操作时不弯腰、不屈膝、不踮脚为宜。消除一切易使"孕妈咪"发生危险的因素，家中各样物品的摆放要整齐稳当；光滑地面要有防滑设备，以免"孕妈咪"碰着磕着或者摔跤。

居室内的光线要好，能通风通气。室内要保持一定的温湿度，20℃～22℃温度、50%左右的湿度就很好了。

噪音影响"孕妈咪"的健康和"胎宝宝"的发育，会使"孕妈咪"心烦意乱，影响"胎宝宝"正常发育。不要在居室内大声喧哗、吵闹等，最好在居室内安装一定的降噪设备，尽力为"孕妈咪"提供一个安静的环境。

注意居室中的色彩搭配，选择"孕妈咪"所喜爱的颜色，来装饰居室，居室中可以用艺术作品来加以装点，以使"孕妈咪"心情舒畅。

饮食与胎教 Diet & prenatal education

"孕妈咪"关键营养
——孕前全面营养饮食

1.不要吃腌制或腊制的食品。
2.不要吃含铅量过高的食物。
3.远离浓茶、浓咖啡和碳酸饮料。
4.孕期和哺乳期少吃或不吃辛辣、刺激的食品，烹调时尽量少放热性调料。
5.不用铝制锅具和餐具，不食用制作中加入明矾的油条等油炸食品，服药应遵医嘱。
6.尽量不喝或少喝含有酒精的饮料。

"孕妈咪"爱心胎教
——充分做好孕前心理准备

我国传统中医学有"孕借母气以生，呼吸相通，喜怒相应，一有偏奇，即致子疾"的理论。

有科学证明，"孕妈咪"的心理对胎宝宝的人格形成会产生一定的影响，"孕妈咪"产生愤怒或恐惧的情绪时，将分泌许多"副肾素"与"乙酸胆碱"，这两种化合物能注入"胎宝宝"的血液循环，刺激胎儿的神经系统。"孕妈咪"的精神情绪，不仅可以影响自身的健康，也会给"胎宝宝"的血液供给、心率、呼吸和胎动等许多方面造成影响。妊娠期间要确保"孕妈咪"的情绪乐观稳定，切忌大悲大怒，吵架动手等要坚决禁止。

怀孕早期，"孕妈咪"如果情绪过度紧张，可能导致"胎宝宝"兔唇；如受到严重刺激，或精神过度紧张，会直接引起胎儿循环紊乱。

所以，从确诊怀孕的第一天起，就应当树立"宁静养胎即教胎"的观点。怀孕期间"孕妈咪"更应当修身养性，控制不良情绪，为"胎宝宝"的健康发育打下良好基础。

"孕妈咪"，要不要记录您美好的心情呀？ 第2周

Record

年　月　日　天气

防电脑辐射

"孕妈咪"要留心别人的电脑从你侧面或背面散放的辐射。电磁辐射测定表示，电脑侧面、背面的辐射比电脑显示屏的正面辐射要高很多。

贴心提示

年　月　日　天气

每周食谱 | 补叶酸食谱

菠菜蛋皮丝

精心配料：
菠菜适量、鸡蛋2个、红椒1个，面粉、花生油适量，盐、味精、米醋、香油少许。

制作方法：
1.将菠菜焯熟，过凉，沥干。
2.蛋液加面粉、盐适量，加油烧至五成热倒入蛋液，摊成薄蛋皮，切丝。
3.将调料调成汁，和菠菜与蛋皮拌匀即可。

第3周

孕妈咪 你怀孕了

孕妈咪**变化** Change

胎宝宝**成长** Growth

Change

● 孕妈咪生理变化

孕3周孕妈咪还感觉不到身体的变化，但身体内却在进行着一场变革，受精卵发育成桑胚体，到达子宫腔，并准备在子宫里安家，也就是说已经成功怀孕了。从现在开始，孕妈咪就名副其实了。

● 孕妈咪心理变化

按怀孕计划，通过使用"早早孕试纸"的方法得知，自己是个孕妈咪了。此时的孕妈咪在充满了喜悦的同时又会有羞怯的感觉。

Growth

● 胎宝宝的发育

这时候，构成胎宝宝的精子就像是游泳冠军，摆动着蝌蚪一样的尾巴第一个游进输卵管中，和等待着它的卵子结合在一起，组成了一个整体。精子和卵子构成的受精卵一边分裂，一边运动，3天后体积就增长了10倍，并且头部开始有了一个雏形，还长出了一个小尾巴，同时运动到子宫腔，胎宝宝诞生了，并且在孕妈咪的子宫里选好位置，就要准备安家了。

孕妈咪保健 | *Maternal health*

孕妈咪生活须知
——远离有毒化学物质

孕妈咪要注意不要过多接触洗涤剂，这样容易造成流产。放射线，同位素，化学工业毒物，如苯、氯丁二烯、亚硝胺、铅以及剧毒农药均有致畸作用。从事化工生产或接触有毒化学品的孕妈咪，应尽量调换工作。农村的孕妈咪不要接触和喷洒农药。

孕妈咪保健须知
——孕早期性生活要注意些什么

孕早期，胚胎刚刚在孕妈咪子宫着床，还没有形成胎盘，与母体结合得并不是很结实。所以，孕早期为了避免感染，引发流产，孕妈咪要合理地安排性生活，最好避免孕早期的性生活。从整个怀孕过程来看，孕早期孕妈咪会因害喜而性欲减退，而姿势方面，男位在上或女位在上并非重点，重要的是是否压迫腹部和是否很深入，太压迫腹部或太深入不好。其实，女性阴道最敏感的部位是阴道的前1/3，所以浅尝即可，不必要深入。

总体来说，孕妈咪的健康起源于家庭的和谐，而家庭和谐的一大部分，在于夫妻性生活的和谐。如果是身体正常的准爸爸和孕妈咪，怀孕早期适当的性生活应该是无害的。但是,在临床上有以下症状的孕妈咪最好暂停或节制性生活：有习惯性流产史，有子宫颈闭索不全历史、有产前出血或前置胎盘情形的孕妈咪，要绝对禁止性生活，避免引起大量出血；有早产史的孕妈咪，易引发绒毛羊膜炎；有阴道炎或重大内科疾病的孕妈咪最好由医生评估，是否可以进行孕早期性生活。如果准爸爸有性器官疾病，就有可能

把细菌带入阴道，引起绒毛羊膜炎，引发早产；如果性伴侣有性器官的疾病而不愿使用保险套，要禁止性生活。

饮食与胎教 Diet & prenatal education

孕妈咪关键营养
——孕早期营养需求

孕早期，孕妈咪的饮食应合理而全面，应能提供胚胎各器官的形成、发育所需的各种营养素。

1.保证优质蛋白质的供给，选择肉类、乳类、蛋类、鱼类及豆制品等富含易消化吸收的优质蛋白质的食物。

2.确保摄入充足的锌、钙、铜、碘、维生素A、B族维生素、维生素C和叶酸等营养素。

3.要注意摄入适当的脂肪和碳水化合物。脂肪主要来源于动物油和植物油，植物油是烹调的理想用油，能满足母体和胎儿对脂肪酸的需要。孕妈咪还应每天摄入150克以上的碳水化合物。

孕妈咪爱心胎教
——好情绪带来好宝宝

未来胎宝宝的健康与孕妈咪的精神健康有着密不可分的微妙关系。准爸爸和孕妈咪在决定孕育胎宝宝的时候，就要开始努力调整自己的情绪，积极乐观，从容面对可能遇到的问题，准爸爸和孕妈咪乐观的心态、健康的心理对未来胎宝宝的成长将大有助益。

怎样才能调试出良好的孕前情绪呢？这就需要双方的共同努力。在处理家庭事务方面都要站在对方的角度上想问题，准爸爸要对孕妈咪更加体贴和照顾，展现自己的爱心，耐心呵护，尽量减轻孕妈咪的心理压力。也可以暂时抛开生活中的琐事，到风景秀丽、安静祥和的地方作个短途旅游，放松一下紧绷的神经。

妈妈，请记下您美好的心情吧!

Record

年　　月　　日　　天气

孕检须知

孕20~28周期间，每4周检查一次；孕29~36周期间，每2周检查一次；自第36周起每周检查一次。

♥ 贴心提示 ♥

年　月　日　天气

香爆芹菜双肝

精心配料：
猪肝、鸡肝、芹菜，葱、姜、酒、生粉、酱油、盐、香油、味精适量，鸡蛋一个。

制作方法：
1.肝切片，加料浸20分钟，炒黄。
2.爆香姜片，放入葱白及调料，半熟时放肝炒片刻即可。

第4周

孕妈咪

不平凡的孕期生活开始了

孕妈咪 的 **变化**
Change

胎宝宝 的 **成长**
Growth

Change

● 孕妈咪生理变化

孕妈咪这一周的体重没有迅速增加，体形也没有明显改变。但随着胎宝宝的"着床"，孕妈咪可能会有轻微的不舒服，有时会感到疲劳，浑身无力，体温升高，偶尔恶心。有些孕妈咪的皮肤色素加深，面部出现褐色斑点，外阴及脐周围和腹中线皮肤颜色也会加深。

● 孕妈咪心理变化

孕妈咪此时的喜悦之情常常会溢于言表，接着又陷入平静，会出现即将为人母的恐慌，角色转换不能及时到位。此时的准爸爸和家庭成员都应给予耐心的关怀与照顾。

Growth

● 胎宝宝的身长

胎宝宝游进子宫，植入子宫膜，把孕妈咪的子宫当成了房子，在这里安心地住了下来，大约半厘米长。

● 胎宝宝的发育

快速分裂的受精卵，一部分形成大脑，一部分形成神经组织。

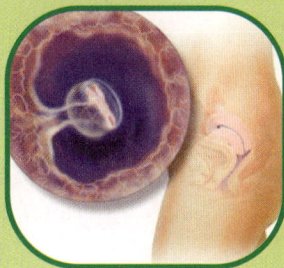

▌孕妈咪保健 ▌ *Maternal health*

孕妈咪生活须知
——初次怀孕要注意些什么

因为是第一次，初次怀孕的孕妈咪，往往怀孕了还没有意识到，在身体和心理准备上往往措手不及，因误食药品或疏忽造成不良后果的事情也时有发生，对自己和胎宝宝都有可能造成一定程度的伤害。

怀孕初期的症状不明显，一些症状还容易被错误判断为感冒、发热，如果孕妈咪不经过医生治疗，随意吃些成药，不仅达不到治疗效果，还会给胎宝宝致畸埋下苦果。所以，已婚的、想要怀孕的女性在等待胎宝宝降临以及怀孕期间都不能随意服用未经医生批准的药品，如果身体不适，尽快到医院就诊，尽量避免出外旅游或者剧烈运动，以免造成意外流产。

这一时期的准爸爸要认真呵护，细心照顾孕妈咪，为胎宝宝的降临营造一个温馨、舒适的氛围。

孕妈咪保健须知
——怎么判断自己怀孕了

及时、准确地判断自己是否怀孕是一件非常重要的事情。通常，早孕会出现以下症状：

发现月经过期14天以上，加上乳房涨大或乳晕颜色变深。呕吐、乏力、嗜吃酸辣或小便次数频密等反应，都可能是怀孕的初期征兆。

使用"早孕试纸"化验呈阳性。早孕试纸是一种长条状试纸，在一般的药店和诊所都可以买到。按照说明使用早孕试纸，可以准确知道自己是否怀孕。

当怀孕早期症状比较明显或者不能确定是否怀孕的孕妈咪，可以立即到医院化验检查，在月经过期约1~2周后化验尿液(最好是早晨第一次的小便)，以确定是否怀孕。

▌饮食与胎教 ▌ *Diet & prenatal education*

孕妈咪关键营养
——孕妈咪应补叶酸

孕妈咪体内叶酸水平过低会导致胎宝宝脊柱裂、脑脊膜膨出等神经管畸形，甚至产下"无脑儿"，也会造成流产。

造成这种结果的原因是细胞核在缺少叶酸的情况下成熟延缓，

导致血红细胞体积庞大，细胞核却很幼小，也就是所谓的"巨幼细胞"，孕妈咪也会因此出现贫血症状。孕妈咪孕前和怀孕后12周期间，补充叶酸可以预防胎儿大部分神经管畸形的发生。对于有不良妊娠史、高龄及家族中有生育过畸形胎儿史等高危因素的孕妈咪，最好在医生的指导下，从怀孕开始，每天口服叶酸片0.4毫克。

孕妈咪体内叶酸缺乏的状态要在服用叶酸后4周，才能得到纠正。孕妈咪要在孕前4周就开始进补叶酸，这样才能保证在早期胎宝宝神经管形成的敏感期中，满足神经系统发育的需要。怀孕后的孕1~12周敏感期中，孕妈咪需要坚持服用，才能起到最好的预防效果。

小剂量叶酸增补剂每片中仅含0.4毫克叶酸，是国家批准的唯一预防药品，商品名称为"斯利安"。而市场上有一种供治疗贫血用的"叶酸片"，每片含叶酸剂量大。孕妈咪切忌服用这种大剂量的叶酸片，大剂量服用会对孕妈咪和胎宝宝产生不良影响。

叶酸还可以通过食物来摄取，动物肝脏、肾脏、蛋类、鱼类、大豆类、坚果类、植物性食物中的绿叶蔬菜如菠菜、芹菜等，还有菜花、土豆、莴苣、蚕豆、梨、柑橘、香蕉、柠檬等食品，都含有较多的叶酸。

孕妈咪爱心胎教
——宝宝需要良好的外部环境

如果把孕妈咪的肚子比作胎宝宝的房子，那么，"房子"外面的世界对胎宝宝的成长有什么影响呢？根据环境胎教的含义，胎教环境可分为内环境和外环境两种。孕妈咪本身所处的环境指的就是胎教外环境，也就是说，当孕妈咪所处的外部环境不利于胎宝宝的生长发育时，也会对孕妈咪肚子里的胎宝宝造成不同程度的伤害。

在做好胎教内外环境的经营和保护方面，准爸爸的作用非常重要。准爸爸可以为孕妈咪创造一个整洁温馨、安静舒适的居住环境。经常整理屋子，在居室里挂几张可爱的宝宝图片，摆几件充满童趣的玩具，或养一些花草或金鱼，再加上悦耳动听的音乐，就能给整个家庭创造出温馨和美的气氛来。另外，准爸爸还要注意调节孕妈咪的心情，不要和她吵架，不吸烟喝酒，生活自律，保持良好的生活方式，再配以科学的饮食习惯，使孕妈咪每时每刻都处在心情愉悦的环境中。

孕期坚持工作的孕妈咪，也要注意在工作中远离危险源，保持良好的心理状态。心理支配生活和行为方式，孕妈咪的整个系统机能都处在最佳状态，那么小"房子"作为胎宝宝生长发育的最佳基地，就再合适不过了。

妈妈， 请记下您美好的心情吧!

Record

年　　月　　日　　天气

不宜久吹空调

　　空调虽然会给孕妈咪带来凉爽的工作环境，也很容易让孕妈咪患上"空调病"，症状常表现为鼻塞、打喷嚏、耳鸣、乏力、记忆力减退等。

贴心提示

年　　月　　日　　天气

每周食谱 | 补肾+叶酸食谱

杜仲腰子汤

精心配料：
杜仲适量、猪腰1只，葱、姜、蒜、香油适量。

制作方法：
1.杜仲用干净纱布包裹，猪腰去筋膜，洗净，切开，去臊腺，再切成小薄片。
2.将杜仲、猪腰片置锅中，放入清水适量，煮至肉烂。
3.加入食盐、味精、葱、姜、蒜、香油调味即可。

第5周

孕妈咪 早孕反应开始了

孕妈咪 的 **变化** Change

胎宝宝 的 **成长** Growth

Change

● 孕妈咪生理变化

　　随着新陈代谢的加快，孕妈咪可能会出现全身乏力、嗜睡等症状。子宫质地变软，但大小没有太大的变化。孕吐从这一周就要开始了，孕吐反应强烈的孕妈咪，更需要准爸爸和家人的关爱。

● 孕妈咪心理变化

　　孕妈咪开始担心自己的身材变化和胎宝宝的健康，期待中夹杂着焦虑。

Growth

● 胎宝宝的身长

　　这一周的胎宝宝身长不到6毫米，看起来像个"小海马"。

● 胎宝宝的发育

　　胎宝宝的神经系统和循环系统的基础组织开始分化。胚胎原始内胚层和原始外胚层开始形成，原始内外胚层呈现出圆盘状，就是胚盘。

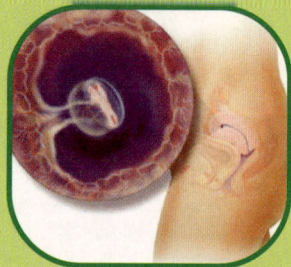

孕妈咪保健 *Maternal health*

孕妈咪生活须知
——孕吐太严重危害多

孕吐主要是由于增多的雌激素对胃肠内平滑肌的刺激作用所致，中医认为孕期呕吐主要是由胃失和降，冲脉之气上冲所致。有的孕妈咪孕吐强烈，常常恶心、呕吐，甚至不能闻见炒菜的油烟味。

过于严重的孕吐会严重影响孕妈咪和胎宝宝的健康。由于不能保证正常进食，

孕妈咪可能会营养不足，也有可能会引起孕妈咪叶酸、锌、碘等微量营养素缺乏，从而增加胎宝宝畸形的风险。同时，还可导致B族维生素缺乏，加重妊娠反应。孕吐严重还会引起孕妈咪体内水及电解质丢失和紊乱，血液中过高的酮体将通过胎盘影响到胎儿发育。所以，孕早期必须保证每日摄取不低于

150克碳水化合物，以保障胎宝宝生长发育的能量需要，也可避免酮症酸中毒对胎宝宝早期神经系统的不良影响。那些严重呕吐、完全不进食的孕妈咪，需在医生指导下，通过静脉注射补充葡萄糖、维生素和矿物质等营养素。

孕妈咪保健须知
——孕吐不宜用止吐药

孕吐是怀孕早期常见的早孕反应，一般在清晨时较重。一般情况下，孕吐对母子健康影响不大，不治也可自愈。

孕吐不仅仅是雌激素的刺激作用，也会有精神过度紧张方面的原因，所以孕早期孕吐，并不一定要使用止吐药。

如果孕吐严重，也可以在医生指导下适量服用这些药物：维生素B6、维生素B1、维生素C及镇静止吐药。有些止吐药，孕妈咪要引起高度重视，三甲氧苯扎胺的负作用较大，有使胎宝宝致畸的可能，最好不要使用。准爸爸要多咨询医生止吐的方法，合理安排孕妈咪的饮食和睡眠，多安慰、多鼓励，以减轻孕妈咪的思想负担。

饮食与胎教 *Diet & prenatal education*

孕妈咪关键营养
——孕吐的饮食调理

孕吐严重的孕妈咪往往缺乏食欲、不想进食，这就需要进行饮食调理，调理的目的就是让孕妈咪有食欲，能吃得进去。所以，要注意尽可能照顾孕妈咪的饮食习惯和爱

好，如酸的、甜的、咸的、辣的，任其选用。少食多餐，想吃就吃，能吃就吃，加大孕妈咪的进食量。

有时候，进食的食物往往在没消化吸收时就被吐了出来，所以应选择容易消化的食物，尽量减轻胃肠道负担，减少呕吐症状。同时要平衡饮食，补充一定的叶酸。孕妈咪可以吃些清甜的水果，既可补充水分、维生素和必需的矿物质，也可以调节水及电解质平衡。

孕吐症状减轻后，孕妈咪可以适当吃些富含优质蛋白质的食物。同时，要尽量供给充足的糖类、维生素和矿物质，以保证孕妈咪的身体供应和胎宝宝的成长需要。

孕妈咪爱心胎教
——胎教音乐，缓解孕早期的烦恼

孕早期既是胎宝宝发育和各器官形成的时期，又是胎宝宝状态最不稳定、最容易流产的时期，同时也是致畸敏感期，因而更要注意防止致畸原因的出现。在这一时期，孕妈咪会遭遇比较明显的妊娠反应，忧郁和疲劳极为常见，这就更要使孕妈咪保持精神上的愉快，避免对胎宝宝的成长造成不良影响。那么，多听一些轻松愉快的音乐是一个很好的选择。

胎教音乐根据受众不一样，一般可分为孕妈咪听的音乐和胎宝宝听的音乐两种。这里指的是孕妈咪听的胎教音乐。在日常生活中，孕妈咪要抽出一些时间欣赏胎教音乐，让轻柔悦耳的音乐充满所处的空间。听音乐不受时间和地点的限制，生活中只要有条件随时都可以感受音乐的魅力，孕妈咪可以伴随音乐的节奏，在潜意识中与腹中的胎宝宝进行情感上的交流。通过欣赏音乐，孕妈咪

可以调节情绪，产生宁静、舒适的感觉。同时，声波还可直接通过孕妈咪腹壁传导给胎宝宝的听觉系统，促进胎宝宝的智力发育。孕早期孕妈咪适合听的音乐应该是那些委婉

柔美、轻松愉快、充满诗情画意的乐曲。胎教音乐最好每天播放1~2次，每次5~10分钟，音量不宜太大。

年　月　日　天气

远离汽油、砷等有害物

　　由于汽油可在体内蓄积，排出速度较慢，从事与汽油相关工作的孕妈咪于脱离接触56天后分娩时，血中仍可检出汽油。我国目前有法律规定，女性在怀孕和哺乳期内禁忌从事作业场所空气中砷化合物浓度超过最高允许浓度的劳动。

贴心提示

年　　月　　日　　天气

每周食谱 | 治孕吐食谱

砂仁鲫鱼汤

精心配料：
砂仁3克，鲜鲫鱼1条，姜、葱、食盐、香油适量。

制作方法：
1.砂仁3克，鲜鲫鱼去鳞、鳃，剖去内脏，洗净。
2.将砂仁放入鱼腹中，投入锅内（砂锅最好），加水适量，用文火烧开。
3.鱼熟后，放入生姜、葱、食盐、香油，即可食用。

第6周
孕妈咪 补充微量元素很重要

孕妈咪 的 **变化**
Change

胎宝宝 的 **成长**
Growth

Change

● **孕妈咪生理变化**

　　孕妈咪的子宫已经悄悄长大，现在和葡萄柚差不多大小，但肚子还没有明显隆起。这一周孕妈咪开始有懒洋洋、昏昏欲睡的感觉，有时会感到胸部和下腹部胀痛，妊娠反应也越来越明显，孕吐变得频繁起来。

● **孕妈咪心理变化**

　　这一时期经常会出现一些不良情绪，孕妈咪要学会放松自己，充分休息。

Growth

● **胎宝宝的身长**

　　胎宝宝身长约6毫米，像个小松子仁。

● **胎宝宝的发育**

　　胎宝宝长得很快，心脏划分了心室，开始跳动和供血。肾、心脏等主要器官都已发育，发育最明显的是肝脏，神经管开始连接大脑和脊髓，原肠开始发育，面部器官开始成形。

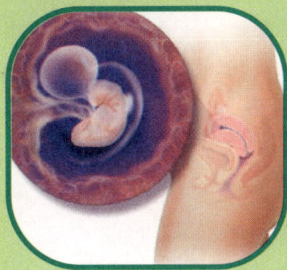

▌孕妈咪保健▌ *Maternal health*

孕妈咪生活须知
——孕早期孕妈咪对丈夫的期望

怀孕后，随着孕妈咪的生理变化，心理也发生了变化，对准爸爸的期望变得比平时更高了。孕妈咪期望准爸爸能给自己更多的

关怀和体谅。尤其是在自己心烦意乱的时候，准爸爸能多一些安慰，多一些支持，多一些理解和包容。

由于孕早期妊娠反应强烈，准爸爸一定要照顾好孕妈咪的生活，期望能多一些耐心，能多做一些可口的饭菜。多一些体贴，多一些照料，多干一些家务。在和孕妈咪畅想未来的时候，告诉她，无论宝宝是男是女都开心。在家里一定要戒烟，给孕妈咪一个没有污染的家庭环境，如果没有特殊情况，下班要及时回家，多陪一陪正在家中等自己回家的孕妈咪。

孕妈咪保健须知
——孕妈咪不要做X光检查

X射线是一种波长很短穿透能力很强的电磁波。据记载，日本广岛及长崎原子弹爆炸后，约28%的孕妈咪发生流产。而幸免于难出生的宝宝中有25%存在畸形，其畸形主要发生在神经系统。

在日常生活中，大多数X光检测都是无害的，比如，对手臂、腿部、头部、牙齿、胸腔的照射，因为生殖器官没有直接暴露在X光的照射下，所以对未出世的宝宝不会造成伤害。但是，对腹部的照射，会使胎宝宝直接暴露在X射线的光束下。

从怀孕开始，细胞处在快速分裂和成长阶段，胎宝宝对X射线敏感性较高。这个时期，如果被辐射影响就会导致细胞发生变化，胎宝宝会因为发育紊乱而身体出现异常，或者会患在许多天后才会被发现的疾病，如白血病。

大剂量的照射有可能会引起染色体断裂，断裂后再连接会造成染色体的倒位、易位、缺失等畸变。孕妈咪除了避免与X光接触外，还应该避免利用放射性核素等治疗各种疾病。因为放射性核素也有可能导致胎宝宝畸形。

▌饮食与胎教▌ *Diet & prenatal education*

孕妈咪关键营养
——孕早期合理补充维生素和
微量元素

孕早期是胎宝宝生长发育最关键的时期，孕妈咪在补充叶酸的同时，也要注意多种微量元素的摄入，避免造成胎宝宝的神经系统发育障碍。同时，也要注意避免一些错误的理念，无论生活习惯还是营养保健都不

能掉以轻心。

维生素在胎宝宝的生长发育中起着非常重要的作用。孕早期，孕妈咪往往采取使用维生素药剂的方式大量补充，这种做法并不科学。

经研究证明，在怀孕的前12周是胎宝宝器官发育最为活跃的阶段，服用过量的维生素，会严重影响胎宝宝的中枢神经系统，使大脑发育受阻，也有可能造成控制下肢活动的神经系统失灵。而过多服用鱼肝油等滋补药剂，会导致胎宝宝骨骼发育异常或致畸。为了克制晨吐等早孕反应，部分孕妈咪会选择服用维生素B6来止吐，但是长期过量服用维生素B6，会造成胎宝宝对维生素B6的依赖，治疗不及时，会造成胎宝宝智力低下。此外，长期大量服用维生素C会导致流产；服用过多的叶酸也会对身体产生不良的影响，有可能影响体内锌的代谢而造成锌缺乏，致使胎宝宝发育迟缓，还会掩盖维生素B12缺乏的早期表现，而导致严重的神经系统损伤等；大量服用维生素A可能导致胎宝宝骨骼畸形、泌尿生殖系统缺损以及硬腭豁裂；服用维生素E过多会使胎宝宝大脑发育异常；过多的维生素D则会导致胎宝宝的大动脉和牙齿发育出现问题。

孕妈咪在服用维生素药剂时，应该遵从医嘱，适量适度，既要维持母体健康也要保证胎宝宝的生长发育。这一时期，微量元素锌、铜等参与了胎宝宝最早期中枢神经系统的发育，尤其是锌，发挥了很大的作用，孕妈咪可以采取食补的方式，适当吃些富含锌的食物，如香蕉、动物内脏，还有瓜子、花生、松子等坚果类食品。

孕妈咪爱心胎教
——贴心话保持良好情绪

孕妈咪在怀孕时身心承受巨大的负担，心理比平时要脆弱得多，准爸爸在孕妈咪怀孕期间扮演着比平时更重要的角色，面对孕妈咪的依赖，准爸爸要切实负起责任，尽力满足这种特殊时期的情感需要，使孕妈咪保持安定平稳的情绪。准爸爸对孕妈咪给予足够的关怀和呵护，也能让自己和胎宝宝产生紧密的连结，从而确保家庭的和谐幸福。

准爸爸是孕妈咪的心灵安定剂，准爸爸的一言一行、情感态度和爱心回应，会对孕妈咪和胎宝宝产生重要的影响。在怀孕期间，孕妈咪的情绪会因为生理原因会显得复杂多变，有时会让准爸爸难以忍受。但这时准爸爸要尽量理解、包容孕妈咪，不要和她发生争执，并要时常开导、安慰她，使孕妈咪的心理得到满足。同时别忘记随时递上几句贴心话，比如说"让你辛苦了""我好爱你""宝宝喜欢开心的妈咪"之类看似简单的话，都会成为解决孕妈咪不良情绪的一剂良方。

妈妈，请记下您美好的心情吧!
Record

年　月　日　　天气

卧室环境有利解压

就业的竞争激烈，使孕妈咪因担心产后能否保住职位而忧心忡忡，卧室环境对人的心境有一定的影响，因此布置不要杂乱，尽量让孕妈咪有一个宁静、舒适的休养环境。

贴心提示

年　月　日　　天气

每周食谱 ｜ 补锌食谱

干豇豆拌肚丝

精心配料：
羊肚、干豇豆、米醋、盐、辣椒油、味精、香油。

制作方法：
1. 羊肚用醋和盐搓洗，漂净。
2. 煮熟，切丝。
3. 加入泡发切段的豇豆，倒入料，拌匀即可食用。

第7周

孕妈咪 照顾好自己的情绪

孕妈咪 **变化** Change 的

胎宝宝 **成长** Growth 的

Change

● 孕妈咪生理变化

孕妈咪会时常感到恶心，并会因为频繁孕吐而产生饥饿感。子宫压迫会导致孕妈咪尿频；黏液栓密封子宫颈管，切断了子宫与外界的联系。

● 孕妈咪心理变化

妊娠反应越来越严重，孕妈咪会出现很大的情绪波动，有时候会觉得非常烦躁。孕妈咪要注意自我调节，怀孕第7周是胎宝宝腭部发育的关键时期，情绪不能波动过大，避免造成胎宝宝腭裂或唇裂。

Growth

● 胎宝宝的身长

胎宝宝长约12毫米，像颗豆子那么大。

● 胎宝宝的发育

胎宝宝已经有了一个与身体不成比例的大脑袋，心脏已经划分成左心房和右心室，并开始有规律地跳动，面部器官进一步发育，手和脚看上去像小短桨一样。

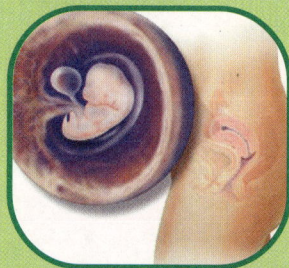

孕妈咪保健 *Maternal health*

孕妈咪生活须知
——这些孕妈咪不适合做家务

身体太臃肿、灵活度不够者；

医师告知需要卧床休息者；

正在有活动性出血或出现破水者；

做简单家务，也会诱发子宫收缩者；

做家务时出现呼吸急促（每分钟超过30次）、心跳加快（每分钟超过100次）者，表明这项活动对孕妈咪的心肺造成过度负荷，因而产生生理上的不适。

温馨提示：孕妈咪在做家务方面，不能以未怀孕前的标准来要求自己，做家务时尽量要缓慢，目标不要太大，不要规定自己一天非要做多少家务，可以适当降低家务清洁方面的要求，鼓励全家人一起动手，创造一个完美和谐的居住环境。

孕妈咪保健须知
——孕早期高热危害大

多种动物医学实验，证明了高热可以导致多种畸形的产生。人属于恒温动物，只能在适宜温度下生存和繁殖，胚胎细胞对温度升高极为敏感。

如果胎宝宝处于高温环境，物理性有害

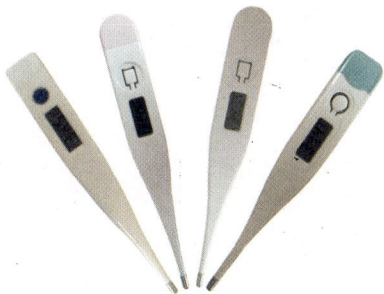

因子会杀死早期正处于分裂中的细胞，容易造成畸胎。人的脑组织最怕高热，怀孕早期有过高热的孕妈咪，孩子即便不出现畸形，但脑组织有可能受到不良影响，表现为智力低下，而且这种智力低下是不可恢复的。

孕妈咪发热还会加强砷化钠、维生素A的致畸作用。很多先天性畸形的发生并不是病毒对胎宝宝的直接危害，而是孕妈咪患病后发热所造成的。

为了保证胎宝宝的安全，使宝宝出生后聪明健康，孕妈咪应注意提高自身身体素质，避免各种发热性疾病，避免接触高温环境，不做使身体快速升温的活动。如果发热，要立刻用温毛巾反复擦身，并可以采取在腋窝、额部和腹股沟部放置冰袋等快速物理方法降温。

饮食与胎教 *Diet & prenatal education*

孕妈咪关键营养
——孕妈咪，这样补铁效果好

孕妈咪孕期补铁要多吃含铁丰富的食物，动物肝脏是首选，像鸡肝、猪肝等，动物血、瘦肉也很不错。但是动物肝脏含有维生素A，过量摄入可能中毒，要适量食用。

蔬菜、水果等含"三价铁"的食物，可以在维生素C的帮助下还原成"二价铁"，变成易于人体吸收的形式。只有还原型维C，才能很好提高铁的吸收利用率。还原型维C广泛存在于新鲜蔬菜、水果中，但它非常娇嫩，常温下食物每存放24小时，其含量就衰减一半，促进铁吸收的作用会大打折扣。所以，新鲜的蔬菜水果要随买随吃。此外，烹饪方法也能影响还原型维C的吸收。炒菜加热，水果榨汁，接触铁、铜容器等，都会导致还原型维C被氧化。因此，蔬果能生吃就不要烹炒，即便烹炒也要急火快炒、入锅即出，不能炒得太烂。烹饪时最好加点醋，酸性环境下还原型维C的稳定性比较好，不容易被氧化。

要尽量保持平常心，切忌大喜大悲；孕妈咪要提前戒酒、戒烟，这样能有效减少兔唇及其他先天缺陷疾病的发生；还要按照要求定期做产前检查，及早采取措施，避免畸形儿出生。

孕妈咪爱心胎教
——爱心呵护防止胎宝宝唇裂

孕妈咪在怀孕期间精神比较脆弱，在遭受精神刺激时，情绪的波动远远超过其他人。情绪是一种复杂的心理现象，怀孕期间，孕妈咪的一举一动都会对胎宝宝产生影响，尤其是喜、怒、哀、乐等情绪在剧烈变化时，都会通过多种通道冲击到胎宝宝。胎宝宝的身心健康需要在孕妈咪的身体里就打好基础，所以，孕妈咪要时刻保持良好的心理状态，使胎宝宝的身心健康得到很好发展。

根据大量检测，在妊娠7～10周内孕妈咪情绪的波动会增加肾上腺素的分泌，从而影响胎宝宝上唇的发育联合，可导致胎宝宝口唇畸变，出现腭裂或唇裂，因为胎宝宝的腭部发育恰好在这一时期。孕妈咪在孕期一定

妈妈， 请把您的喜悦记下来吧!

Record

年　　月　　日　　天气

_____

_____

_____

_____

_____

_____

_____

_____

_____

怀孕期间不宜的食品

　　未经消毒的牛奶、生菜沙拉等会引起流产或死胎；生的或未煮熟的肉、鱼等会引起弓型虫病，有可能会导致胎宝宝脑部损伤和失明。

♥
贴
心
提
示
♥

年　月　日　天气

每周食谱 | 补铁食谱

鸭血青菜汤

精心配料:
鸭血、时令青菜、虾皮,粉芡、盐、味精、香油、葱、姜、香菜适量。

制作方法:
1.将鸭血和青菜洗净切成小块,水烧开加入少量虾皮、盐,再加入鸭血和青菜。
2.勾芡成糊状,煮3分钟,放入味精、香油、葱、姜、香菜即可。

第8周

孕妈咪 好好照顾自己

孕妈咪的变化 Change | 胎宝宝的成长 Growth

Change

● **孕妈咪生理变化**

　　孕妈咪的乳房有些胀大，腰围也慢慢地有所增大，会有便秘和尿频的症状。

● **孕妈咪心理变化**

　　这一周还是胎宝宝腭部发育的关键时期，孕妈咪要注意控制自己的情绪，避免出现太大的波动。

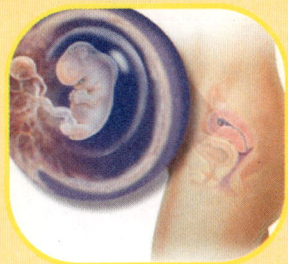

Growth

● **胎宝宝的身长**

　　身长达到了20多毫米，胎宝宝已经成长为"小人"了。

● **胎宝宝的发育**

　　胎宝宝的五官已经可以辨认，口腔里已有舌头，眼睛也出现了，只是分别长在两侧。上肢和下肢已生长得较长，手指与脚趾变得更加清晰可辨。主要的内脏器官均已发育，可"小人"还没有骨髓，由肝脏来产生红细胞。从这一周开始，胎宝宝生活在积有羊水的腹腔中，感觉漂漂浮浮的，旋转活动多了起来。

孕妈咪保健 *Maternal health*

孕妈咪生活须知
——孕早期应怎样工作

在孕早期，如果不是从事重体力劳动或者工作期间长时间站立、震动大、接触放射

线或有害物质的孕妈咪，是可以边怀孕边工作的。

为了防止孕早期的反应过于激烈给办公带来不便，孕妈咪可以在办公室里准备好毛巾、呕吐袋，尽量让自己的座位离洗手间近一些，方便在想要呕吐时尽快到达。

孕妈咪可以吃一点水果或点心，多喝水，不要憋尿。在自己的座位前放一个可以放脚的支撑物，以减少腿部浮肿。孕妈咪可以穿舒适柔软的鞋子，减少脚部压力。穿衣要穿柔软并且保暖的衣服，小心感冒。

一旦感觉累了，就要及时休息，工作一段时间后要适当做做伸展运动，并按摩小腿

部以放松压力。中午吃完饭以后，要尽可能躺下睡一会儿，如果没有条件，也要在桌上趴一会儿。上班期间可以不定时到室外呼吸一下新鲜空气。

上下班时，尽量不要挤公共汽车，以免人多时撞到腹部；离家较近的孕妈咪，尽量步行上班；有条件的也可以让家人接送。

孕妈咪保健须知
——孕早期阴道出血要及时就医

在怀孕12周以内发生的阴道流血，称为孕早期阴道流血。孕早期出血比较多见，导致出血的原因中最常见的可能性是流产，其次应考虑宫外孕和葡萄胎。对已经确诊怀孕的孕妈咪来说，一旦出现阴道流血，都应立即去医院就诊，确定流血的原因，以免延误治疗时机。如果胚胎发育良好，医生会嘱咐你尽量卧床休息，并开一些保胎药辅助治疗。

但是，如果出现以下情况，则需要根据实际情况及时就诊。

流产：一般来讲，妊娠不足20周，胎宝宝体重低于500克而终止妊娠的，统称流产。流产分很多类型，其中，先兆流产和习惯性流产可以在阴道出血量少、持续时间短、并排除胚胎异常、保胎治疗有效的情况下予以保胎、继续妊娠。其他的流产需要进行刮宫治疗，及时止血并清除异常的胚胎。

对宫外孕患者而言，胚胎发育不良或死亡引起内分泌变化，子宫内膜剥落而引发的阴道出血并不严重，需要抓紧治疗的是可怕的腹腔内出血。腹腔内出血的病人常常有腹痛难忍、面色苍白、出冷汗、脉搏增快等症状，甚至可能休克，如不及时治疗会危及生命。

综上所述，妊娠早期阴道出血的原因并不单纯，孕妈咪一定要在专业人员的指导下及时确诊，进行治疗，才能确保平安无事。

饮食与胎教 Diet & prenatal education

孕妈咪关键营养
——孕妈咪适宜吃什么水果

秋梨被誉为"百果之宗"，是我国最古老的果木之一。吃秋梨可以清热降压，对妊娠水肿及妊娠高血压、肺部感染及肝炎都能起到一定的防治作用。

柿子汁多味甘，是一种物美价廉的水果。柿子富含糖、蛋白质、脂肪、碘、多种维生素、钾、铁、钙、镁、磷等物质，其矿物质的含量超过苹果、梨、桃等水果。孕期吃柿子，可以有效防止孕妈咪痔疮便血、大便秘结。但是柿子有涩味，吃多了会感到口涩舌麻，遇酸则会凝集成块，与蛋白质结合后产生沉淀。因此，吃柿子应该点到为止，以一餐一个为宜。

柑橘的汁液富含柠檬酸、氨基酸、碳水化合物、脂肪、多种维生素以及钙、磷、铁等营养成分，是孕妈咪喜欢吃的食品，但是要防止吃多上火。

无花果不仅是营养价值高的水果，还是一味良药。它性甘味酸平，有清热解毒、止泻通乳之功效，尤其对于痔疮便血、脾虚腹泻、咽喉疼痛、乳汁干枯等有显著疗效。

猕猴桃中还原型维C含量丰富，有利于促进孕妈咪对铁的吸收。

苹果中有丰富的类黄酮和其他多种抗氧化剂，孕妈咪吃苹果有助于增强胎宝宝的抵抗力。

孕妈咪爱心胎教
——放松心情睡眠充足是关键

因为身体的变化，孕妈咪特别容易疲劳，充足的睡眠对孕妈咪来讲尤其重要。适当的睡眠能解除疲劳，使白天消耗的体力与脑力得到恢复。而睡眠不足则会引起疲劳过度、食欲下降、营养不足和身体抵抗力的下降，对孕妈咪和胎宝宝的健康会产生很大的影响。孕妈咪要保证自己每日的睡眠时间不能低于8小时。另外，孕妈咪要在保证充足的睡眠的同时，采取适于胎宝宝发育的睡姿。这是因为，胎宝宝需要通过胎盘与孕妈咪进行气体和物质的交换，以获得氧气、养料并排出二氧化碳和废物，胎盘血液的灌注与否，直接影响胎宝宝的发育与生存。孕妈咪

的睡眠姿势宜选择左侧卧位。因为在选择仰卧位时，随着孕期的增加而不断增大的子宫会压迫腹主动脉，子宫血流量会有明显减少，不利于腹中的胎宝宝进行新陈代谢。

妈妈， 请把您的喜悦记下来吧!

Record

年　　月　　日　　天气

慎用洗涤剂

　　有些洗涤剂含有酒精、硫酸等物质，这些物质通过皮肤吸入人体，达到一定的浓度时就会导致受精卵的死亡，使妊娠中止。

贴心提示

年　月　日　天气

每周食谱 | 治孕吐食谱

鸡姜汤

精心配料:
鸡1只,老姜适量。

制作方法:
1.姜刮去皮,洗净切片拍松。
2.把鸡斩成块状。
3.烧热锅,放入姜炒香,下鸡炒透,铲起放入砂锅内,加入适量水烧滚,用中火炖约60分钟,除去汤面上的油,下盐调味即可。

第9周

孕妈咪 要注意补充能量啦

孕妈咪的变化 **Change**

胎宝宝的成长 **Growth**

Change

● **孕妈咪生理变化**

　　晨吐不久就会消失，腰围还在慢慢变大，乳房更加胀满。孕妈咪需要使用宽松舒适的文胸来保护乳房。

● **孕妈咪心理变化**

　　随着性激素分泌增多，孕妈咪的情绪会变得烦躁。

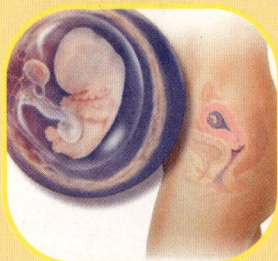

Growth

● **胎宝宝的身长**

　　胎宝宝成长很快，长约25毫米，小尾巴不见了。

● **胎宝宝的发育**

　　器官系统开始发育，所有的器官、肌肉、神经都开始忙了起来。胎宝宝在子宫里会经常变换腿和手臂的姿势，动来动去。

孕妈咪保健 *Maternal health*

孕妈咪生活须知
——怀孕9周应注意的9个细节

1.孕吐反应剧烈以致不能进食时，孕妈咪不要盲目吃药，应迅速到医院治疗。

2.孕妈咪避免做剧烈活动，防止流产。

3.注意保护自己，避免让身体受强烈震动和颠簸。

4.阴道少量流血并伴下腹痛有宫外孕的可能，孕妈咪应尽早去医院确诊，以防危及生命。

5.孕妈咪不要自己长途出行，孕早期容易发生流产。

6.居室里电器用品的电线不要缠绕在一起，地面上不要有电线拖曳，不要乱放杂物，小心绊倒孕妈咪。

7.生活中常用物品放在容易取的地方。

8.不可长时间骑单车，尤其是在不平坦的道路上，这样容易造成盆腔充血而导致意外流产。

9.去医院做常规口腔检查，防治口腔疾病。

孕妈咪保健须知
——早孕绒毛检测

在做绒毛活检之前，孕妈咪要先做B超。绒毛活检的主要目的，就是从胎盘上获取一小部分组织样本，然后送到实验室进行分析。

整个操作过程可能会有一点点痛，但很快就会结束的。做完活检后要放松下来，好好休息，不要进行过度的体力劳动，不能过性生活。

通过绒毛检测可以很清楚、准确地检查胎宝宝在遗传方面是正常或异常。有生过遗传疾病宝宝历史的孕妈咪，在医生的建议下可以做一下绒毛组织活检。如果胎宝宝出现异常，也可以及时终止妊娠以避免对孕妈咪造成危害。

饮食与胎教 *Diet & prenatal education*

孕妈咪关键营养
——孕早期摄入热量很重要

孕早期，随着胎宝宝的生长，孕妈咪的体重不断增加，蛋白质、脂肪贮存以及基础代谢也逐步增加，孕妈咪的热能需求也随之不断增加。

妊娠期孕妈咪自身各器官的新陈代谢、胎宝宝的生长发育以及孕妈咪为分娩和哺乳贮存的养料，都需要一定的营养元素供给，这些都要从孕妈咪每天所吃的食物中摄取。如果孕期膳食中热能摄入不足，不仅可使胎宝宝生长发育低下，体重偏轻，还可导致胎宝宝智力发育不良。因此，孕妈咪要注意合理的膳食，摄入足够的热量，以保证胎宝宝的正常生长所需。

人体产生热量的主要来源是糖、蛋白质和

脂肪，这些营养元素也是人体器官的主要组成部分。孕妈咪对糖和脂肪的需求，也会按比例增加。含糖较多的食物有五谷、土豆、白薯等；鱼、肉、乳、蛋、禽等含大量动物蛋白，豆类及其制品则含有大量植物蛋白；而脂肪多存于动物油、植物油、肉类和豆类食品中。

孕妈咪千万不可因怕胖而节食，也不能偏食与挑食，尽可能保证摄取孕妈咪和胎宝宝需要的营养。

孕妈咪爱心胎教
——孕妈咪怎样和胎宝宝说话

胎宝宝9周后听觉器官已经开始发育，孕妈咪要常和胎宝宝说说话，声音要柔和，饱含爱意。孕妈咪在说话的时候可以想象几个月后在自己怀抱中充满奶香的柔软的小生命，声音就会不自觉地放慢柔和起来。语言要生动、形象，富有想象力。孕妈咪说话的时候要尽量放松自己，不用采取特别的姿势和方式，感到舒适即可。也可以试着给胎宝宝起个好听易叫的小名，满怀爱意地叫上几次。准爸爸也可以参加进来，在说话时应当尽量贴近孕妈咪的腹部，和胎宝宝亲密接触。在和胎宝宝聊天的同时，最好轻轻抚摸腹部，时间久了，胎宝宝会主动迎上去做出反应。

对话的内容就没有太大的限制了，可以是自己从早上一起床开始，一天的生活，早上到晚上都做了些什么事，想了些什么，自己的心情和生活，随着时间的发展慢慢用妈妈的口气聊给胎宝宝听。也可以给胎宝宝讲故事，自己编的也好，书本上的也好，最重要的是把你的感情带进去。心情愉悦的时候也可以为胎宝宝哼个歌，既愉悦了自己，同时也和胎宝宝进行了沟通。

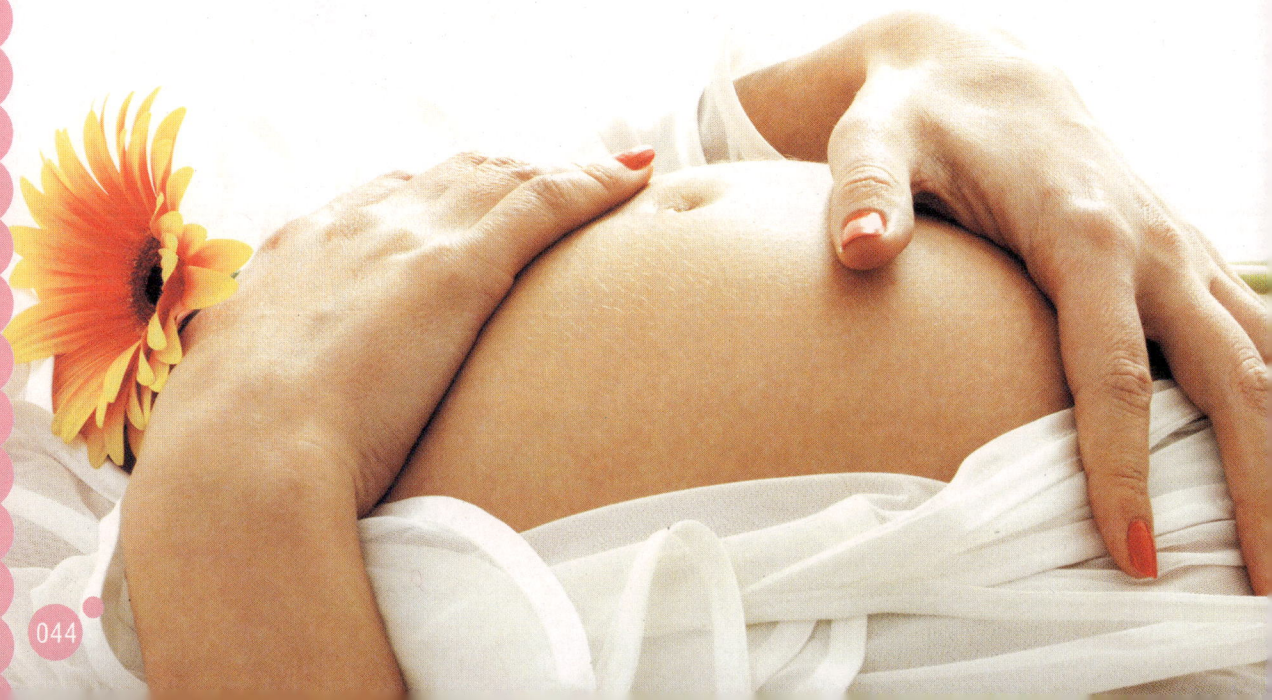

妈妈，请把您的喜悦记下来吧!

Record

年　　月　　日　　天气

预防孕期流感

　　孕妈咪要尽量避免去拥挤、热闹、人多的公共场所，因为一方面这些地方空气污浊，影响胎宝宝的氧气供应；另一方面，公共场所病原微生物的密度远远高于其他地区，尤其在流感流行期间，而孕妈咪抵抗力差，很容易传染上疾病。

❤ 贴心提示 ❤

年　月　日　天气

每周食谱 | 治孕吐食谱

香菜萝卜

精心配料:
香菜100克，白萝卜200克，植物油、盐、味精、香油适量。

制作方法:
1.白萝卜洗净，去皮，切成片。
2.香菜洗净，切成小段。
3.油倒入锅烧热，把白萝卜片煸炒片刻，炒透后加适量盐，小火烧至烂熟时，再放入香菜、味精、香油即可。

第10周

孕妈咪 你的腰变粗了

孕妈咪的变化 Change | 胎宝宝的成长 Growth

Change

● 孕妈咪生理变化

这一周，孕妈咪的子宫长得和自己的拳头一样大小，有些压迫感，腰还在慢慢地变粗。此外，孕妈咪皮肤上的色素加重，痣、雀斑及乳头的颜色都加深了，乳晕外围长出白色的蒙氏结节。

● 孕妈咪心理变化

和上周一样，孕妈咪的情绪还是不稳定，时好时坏。

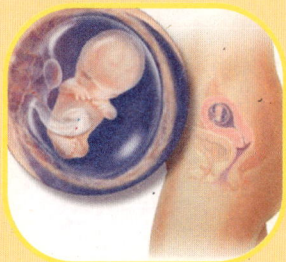

Growth

● 胎宝宝的身长

从超声波已经能够看到完整的胎宝宝外观，测量头臀径约为3厘米左右，身长约40毫米，体重大约10克了。

● 胎宝宝的发育

生殖器开始发育，脊椎神经开始从脊髓中伸展出来，会吞咽羊水和踢腿了。胎宝宝的手指和脚趾在B超下清晰可见。

这一周胎盘成熟了。胎盘具有气体交换、供应营养、排泄废物、防御及内分泌作用等五大功能，可以说是胎宝宝营养的大本营。

孕妈咪保健 *Maternal health*

孕妈咪生活须知
——别用搪瓷器皿饮食

从市场上购买的搪瓷器皿，除了含有大量的铅之外，还含有镉等有毒金属元素。有研究报告指出，市场上销售的搪瓷器皿经低浓度的醋酸浸泡，就会渗出一定量的铅、镉等有害元素。而100℃以上的温度和一定时间煮沸，也会使其溶出一定量的铅和镉。

在胎宝宝的各个发育阶段，孕妈咪如果接触到铅等有毒、有害物质就会很容易造成畸胎，甚至死胎。因此，孕妈咪要注意避免使用搪瓷器皿饮用过热或者酸性饮料，或进食其他酸性食物，防止各种有毒金属元素对孕妈咪和胎宝宝造成危害。

另外，孕妈咪也不要用搪瓷器皿贮存酸性饮料，以免增加搪瓷器皿中铅以及其他有害物质的析出，对健康造成危害。

孕妈咪保健须知
——预防牙龈出血

孕妈咪怀孕早期因体内雌、孕激素增多，使牙龈毛细血管扩张、弯曲、弹性减弱，以致血液淤滞、血管壁通透性增加，牙龈轻轻一碰就出血，这种症状称为"妊娠期牙龈炎"。受感染的牙周组织是细菌毒素和发炎媒介物质的储存所，这些物质的浓度一旦升高，会引发分娩的动作，引发流产或早产。

牙龈出血重在预防，以早期预防治疗为主，孕妈咪要定期到口腔科检查，做好口腔卫生保健。孕妈咪每次进食后都应刷牙。使用软毛牙刷，刷牙时尽量不碰伤牙龈。妊娠期的孕妈咪比平时更需要营养物质，以维护口腔组织的健康。孕妈咪要多食富含维生素C的新鲜水果和蔬菜，或补充维生素C片

剂，以降低毛细管壁的通透性；挑选质软、不需多嚼、易于消化的食物，减轻牙龈负担，避免损伤牙龈；多喝牛奶补充钙质，出血多时，要适当补充铁剂。

饮食与胎教 *Diet & prenatal education*

孕妈咪关键营养
——孕妈咪爱吃肉是否影响健康

吃肉可以补充孕妈咪体内的蛋白质，如猪肉、牛肉、羊肉、鸡肉和鱼肉含蛋白质量在16%之上，而且这些肉类中所含的氨基酸最容易被人体吸收利用。肉类还是孕妈咪所需的铁、铜、锌、镁等营养元素的最好来源之一。可见，吃肉类对孕妈咪的身体健康和胎宝宝发育都是有益的。

孕妈咪吃畜肉不如吃禽肉，吃禽肉不如吃鱼肉。这是因为畜肉中的蛋白质含量低、脂肪含量高，禽肉是高蛋白、低脂肪的食物，鱼肉中油脂的含量低于禽肉。

爱吃肉的孕妈咪还应少吃腌腊熏烤类肉食及绞肉类的食品。腌腊熏烤类熟食在制作

过程中会产生致癌物质；而绞肉类食品，如，香肠、火腿等，含肥肉较多，易导致发胖。此外，加热时间不足还会使肉中可能携带的寄生虫成为漏网之鱼，使孕妈咪感染寄生虫。但是，肉类脂肪含量过高，吃肉过多不仅会影响其他营养素的吸收，使孕妈咪和胎宝宝体重过大；还会破坏人体呈微碱性状态，容易使大脑迟钝不灵活，影响胎宝宝的智力发育。

另外，肉类中还含有嘌呤碱，容易在体内代谢中生成尿酸。尿酸大量积聚，会引起痛风、骨发育不良等疾病。最新的研究还表明，过量吃肉会降低机体免疫力，使人体对各种疾病难以抵抗。

孕妈咪爱心胎教
——用信息传递法进行胎教

胎宝宝还在孕妈咪身体里的时候就存在听、触、嗅等大脑神经活动。孕妈咪和胎宝宝之间能通过不同的途径传递彼此的生理、行为、情感等信息。而这些信息之间的传递是能够有效进行胎教的前提条件。

一方面，孕妈咪肚子里的胎宝宝可以通过自己的成长发育对孕妈咪造成一定的影响。胎宝宝的生长促使孕妈咪分泌必要的激素，并使孕妈咪生理上产生一系列的变化。另一方面，孕妈咪也在积极地向胎宝宝传递一些信息。孕妈咪的情绪波动会产生一种激素，能通过胎盘对胎宝宝的生长发育产生影响。孕妈咪的情感，诸如爱意、恐惧、不安等信息也能通过一定的途径传递给胎宝宝，临床医学上的一些案例已经很好地证明了这一点。

用信息传递法进行胎教，就是要为胎宝宝的成长发育创造一个良好的内外环境。要注意做到以下几点：要避免孕妈咪的不良情绪或者情绪波动较大时对胎宝宝产生的不良影响；孕妈咪要保持均衡的营养，这是胎宝宝生长发育的物质保障；孕妈咪要摒弃不良嗜好，改善居住环境，避免有害的工作环境以及防止病菌的侵害，等等。

妈妈，请把您的喜悦记下来吧!
Record

年　月　日　天气

预防孕期流感

　　孕妈咪可以常用淡盐水漱口，室内要注意空气流通，保持清洁，如周围有流感病人应进行室内空气消毒。

❤
贴心提示
❤

年　月　日　天气

每周食谱 | 安胎食谱

参芪烧鲫鱼

精心配料：
黄芪10克，冬笋片15克，党参6克，活鲫鱼约750克，香菇（水发）15克，白糖、食盐、酱油、葱、姜、蒜、味精、豆粉、花生油适量。

制作方法：
1.将活鲫鱼除去鳞和内脏后洗净，在鱼身上斜切成十字花刀。黄芪、党参切成厚片。香菇切成对开，姜、葱、蒜切碎。
2.鲫鱼炸成金黄色，捞出去油。
3.下黄芪、党参，烧开后移文火上煨。除去黄芪片、党参，加人笋片、香菇、葱、姜、蒜即可。

第11周
孕妈咪 需要补钙了

孕妈咪 的 **变化**
Change

胎宝宝 的 **成长**
Growth

Change

● 孕妈咪生理变化

孕妈咪的腹部妊娠纹更加明显，有的还会出现褐色的斑块。身体已经慢慢适应了妊娠的变化，睡眠情况也有好转了。激素的变化暂时使孕妈咪的指甲增长加快，头发脱落。

● 孕妈咪心理变化

孕妈咪比平时更脆弱，更伤感，更容易健忘了，所以就更加需要准爸爸的关爱。

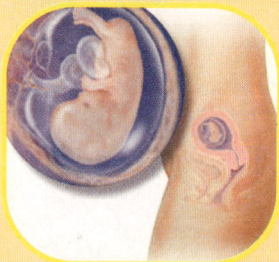

Growth

● 胎宝宝的身长

胎宝宝身长约45毫米，体重约14克。

● 胎宝宝的发育

胎宝宝的头臀长将在今后3周内增加1倍，头的长度占身体的一半左右。身体比例越来越接近新生儿的比例了。手指甲、眉毛和头发开始出现，肝脏、肾、肠、大脑以及呼吸器官都已经开始工作，脊神经开始生长，皮肤变厚，没有那么透明了；开始打哈欠、吸吮和吞咽了；心脏开始供血，并通过脐带与胎盘进行血液交换。

孕妈咪保健 Maternal health

孕妈咪生活须知
——孕早期的嗜睡和失眠现象

早期孕妈咪天天想睡觉，常常睡不醒，这就是孕早期常见的嗜睡现象。怀孕后，孕妈咪的基础新陈代谢增加，分泌系统产生变化，体内热量消耗快，血糖不足，这些都是孕妈咪嗜睡的原因。此外，孕妈咪的心里十分矛盾，同时面临做妈妈的责任和对宝宝出生的美好期待；早孕反应的焦虑和怀孕的喜悦，这种既期待又怕受伤害的怀孕心情，让孕妈咪更加疲惫不堪。

足够的睡眠对孕妈咪是十分重要的，疲倦时不妨小睡片刻，但最好不要时间过长，以免夜里失眠。此时，孕妈咪更需要准爸爸心理上的支持和体贴。妊娠反应，先是使孕妈咪爱睡觉，随着子宫的变化，孕妈咪的睡眠也发生变化，夜里醒来次数增加，睡眠明显减少，有些孕妈咪可能会由嗜睡变成失眠。

由于妊娠高血压综合症引起头痛，由于缺钙引起胸痛，由于消化道肌肉蠕动减慢引起胃痛，由于身体重心前移引起腰疼，由于子宫变化引起腹痛，这些都是引起失眠的主要因素。另外，孕妈咪采用仰卧位，会使子宫压迫下腔静脉，引起"仰卧位低血压综合征"或"仰卧位高血压综合征"，久之可形成失眠。

妊娠反应是正常的生理反应，孕妈咪要解除不必要的顾虑，保持良好的心境，并针对引起疼痛的各种症状进行调理。属睡眠体位不当的孕妈咪，在妊娠中、晚期一定要采取正确的睡眠左侧卧位姿势，减少失眠，睡个安稳觉。

孕妈咪保健须知
——什么时候需要安胎，怎样安胎

什么时候需要安胎？

孕妈咪在怀孕12周内如果发现有阴道少量出血，时有时止，血色鲜红或者淡红，伴有轻微的下腹痛、腰酸下坠感等须警惕先兆流产的可能，需要安胎。

在妊娠时期常用保胎药的指征是流产。按临床经过将流产分为习惯性流产、先兆流产、难免流产、完全流产、不全流产、稽留流产、感染流产等7种。其中，使用保胎药指征的有先兆流产和习惯性流产两种，因为其他流产已不能继续保胎。

引起先兆流产的原因很多，如过分暴露在放射线下、病毒感染、服用某些药物、接触化学毒物等。另外，胚胎发育异常也是先兆流产的常见原因。

如果仅仅是由于过度疲劳、体力劳动、腹部外伤或手术等引起的先兆流产，在适当卧床休息后，经专科医生检查子宫大小和停经月份一致、超声波检查胎宝宝发育情况良好、胎心搏动正常，可以考虑综合性的安胎治疗，主要从生活调理和药物治疗两方面进行。

孕妈咪怎样安胎？

安胎的孕妈咪需要卧床休息，进补和用保胎药。

孕妈咪阴道出血期间需绝对卧床休息，经过保胎治疗，出血停止以后可进行适当的活动。放松心情是最好的安胎方法，要避免过度的紧张和焦虑。

黄体酮具有保证胚胎发育、降低子宫紧张度的作用。进食维生素E、维生素C及适量的吸氧有助于维持胚胎的发育。孕妈咪由于活动减少，肠蠕动减低，易出现大便秘结的情况，可在医生指导下使用通便药物，避免由于用力排便而引起的宫缩。另外，还可选用具有固肾安胎作用的中药。

进补要根据孕妈咪的体质和症状，虚则补之，寒则温之，热则清之，都是安胎的治法。没有同一帖药物是适合所有孕妈咪的。如要进补，也一定要在专业医生的指导下进行。当孕妈咪发生阴道流血时，可根据不同的征候进行相应的饮食调养。阴道出血量少而色淡的时候，可以用母鸡加阿胶、陈皮适量炖服，但肠胃不好，大便稀溏或者腹泻者不宜多吃。腰酸、腰痛明显的可用猪腰加杜仲、桑寄生适量，熬汤喝；面色苍白或者萎黄、心慌、失眠者可用首乌或者桂圆适量，煮鸡蛋糖水，睡前进食为佳；胃口差，大便稀溏者，可以用淮山、莲子等煮粥喝；口干咽痛、口臭便秘时可以用玉竹麦冬煮汤喝。

饮食与胎教 *Diet & prenatal education*

孕妈咪关键营养
——吃豆类和豆制品有利胎宝宝发育

豆类的营养价值非常高，我国传统饮食讲究"五谷宜为养，失豆则不良"，意思是说五谷是有营养的，但没有豆子就会失去平衡。大豆含有较高的蛋白质，大豆蛋白质是最好的植物性优质蛋白质，含有丰富的赖氨酸。发酵的豆制品不但易于消化，有利于提高大豆中钙、铁、镁、锌等的生物利用率，促进吸收，而且能使不利物质降解。常吃豆制品，对孕妈咪补钙和胎宝宝的发育都有利。

豆芽以发芽3~4天（长度约为4~5厘米）

的营养为最好，豆芽是低热量、高纤维素、高维生素C的食物，可美容、排毒、抗氧化、提高机体免疫力；还具有清除血管壁中胆固醇和脂肪的堆积、防治心血管疾病的作用；能减少体内乳酸堆积，治疗神经衰弱，消除疲劳。

孕妈咪爱心胎教
——宁静环境是胎宝宝的温床

接触强烈的噪音不仅会对孕妈咪的健康产生危害，也会对胎宝宝产生不良影响。有专家称，噪音能刺激孕妈咪，使其体内的激素发生逆转，从而影响受精卵的正常发育。噪音还能使孕妈咪内分泌产生紊乱，有可能引起子宫的强烈收缩，诱发流产、早产。噪音的刺激，可以对孕妈咪的神经系统造成影响，然后影响胎宝宝的神经系统。还有研究证明，经常性接触强烈噪音的孕妈咪，妊娠期的剧烈呕吐和妊娠高血压综合征的发生率，要高于在非噪音环境中的孕妈咪。也有专家称噪音可以直接对胎宝宝的遗传基因造成影响，导致胎宝宝畸形。

所以，宁静的生活环境，对孕妈咪和胎宝宝的生活健康都是非常重要的。在生活和工作中，孕妈咪都要尽可能减少接触噪音的机会。

Record

年　　月　　日　　天气

孕妈咪生活要有规律

　　孕妈咪不要过于劳累，睡眠应保证每天在10小时左右；饮食多样化，不要偏食，多食新鲜蔬菜、水果以及富含蛋白质的食物。

贴心提示

年　月　日　天气

每周食谱 | 安胎食谱

孕妈咪鸡子粥

精心配料：
鸡蛋2个，阿胶30克，糯米100克，盐、香油适量。

制作方法：
1.将鸡蛋打入碗内，搅散。糯米淘洗干净，用清水浸泡60分钟。
2.锅内放入清水，烧开后加入糯米，待再滚，改用文火熬煮成粥，放入阿胶，淋入鸡蛋，待煮沸两三次后再加入香油、精盐，搅匀即成。

第12周

孕妈咪

该建卡并做第一次产检了

孕妈咪的变化
Change

胎宝宝的成长
Growth

Change

- ### 孕妈咪生理变化

  孕妈咪早孕反应减弱了，肚子大了，身体胖了，该穿孕妇装了。孕妈咪要注意防止流产，有过流产史的孕妈咪要注意休息，避免性生活及阴部检查，不要吃冷饮和冷性食品。

- ### 孕妈咪心理变化

  和谐的环境，适量的散步，会让孕妈咪有个好心情。

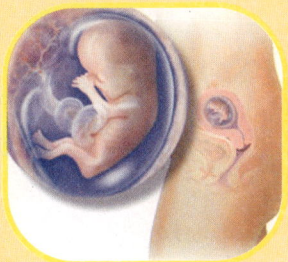

Growth

- ### 胎宝宝的身长

  胎宝宝身长约70毫米，重约28克。

- ### 胎宝宝的发育

  此时的胎宝宝性别分明，头颈分明。胎宝宝的手指和脚趾已经完全分开，一部分骨骼开始变得坚硬，并出现关节雏形，开始有头发了，开始喜欢运动了。由于脐带越长越长，胎宝宝可以在羊水中自由地转动，舒展身姿，好像在跳水上芭蕾舞一样。

孕妈咪保健 | *Maternal health*

孕妈咪生活须知
—— 孕妈咪 "烧心" 怎么办

孕妈咪由于受大量性激素的影响使胃肠道平滑肌张力减退，增大的子宫使胃部受压，贲门括约肌松弛使胃内酸性食物或分泌物可逆流至食道，引起上腹部饱胀、胃部烧灼感，即有 "烧心" 的感觉。

为预防 "烧心"，孕妈咪要在睡眠时抬高上身角度，减少胃液返流。还要吃一些略带碱性的食品，如苏打饼干等。坚持少吃多餐，避免胃膨胀，加速胃排空。

孕妈咪保健须知
—— 该建卡并做第一次产检了

第12周时，每位孕妈咪，都必需开始进行第1次产检，一般医院会给孕妈咪办理 "孕妇健康手册"。以后每次产检时，医生会依据手册内记载的检查项目分别进行并做记录。检查项目主要包括：

量体重和血压。

询问未怀孕前的体重，作为日后孕妈咪孕期体重增加的参考依据。

医师运用多普勒胎心监测仪来听胎宝宝的心跳。

验孕妈咪的尿糖及蛋白尿两项数值，是为了诊断孕妈咪肾脏功能健全与否，是否有糖尿病。

对甲状腺、乳房、骨盆腔的检查。

抽血检验，主要验血型、血红蛋白(检视孕妈咪贫血程度)、肝功、肾功及梅毒、乙肝、艾滋病等，防患于未然。

需要早上空腹抽血，产检方面的内容有血压、体重、宫高、腹围、多普勒胎心、血常规+血型（ABO+RH）、尿常规、肝功+两对半、血糖、血钙、血脂、丙肝抗体、梅毒反应素、HIV抗体、优生四项、微量元素等。

饮食与胎教 | *Diet & prenatal education*

孕妈咪关键营养
—— 青辣椒是补充维生素C的理想食品

维生素C又名抗坏血酸，是人体不可缺少的重要维生素。它参与人体内氧化还原过程，分布于全身各组织，以肾上腺皮质、脑垂体等组织内含量最高，其次是肝、肾组织，脂肪组织内含量最少。它能够增强对感染的抵抗力，促进骨骼正常发育及伤口愈合，特别能刺激造血机能，对红细胞的成熟起一定的作用。孕妈咪如果缺乏维生素C，会患坏血病，出现皮肤、牙龈等部位出血及鼻衄、便血等症状。

青辣椒富含维生素C。据测定，每500克青椒含维生素C525毫克，比西红柿高9倍，比

大白菜高3倍，比茄子高35倍，比白萝卜高2倍。青辣椒还富含蛋白质、脂肪、糖、矿物质等。它还含有辣椒素，能够刺激唾液及胃液分泌，使胃肠蠕动加快，增进食欲及有助消化。但孕妈咪要注意选择不辣或不太辣的青辣椒最好。比较辣的青辣椒，孕妈咪不能过多食用，以免造成胃肠不适。

孕妈咪爱心胎教
——快乐孕妈咪，健康胎宝宝

为了生个健康、聪明的宝宝，不少孕妈咪非常重视胎教的作用，常常煞费苦心，搜集各种资料和信息，力争大而全。甚至还和别人比较胎教的成果，搞竞赛，往往把自己弄得疲惫不堪，精神紧张。

这时，孕妈咪要谨记自己进行胎教的目

的，主要是想通过外界的刺激，促使胎宝宝发育得更好、更聪明、更健康，急躁地进行

胎教会使自己忘记这一点。

孕妈咪要重视自己的情绪对胎宝宝的影响，保持愉快的心情，就是对胎宝宝最好的胎教。孕妈咪要放弃刻意的胎教，选择少量但行之有效的方法持之以恒，既轻松又健康，效果反而会比满把抓要好得多。孕妈咪可以在休息的时候到大自然中，欣赏优美的风景来放松自己，也可以用自己愉快的歌声取代每天都听的胎教音乐。决不要为了胎教而胎教，给自己造成压力的同时，对胎宝宝也不一定能取得很好的效果。为了胎宝宝的健康成长，孕妈咪要尽量避免情绪激动、精神紧张，放松自己，保持愉悦平和的精神状态，从而达到优生、优育的目的。

妈妈，记下我在您肚子里成长的点点滴滴吧！

Record

年　　月　　日　　　天气

谨防宫外孕

　　如果孕妈咪在怀孕12周时，下腹部一侧突然出现剧烈的束缚感，应立即去医院检查，并详细告诉医生自己的状况，通过检查排除宫外孕的可能。

❤ 贴心提示 ❤

年　月　日　　天气

每周食谱 | 补维C食谱

夹肉青椒

精心配料:
青椒若干，肉馅适量。

制作方法:
1.将青椒洗净、沥干，去蒂，去籽。
2.把肉馅塞入青椒。
3.温火炸熟即可。

第13周

孕妈咪 开始进入孕中期了

孕妈咪 的 **变化**
Change

胎宝宝 的 **成长**
Growth

Change

● **孕妈咪生理变化**

虽然有轻微胎动，但孕妈咪还感觉不出来。乳房又增大了，腰部也开始出现了妊娠纹。

● **孕妈咪心理变化**

这一周的孕妈咪，可以适当做一些运动，穿上舒适美丽的孕妇装，与胎宝宝共度孕中期吧。

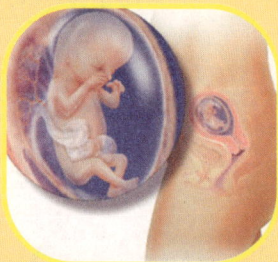

Growth

● **胎宝宝的身长**

胎宝宝身长约76毫米，体重比上周稍有增加。

● **胎宝宝的发育**

胎宝宝的神经突触形成，条件反射能力加强，用手抚摸腹部，胎宝宝会动起来。两眼之间的距离拉近了，会呼吸，会排尿，碰到眼睑会眯一下眼睛，碰到脚趾会把脚趾张开。

孕妈咪保健 Maternal health

孕妈咪生活须知
——给自己选双舒适的鞋

孕妈咪在怀孕期间体重一般会增加15公斤左右，在行走的时候腿和脚所受的力就大了许多，重心也发生改变，穿一双不合脚的鞋会使孕妈咪感到疲惫，从而影响腹中胎宝宝的发育。

所以，从确定怀孕开始，孕妈咪就要学会为自己选择舒适合脚的鞋子。孕妈咪选鞋子的基本要求有以下几点：鞋的前部应软而宽，鞋帮要松软，面料有弹性，如羊皮鞋、布鞋等；脚背部分能与鞋子紧密结合；不能穿完全平底的鞋子，鞋后跟不能太高，要有能牢牢支撑身体的宽大的后跟，柔软而有弹性的坡跟鞋最为理想；鞋底要能起到防滑作用；鞋子的宽窄、长度要合适，不能过于宽

松或窄小，鞋子的用料应该以透气、轻便的为佳。为了避免孕妈咪不断弯腰结扎鞋带，鞋子还要便于穿脱。

孕妈咪保健须知
——孕妈咪谨防感冒

孕妈咪感冒多数是由普通病毒和流感病毒引起的，高热时，产生的毒素还可能通过

胎盘进入胎儿体内。如果孕妈咪感染风疹病毒，在妊娠早期引起胎宝宝畸形的概率会明显增加。流感传染性极强，孕妈咪尤易感染。在怀孕早期患流感，流产率会增加，胎宝宝畸形率也会随之增加。在妊娠中晚期孕妈咪患流感，可致胎宝宝宫内发育迟缓，还可能早产、死胎和死产。

孕妈咪患流感若无并发症发生，应卧床休息并多饮水，可选用板蓝根、大青叶、连翘煎剂等。有高热、烦躁等症状应住院治疗，在医生指导下采取相应措施，对症处理。

孕妈咪现在担负着双重使命，既要保证自身健康，还应该避免各种对胎宝宝健康不利的因素，谨防感冒。流感病毒传染途径主要通过空气、飞沫侵入呼吸道。有效的防护措施就是尽量不去影院、剧院、商场以及人多拥挤嘈杂的地方。家庭成员中若有感染，应采取适当隔离措施，室内也要消毒。家中居室通风换气，温、湿度适宜，经常用醋熏蒸房间。孕妈咪要保持良好的心境，增强对疾病的抵抗能力。也可接种流感灭活疫苗以防感染，或服用清热解毒中药预防。

饮食与胎教 Diet & prenatal education

孕妈咪关键营养
——谷物早餐营养价值高

谷类食物是米、面等食物的总称，主要成分是淀粉，营养成分是糖类，糖类是最经济、产热最快的热能来源。如果仅进食牛奶、鸡蛋这种高脂肪、高蛋白质食物，会加重孕妈咪肝、肾的负担。食物中缺乏谷类，容易导致疲劳、头晕、体重减轻等症状。

谷类还是食物中B族维生素的重要来源，

这些成分中的泛酸、尼克酸、硫胺素及少量的核黄素等，还有谷类中含有的植物固醇和卵磷脂，都是胎宝宝神经系统发育所必需的。另外，B族维生素能有效减轻孕妈咪的孕

吐。常吃谷物早餐的人对钙、镁、铁、维生素B_1、B_2、B_6、叶酸、纤维的吸收，比那些不吃谷物早餐或只偶尔吃的人都高。如果早餐无谷类食品，孕妈咪将要靠脂肪或蛋白提供热能，脂肪虽能产热，但其代谢产物对人体是有害的。为了胎宝宝的健康发育，孕妈咪早餐一定要适当搭配谷类食物。

孕妈咪爱心胎教
—— 新奇胎教要谨慎尝试

为了让自己的宝宝健康聪明，准爸爸和孕妈咪往往在孕前和孕中就开始做准备。胎教逐渐成为胎宝宝出生前的一件大事，尽管准爸爸和孕妈咪用意是好的，但是胎教要讲求方法和时机。孕妈咪往往满怀热情地尝试着新的胎教方法，比如说，用手电筒照射肚皮，或者把耳机扣在肚皮上给胎宝宝听等，但是这些新奇的胎教方法还没有比较科学的论断，只能说是一种探索，究竟效果如何，目前也没有比较科学的结论，这些胎教方法会对胎宝宝产生怎样的影响也未可知。所以，专家提醒孕妈咪，胎教不妨多采取那些

比较传统的方法，如均衡丰富的营养，还有保持安心舒适的环境等要比尝试那些新奇胎教方法更"靠谱"一些。

胎教不能急于求成。孕妈咪要知道胎教的目的是为胎宝宝提供良好的成长环境，以启发胎宝宝的潜能。孕妈咪的一举一动都有可能对胎宝宝产生很大的影响，所以孕妈咪更要保持有规律的生活，注意营养，适量运动，时刻保持轻松愉快的心情，让胎宝宝在孕妈咪的保护下，安全健康地成长。

所以，孕妈咪在进行胎教时，一定要慎重，不要轻信社会上流传的胎教方法，对比较新奇的没有科学结论的胎教方法不要随意进行，以免胎教不当对胎宝宝造成不可挽回的伤害。

妈妈，记下我在您肚子里成长的点点滴滴吧！ 第**13**周

Record

年　　月　　日　　天气

孕妈咪要适度锻炼

孕妈咪按时散步，多晒太阳，提高机体对环境的适应性。

贴心提示

年　　月　　日　　天气

每周食谱 | 谷物早餐食谱

苹果麦片粥

精心配料：
燕麦片3大匙，牛奶1/4杯，苹果1/6个，胡萝卜1/3个。

制作方法：
1.将苹果和胡萝卜洗净并用擦菜板擦好。
2.将燕麦片及擦好的胡萝卜放入锅中，倒入牛奶及水用文火煮。
3.煮开后再放入苹果直至煮烂。

第14周

孕妈咪 可以穿孕妇装啦

![孕妈咪的变化 Change]

![胎宝宝的成长 Growth]

Change

孕妈咪生理变化

腹部继续隆起，看上去已经是明显的孕妈咪的样子了。耻骨联合上缘至子宫底部的高度，称为宫底高度。宫底高度与孕周密切相关，可用来判断妊娠时间，孕14周孕妈咪的宫底高度约14厘米。由于此时孕妈咪体内雌激素水平较高，生殖器官充血，阴道分泌白色、稀薄、无异味的分泌物增多。轻挤乳头，可以挤出一些乳汁，就像是分娩后的初乳。

孕妈咪心理变化

这一周孕妈咪的孕吐症状减轻了，心情好多了，多让准爸爸陪你和胎宝宝说说话。

Growth

胎宝宝的身长

胎宝宝身长约80毫米，重约35克。

胎宝宝的发育

胎宝宝长得结实了，安全地住在子宫里，越来越爱这个家，使流产的可能性减小了许多。皮肤上覆盖了细细的绒毛，已经出现了指纹印。食道、气管、咽喉和声带已经齐全，喉咙已经成型，会发声了。

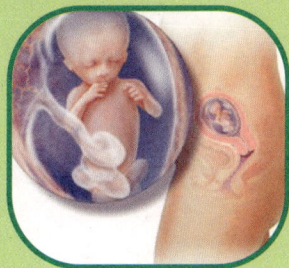

孕妈咪保健 | *Maternal health*

孕妈咪生活须知
—— 脸上长了孕妇斑怎么办

孕妈咪在怀孕期间长斑是正常现象，为了减少孕妇斑，在饮食方面，可以补充多种维生素，尤以富含维生素C的食物为宜，如柑橘、草莓、蔬菜等，还有富含维生素B6的牛奶及其制品。

孕妈咪可使用中性肥皂、温水或冷水洗脸，常擦些营养水或矿泉水，每天睡觉前做面部清洁和按摩。选用安全的润肤乳液，不浓妆艳抹，避免阳光直接照射，保证充足的休息和睡眠，保持平和、自然的心理状态。千万不要随便使用祛斑类的药物及化妆品。

孕妈咪保健须知
—— 骨盆大小影响生育吗

孕妈咪怀孕后，常常会想一些分娩的事，尤其对宝宝能否健康顺利地被娩出，对骨盆的大小与顺产的关系，都着有担忧与关注。

分娩产道分骨产道和软产道。孕妈咪的骨盆是产道的主要组成部分，由多块骨骼组成。孕妈咪的骨盆形态前浅后深，并有一定的弯曲度，其轴呈半月形。怀孕后受激素影响，连接骨盆的韧带较松弛。产道的异常会使胎宝宝娩出受阻，产道异常中以骨产道异常为多。由于骨盆是相对固定的，可在分娩前经过检查而预知是否适应阴道分娩，在产前检查中测量骨盆就是为了在临产前掌握骨产道情况，为选择分娩方式提供第一手资料。

仅从外表目测的骨盆的大小，不能认定是否影响分娩。产程的顺利与否必须看胎宝宝和孕妈咪骨盆腔大小的契合度。产前检查中很重要的一项是测量骨盆直径，以决定分娩方式。骨盆在结构上有两个直径，前后径短、左右径宽的利于胎宝宝通过，可以自然生产。如果天生骨盆窄小，前后径长，左右径窄，胎宝宝就不易娩出，可选择剖腹产。因此，虽然骨盆的大小对生育没有直接的影响，但"端庄"完美的骨盆的确有利于孕妈咪自然分娩。

饮食与胎教 | *Diet & prenatal education*

孕妈咪关键营养
—— 孕妈咪宜吃鱼

鱼类是重要的动物性食物，鱼类蛋白质、不饱和脂肪酸、牛磺酸、维生素A、维生素D与矿物元素非常丰富，易吸收。鱼肉含钙量为猪肉的数十倍，是孕期均衡饮食的重要组成部分。

鱼之所以对孕妈咪有益，因为它富含欧米加-3脂肪酸，这种物质有延长怀孕期、防止早产的功效。孕妈咪常吃鱼可降低早产率，也能有效增加宝宝出生时的体重。

鱼肉中丰富的牛磺酸也有促进大脑发育的作用，它除了可以直接影响脑细胞的增殖与成熟外，还能间接刺激人体对锌、铜、铁及其他16种游离氨基酸的吸收与利用。调查研究表明，孕妈咪多吃鱼生出来的宝宝会特别聪明。

鱼体内有一种特殊脂肪酸，与人体大脑

中的"开心激素"有关，常吃鱼可维持"开心激素"的浓度处于正常状态，使孕妈咪获得一份好心情，有助于优生。鱼肉还能防治诸如哮喘、心脏病、中风、眼睛黄斑病变、孕期浮肿、胎动不安、结核感染以及产后缺奶等多种疾患。当然，孕妈咪处于"十月怀胎"的特殊生理时期，三餐饮食事关胎宝宝发育的大事，因此，在鱼类的选择、搭配与烹调等方面更为严格。

特别需要提醒的是：孕妈咪要吃鱼，但是最好不要吃鱼油。因为鱼油会影响凝血机能，孕妈咪吃多了可能会增加出血几率。不是所有的鱼吃了都有益，有一些鱼孕妈咪是不能吃的。至少有4种海鱼应在孕期禁食之列，即鲨鱼、旗鱼、大西洋马鲛和方头鱼，症结在于这些海鱼体内的重金属汞（俗称水银）含量高，足以损害胎宝宝的神经系统。

另外，供孕妈咪食用的鱼要严格挑选，那些被农药、重金属或酚等污染的鱼不要食用。罐头鱼、咸鱼和出现腐败迹象的鱼类也不能食用。最后，吃鱼时要将鱼的内脏清除干净，彻底消除隐患。

孕妈咪爱心胎教
——孕中期胎教注意事项

进入孕中期后，早孕反应已经慢慢地减轻，孕妈咪的胃口明显的比早期要好很多，已经适应孕期生活。这时候孕妈咪吃东西的时候更应该注意营养，荤素搭配，既要保证足够的摄入量，更要注意饮食质量。

在怀孕的第四个月里，孕妈咪会第一次感受到胎动，这标志着胎宝宝的中枢神经系统已经分化完全，听力、视力开始迅速发育，并逐渐能对外界的动作、声响做出相应的反应。

这一时期可以采取多种胎教方法，准爸爸和孕妈咪可以通过自己的动作、声音和胎宝宝沟通，这能很好地促进胎宝宝的听觉发育和情感发展。但是要注意的是，语言胎教的内容不宜过于复杂，最好是能重复进行，以加深在胎宝宝大脑皮层的记忆。

从孕16周起，孕妈咪就可以有计划地实施音乐胎教了，每日1到2次，每次15到20分钟，可以选择胎动较为频繁的时候进行，音乐节奏不宜过快，音量不要太大。

怀孕24周以后，孕妈咪就可以明显地触摸到胎宝宝的身体、头和四肢等。孕妈咪可以在晚上睡觉前，轻轻地抚摸胎宝宝，推动他（她）在自己的子宫里"散步"。反复的锻炼，可以使胎宝宝建立起有效的条件反射，增强肢体的力量。如果抚摸时胎宝宝表现出不安要立即停止，并轻轻安抚，避免意外发生。

准爸爸也要积极参与进来，经常和胎宝宝说说话，增进一下感情是很有必要的。

妈妈， 记下我在您肚子里成长的点点滴滴吧！

Record

年　　月　　日　　天气

孕期尿频现象是正常的

　　很多孕妈咪会因为怕丢面子，怕麻烦而拒绝去卫生间。憋尿可能会使你的膀胱"内外交困"，很容易引发膀胱炎症；再有，憋尿也不利于孕妈咪保持良好的心情，会让孕妈咪心神不宁、血压上升。

贴心提示

年　月　日　天气

每周食谱 ｜ 孕妈咪宜吃鱼食谱

水煮鱼

精心配料：
草鱼1条，黄豆芽、生菜、芹菜、香菜适量。

制作方法：
1.把鱼切片，然后用胡椒粉、蛋清、料酒、5片姜片、3段葱、淀粉和盐来腌制20分钟。
2.炒锅内倒入适量油烧热，然后放入剩下的姜片、蒜片、花椒和干辣椒段爆香，待香味出来后放入豆瓣酱一起翻炒。
3.往锅内倒入清水，放入鱼骨、鱼头一起煮至沸腾，沸腾后将鱼片放入烫2分钟，并放入剩下的葱段，放入豆芽、生菜和芹菜即可。

第15周 孕妈咪

多食排骨晒太阳

孕妈咪 _的变化 Change | 胎宝宝 _的成长 Growth

Change

孕妈咪生理变化

孕妈咪常常腰痛、抽筋，这是因为随着胎宝宝骨骼发育开始，从母体摄取钙质增多，使孕妈咪缺钙造成的。

这一时期，孕妈咪应多补钙，多吃奶制品、豆制品、排骨等含钙丰富的食物，适当补充钙剂和含钙的营养品，多晒太阳，从而使孕妈咪有充足的钙满足胎宝宝和自身的需要，减轻因缺钙引起的不适。

孕妈咪心理变化

随着孕妈咪的胃口慢慢恢复，心情也好了起来。多吃苹果不仅可以预防牙病，还可以使孕妈咪心情愉快。

Growth

胎宝宝的身长

胎宝宝加快了生长速度，身长约100毫米，体重约50克。

胎宝宝的发育

胎宝宝的眉毛开始长出来，头发迅速生长。动作多了起来，开始会吸吮手指了。四肢都能活动了，但只是轻微的，孕妈咪还是感觉不到。

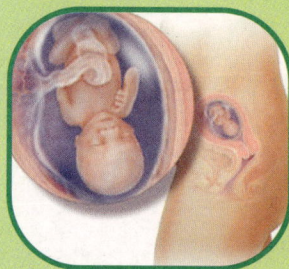

孕妈咪保健 *Maternal health*

孕妈咪生活须知
——孕妈咪要保证良好睡姿

进入孕中期后，随着子宫不断增大，孕妈咪应避免仰卧睡姿。孕妈咪仰卧会压迫下腔静脉，血液不能顺利回流心脏，心脏缺血会使搏出血量突然减少，引起供血不足。这时，孕妈咪就会出现胸闷、头晕、恶心、呕吐、血压下降等症状。同时，子宫还会压迫后腹主动脉，使胎盘供血不足，直接影响胎

宝宝的生长发育和生命安全。另外，孕妈咪仰卧还能引起下肢和外阴部的静脉曲张。

孕妈咪还应避免右侧卧睡姿，这是因为，约80%孕妈咪的子宫向右侧旋转倾斜，容易挤压右侧输尿管，以致尿液积滞。由于右侧的肾脏与临近的升结肠和盲肠之间有淋巴管相通，因而肠道细菌侵入右肾的机会也较左肾多，这样，就容易发生右侧肾盂肾炎。

当左侧卧位时，子宫随重力偏向左侧，纠正了子宫的右偏位置，孕妈咪会觉得舒适一些。孕妈咪睡眠的体位，不论采取哪种姿势，总的原则是改善母体血液循环，保证胎宝宝在宫腔内生长发育所需要营养的输送及代谢物排出的畅通，给胎宝宝创造一个安

全、舒适的生活环境。

孕妈咪保健须知
——孕妈咪忌滥用药物

有的药物虽然对孕妈咪无害，但却可使腹中的胎宝宝畸形。目前公认的对胎宝宝有较大影响和禁用的药有：镇静药，如利眠宁、安定；抗癫痫药，如苯妥英钠；激素类药；抗肿瘤药；抗甲状腺药，如同位素碘、硫氧嘧啶；中枢神经药如吗啡；降血糖药，如降糖灵、甲磺丁脲、氯磺丙脲；泻药，如蓖麻油、番泻叶、大黄末、酚酞；降压药，如利血平、硫酸镁等。孕妈咪用药，许多药物可以通过胎盘进入胎体，进入胎体的药物是否会对胎宝宝产生影响以及影响程度多大，这和诸如用药的剂量、持续时间、药物种类、给药途径、胎儿易感性等因素有关。以用药时间为例，如果在初孕4~6周的胎儿器官形成期往往最易致畸。一般说来，用药时间越早、持续用药时间越长、用量越大，则危害亦越大。

孕妈咪用药对胎宝宝有影响，并且由于胚胎各器官发育时间不一，胎宝宝受外界影响易变成畸形的时期也不一样。生病的孕妈咪一定要注意用药安全，把握好以下几个原则：

任何药物均应在医生、药师的指导下服用；

能少用的药物绝不多用，可用可不用的，则不要用；

必须用药时，尽可能选用对胎宝宝无损害或影响小的药物，如因治疗需要而必须较长期使用某种可致畸的药物，应终止妊娠；

切忌自己滥用药物或听信"偏方、秘方"，以防发生意外；

避免使用广告药品或不了解的新药；

服用药物时，注意包装上的"孕妇慎用、忌用、禁用"字样；

根据治疗效果，尽量缩短用药疗程，及时减量或停药；

孕妈咪误服致畸或可能致畸的药物后，应找医生根据自己的妊娠时间、用药量及用药时间长短，结合自己的年龄及胎次等问题综合考虑是否要终止妊娠。

总的来讲，为确保孕妈咪和胎宝宝的健康、安全，怀孕期间要加强饮食注意和适量运动，提高孕妈咪的抵抗力，避免生病，生病后应该遵医嘱，既不要讳疾忌医，又要谨慎用药。

饮食与胎教 Diet & prenatal education

孕妈咪关键营养
—— 多吃排骨有利于补充所需钙质

这一周是孕妈咪需要补钙的时期，排骨不仅营养价值高，还是适合补钙的食物。其可溶性的钙、磷、钠、钾等，大部分会在炖煮排骨时溢入汤中。钙、镁在酸性条件下易被解析，可以更好地被人体吸收利用，因而糖醋排骨可以提高煮排骨的营养吸收率。

我们在孕11周已经了解了豆类的营养价值和补钙的功效，如果食用黄豆排骨汤，效果会更好。豆蛋白中赖氨酸含量很高，而蛋氨酸却低，而排骨中富含蛋氨酸，与黄豆同食，就能取长补短，可较大地提高膳食蛋白质的营养价值，营养学中称之为蛋白质的互补作用。同时食用豆和排骨有利于孕妈咪补充钙质，黄豆和排骨中均含有丰富的钙质，且易于吸收，是补钙的良好食物来源。因此，常吃黄豆排骨汤，对孕妈咪和胎宝宝十分有益。另外，这道菜还可以补血，有降低血脂补脑的作用。

孕妈咪爱心胎教
—— 孕妈咪必知胎教音乐

孕妈咪在听音乐时，实际上胎宝宝也在接受着音乐的熏陶。因为胎宝宝的身心正处于迅速发育生长时期，多听音乐对胎宝宝右脑的艺术细胞发育是有利的。不同旋律、不同节奏的音乐会带给胎宝宝不一样的感受和影响。

由于人们文化水平、禀赋素质、欣赏水平、生活环境等情况不一，孕妈咪喜欢的音乐也各不相同。下面列举的是经过很多孕妈咪验证的必听胎教音乐，孕妈咪可以根据自己的喜好去试听一下。烦躁的时候，听听德沃夏克的e小调第九交响曲《自新大陆》第二乐章来抚平焦躁的心情；悲伤的时候听听约翰·施特劳斯的《维也纳森林的故事》，去感受明媚早晨的气息；听勃拉姆斯的《摇篮曲》的时候，可以和胎宝宝说说话，让他感受妈妈无尽的爱；约纳森的《杜鹃圆舞曲》，特别适合孕妈咪在早晨睡醒后倾听；孕妈咪做运动的时候，可以听一听老约翰·施特劳斯的《拉德斯基进行曲》，会让你在激情澎湃中感受无限的生机和活力；想要发脾气的时候，听一听贝多芬的F大调第六号交响曲《田园》，可以在细腻的乐曲中享受宁静和安详；渴望温暖的时候，可以听一听维瓦尔第的小提琴协奏曲《四季·春》，体验春机盎然的感受；而罗伯特·舒曼的《梦幻曲》则会让你感受清新与自然。

妈妈， 把您给我的贴心话记下来，将来送给我，好吗？

Record

年　　月　　日　　天气

孕妈咪不宜久坐

　　随着孕周期的逐渐增加，孕妈咪体重也在增加，因此，腰部及脊椎的负担也在加重。孕妈咪长期保持坐姿会造成腰部肌肉疲劳，长此以往，会造成腰部肌肉损伤。

贴心提示

年　　月　　日　　天气

每周食谱 | 补钙食谱

冬瓜排骨汤

精心配料：
猪排、冬瓜适量，姜块、葱结、花椒、盐若干。

制作方法：
1. 将排骨在沸水中焯一下去腥味和血水。
2. 炖锅中加水，放入姜块、葱结、花椒，烧沸后倒入排骨。
3. 再次烧沸后放盐，改微火煲90分钟，再倒入冬瓜块。
4. 改中火煮约20分钟至冬瓜软熟即可。

第16周

孕妈咪 从现在开始能感觉到胎动了

孕妈咪的 **变化** Change

胎宝宝的 **成长** Growth

Change

● 孕妈咪生理变化

这一时期，孕妈咪对铁的需求量增加了近4倍。孕妈咪的体重又增加了。

● 孕妈咪心理变化

孕16周是孕妈咪最幸福、最兴奋的时期，因为你能直接感受到胎宝宝的存在。当胎宝宝舒展筋骨时，第一次你能感受到的胎动就要出现了，拿起笔，记录这瞬间的奇妙吧！在今后的日子里，感受胎动将是孕妈咪孕期生活的主要内容。

Growth

● 胎宝宝的身长

胎宝宝身长超过12厘米，体重约150克。

● 胎宝宝的发育

胎宝宝开始会打嗝了，这是胎宝宝呼吸的先兆。腿的长度超过了胳膊，指甲完整地形成了，指关节开始运动，能听到外边的声音。生殖器官已经形成，用B超可以分辨出胎宝宝的性别了。

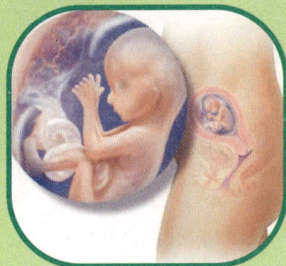

孕妈咪保健 *Maternal health*

孕妈咪生活须知
——孕妈咪开车合适吗

对于怀孕期间还要工作和出行的孕妈咪，开车相对坐地铁、公交车要安全一些。但开车时既要考虑孕妈咪的身体特征，又要确保孕妈咪和胎宝宝的安全。

保证不能挤压孕妈咪的腹部，调整方向盘和座椅的位置，让肚子和方向盘间有一定空间，正确的坐姿位置是脚搭在离合器以及刹车上但不踩的状态下，保证方向盘的下沿和膝盖部位有一拳头的距离。孕妈咪系安全带要注意不能压迫肚子，不得横穿子宫隆起部位，尽量缚在骨头上。调节坐椅的倾斜度，使安全带始终贴在身体上。

怀孕时的心情也是很烦躁的，所以孕妈咪要控制情绪，保证不开猛车。加速、转弯

和制动时，都要保证车辆的平稳性。这时候，把腹中的胎宝宝当成元首级乘客对待，既能保证自己和胎宝宝不受激烈的摇摆和晃

动，也能尽可能地避免事故的发生。

还需提醒的是，驾车的孕妈咪不要忘了车内除臭杀菌，保证车内环保无污染；别在仪表台上放硬物、利器、香水瓶等，以保证紧急刹车时孕妈咪的安全。

孕妈咪保健须知
——该做第二次产检了

第16周，孕妈咪要进行第二次产检了，进行"胎儿颈部透明带"的筛检，可早期得知胎儿是否罹患唐氏症。主要是以超声波来看胎宝宝颈部透明带的厚度，如果厚度大于2.5（或3）以上，胎宝宝罹患唐氏症的几率就会较高，这时医师会建议孕妈咪再做一次羊膜穿刺，来看染色体异常与否。

孕妈咪年龄愈大，胎宝宝患唐氏症几率愈高。35岁以上的高龄孕妈咪，或曾生育过先天异常的宝宝或染色体异常胎宝宝、家族有遗传性疾病，以及母血唐氏症筛检为高危险群者，应做羊膜穿刺，看胎宝宝的染色体异常与否。约2~3周后可得到结果，若胎宝宝有染色体异常，可及时中止妊娠。

饮食与胎教 *Diet & prenatal education*

孕妈咪关键营养
——蛋白质的作用

蛋白质由20种氨基酸组成，是细胞生长发育的物质基础，也是维持生命活动最基本的营养素。人体本身可以合成12种氨基酸，有8种氨基酸不能靠人体自身合成，必须从食物中摄取，称为人体必需氨基酸。

蛋白质对胎宝宝身体的成长来说，就像是构筑一座坚实大厦的地基一样举足轻重。

如果孕妈咪缺乏蛋白质，除了会影响胎宝宝的生长发育外，还将影响胎宝宝脑细胞发

育。尤其是孕中、后期蛋白质不足的胎宝宝，脑细胞分裂减慢，数目减少，影响大脑的功能，出生的宝宝将缺乏好奇心、探索心等正常儿童的特征，即使在儿童时期补充蛋白质，仍然会影响儿童智力。此外，蛋白质不足还会影响胎宝宝中枢神经系统的发育和功能。

蛋白质是孕妈咪怀孕期需要量最大、最重要的营养成分。孕妈咪也需要蛋白质来维持子宫、胎盘、乳腺组织及全身的变化。同时，孕妈咪还需要有一定量的蛋白质储备，以供应分娩时的消耗及产后泌乳。

孕妈咪爱心胎教
——和胎宝宝一起上大学

"胎儿大学"这个名词首次出现于1979年，创造者是美国的一名妇产科专家尼·凡

德卡。他认为从怀孕5个月起，孕妈咪就可以对胎宝宝进行系统的语言、音乐、运动课程教育，使胎宝宝在机体和精神方面得到健康发展，从而为出生以后学习知识、适应社会奠定良好的基础。他还认为准爸爸和孕妈咪一起参与胎教活动对胎宝宝的发展具有良好作用。目前，"胎儿大学"已经遍布全世界许多国家和地区。

如今，胎教在国内日益流行，俨然已经成为人生第一次教育。"胎儿大学"也如雨后春笋般迅速发展起来，并随着胎教的盛行也越来越被人们所接受。"胎儿大学"的学生除了孕妈咪之外还呈现出全家总动员的趋势，怀孕分娩已经不再被简单地看做是孕妈咪一个人的事情，"胎儿大学"里"旁听生"的明显增多，也说明人们家庭育儿观念正在发生转变。

我国一些医院也开设有"胎儿大学"，他们汲取了国外优良经验，还根据需要加进了更为丰富的内容，比如说针对准爸爸和孕妈咪缺乏的生育常识和婴儿护理等知识进行培训，并把关注孕妈咪的健康列入了教学内容。他们除了讲授科学胎教的相关内容之外，还涉及到产前分娩、孕期保健、母乳喂养等方方面面。

年　月　日　　天气

孕妈咪吃水果要科学

　　水果的补充最好在两餐之间，每日最多不超过200克，同时应注意选择含糖量较低的水果，或以蔬菜代替，千万不要无限量吃西瓜等高糖水果。

贴心提示

年　　月　　日　　天气

每周食谱 | 补蛋白质食谱

白灼基围虾

精心配料:
活基围虾1000克、生抽王100克、味精2.5克、葱花10克、姜末5克、清汤25克。

制作方法:
1.将活基围虾洗净，煮至刚熟即捞出，装盆上台。
2.烧热锅加人油，烧至九成热，倒人葱花、姜末，与生抽、味精、清汤调和盛小碟一起上台。
3.食时，剥除虾壳，虾肉蘸调料食用。

第17周

孕妈咪 可以听"胎心音"了

孕妈咪的变化 Change

胎宝宝的成长 Growth

Change

● 孕妈咪生理变化

因为子宫的增大，子宫两边的韧带和骨盆也在生长变化，有些孕妈咪会感到腹部一侧有轻微的触痛。由于内分泌变化，有些孕妈咪会出现鼻塞、鼻黏膜充血和出血，这种现象会逐渐减轻。

可以借助多普勒胎心仪听到胎儿心跳声了，从此，除监测胎动外，听"胎心音"成为孕妈咪确定宝宝健康状况的又一方法。

● 孕妈咪心理变化

听到胎心音，孕妈咪会更爱自己的宝宝了。

Growth

● 胎宝宝的身长

胎宝宝身长约14厘米，重约170克，看上去像一个梨子。

● 胎宝宝的发育

胎宝宝的大脑发育已经很充分；心跳变得更有力；循环系统和尿道完全进入正常的工作状态，可以做指尖并拢的动作，肺也开始工作，能平稳地吸入、呼出羊水。

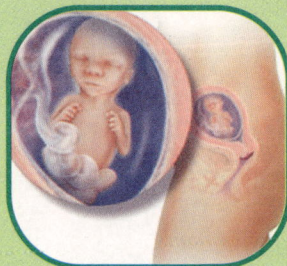

孕妈咪保健 | *Maternal health*

孕妈咪生活须知
——孕妈咪该怎样饮水

孕妈咪要注意正确的饮水方法。感到口渴说明体内水分已经失衡，脑细胞脱水已经到了一定的程度，应每隔约两小时喝一次水。每天摄入1000～1500毫升为宜，孕晚期则最好控制在1000毫升以内。

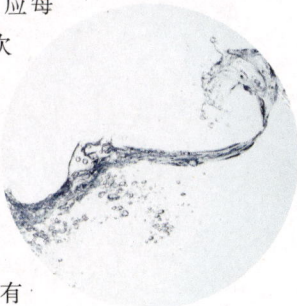

白开水对人体有"内洗涤"的作用。孕妈咪在清晨起床后应喝一杯新鲜的凉开水，可以温润胃肠，使消化液得到足够的分泌，以促进食欲，刺激肠胃蠕动，有利于定时排便，防止痔疮、便秘。早晨空腹饮水能很快被胃肠吸收进入血液，使血液稀释，血管扩张，从而加快血液循环，补充细胞夜间丢失的水分。孕妈咪不要喝久沸或反复煮沸的开水。忌喝没有烧开的自来水。不要喝保温杯沏的茶水。绝对不能喝被工业生产中的废水、废气、废渣等污染物污染过的水，这样的水即使经过高温煮沸，水中的有毒化学物质仍然存在。孕妈咪更不能喝蒸饭或者蒸肉后的"下脚水"。

孕妈咪保健须知
——哪些预防针孕妈咪不能打

打预防针能保护孕期孕妈咪的健康，但并不是所有的预防针都能打，孕妈咪应该谨慎使用部分活体疫苗，以免对胎宝宝造成不良影响。

麻疹疫苗：孕妈咪不能用。

风疹疫苗：孕妈咪也应禁用。未患过风疹的孕妈咪，在妊娠早期接触风疹病人时，最好终止妊娠。因为风疹极易引起胎儿畸形，而免疫球蛋白的预防效果又不能确定。

此外，水痘、腮腺炎、卡介苗、乙脑和流脑病毒性减毒活疫苗，口服脊髓灰质炎疫苗和百日咳疫苗，孕妈咪都应忌用。有过流产史的孕妈咪，也不宜打预防针。孕妈咪在注射预防针前，还应该向医生说明自己以往及目前的健康情况和过敏史等信息，确保万无一失。

饮食与胎教 | *Diet & prenatal education*

孕妈咪关键营养
——孕妇奶粉有好处吗

目前，孕妈咪的膳食结构都比较合理、均衡。但是，如钙、铁、锌、维生素D、叶酸等营养素仅从膳食中摄取，还是不能满足身体的需要。而孕妇奶粉中含有的所有营养素较为全面，能够满足孕妈咪孕期需求。

孕妇奶粉，顾名思义就是孕妈咪喝的奶粉。孕妇奶粉营养丰富，还含有足够的维生素和矿物质。喝孕妇奶粉有利于孕妈咪和胎宝宝的全面营养，促进胎宝宝的正常发育。

食用孕妇奶粉的孕妈咪在分

娩后所产的乳汁中微量元素锌、铁、铜等的含量较高，这有利于新生儿的生长发育。孕妇奶粉中锌的充足含量对孕妈咪分娩有利，因锌有促进平滑肌收缩的作用，可缩短产程顺利分娩，所以孕妈咪食用孕妇奶粉是有好处的。但是，购买孕妇奶粉时要注意生产日期，不要用过期变质或质量不过关的奶粉。

孕妈咪爱心胎教
——孕妈咪，带胎宝宝一起做体操

在怀孕初期，医生和专家们就会提醒孕妈咪们适当做做运动会对身体有很多好处。做孕妇体操就是个不错的选择。做孕妇体操能够防止和缓解因体重日渐增加和重心变化后引起的腰腿疼痛；可以促进身体血液循环，增强腹部及骨盆肌肉，刺激肠蠕动、预防便秘；还可以增加产道的韧性和弹性，为顺利分娩做准备。孕妈咪在做操时要注意以下几点：运动前排空小便，要穿宽松、吸汗的衣服，饭前或饭后一小时不要运动，要注意空气的流通，及时补充水分；以不让自己感到疲惫为底线，要注意安全和运动方法，最好在专业老师指导下进行。

孕妈咪腹中的胎宝宝，从孕7周起，就开始活动了。吞咽、眯眼、吮手指、握拳头，甚至还会在孕妈咪肚子里面翻筋斗。胎宝宝很喜欢在孕妈咪肚子里进行体操锻炼，适当的锻炼会使胎宝宝的肌肉活动力增强，出生后各种动作的发展都要好一些。

孕妈咪还可以引导

腹中的胎宝宝在自己肚子里面的"体育锻炼"，躺在床上，全身尽量放松，在腹部松弛的情况下用双手"捧"住胎宝宝，轻轻抚摸，然后用一个手指轻轻一压再放松。刚开始的时候，胎宝宝只是做出响应，过几个星期后，胎宝宝对孕妈咪的手法熟悉了，一接触孕妈咪的手就会主动要求"做体操"啦。

妈妈， 把您给我的贴心话记下来，将来送给我，好吗？　第**17**周

Record

年　　月　　日　　天气

年　月　日　天气

每周食谱 | 大脑生长发育食谱

蛋裹豆腐

精心配料：
豆腐、小葱段适量，鸡蛋2个。

制作方法：
1.将豆腐切成片，蛋打散。
2.锅中热油，将豆腐逐片沾裹蛋液，炸至表面蛋液凝固后捞出控油。
3.锅中留适量余油，放入煎好的豆腐块，再加入生抽、盐、糖、鸡精和适量水，用中火烧至汤汁变稠后放入小葱段翻炒几下即可。

第18周

孕妈咪 行动有些不方便了

孕妈咪的 **变**化
Change

胎宝宝的 **成**长
Growth

Change

● **孕妈咪生理变化**

　　孕妈咪的行动有些不方便了，重心变了，子宫有成人头部那样大了，乳房"膨胀"了，臀部"圆"了起来，胃口也好了许多。

● **孕妈咪心理变化**

　　从这一周开始，孕妈咪能感到胎动了，心里充满了惊喜。

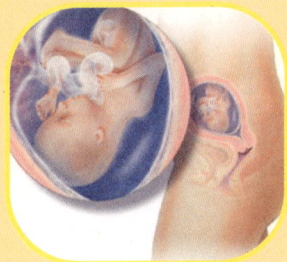

Growth

● **胎宝宝的身长**

　　胎宝宝的身长约16厘米，体重约250克。

● **胎宝宝的发育**

　　"髓磷脂"开始慢慢地裹在胎宝宝的脊髓上，骨骼开始慢慢地变硬，全身长满了羔毛。女胎宝宝的阴道、子宫、输卵管已经各就各位，男胎宝宝的生殖器外形已清晰可见；胎动频繁规律，在呼吸羊水的时候小家伙的小胸脯会一鼓一鼓的；发育早期偏向两侧的双眼更加向中间集中，而且可以偶尔偷偷地睁一睁小眼睛了。

孕妈咪保健 Maternal health

孕妈咪生活须知
——孕妈咪，这样洗澡安全有保障

大量的实验研究证明，孕早期，洗过热的热水浴、盛夏中暑、高温作业、剧烈运动等过后，都会造成孕妈咪体内产热增加或散热不良，产生高温。而孕早期的胎宝宝，中枢神经系统最易受损伤，过热的母体环境会造成畸胎，严重者可致胚胎夭亡。

孕妈咪的体温如果比正常人高1.5摄氏度，胎宝宝脑细胞发育就有可能停滞；如果升高3摄氏度，就可能对胎宝宝的脑细胞造成永久性损害。一般来说，孕妈咪在洗热水澡的时候，水温越高，停留时间越长，对胎宝宝造成的损害就越大。

当然，有的孕妈咪对温度的上升没有那么敏感，比较耐热，体温不容易上升，而有的人的体温会随着外界温湿度的变化很快上升，就会造成对胎宝宝的伤害。

为了减少畸形儿的出生，孕妈咪在怀孕初期，应避免洗过热的热水浴，水温要控制在39摄氏度以下，尤其不要洗坐浴或者盆浴，避免长时间热水浸泡腹部，造成隐患。洗澡时间也不宜太长，最好在15分钟左右。

孕妈咪保健须知
——什么中药和中成药孕妈咪不能吃

一般认为，中药、中成药的毒副作用较小，但是有一些中成药孕妈咪忌用。孕妈咪应禁用和慎用的中药，概括起来大多为活血化瘀药、凉血解毒药、行气驱风药、苦寒清热药等几种。需要服用中药或者中成药时，请在就医时告诉医生自己已怀孕，由医生决定是否用药，这才是最安全的做法。

禁用的中药：

辛香通窍药：麝香。

破血逐瘀药：水蛭、虻虫、莪术、三棱。

峻下逐水药：巴豆、牵牛、芫花和甘遂、商陆、大戟。

大毒药：水银、斑蝥、蟾蜍。

禁用的中成药：

牛黄解毒丸、牛黄清心丸、龙胆泻肝丸、开胸顺气丸、益母草膏、大活络丹、小活络丹、紫血丹、至宝丹、苏合香丸等。

需慎用的中药：

活血祛瘀药：桃仁、蒲黄、五灵脂、没药、苏木、皂角刺、牛膝。

行气破滞药：枳实。

攻下利水药：大黄、芒硝、冬葵子、木通。

辛热温里药：附子、肉桂、干姜等。

饮食与胎教 Diet & prenatal education

孕妈咪关键营养
——胎宝宝大脑发育需要什么营养

对胎宝宝脑健康发育起主要作用的营养素有下列几种：

蛋白质。因为它对有生命的物质结构、功能和大脑发育起着很重要的作用。它的希腊名字翻译成中文为"头等质量"，顾名思义，蛋白质对人体的重要性不言而喻。富含蛋白质的食物有：动物性食物，如瘦肉类、蛋类和乳类；植物性食物，如豆类、谷类、干果类。

脂肪类。脂肪是构成脑组织的极其重要的营养物质，在大脑活动中起着不可代替的作用。其中，卵磷脂不但能增加记忆力，还能延缓大脑的衰退。富含脂肪的食物有大豆油、花生油、菜籽油等植物性油脂及牛油、猪油和各种肉类所含的动物性脂肪。

糖类。脑的耗能量占全身总热量的20%，糖是大脑活动能量的来源。人体摄取葡萄糖时最好选取杂粮、菜及水果等，也可适量选取红枣、葡萄、红薯等食物，最好不要用精制糖、粗制糖等糖类。

维生素。在脑活动过程中，维生素能及时补充所需要的氧气和营养物质，是脑活动不可缺少的营养素。维生素缺乏会使大脑活动力下降、容易疲劳或发生障碍。但如果维生素过多，也会引起中毒。

微量元素。钙、磷、钠、钾、碘、铁、锌、锰等微量元素也是大脑活动不可缺少的营养素。不管哪一种微量元素的缺乏都会影响大脑的正常工作。

同时，还有一些对胎宝宝大脑发育有害的食物孕妈咪不宜吃。孕妈咪不宜吃盐较多的食物，如咸菜、榨菜、咸肉、豆瓣酱等；不宜吃含味精多的食物，会引起胎宝宝缺锌；不宜吃直接有损于大脑发育的腊肉、熏鱼等食物；不宜吃如爆米花、松花蛋、啤酒等含铅较多易杀死脑细胞的食物；不宜吃如油条、油饼等含铝食物。

孕妈咪爱心胎教
——抚摸胎教触压练习

怀孕进入第18周，胎宝宝已经开始比较频繁地胎动了，准爸爸和孕妈咪可以在抚摸基础上采取轻轻触压和拍打的方法来进行胎教练习。

具体做法是，孕妈咪平卧在床上，放松自己的腹部，先用手在腹部从上至下、从左至右来回抚摸，并用手指轻轻按下再抬起，然后轻轻地做一些按压和拍打的动作，给胎宝宝以触觉上的刺激。孕妈咪要坚持长久地、有规律地去做，几个星期后，胎宝宝就会随着孕妈咪的触压给出相应的反应。孕妈咪要注意按压要有规律，每天两次，坚持在固定的时间进行，这样胎宝宝才能心领神会地在此时间里作出反应，如果触压过程中感觉到胎宝宝在用力挣扎，要立即停止，并进行安抚。

练习前，孕妈咪要排空小便，保持轻松、愉快的心态。卧室应该保持温度适宜、空气新鲜。这时如果能配合对话胎教和音乐胎教等方法，效果会更好些。在整个抚摸胎教的过程中，准爸爸的参与显得尤为重要。准爸爸可以在旁边一边抚摸一边与胎宝宝说话，把自己的爱意和温馨的家庭氛围传达给胎宝宝，这是增进准爸爸和胎宝宝感情的最好时机。

妈妈， 把您给我的贴心话记下来，将来送给我，好吗?

Record

年　　月　　日　　　天气

孕期不应忽视的七种症状

　　孕妈咪如出现剧烈呕吐、阴道出血、下腹剧痛、严重头疼、下体流液、异常宫缩、胎动减少等症状，应及时去医院检查和治疗。

贴心提示

年　月　日　　天气

每周食谱 | 大脑生长发育食谱

虾肉水饺

精心配料:
　虾胶150克、猪肉泥400克、韭菜末300克、水调面团1200克，葱花、精盐、味精、酱油各适量。

制作方法:
1.虾胶、猪肉泥、韭菜末加精盐、味精、酱油搅匀成虾肉馅。
2.水调面团揉成长条，摘成小面剂，擀成饺子皮，包入虾肉馅，捏成饺子生坯。
3.锅置火上，水烧沸，倒入饺子生坯煮熟，撒入葱花即成。

第19周

孕妈咪 要坚持数胎动了

孕妈咪 **变**化
Change

胎宝宝 **成**长
Growth

Change

● 孕妈咪生理变化

进入孕19周，孕妈咪的乳腺变得发达起来，偶有黄色乳汁泌出。为了防止乳房组织松弛、乳腺管发育异常，现在你就要注意乳头和乳房的保养了，否则有可能在生产后缺少乳汁。

● 孕妈咪心理变化

虽然胎宝宝喜欢动，而且晚上也会打扰你，但是可爱的他只会更引起你的注意。当你对肚子里的小宝贝高度注意、想象小宝贝的各种神态和体态，和他交谈时，会得到小家伙的回应，更能增进你们之间的感情交流。

Growth

● 胎宝宝的身长

胎宝宝身长约18厘米，重约350克。

● 胎宝宝的发育

爱吞咽羊水；肾脏已经能够制造尿液；也已经会踢腿、屈体、伸腰、滚动、吸吮自己的拇指了。

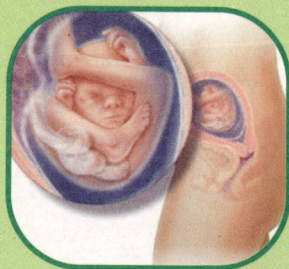

▌孕妈咪保健▌ *Maternal health*

孕妈咪生活须知
——孕中期的运动

孕中期胎盘已经形成，宫内情况相对稳定，已经度过了早孕流产的危险。孕妈咪若想让生产更顺利，维持身材，可以进行适度的活动，对胎宝宝和孕妈咪都有好处。善于运动的孕妈咪所生的宝宝，运动神经元的发育比一般胎宝宝更快。

散步是孕妈咪最佳的运动选择，孕妈咪还可以根据自己的体质及过去的锻炼情况，适当进行一些如游泳、孕妇体操、瑜伽等运动。切记不可进行跑、跳，千万不能抬、提重物。

孕妈咪散步，可根据自己的感觉来调整，以不感到疲劳为宜。散步时间以每天早上起床后和晚饭后为最佳。走要缓，以免身体振动幅度过大，妊娠早期和晚期尤需注意。

游泳能改善心肺功能，增加身体的柔韧性，增强体力，促进孕妇的血液循环，有利于为胎宝宝输送营养物质，还有助于排出胎宝宝所产生的废物。值得注意的是，游泳池水一定要干净合格，水温不能过高和过低。

专门为孕妈咪设计的"孕妇瑜伽"和孕妇体操，对孕妈咪的健康、产后体型恢复都很有帮助。孕妈咪运动时应注意心率不能过快，着装宜宽松舒适，并及时补充水分。

孕妈咪保健须知
——孕中期乳房护理

初次怀孕的孕妈咪，乳头会比较娇嫩、敏感，在哺乳的时候往往经受不住婴儿的反

复吮吸，会感到疼痛或者奇痒无比。为了预防这种情况的发生，可以从孕期就开始做一些预防的工作。孕妈咪此时期的乳房会持续增大，不适感消失。乳房内可能开始生成乳汁，所以乳头会分泌少量白色乳汁。这时可在胸罩内垫个棉垫；每天用温水和干净的毛巾擦洗乳头一次，注意要将乳头上积聚的分泌物结痂擦洗干净。

重要的是孕妈咪要建立护理乳房的观念，以促进血液循环和乳腺发育为目的。可以在每天沐浴或睡觉前按摩2~3分钟，按摩时要尽量轻一点，不能过度按摩，如果感到下腹部疼痛，就应该立刻停止按摩。

正常的乳头为圆柱状，凸出在乳房表面，如果乳头内陷，有可能造成产后哺乳困难。不过，大多数乳头凹陷的孕妈咪都可以从怀孕5~6个月开始，通过适当的纠正来改变乳头的情况。孕妈咪可以进行拉拔式的按摩，但是切记不要两边同时进行，因为这样的做法容易引起宫缩，可能会导致早产。

▌饮食与胎教▌ *Diet & prenatal education*

孕妈咪关键营养
——孕妈咪，全吃素食不健康

有些孕妈咪在怀孕后担心身材走形，再加上早孕反应，平时多以素食为主，不吃荤食，甚至全吃素食。全吃素的孕妈咪容易形成比较单一的饮食结构，比如，在蛋白质的摄取上，如果只以一种不完全的植物性蛋白质作为蛋白质的来源，必定会缺乏某几种氨基酸，严重影响胎宝宝的生长发育。

植物性食物中，还不易得到维生素B，虽然大肠组织机能健全的孕妈咪能靠大肠内的细菌自行合成一部分，但仍需补充一定量的

维生素药剂，才不至于缺乏。经常吃素的孕妈咪，微量矿物质的吸收能力会受影响，对铁、锌、钙质的吸收能力较差。其中，最令人担忧的是缺乏铁质，铁是增加血量所需的血红素形成必需的物质，素食者普遍血红素值较低，这就需要尽量多地摄取含铁较多的营养物质，同时使用含维生素C较高的食物来加快铁质的吸收。

孕妈咪不吃荤食，还会造成牛磺酸的缺乏。牛磺酸在哺乳动物的主要脏器，如心脏、脑、肝脏中含量较高，含量最丰富的是海鱼、贝类，如墨鱼、章鱼、虾，贝类的牡蛎、海螺、蛤蜊等。

牛磺酸具有多种生理功能，是人体健康必不可少的一种营养素。经研究证明，牛磺酸与幼儿、胎宝宝的中枢神经及视网膜等的发育有密切的关系，牛磺酸在脑内的含量丰富、分布广泛，能明显促进神经系统的生长发育和细胞增殖、分化，在脑神经细胞发育过程中起重要作用。正常饮食的人能从饮食中获取一定程度的牛磺酸，再加上人体自身亦能合成少量的牛磺酸，一般不会出现牛磺酸的缺乏。而对于孕妈咪来说，由于需要牛磺酸的量比平时增大，本身合成牛磺酸的能力又有限，素食的孕妈咪很难从饮食中摄取牛磺酸，久而久之，必然造成牛磺酸缺乏，影响胎宝宝的视网膜等器官的生长发育。所以，为了胎宝宝的成长需要，喜食素食的孕妈咪在多吃素食的同时，要做好荤素搭配。

孕妈咪爱心胎教
——和胎宝宝做游戏

怀孕进入5个月，胎动越来越频繁了，准爸爸和孕妈咪就要经常和胎宝宝做游戏。这里给大家介绍一个有趣的"踢肚子游戏"，

有兴趣的准爸爸和孕妈咪不妨尝试一下。每次游戏时，孕妈咪要先用手在腹部从上至下、从左至右轻轻地有节奏地抚摸和拍打，

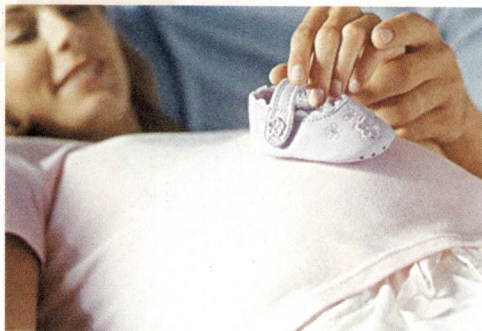

当胎宝宝还击时，孕妈咪就在自己被还击的部位轻拍两下，一会儿胎宝宝就会在里面再次还击，这时孕妈咪可以在距离原拍打的位置不远的地方改变一下拍的位置，很快，胎宝宝会向改变的位置再作还击。这样反复几次，"踢肚子游戏"就可以结束了。

"踢肚子游戏"最好在每晚临睡前进行，时间不宜过长，一般每次10分钟，避免让胎宝宝过于兴奋。准爸爸也要积极参与，一家人一起玩游戏，情趣不言而喻。而当胎宝宝的活动过于激烈让孕妈咪难以忍受时，准爸爸还可以在旁边轻抚腹中的胎宝宝，做做调解和沟通，特别管用哦。

妈妈，请记下您美好的心情吧!

Record

年　　月　　日　　天气

孕妈咪入座时需要把脚垫高

　　孕妈咪在孕中期垫高脚可以减少腿部的负担，有效预防浮肿。

贴心提示

年　月　日　天气

每周食谱 | 大脑生长发育食谱

美味鲑鱼汤

精心配料：
鲑鱼肉120克、豆腐50克，紫菜、葱花、姜丝、盐、胡椒适量。

制作方法：
1.将鲑鱼切成块状，烫好后捞出备用。
2.将捞起的鲑鱼块放入锅中，加入紫菜、豆腐、姜丝、盐和胡椒粉，约煮2分钟。
3.盛入碗内撒上葱花即可食用。

第20周

孕妈咪 摸摸你的小宝贝

孕妈咪的 变化 Change

胎宝宝的 成长 Growth

Change

● 孕妈咪生理变化

从这一时期开始，孕妈咪的宫底每周大约升高1厘米（孕晚期这个速度会减慢）。胎宝宝每天都不老实，孕妈咪可以惊奇地看到，肚皮上会突然起一个大包，又忽然消失，一会儿又起两个大包，那是胎宝宝在里面"拳打脚踢"的杰作。

● 孕妈咪心理变化

胎宝宝顽皮又淘气，晚上也不时地运动，虽然打搅孕妈咪休息了，但孕妈咪还是很开心，更加呵护自己心爱的胎宝宝。

Growth

● 胎宝宝的身长

孕20周胎宝宝身长约20厘米，体重约400克。

● 胎宝宝的发育

胎宝宝的头发继续生长；从本周末开始，胎宝宝的味觉、嗅觉、触觉、视觉、听觉会在大脑中专门的区域里发育。此时，神经元之间的连通开始增加。

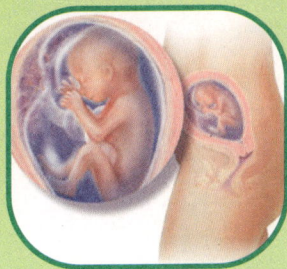

孕妈咪保健 Maternal health

孕妈咪生活须知
——怀孕期间不能使用哪些化妆品

染发剂中有些物质可引起胎宝宝畸形，还可使皮肤产生过敏反应。若是再用化学冷烫精烫发，更会加重头发脱落，还会影响孕妈咪体内胎宝宝的正常生长发育。因此，孕

妈咪孕期不宜使用化学冷烫精。口红油脂通常采用羊毛脂，羊毛脂既能吸附空气中有害的重金属微量元素，还可吸附大肠杆菌等微生物。各种洗发香波，均含有对胎宝宝有害的化学成分。孕妈咪不能用含酒精成分的护肤品。

指甲油以硝化纤维为基料，配以丙酮、乙酯、乙酸、邻苯二甲酸酯等化学溶剂及各色染料制成，对人体有一定的毒害作用。所以，孕妈咪也不应涂指甲油，以免伤害胎宝宝。

事实上，自怀孕第5个月起，孕妈咪的皮肤会变得干燥或粗糙，适当的皮肤保养是应该的。应选择高质量的滋润保湿产品、防晒用品和减轻妊娠纹的身体滋润乳剂。

孕妈咪保健须知
——该做第三次产检了

孕18~24周，该做第三次产检了。产检内容包括：一般项目（血压、体重、宫高、腹围、多普勒胎心）、血型抗体检测，血型抗体检测是为了筛查溶血症。

要记住携带孕妇围产保健本、零钱、卫生纸，并在用餐完两小时之后再接受检查，以保证各项指标不受胃内食物的影响。在检查时，孕妈咪应该告诉医生自己身体是否出现不适，请医生给出好的建议。

饮食与胎教 Diet & prenatal education

孕妈咪关键营养
——怀孕20周营养

怀孕中期除热量增加以外，需增加的营养素还有蛋白质、镁、碘、硒、维生素C、B群、叶酸、维生素D、维生素E等。

鱼、肉、蛋、豆、奶类增加优质蛋白质；干果类、深绿和黄色蔬果增加镁；含碘食盐、海带、紫菜、鱼类（海鱼）补充碘；洋葱、西红柿、花椰菜、小麦胚芽、小麦麸皮补充硒；新鲜蔬菜水果补充维生素C；糙米、全谷类、坚果类、豆类、猪肉、内脏、新鲜蔬果补充维生素B_1；酵母粉（健素糖）、全谷类、绿色蔬菜、牛奶、蛋补充维生素B_2；未精制谷类、鱼、肉类、水果、干果类、蔬菜，补充维生素B_6；肝脏或腰子（每周补充

一次）、牛肉、猪肉、蛋、牛奶、乳制品补充维生素B12；肝脏、蛋、酵母粉、深绿色蔬菜、豆类、柳橙类、香蕉补充叶酸；鱼肝油、体型大的鱼类、沙丁鱼、牛奶及乳制品补充维生素D；肝脏、鱼肉、鸡肉、蛋黄、鱼油、油脂、蔬菜、干果类、全谷类补充维生素E。

器材放在肚皮上给胎宝宝听。如果把传声器放在孕妈咪肚皮上，使声波直接进入人体，会对胎宝宝的耳部发育造成危害，有可能导致听力缺损。孕妈咪要认真选择多样化的积极、稳定而具有平和、温暖色彩的胎教音乐，避免对胎宝宝的身心产生不良的影响。

孕妈咪爱心胎教
——音乐胎教，健康成长每一天

音乐胎教是指通过音乐对孕妈咪和胎宝宝共同施教的过程。优美的胎教音乐能使孕妈咪心旷神怡，改善不良情绪，产生良好的心境，并能通过信息传递给腹中的胎宝宝，给胎宝宝留下深刻的印象，使其深受感染。怀孕4个月以后，胎宝宝就具备了一定的听力，孕妈咪可以选择喜爱的胎教音乐，放在距自己1~1.5米的地方听，美好的旋律就可以直接刺激胎宝宝的听觉神经器官，促进大脑的发育。孕妈咪也会分泌出有益于健康的激素如酶、乙酰胆碱等，使身体保持极佳状态，促进腹中的胎宝宝健康成长。

孕妈咪要走出音乐胎教的误区，听音乐时并不是直接把音乐

妈妈，请记下您美好的心情吧!

Record

年　　月　　日　　天气

吊兰能净化空气

　　一盆吊兰在8~10平方米的房间内，就相当于一个空气净化器，它可在24小时内，杀死房间里80%的有害物质，吸收掉86%的甲醛，还能吸收火炉、电器、塑料制品散发的一氧化碳、过氧化氮。

贴心提示

年　月　日　天气

每周食谱 | 补钙食谱

糖醋排骨

精心配料：
猪排骨、白糖、醋、酱油、葱、姜、蒜、泡辣椒、淀粉、盐适量。

制作方法：
1.将排骨过沸水，捞出沥干待用。
2.锅中放油烧至七成热，下排骨爆干水气再爆至微黄，放入酱油、泡辣椒段、姜蒜片略炒后，加约两斤水，烧沸后改小火烧约60分钟。至汤汁快干时，下盐、醋、糖、葱铲匀，勾芡，铲匀，起锅装盘即成。

第21周

孕妈咪 散步很适合你

孕妈咪的 **变化** Change | 胎宝宝的 **成长** Growth

Change

● 孕妈咪生理变化

子宫压迫了孕妈咪的肺部，使呼吸变得急促起来。乳房有稀薄的液体和乳晕的皮脂腺不断地分泌，很容易形成乳痂堵住乳腺管口，每天都要坚持用清水清洗或用食用油（如香油）消除乳痂。

● 孕妈咪心理变化

孕妈咪和家人边散步边聊天，既能排遣心情、促进健康，又能有益睡眠。

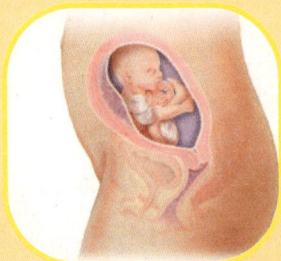

Growth

● 胎宝宝的身长

胎宝宝身长约22厘米，体重约450克。

● 胎宝宝的发育

这个小家伙现在看上去变得滑溜溜的，他的身上覆盖了一层白色的、滑腻的物质，这就是胎脂。胎脂不仅能为胎宝宝提供营养，避免皮肤在羊水的长期浸泡中受到损害；还能在分娩时起到润滑作用，使胎宝宝顺利通过产道。不少宝宝在出生时身上都还残留着这些白色的胎脂。

孕妈咪保健 Maternal health

孕妈咪生活须知
——孕妈咪要远离电磁辐射

在导致胚胎和胎儿组织损伤因素中，电磁辐射的危害最大。

孕妈咪每周使用20个小时以上电脑，其流产率增加80%，畸形胎宝宝的出生率同时也增加，应暂时离开电脑、电视等视屏岗位。

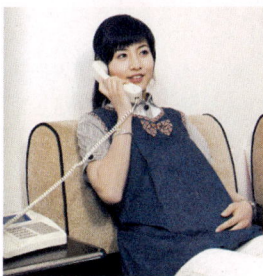

孕妈咪不要把微波炉、电热毯、电视机和电脑等家用电器集中摆放，不宜集中摆放在卧室里，停止使用时，不要让它们处于待机状态，切忌将充电器放在床边。应尽量避免长时间操作电话、传真、电脑、复印机等办公设备。孕妈咪最好使用手机分离耳机和话筒接听电话，手机接通瞬间释放的电磁辐射最大，不在响过一两秒或电话两次铃声间歇中接听电话，有座机的地方就关掉手机，不长时间用手机通话。远离高压线、雷达站、广播和电视台、电磁波发射塔。

如果因种种原因不能远离电磁辐射源就要采取防辐射措施，方法有：穿防辐射肚兜、马夹、衫衣防电磁波辐射。针对电脑、电视辐射，可采取防辐射屏，能有效吸收电脑或电视显示器发出的对人体有害的电磁辐射和静电，还可安装"电脑辐射消除器"替换电源线，从电源中排除产生辐射源的多种谐波；用手机防护套防手机电磁辐射；防天线辐射用防磁贴和L型天线。

孕妈咪保健须知
——孕妈咪腹泻要引起重视

腹泻不但影响孕妈咪对营养物质的吸收，还会刺激子宫收缩。腹泻对孕妈咪来说是一个危险信号，有一些腹泻本身就是早产或流产的征兆，要引起孕妈咪及家人的足够重视。

腹泻最常见的是因为肠道感染，致病微生物有沙门氏菌、痢疾杆菌、病毒及原虫等，食物中毒或病毒感染也能引起孕妈咪腹泻。如果孕妈咪不是肠道感染或食物中毒，有可能与肠胃本身不适应孕妇奶粉有关。孕妈咪腹泻应及时就医。

发生腹泻，先要适当补液，多喝粥、汤水类的液体食物，补充热量、水分和电解质，尤其是钾离子。同时还要观察胎宝宝的情况，防止早产或流产。

孕妈咪腹泻要按照医嘱吃药，更要慎用抗生素。氨基苷类、磺胺类、喹诺酮类及四环素、甲硝唑、病毒唑等，虽然对感染性腹泻有效，但因对胎宝宝有致畸作用或潜在的危害，应禁用。鸦片类药物可能造成细菌过度生长与重复感染，会加重腹泻，因此不能用。

饮食与胎教 Diet & prenatal education

孕妈咪关键营养
——妊娠糖尿病饮食控制

孕前没有糖尿病的孕妈咪，在怀孕期间发生葡萄糖耐受性异常时，称为"妊娠糖尿病"。糖尿病家族史，肥胖，过去有不明原因的死胎或新生儿死亡，前胎有巨婴症、羊水过多症的孕妈咪及年龄超过30岁的孕妈咪，为此病的高危险群。

妊娠24～28周时，经过口服50克的葡萄糖筛检及100克口服葡萄糖耐受试验，测出空腹、餐后1小时、2小时及3小时之血糖浓度，若发现其中至少有两项数值高于标准值时（空腹，105mg/dl;餐后1小时，190mg/dl;餐后2小时，165mg/dl;餐后3小时，145mg/dl），则诊断为妊娠期糖尿病。轻微者可由营养师指导，先执行饮食控制，之后再抽血检查，若空腹血糖值仍大于105mg/dl，饭后2小时血糖值大于120mg/dl，就应配合注射胰岛素，期望能将血糖值控制为：空腹60～90mg/dl(指禁食8小时所测之血糖值)、饭前60～105mg/dl、饭后1小时<140mg/dl、饭后2小时<120mg/dl。糖尿病孕妈咪不要有太多顾虑，在科技发达的今天，有糖尿病专家的治疗和指导，你一样可以生育健康的宝宝。

妊娠糖尿病的饮食原则是：营养需求与正常孕妇相同，注意热量的摄取、营养素的分配比例及餐次的分配，避免甜食及高油食物的摄取，增加膳食纤维，提供孕妈咪与胎宝宝足够的热量及营养素，符合理想的血糖控制。

在孕期要注意热量需求，孕中、后期再增加300大卡/天，不宜减重。为维持血糖值平稳及避免酮血症之发生，少量多餐，避免时间相距过长，将每天应摄取的食物分成5～6餐。避免加有蔗糖、砂糖、果糖、葡萄糖、冰糖、蜂蜜、麦芽糖之含糖饮料及甜食，选择纤维含量较高的未精制主食。孕中、后期每天需增加蛋、牛奶、深红色肉类、鱼类及黄豆制品等营养。以植物油为主，少吃或不吃油炸食物和肥肉。在可摄取的分量范围内，多摄取高纤维食物，不能无限量地吃水果。辛苦的孕妈咪如果能对妊娠糖尿病饮食

进行控制，你一定会和你的宝宝一样健康。

孕妈咪爱心胎教
——胎教旅行，悠闲自在好心情

胎教旅行，能有效地转变孕妈咪的心情。更重要的是，在户外能使孕妈咪充分吸入新鲜的空气，胎宝宝也可以通过脐带与妈妈共享新鲜充足的氧气，使大脑变得活性化，而且美丽的风景会使孕妈咪的身心愉悦传递给胎宝宝，共同享受美景和愉悦的心情。胎教旅行，准备者要注意把握几个原则：首先要选择空气清新、风景宜人的地方，目的地离家不要太远，避免长时间的旅途劳累；旅游地点的选择权要完全交给孕妈咪；到达目的地后，尽情地享受二人世界。出行前，孕妈咪要就自己的身体状况与医生进行商讨，为了自己和胎宝宝的安全，准备工作要做到面面俱到。孕妈咪要注意饮食卫生，如果途中突发腹痛或者出血等现象，要立即中止旅行并及时就医诊断。

年　月　日　天气

妊娠期糖尿病不可怕

　　孕妈咪如果被确诊为妊娠期糖尿病，不要悲观失落，只要注意饮食，并进行适当治疗，等宝贝出世后会自然好转。

贴心提示

年　　月　　日　　天气

每周食谱 | 大脑生长发育食谱

辛香料烤鲑鱼

精心配料：
鲑鱼肉、生菜、芦笋、小番茄、沙拉酱、辛香料、胡椒、盐适量。

制作方法：
1.将鲑鱼放在烤盘上，撒上盐、胡椒、辛香料。
2.将撒好调味料的鲑鱼，放进烤箱内，约烤30分钟。
3.烤好后利用生菜、芦笋、小番茄、沙拉酱做好盘边装饰，完成即可食用。

第22周

孕妈咪 注意保暖

孕妈咪 的 **变化**
Change

胎宝宝 的 **成长**
Growth

Change

● 孕妈咪生理变化

孕妈咪的身体会越来越重，速度差不多是一个星期长一斤。

偶尔走得快了些，孕妈咪会有可能忽然感到腹部一阵剧痛，这是这个时期常见的症状，是由子宫肌肉收缩引起的。为了防止出现腰、腿部神经痛或膀胱刺激症，孕妈咪应格外注意下身的保暖了，特别是在寒冷时节。

● 孕妈咪心理变化

这一时期，由于孕激素的作用，孕妈咪的手指、脚趾和全身关节韧带变得松弛，这会使孕妈咪觉得有些不舒服。

Growth

● 胎宝宝的身长

胎宝宝身长约23厘米，体重大约500克。

● 胎宝宝的发育

他已长出了娇嫩的指甲，眉毛和眼睑更清晰了，皮肤是红红皱皱的。胎宝宝手部和手指的小动作多了起来，不是抓抓小鼻子，就是揉擦小脸，有时还会撅撅小嘴巴。

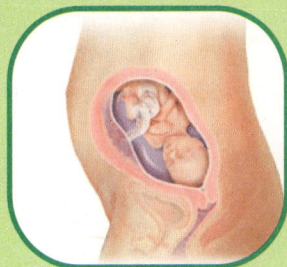

孕妈咪保健 Maternal health

孕妈咪生活须知
——孕期便秘、得了痔疮怎么办

孕妈咪在孕期要多食含纤维素多的蔬菜，如芹菜、韭菜等，要粗细粮搭配、合理膳食，养成定时排便的良好习惯，预防便秘，预防痔疮的发生。

孕期痔疮原则上仍以保守疗法为主。早餐一定要吃，避免空腹，补充水，并多吃含纤维素多的食物，不吃刺激、辛辣食品，不喝碳酸饮料。每日至少喝1000ml水。

切忌忍着不排便，每天早晚进行一次提肛运动，避免久站、久坐，应适当休息，适当活动。不能用含麝香的痔疮膏。一旦痔疮出血，孕妈咪可适当选用如止血敏和维生素K、C等止血药，肿痛时可用中药祛毒汤等药物熏洗。

孕期痔疮，一般不主张立刻手术治疗，手术刺激有可能造成流产。另外，产后痔核一般会在4个月内缩小或萎缩。

孕妈咪保健须知
——孕22～26周第四次产检

孕妈咪该做第四次产检了，产检包括一般项目、三维彩超等，以便了解胎宝宝的发育情况。三维彩超表面成像用于产科检查，不仅可观察到胎宝宝成长的过程，而且可以检查胎盘、羊水及脐带的变化，更重要的是可作为诊断胎宝宝是否畸形的主要手段。三维彩超能清晰显示可疑结构的立体形态、表面特征、空间位置关系，提供胎宝宝在子宫内的立体图像。

饮食与胎教 Diet & prenatal education

孕妈咪关键营养
——远离高脂肪食物

脂肪本来是孕妇应注重摄取的营养之一，而脂肪酸又是形成细胞膜的不可缺少的材料。但是，脂肪绝不是越多越好，过多的高脂肪，不利于胎宝宝下丘脑腺体的正常发育。因此，怀孕期间最好不要过多摄入高脂肪食物。

孕妈咪应该讲究营养与科学，不宜过多食用如油炸食物、肥肉及糕点等食品，可多吃含蛋白质比较丰富的食物，从而满足胎宝宝的发育成长。

孕妈咪的消化功能较弱，过多地食用肥肉、油炸食物等高脂肪食品，对身体很不利，会曾加患生殖系统癌瘤的危险。常食高脂肪食物，可促进催乳激素的合成，致使发生乳腺癌，不利于孕妈咪的身体健康并会对胎儿造成不同程度的摧残。

孕妈咪爱心胎教
——肚子里的运动健将

生命在于运动，运动也是胎宝宝生长发育的必由之路。运动胎教理论上主张可以适当适时地对胎宝宝进行运动方面的刺激和训练，进行"体育锻炼"，促进胎宝宝的身心发育，培养孕妈咪肚子里的运动健将。

适当地对胎宝宝进行宫内的运动训练，可以增强孕妈咪和胎宝宝之间的联系，并鼓励胎宝宝对孕妈咪的适当刺激做出积极反应。这时的运动量不要太大，时间也不能太长，每次5~10分钟为宜。

怀孕进入第6个月，孕妈咪可以轻轻推动胎宝宝进行宫内"散步"活动，还可以在胎宝宝积极配合的情况下，同时加上音乐和对话，加强训练效果。

对胎宝宝的运动训练，在怀孕3个月内及临近产期时均不宜进行，有先兆流产或早产现象的孕妈咪最好也不要进行。另外"体育"练习要循序渐进，不能操之过急，时间要适宜，避免适得其反。有研究表明，凡是在宫内受过"体育"运动训练的胎宝宝，他们身体健壮，手脚灵敏，出生后翻身、坐立、爬行、走路及跳跃等动作的发育都明显早于一般宝宝。

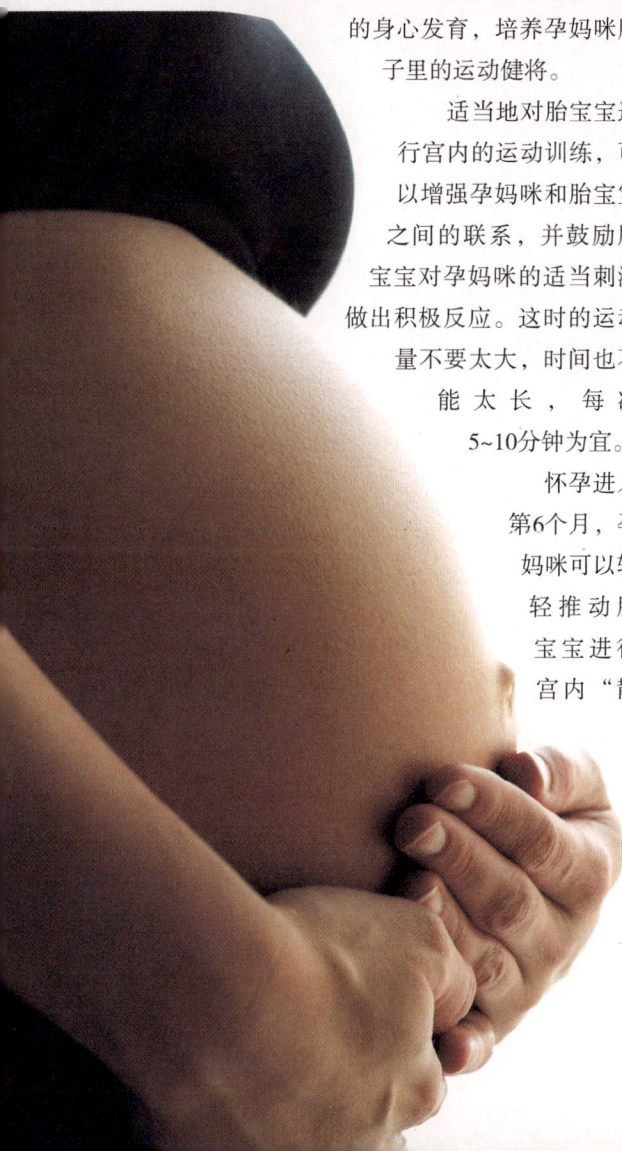

妈妈，请记下您美好的心情吧!

Record

第**22**周

年　月　日　　天气

座位要有充分光照

　　在办公室座位上晒太阳，要将玻璃窗打开。孕妈咪在享受日光浴的同时要做好防晒工作，避免皮肤受到阳光的伤害。

贴心提示

年　月　日　　天气

每周食谱 | 孕中期食谱

鱼肉牛奶粥

精心配料
鱼白肉1/6块，牛奶1大匙，盐若干。

制作方法：
1.将鱼肉炖熟并捣碎。
2.将鱼肉放在小锅里加牛奶煮，之后，加盐调味即可。

第23周

孕妈咪 要注意一些生活细节

孕妈咪的变化 Change

胎宝宝的成长 Growth

Change

● **孕妈咪生理变化**

　　乳房、腹部和大腿的纹络增多了，耳朵、额头或嘴周围也出现了小斑点，下腹及外阴的颜色似乎比以往加深了些。肚子大了，孕妈咪食欲也不错，要注意少食多餐。

● **孕妈咪心理变化**

　　"大肚子"的体态也很美呀，现在作为全家的重点保护对象，孕妈咪要注意保持快乐的心境

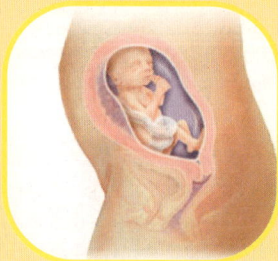

Growth

● **胎宝宝的身长**

　　胎宝宝身长约25厘米，体重约550克。

● **胎宝宝的发育**

　　皮肤的褶皱，给皮下脂肪的生长留有余地。嘴唇、眉毛和眼睫毛已各就各位，五官越发清晰，视网膜也已形成，具备了微弱的视觉。胎宝宝的胰腺及激素的分泌也正在稳定的发育过程中，肺中的血管形成，呼吸系统正在快速地建立。此时在胎宝宝的牙龈下面，恒牙的牙胚也开始发育了。

性，减轻色素沉淀，淡化纹路。

同时，还要锻炼身体，按摩皮肤，保持皮肤水分，涂保护油脂，促进皮肤血液循环。产后，可以根据情况使用一些祛妊娠纹的特效产品。

▎孕妈咪保健▎ Maternal health

孕妈咪生活须知
——孕妈咪能不能骑自行车

孕期只要避免剧烈运动和过度疲劳，骑自行车有助于增强心肺功能，对孕妈咪有益。在不存在高危流产因素的情况下，妊娠初、中期，孕妈咪可以适当骑自行车。

骑自行车应注意以下几点：车座后边略高一些，坐垫也要软一点，以缓冲车座对会阴部的压力；骑车速度不要太快，车后座不要驮带重物；不可长时间骑车，避免剧烈震动和过度用力，怀孕晚期不能骑；患有高血压、心脏病、糖尿病和肾炎的孕妈咪最好不要骑车；车流量大的不安全的道路不能骑。

孕妈咪保健须知
——预防妊娠纹妊娠斑

由于孕妈咪的体重不断增加，腹部、乳房、大腿迅速增大变粗，导致这些部位皮肤变薄、弹力纤维断裂，露出了皮下血管的颜色，形成了红色的妊娠纹。妊娠纹产后多能减轻，不能完全消褪，但不损害健康。妊娠斑是由于分泌变化的皮肤色素沉着，如果护理得当，产后会慢慢减轻或消失。

孕妈咪应注意避免日光的直射，以免加重妊娠斑的颜色，注意皮肤护理，可选用对皮肤刺激小的护肤品。不宜浓妆艳抹，以防对皮肤造成更大的损害。对减轻和预防妊娠纹首先要调整膳食结构，避免体重增加太快。应少吃只增体重、营养不多的快餐、肥肉和油炸食品，多吃含有富含蛋白质和维生素C的食物，补充胶原蛋白来增加皮肤的弹

▎饮食与胎教▎ Diet & prenatal education

孕妈咪关键营养
——维生素与胎宝宝

维生素对孕妈咪的健康和胎宝宝的生长都很重要，重点需要以下几种维生素：形成视觉，有利于皮肤和骨骼生长发育的维生素A；对神经、肠胃、心脏、肌肉等组织有特殊作用、参与糖类代谢的维生素B_1；参与生物氧化过程及机体内蛋白质、脂肪、糖类代谢的维生素B_2；促进红细胞的发育和成熟、预防恶性贫血的维生素B_{12}；参与体内氧化还原

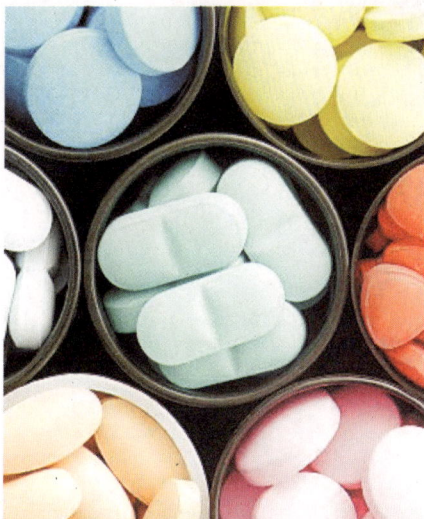

过程，促进铁的吸收，预防坏血病的维生素C；有利于骨质钙化的维生素D；有利于安胎的维生素E；控制血液凝结，预防出血性疾病

的维生素K。

补充维生素A，可多吃蛋黄、牛肉、肝、胡萝卜、南瓜、菠菜等黄绿色蔬菜，每日摄取量应达到1000微克。

预防流产、早产，补维生素B1。要多吃花生、大豆、肝、白薯及不太精细的面粉。

防止胎宝宝骨骼发育不良和早产，补维生素B2，多吃干酪、大豆、蛋、有色蔬菜、肝等食物。

补维生素C，防止胎宝宝宫内发育不良，牙龈出血。可多吃绿色蔬菜、水果（柑橘）。

补维生素D，防先天性佝偻病。要多吃含脂肪高的海鱼、动物肝脏、蛋黄、牛油、香菇。

安胎需补维生素E，孕妈咪要多吃莴笋、油菜、花椰菜。

孕妈咪每天应进食的种类、数量分别为：粮食不少于400克；动物类食物150~200克；蛋类 50~100克；植物油20~30克；奶类250克；豆类50克；蔬菜500克；水果200克。可以完全满足这一时期孕妈咪对营养的需求。

孕妈咪爱心胎教
——孕妈咪的冥想胎教

冥想原本是宗教活动中的一种修心行为，如禅修、瑜珈、气功等，现已广泛地被运用在许多心灵活动的课程中。它能使人们通过获得深度的宁静状态而增强自我知识、保持良好状态。进入冥想状态，必须使全身的肌肉、细胞、以及血液循环等作用都缓慢下来，只要是任何能使身心感觉舒适的方法都可以。

冥想是一种感受，是用心灵的作用去影响身体，使其得到益处的健康生活方式。冥想过程中，孕妈咪的脑波会变得安定、心情逐渐变得平和、全身肌肉变得放松，而体内的激素的分泌反而越来越活跃，免疫力也会逐渐加强。成功的冥想还能够清除脑子里所有分散精神的东西，包括紧张、不舒服、烦恼、疼痛和恐惧的根源。

通过冥想排空杂念，孕妈咪可以渐渐地发现存在于自己内心深处的智慧和宁静，使自己的心灵和身体都变得平和，从而达到怀孕期间胎教所要求的最和谐的状态。

妈妈，请把您的喜悦记下来吧！

Record

年　　月　　日　　天气

不要常常夜半才入睡

　　经常夜半才睡觉的孕妈咪，会打乱人体生物钟的节律，使只有在夜间才分泌生长激素的垂体前叶功能发生紊乱，从而影响胎宝宝的生长发育，严重时会导致生长发育停滞。同时，孕妈咪也会因大脑休息不足而引起脑组织过劳，使脑血管长时间处于紧张状态，出现头痛、失眠、烦躁等不适症状，还有可能诱发妊娠高血压综合征。

♥ 贴心提示 ♥

年　　月　　日　　天气

每周食谱 | 孕中期食谱

豆腐粥

精心配料:
米饭1/6碗,肉汤1/2杯,豆腐1/10块,盐适量。

制作方法:
1.将豆腐切成小块。
2.将米饭、肉汤、豆腐加水放在锅中同煮。
3.煮至黏稠时加入适量的盐调味。

第24周

孕妈咪 远离早产

孕妈咪 的 变化 **Change** | 胎宝宝 的 成长 **Growth**

Change

孕妈咪生理变化

孕妈咪子宫进一步增大，宫高接近24厘米，子宫底已高达脐上一横指，自己用手就能明确地判断出子宫的位置。挤压孕妈咪的乳房会流出少量黏性很强的黄色乳汁，能明显感觉到胎动。

由于孕妈咪子宫明显增大，仰卧位时会压向脊柱侧的大血管，影响血液流通。仰卧位还会压迫输尿管，使尿量减少，引起身体水肿。

孕妈咪心理变化

胎宝宝喜欢听音乐，和他一起听听优美的音乐吧，会使你的心情变得好起来。

Growth

胎宝宝的身长

胎宝宝身长约28厘米，体重约600克，开始充满整个子宫。

胎宝宝的发育

骨骼进一步发育，能在羊水中做"花样游泳"。呼吸系统继续发育。

听力已经形成，胎宝宝可以分辨出孕妈咪发出的说话声音、心跳的声音和肠胃蠕动的声音。

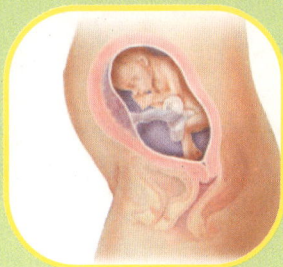

孕妈咪保健 *Maternal health*

孕妈咪生活须知
——孕妈咪要远离麻将

孕妈咪打麻将主要有下列不利因素：
麻将场往往是多人聚在一起，麻将牌上面

沾有多种病菌，室内常常烟雾缭绕、酒气扑鼻、空气污浊。这种环境会使孕妈咪血管收缩，导致缺血、缺氧，降低孕妈咪对疾病的抵抗力，易引发呼吸道疾病和孕期合并症，易感染乙肝、肺结核、风疹等病毒。

麻将桌上往往身不由己，长时间的坐姿，会使隆起的腹部长时间受压，增大了子宫对下腔静脉的压迫，影响血液循环，导致胎宝宝缺氧。同时，孕妈咪便秘、厌食、静脉曲张、下肢浮肿等症状，也有可能引发痔疮。打麻将扰乱生活规律，兴致一旦上来无法停止，饭也顾不得吃，觉也顾不上睡，使孕妈咪和胎宝宝都得不到充足的休息和营养，引发植物神经功能紊乱，其危害将难以弥补。

玩麻将的孕妈咪，会因输赢而大喜大悲，使体内的激素分泌异常，对胎宝宝的大脑发育造成严重危害。胎宝宝常常会在孕妈咪腹中躁动不安，容易引发流产、早产。

孕妈咪保健须知
——孕妈咪使用外用药要慎重

孕妈咪不仅不可乱吃药，对外用药也应慎用。有的外用药物会被血液吸收，对孕妈咪和胎宝宝都会造成伤害。需慎用的外用药有：

治疗皮肤感染的抗生素外用百多邦软膏，此中的聚乙二醇会被全身吸收且蓄积；影响人体DNA复制的洛韦软膏；造成胎宝宝肾上腺皮质功能减退的皮质激素类药；可导致胎宝宝死亡或引起流产的风油精；有致胚胎毒性作用的杀癣净；易发生接触性皮炎的达克宁霜。

此外，孕妈咪外用药都应该在医生的指导下使用。

饮食与胎教 *Diet & prenatal education*

孕妈咪关键营养
——黄鳝可以预防糖尿病和妊高症

鳝鱼，又称黄鳝、长鱼、海蛇，因肤色黄，故有"黄鳝"之称。

黄膳是一种高蛋白、低脂肪的食品。鳝鱼肉中含蛋白质、脂肪、磷、钙、铁、维生素、黄鳝素A、B及硫胺素等物质。据《本草拾遗》记载："鳝，补虚损，治妇人产后恶露淋沥，血气不调，除腹中冷气肠鸣。"黄膳还能够补中益气，治虚疗损，是孕妈咪的滋补佳品。

黄膳浑身都是宝，鱼头能够治疗痢疾

与积食不消；鱼皮可以治疗妇女乳房硬肿疼痛。黄鳝还可以治疗面神经麻痹所引起的口眼歪斜。孕妈咪常吃黄鳝可以防治妊娠高血压和治疗糖尿病。

　　黄鳝味鲜肉美，刺少而肉质细腻，孕妈咪吃黄鳝，以食用鲜活材料制成的菜肴为佳。

孕妈咪爱心胎教
　　——光照胎教要适度

　　胎宝宝的视觉比其他的感觉功能发育都要缓慢。光照胎教法最好从孕24周开始实施，每天定时在胎宝宝醒着的时候用手电（弱光）作为光源，照射孕妈咪腹部胎头方向，每天3次左右，每次不要超过5分钟，结束前可以连续关闭、开启手电筒数次，有利于胎宝宝的的视觉健康发育。

　　光照胎教法可以通过对胎宝宝的视觉刺激，来训练胎宝宝的视觉功能，可促进胎宝宝视觉功能发育，对日后视觉敏锐、协调和专注都会产生良好的影响。光照胎教还可以帮助胎宝宝形成昼夜周期节律，为胎宝宝出生后良

好的睡眠习惯打下基础。

　　需要说明的是，光照胎教和音乐胎教、运动胎教一样，都要遵守适度原则，尤其要注意光线不要太强，光照时间不能太长，以免对腹中的胎宝宝的视觉发育造成不良影响。准爸爸可以和孕妈咪一起对胎宝宝进行光照胎教，坚持并有规律地去做，才会得到想要的结果。

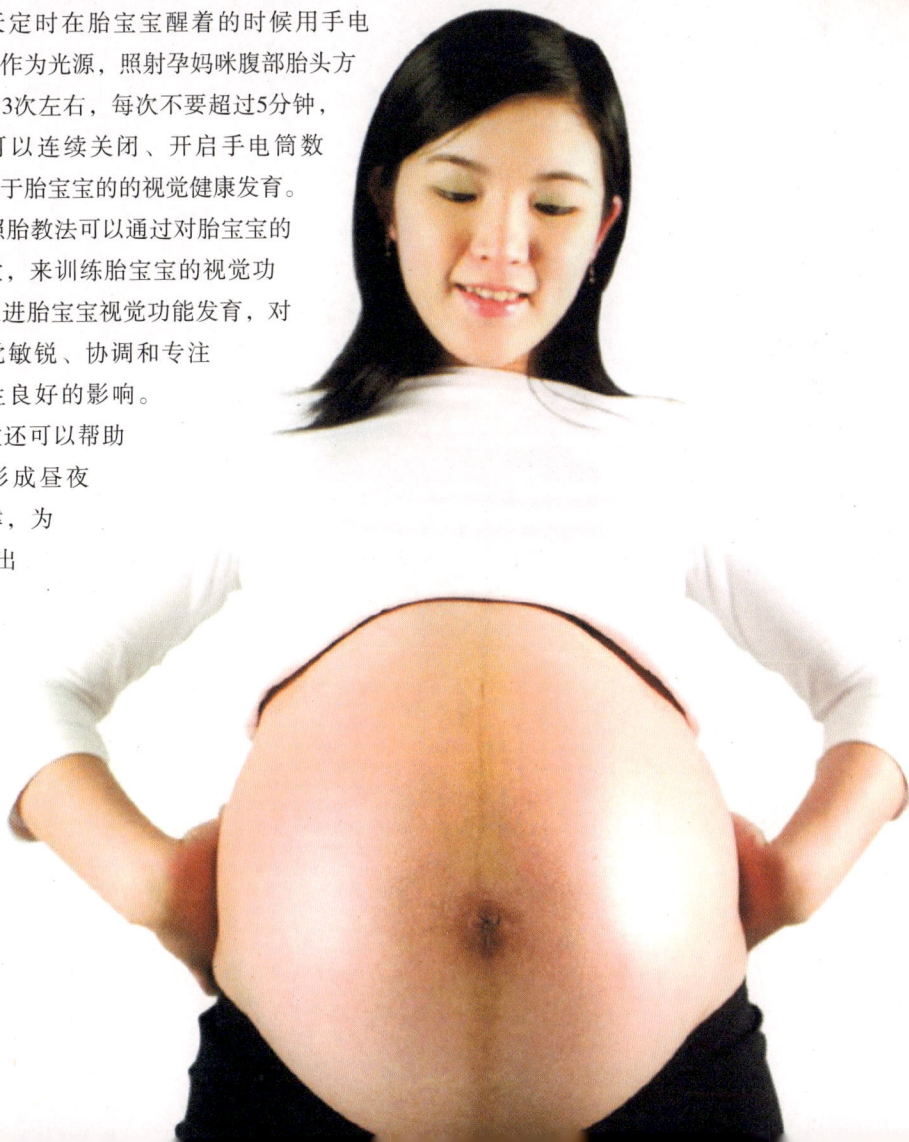

妈妈， 请把您的喜悦记下来吧!

Record

年　月　日　天气

预防孕期痔疮

　　预防胜于治疗，因此对付痔疮的最好方法就是采取措施来预防。膳食中要包含丰富的纤维素，全麦面包、燕麦、大豆和新鲜的蔬菜水果都含有丰富的纤维素。同时每天还要喝充足的水。经常运动。不要长时间站立或坐，同时不要对身体下部施加压力。

贴心提示

年　月　日　天气

每周食谱｜补维生素食谱

蛋皮肝泥卷

精心配料：
鸡蛋50克，猪肝20克，菠菜25克，植物油6克，葱、姜、蒜、花椒面、淀粉适量。

制作方法：
1.将鸡蛋磕入碗内，调匀，将猪肝切成片，放入开水锅内烫一遍捞出，剁成泥。
2.将蛋液倒入放有热油的炒勺内，摊成蛋片；将菠菜用开水烫一下，剁成菜泥。
3.把肝泥加入菠菜泥及葱末、花椒面、蒜末、盐搅匀，均匀地抹在蛋皮上卷起，收边处抹匀淀粉汁。
4.锅内放入油烧热，放入蛋皮肝泥卷，炸至金黄色，熟透捞出即可。

第25周

孕妈咪 抓紧时间食补

孕妈咪 的 **变**化
Change

胎宝宝 的 **成**长
Growth

Change

● **孕妈咪生理变化**

　　子宫底高25厘米，随着身体越来越沉重，孕妈咪手、脚、后背、腰部会出现酸痛的症状。心、肺都要承担比以前更重的负担。

● **孕妈咪心理变化**

　　这一时期，孕妈咪会感到有些疲惫，不要担心，这是由于胎宝宝越来越大的原因，多休息一下吧。

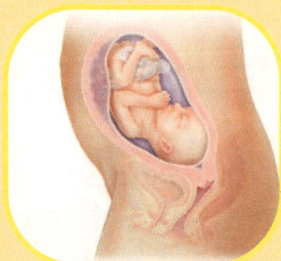

Growth

● **胎宝宝的身长**

　　胎宝宝身长约30厘米，体重约700克。

● **胎宝宝的发育**

　　视网膜发育完全，眼皮也会动了，小眼睛有时睁开、有时闭上，这样的小动作有帮助完善睡眠的功能；舌头上的味蕾正在形成，所以小家伙这时就能通过孕妈咪尝到食品的味道了，而且有些偏好甜食；肌肉和脂肪组织也都在生长。

　　胎宝宝的大脑发育已进入一个高峰期，脑细胞迅速增殖分化，脑体积增大，约有300多克。

孕妈咪保健 *Maternal health*

孕妈咪生活须知
——孕妈咪内衣勤换洗

孕妈咪的乳房并非一直往前膨胀，而是乳房的下半部朝腋下方向扩大，需要选能给乳房完全支撑和保护的文胸，防止乳房下垂，留下妊娠纹。

孕妈咪内衣的质料要选伸缩性大、吸水强的弹性纤维和棉质，缝制方式也以不刺激

皮肤为原则，让孕妈咪的胸部舒适、透气。要选择肩带比一般内衣宽一些的文胸，U字形的设计能和肩带配合，如此才能承受乳房的重量。

孕妈咪新陈代谢旺盛，机体产热量升高而易使体温上升，容易流汗，分泌物增多，应多备两套内衣，勤洗勤换。

清洗的原则也跟一般内衣一样，不要使用浓缩洗衣精等化学成分含量高的清洁剂，以保护敏感的肌肤。另外，孕妈咪的内衣要单独洗，不能和家人的内衣及其他衣服一起洗，最好在太阳光下晾晒。

孕妈咪保健须知
——孕妈咪易胀气怎么办

怀孕期间，荷尔蒙变化使黄体素的分泌也明显活跃起来，使人体的肠道蠕动减慢，引起肠胃胀气。当排便困难时，腹胀的情形就会更加明显。另外，孕期饮食习惯的改变也会引起胀气。

养成少食多餐的饮食习惯，养成有规律的排便习惯，多吃蔬菜、水果、高纤食物，促进肠胃蠕动。适量服用可行气、健脾胃的食物和中药，及时补充水分防止胀气。

适当做如散步等运动以促进肠道的蠕动，舒缓胀气情况。轻柔按摩，有助于舒缓腹胀感。

另外，不喝茶、可乐和含咖啡因的饮料，避免如豆类、油炸食物、汽水、糯米、泡面等易产气的食物，减少甜食或精细食物的摄取，以免发生胀气。

饮食与胎教 *Diet & prenatal education*

孕妈咪关键营养
——胎宝宝不喜欢孕妈咪暴饮暴食

妊娠期间，孕妈咪的体重增加过量并不是件好事情。孕期体重平均增长应该在12.5公斤左右。第7个月是体重增加最快的时期。妊娠前半期体重增加占增加总量的1/3；后半期增加总量的2/3。即孕1~12周，增加2~3公斤；孕13~28周增加4~5公斤；孕29~40周，增加5~5.5公斤。孕妈咪增重少于9公斤，易生低体重儿。大于13公斤分娩易滞产或大出血，容易发生妊娠高血压综合征、妊娠合并糖尿病、妊娠合并肾炎等疾病。

胎宝宝也不喜欢孕妈咪暴饮暴食，过胖的孕妈咪容易发生难产，还容易出现巨大的胎宝宝（体重超过4.5公斤）。宝宝出生后容易引起终生肥胖。

因此，孕妈咪不要暴饮暴食，合理科学地饮食，适当锻炼身体都是必要的。

孕妈咪爱心胎教
——别让胎宝宝听到吵架声

从环境胎教的观点来看，孕妈咪所处的整个环境都与胎宝宝有关，胎宝宝的成长应该和孕妈咪的心理状态、家庭居住生活环境、身心健康等因素都有关联。

如果孕妈咪经常处于强大的声音刺激环境中，会导致胎宝宝活动过度，甚至阻碍胎宝宝的成长和发育。而孕妈咪的情绪对胎宝宝的成长和发育起着很大的作用，怀孕期间的焦虑会使出生后的宝宝多动、易激怒、好哭闹。研究员认为，夫妻关系会直接影响孕妈咪体内荷尔蒙和化学物质的数量，从而影响胎宝宝的脑部发展。愤怒反应会使血液中产生一些有害的化学物质，情绪过于激动会引起内分泌变化，会对胎宝宝造成更为严重的损伤。有科学家发现，孕妈咪在怀孕期间与准爸爸有吵架等摩擦，宝宝出世后，智商会比心平气和的孕妈咪生下的宝宝要低。

孕妈咪在怀孕期间荷尔蒙会发生很大的变化，脾气也会变得比较暴躁，这是正常现象。准爸爸要多多体谅，孕妈咪要学会控制情绪，避免吵架等不良刺激，做好宝宝的表率，守护好宝宝健康成长。

妈妈，请把您的喜悦记下来吧！
Record

年　月　日　　天气

孕妈咪床上用品的选择

　　孕妈咪适宜睡木板床，再铺上较厚的棉絮。枕头以9厘米（平肩）高为宜，理想的被褥是全棉布包裹棉絮。不宜使用化纤混纺织物做被套及床单，因为化纤布容易刺激皮肤，引起瘙痒。

贴心提示

年　月　日　　天气

每周食谱 | 补维生素食谱

煎荷包蛋

精心配料:
鸡蛋2个，植物油50克，食盐、酱油适量。

制作方法:
1.锅内放入植物油，用小火烧至油面略冒青烟时，将鸡蛋轻轻磕开，倒入锅内，稍煎后，在蛋黄上撒少许食盐，用竹筷在蛋的1/4处轻轻夹起荷包形，再翻身稍煎，起锅装盘。
2.煎完后，锅中加酱油及少许开水，略烧，浇在荷包蛋上即成。

第26周
孕妈咪 为两个人进食

孕妈咪的 **变化** Change | 胎宝宝的 **成长** Growth

Change

● 孕妈咪生理变化

孕26周宫高约26厘米。随着腹壁、背部、大腿等部位存积厚厚的脂肪，孕妈咪快速胖了起来，这些脂肪可以保证胎宝宝脑细胞分化，并为分娩和产后哺乳做必要的能量贮存，所以这一时期千万不能盲目减肥。

● 孕妈咪心理变化

孕妈咪在潜意识中对分娩的畏惧，对初为人母的重任感到忧虑不安，导致梦多了起来，睡眠质量也会随之下降。孕妈咪一定要保持良好的心态，面对现实，确保母子身心健康。

Growth

● 胎宝宝的身长

胎宝宝身长约35厘米，体重约800克。

● 胎宝宝的发育

皮下脂肪慢慢增多；大脑对触摸已经有了反应，这个时候胎宝宝的大脑对触摸反应很敏感，视觉神经的功能已经在起作用了，眼睛已能够睁开了。关节也渐渐灵活，对亮光较为敏感，会把头转向光源。

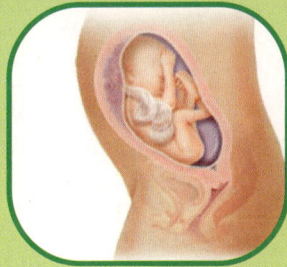

孕妈咪保健 Maternal health

孕妈咪生活须知
——孕妈咪闻樟脑丸有害处

天然樟脑丸是光滑无色的晶体,会浮于水中,包装袋印有"绝对不含萘和对二氯苯,安全,高效,对人体无毒害"。然而,80%以上的产品都达不到这一要求,许多"樟脑丸"是从石油或煤焦油中提炼加工而成的,主要成分是萘、对二氯苯及化学樟脑,挥发性强,有一定的毒性。萘早就在90年代就被国家环境保护组织禁止使用,而对二氯苯也被世界卫生组织定为强烈致癌物质。樟脑丸可使孕妈咪呕吐、贫血、皮肤干燥、脱发,甚至出现过敏性湿疹。樟脑气息可穿过胎盘屏障,影响胎宝宝正常发育,严重的可导致畸胎、死胎或流产。

另外,樟木除了含有樟脑外,还含有烷烃类、酚类、烯类和樟醚等有机成分,对孕妈咪和胎宝宝有毒副作用。会导致孕妈咪头晕、浑身无力、腿软、食欲减退、咽干口渴、喉咙发痒、咳嗽、失眠多梦等。此外,樟脑还有活血化瘀、抗早孕的作用,所以孕妈咪不但要远离樟脑,还要远离樟木。

孕妈咪保健须知
——妊高症的预防和治疗

妊高症是妊娠高血压综合征的简称,是怀孕中晚期常见的疾病。如果孕妈咪同时出现高血压、水肿和蛋白尿这三大症状,或出现了一两个症状,很可能是患了妊高症。如果不及时控制,可发展成先兆子痫,严重的会出现抽搐和昏迷,发展为子痫。妊高症的

危害极大,可使孕妈咪发生肺水肿、呼吸困难,引起脑出血,肾脏功能受损,心脏出现异常心音,引起吸入性肺炎,引起子宫收缩,严重危及胎宝宝和孕妈咪的生命。

预防妊高症,首先要了解易患症的人群特征。以下人群易患妊高症:初产的孕妈咪及高龄初产的孕妈咪,体型矮胖者,严重贫血者,有原发性高血压、慢性肾炎、糖尿病史者,双胎、羊水过多及葡萄胎者,有家族史,如孕妈咪的母亲有妊高症病史者,孕妈咪发病的可能性较高。

孕妈咪定时进行产前检查,每一次检查的测量血压、验尿及称体重,检查腿部水肿,均是判别妊高症的最重要指标。孕前产检是及早发现,及早治疗,控制病情,预防子痫前期的第一关。众所周知,摄入太多的动物脂肪、热能,会诱发妊高症。因此,科学饮食,多食用富含蛋白质、各种维生素、无机盐和微量元素的食物,控制体重过于增加,有利于预防和控制妊高症。同时,孕妈咪的精神要保持放松并保证睡眠,适量做一些散步、游泳等运动,采取减轻或预防下肢发生水肿的左侧卧姿,及时纠正异常情况。曾患有肾炎、高血压等疾病以及上次怀孕有过妊娠高血压综合症的孕妈咪要在医生指导下进行重点监护。

治疗妊高症,医生会采用利尿、消肿、降血压,积极控制并发症等措施,同时,孕妈咪也要积极配合,严重者应终止妊娠。

饮食与胎教 ▎Diet & prenatal education

孕妈咪关键营养
——孕妈咪怎么吃鸡蛋

鸡蛋所含的营养成分全面而均衡，有利于胎宝宝的生长发育。鸡蛋含较多的优质蛋白，有益于胎宝宝的大脑发育。胆固醇是脑神经等重要组织的组成成分，还可以转化成维生素D。鸡蛋还含有维生素A和B族维生素、卵磷脂等，是孕妈咪理想的食品。

孕妈咪每天吃3~4个鸡蛋，来自蛋黄的胆碱，能使孕妈咪保持良好的记忆力。熟鸡蛋

可以杀死病菌，加强对生物素的利用，所以孕妈咪吃鸡蛋，一定要做熟了再吃。

鸡蛋虽是理想的孕产期食品，但吃鸡蛋应适度，每天吃4个鸡蛋左右比较合适。

孕妈咪爱心胎教
——行为培养，一种无声的爱

古人认为，胎宝宝在孕妈咪的身体里时

就已经在接受母亲言行的感化，因此要求孕妈咪在怀胎时就应该清心养性，恪守礼仪、循规蹈矩、品行端正，给胎宝宝以良好的影响。早在明代就有医师记载"妊娠以后，则需行坐端正，性情和悦、常处静室、多听美言，令人诵读诗书，耳不闻非言、目不视恶事，如此则生子福寿敦厚、忠孝贤明，否则生子鄙贱不寿、愚顽透顶"。由此可见，早在古代人们就已经懂得了母亲的良好行为对后代会产生很大的影响。我国的古代胎教学说被中外学者所重视，经过长期的研究，发现这个学说是存在一定的科学依据的，孕妈咪行为通过信息传递可以影响到胎宝宝。

有关专家认为如果父母是罪犯，出生后男孩即使由他人哺养，成长后比起亲生父母并非罪犯的人来，犯罪的可能性要高4倍左右。这就说明父母尤其是孕妈咪的行为会对胎宝宝未来一生的行为产生重大的影响。

准爸爸和孕妈咪要在胎宝宝出生前就要端正自己的思想，恪守礼仪，品行端正，用自己的实际行为潜移默化，为胎宝宝的美好明天献出自己一份无声的爱。

妈妈，请把您的喜悦记下来吧!

Record

年　　月　　日　　天气

孕妈咪美发

　　孕妈咪头发受雌激素的影响而处于光洁、浓密、服帖的秀美状态，很少有头垢和头屑。要保护好这头天然秀发，必须注意不宜多洗，每周洗1~2次为宜，洗后不宜吹发。可常吃含铜、锌、铁及维生素多的食品。

贴心提示

年　　月　　日　　天气

第27周

孕妈咪 进入多梦季节

孕妈咪的变化
Change

胎宝宝的成长
Growth

Change

- **孕妈咪生理变化**

　　宫高约27厘米，子宫接近了肋缘，孕妈咪会感到气短。小宝贝胎动时，你的腹部可能会像波浪一样地动起来。

　　孕妈咪的身体对叶酸、B族维生素、维生素C、维生素D、钙的需要量增加。

- **孕妈咪心理变化**

　　多了解有关分娩的知识，消除对分娩的恐惧，以减轻产前的精神负担。

Growth

- **胎宝宝的身长**

　　胎宝宝身长约38厘米，体重约900克，子宫的空间不多了。

- **胎宝宝的发育**

　　听觉神经系统继续发育，对外界声音刺激有明显反应。

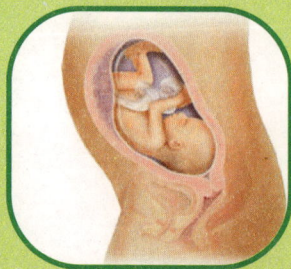

孕妈咪保健 Maternal health

孕妈咪生活须知
——室内摆放花草的讲究

孕妈咪室内不宜养的花草。

让人头晕、失眠的花有丁香、夜来香、兰花、百合花；会引起一些人气喘烦闷的花有月季花、玉丁香花；过多接触易使人毛发脱落的花有含羞草、郁金香；夹竹桃的花香能使人昏睡、智力降低；会使人皮肤过敏的花有洋绣球、天竺葵；松柏类花木会影响人的食欲，使孕妈咪感到恶心；紫荆花的花粉会诱发哮喘症或使咳嗽症状加重；误食会引起中毒的有水仙花、万年青、风信子、黄花杜鹃、一品红等。

适合室内养的花草：

能吸收铀等放射性元素的鸡冠花；可清除甲醛的芦荟、吊兰和虎尾兰；蔷薇、芦荟等可有效清除室内的三氯乙烯、硫化氢、苯、苯酚、氟化氢和乙醚；虎尾兰、龟背竹和一叶兰等可吸收室内80%以上的有害气体；天门冬可清除重金属微粒；柑橘、迷迭香和吊兰等可使室内空气中的细菌和微生物大为减少，吊兰还可以有效地吸收二氧化碳。

仙人掌类植物、兰花、君子兰、水仙白天释放二氧化碳，夜间吸收二氧化碳、释放氧气，使室内空气中的负离子浓度增加。

孕妈咪保健须知
——妊娠期水肿

由于妊娠后期，孕妈咪因下半身的血液回流受阻，内分泌变化使体内水、钠滞留较多，血液稀释等原因造成下肢水肿。

如果妊娠水肿不是很严重，不宜用影响胎宝宝神经系统发育的利尿药治疗，常常通过休息，饮食疗法消除水肿。

每天吃肉、蛋、奶及豆类等富含优质蛋白质的食物，并进食富含铁的食物。蔬菜和水果中含有人体必需的多种维生素和微量元素，可以提高抵抗力，加强新陈代谢，还具有解毒利尿等作用。孕妈咪每天不应忘记进食蔬菜和水果。不要吃过咸的食物，尤其是咸菜。水肿较严重的孕妈咪应适当控制水分的摄入。不吃难消化和易胀气的食物。如果水肿症状加重，应及时诊断治疗，防止妊高症的发生。

饮食与胎教 Diet & prenatal education

孕妈咪关键营养
——冬瓜、西瓜食疗水肿

冬瓜表面上有一层白粉状的东西，就好像是冬天所结的白霜，所以取名为冬瓜。冬瓜味甘、淡、性凉，入肺、大肠、小肠、膀胱经，具有润肺生津、化痰止渴、利尿消肿、清热祛暑、解毒排脓的功效，可用于孕妈咪水肿的饮食治疗。

冬瓜是一种解热利尿比较理想的日常食物，连皮一起煮汤，效果更明显。取鲜冬瓜500克，活鲤鱼1条，加水煮成冬瓜鲜鱼汤，味道鲜美，可治妊娠水肿及小便短赤。

西瓜性味甘、寒、无毒。果肉含蛋白质、葡萄糖、蔗糖、果糖、苹果酸、谷氨酸、瓜氨酸、蔗糖酶、钙、铁、磷、粗纤维及维生素（A、B、C）等。有利尿，治肾炎水肿、糖尿病、黄疸等作用，孕妈咪水肿者可用西瓜作食疗。西瓜虽好，但孕妈咪不可一次吃太多或长期大量吃，因西瓜水分多，多量水分在胃里会冲淡胃液，引起消化不良或腹泻。

孕妈咪爱心胎教
——培养胎宝宝的形体美学细胞

美学胎教是通过孕妈咪对美的感受来实现的，它包括对胎儿进行"美"的信息传递。而形体美学胎教，主要指用孕妈咪本身出众的气质对胎宝宝进行影响。首先孕妈咪要具有内在美，具有良好的道德修养，优雅的气质，知识广博，举止文雅，言行得体。当然还要有简单大方，合适得体的装束，一头干净、利索的头发，恰到好处的装饰等。而孕期雌性激素的旺盛分泌会使孕妈咪们更显得精神焕发，透露出女性温婉的美感，充分体现和享受孕育美。这样，胎宝宝还在孕妈咪肚子里就感受到美，而获得初步的审美培养。

孕妈咪也别忘了学会欣赏一些有美的感召力的艺术作品，接受美的艺术熏陶，并把自己的感受通过联想或想像描述给腹中的胎宝宝。孕妈咪学习一点美学知识，不仅能提高审美能力，培养审美情趣，还可以美化人的内心世界。外环境的美好使孕妈咪的身体成为胎宝宝生存的美好内环境。孕妈咪更要能发现身边平凡的美，如庭院里的小花小草；自己设计的优雅孕装；给宝宝编织的小小衣物；用向同伴新学会的烹调技术，给家人做的一道可口饭菜。这些举手之劳的事情会不断加深孕妈咪和胎宝宝美的交流和情感的牵绊。

年　　月　　日　　天气

_____

_____

_____

_____

_____

_____

_____

_____

孕妈咪切莫进舞厅

　　舞厅内存在着严重的噪音，还有光污染和严重的空气污染。舞厅中那些过于激烈的音乐，诸如迪斯科、摇滚乐等等，也不适于孕妈咪欣赏。为了您和胎宝宝的安全和健康，请您在怀孕期间切莫去舞厅！

❤ 贴心提示 ❤

年　月　日　天气

每周食谱 | 预防水肿食谱

冬瓜排骨汤

精心配料：
冬瓜200克，猪排骨100克，香油、葱、姜、花椒、食盐、味精各适量。

制作方法：
1. 冬瓜去皮，洗净，切块。
2. 猪排骨洗净，剁块。
3. 葱洗净，切段。生姜洗净，切片。花椒研细。
4. 将猪排骨放入锅中，加清水适量煮沸后，去浮沫，下冬瓜及葱、姜、花椒等调味品。
5. 煮至排骨、冬瓜熟后，下食盐、味精，再煮沸，最后淋上香油即成。

第28周

孕妈咪 马上进入孕晚期了

孕妈咪的变化 **Change** | 胎宝宝的成长 **Growth**

Change

● 孕妈咪生理变化

从孕28周开始进入孕晚期了，孕妈咪腹部迅速增大，宫高约28厘米，容易疲劳，感到气喘吁吁。血压开始增高，开始出现静脉曲张、痔疮、便秘等症状。妊娠未满37周的分娩称为早产。由于胎宝宝肺部功能尚未发育健全，早产儿先天不足，个子较小，体重较轻，有些甚至神经系统的发育还不完全，生命力差。因此，孕妈咪一定要注意安全，避免激烈活动使身体过劳，稳定情绪，心情愉悦，防止早产。

● 孕妈咪心理变化

偶尔觉得肚子一阵阵发硬发紧，这是假宫缩，是这个阶段的正常现象，不必紧张。

Growth

● 胎宝宝的身长

胎宝宝身长约40厘米，体重约1000克，几乎占满整个子宫。

● 胎宝宝的发育

包裹胎宝宝的胎膜内羊水量与他们的身体相比，已达到妊娠期的最高峰，形成了自己的睡眠周期。大脑发育进入第二个高峰期，逐渐可以控制自己的身体了。从孕28周开始，胎宝宝会做梦了。

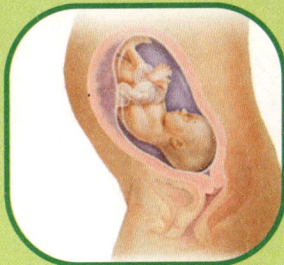

孕妈咪保健 Maternal health

孕妈咪生活须知
——羊水过多或者过少怎么办

羊水是指怀孕时子宫羊膜腔内的液体，它是维持胎宝宝生命所不可缺少的重要成分。羊水量超过2000毫升称为羊水过多症，增加缓慢的，称慢性羊水过多症，急剧增多的，称为急性羊水过多症。羊水量少于300毫升称为羊水过少症。羊水过多或者过少均可引起妊娠和分娩的异常。

羊水过多的具体原因不明，很可能与胎宝宝畸形、妊娠合并糖尿病、双胎、母子血型不合等有关。随着羊水的逐渐增多，孕妈咪会有明显压迫感、心悸、气喘、无法平卧，甚至呼吸困难，此时应立即到医院进行彩色B超检查。

孕妈咪症状不严重者可继续妊娠，但要注意休息、低盐饮食，也可在B超引导下做羊膜穿刺，放出部分羊水以缓解症状。超过37周的，应人工破膜引产。

胎盘功能不全、胎宝宝泌尿系统形态异常是羊水过少的病因。子宫小于妊娠月份，经彩色B超检查即可确诊。

发现胎宝宝畸形应立即终止妊娠，未发现有明显畸形应加强监护，适时选择剖宫产。

孕妈咪保健须知
——该做第五次产检了

第24~28周的第五次产检包括一般项目、餐后血糖筛查、筛查糖尿病。

饮食与胎教 Diet & prenatal education

孕妈咪关键营养
——孕晚期的疾病及饮食保健

孕晚期孕妈咪可能出现的问题有前置胎盘、胎盘早剥、羊水过多、羊水过少、过期妊娠和早产。前置胎盘可在孕妈咪无任何感觉的情况下，反复发生出血，且出血量一次比一次多。孕妈咪腹壁被外力相撞引起出

血，必须及时去医院就诊。过期妊娠，如果胎盘功能减退，或合并羊水过少、出现妊高症等情况，应终止妊娠。在妊娠37周之前分娩的，称为早产。

妊娠晚期胎宝宝发育极快，细胞体积速增，大脑增殖到达高峰。孕妈咪的营养至关重要，尤其对脑发育影响最大。饮食应以少食多餐，进餐次数每日可增至5餐以上，以免胃部涨满。

选择营养价值高的食物，减少营养价值低的食物。有水肿的孕妈咪，每日食盐量5克以下，避免辛辣等刺激性强的食物。多吃钙和碘含量高的食物。

孕妈咪爱心胎教

——感受大自然，爱上自然
陶冶胎教

自然陶冶胎教，是促进胎宝宝智力开发的很重要的一门胎教基础课。大自然的美丽是独有的，每一株草、每一朵花、每一棵树都散发出蓬勃的生机和活力，人类世世代代在大自然这片绿洲上生存、繁衍，对一个新生命来说，要了解大自然，感受大自然的神奇之美，这就需要进行自然陶冶胎教。

身处大自然，孕妈咪会有欣赏不完的美景。自然之音在耳边低喃，眼前的美景让人心旷神怡，诗一般的景象会让人像走进画中一样，美的感受充斥全身，这种美感是自然的力量。而这些美的感受会通过孕妈咪的大脑组合、酝酿，感知变成了思维，传递给腹中的胎宝宝，从而使还在孕妈咪肚子里的胎宝宝也能感受到大自然的陶冶。

另外，大自然中新鲜的空气有利于胎宝宝的大脑发育。其中对人身心健康极其有益的负离子含量要比城市中含量高得多。孕妈咪经常到大自然中去，就会有机会获得这种"空气维生素"。而阳光的无私馈赠，也可以促进母体的血液循环，杀灭麻疹、流脑、猩红热等传染病的细菌和病毒，还能促进母体内钙的吸收。

年　　月　　日　　天气

消除对分娩的恐惧

正视分娩的恐惧，把对分娩的恐惧转移到别的方面。掌握与分娩有关的知识，了解了整个分娩过程后，就会以科学的头脑去取代恐惧的心理。这种方法不但效果好，而且还可增长知识。

♥
贴
心
提
示
♥

年　月　日　天气

翡翠鲤鱼

精心配料：
西瓜皮250克，茯苓皮50克，鲤鱼一条，生抽、醋、盐、味精、沙拉油适量。

制作方法：
1.西瓜皮洗干净，削去表面绿色硬皮，切成菱形片。茯苓皮洗净，鲤鱼洗干净。
2.炒锅烧热，倒入油，放入鲤鱼稍煎，再加入生抽、醋，盖上锅盖稍焖。
3.加入西瓜皮、茯苓皮和1杯半清水，用小火焖入味，最后放盐、味精就可以出锅了。

第29周

孕妈咪 你长胖了吗

孕妈咪的 **变**化
Change

胎宝宝的 **成**长
Growth

Change

● 孕妈咪生理变化

胎盘位置较低的孕妈咪可能会发生阴道出血现象。发生这些状况一定要及时向医生咨询正确的解决方法。要听从医生的指导，不要滥用药物，尤其是血压升高的孕妈咪，用麻黄素类药物会使血压更高。在鼻子不通气、流涕时，可用热毛巾敷鼻，或用热蒸气熏鼻部，这样可以缓解症状。

● 孕妈咪心理变化

孕妈咪不要担心胎位不正，这时的胎宝宝经常变换体位，胎位并没固定下来，因头部较重，最后头部自然就会朝下就位。如果需要纠正的话，产前体检时医生会给予适当指导的。

Growth

● 胎宝宝的身长

胎宝宝身长约41厘米，体重约1200克。

● 胎宝宝的发育

胎宝宝的皮下脂肪已初步形成，不像以前那么瘦了。幼嫩的指甲已很清晰；大脑发育迅速，头围也在增大，视觉进一步发育，此时如果有光亮透过孕妈咪子宫壁照射进来，胎宝宝就会睁开眼睛并把头转向光源，并能分辨出远近。

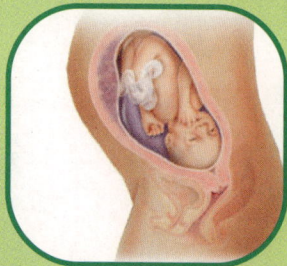

孕妈咪保健 | Maternal health

孕妈咪生活须知
——怀上双胞胎的孕妈咪
要注意些什么

怀上双胞胎可能出现高血压、胎宝宝间的"输血"、提早阵痛、早产、剖腹产、产后出血等现象。多胞胎的孕妈咪很可能出现高血压，导致胎宝宝的氧气和营养物质供给不足。双生儿之间可能会有血管连接彼此的胎盘，导致一个宝宝获得的血液过多，很可能会导致早产。

在怀孕第37周子宫颈打开之前就阵痛，一般通过休息可以缓解阵痛，如果过早阵痛

不能停止，会引起早产。部分有双胞胎的孕妈咪要进行剖腹产，剖腹产是相对安全的方式。胎盘过大或者怀有多胞胎都会增加产后出血的可能。

双胞胎孕妈咪更容易出现恶心、呕吐、水肿等孕期不适症状。所以怀上双胞胎的孕妈咪要均衡饮食，必须同时为两个胎宝宝提供足够的营养，因此相对于单胞胎孕妈咪，双胞胎孕妈咪每天应额外多摄取300大卡的热量。双胞胎孕妈咪除了日常生活多摄取绿色

蔬菜外，还须多补充叶酸、铁剂等，必须额外补充叶酸，铁质摄取也应该增加。

由于双胞胎较容易有早产，所以在日常生活的活动量必须有所限制，尽量多卧床休息，少提重物。双胞胎的孕妈咪及胎宝宝较单胞胎怀孕的风险高，产检也更为重要。

孕妈咪保健须知
——孕妈咪摔跤了怎么办

孕妈咪平时要注意安全，谨防摔跤，摔跤有可能使胎盘早期剥离，引起早产，威胁孕妈咪和胎宝宝的生命安全。

如果不小心摔倒了，先要看是否碰撞到腹部，震动大不大。如果发生腹痛及阴道出血，可能是胎盘早期剥离，也就是胎盘与子宫壁分开了，应立即到医院就诊；如果没有腹痛及阴道出血，也需要注意摔跤后胎动的情况，胎动的任何异常表现，如胎动十分频繁，也应去医院就诊；如果胎动正常，也没有出血、腹痛，估计情况较好，有条件也应听听胎心，或者必要时做胎心监护试验，来肯定胎宝宝处于良好的情况才较为放心。总之，如果摔倒了，尽量到医院进行相关检查，如果碰到腹部并有腹痛或出血，应立即到医院治疗，千万不可大意。

饮食与胎教 | Diet & prenatal education

孕妈咪关键营养
——不宜多吃精制食品

现在精米精面的食品越来越多，也越来越可口。然而这些食物精加工的同时，也加工掉了维生素B$_1$、B$_6$、E等孕妈咪所需的很多

微量元素，不利于胎宝宝的生长发育。

人体中含有氢、碳、氮、氧、磷、钙等多量元素（占人体总重量的99.95%），还有铁、锰、钴、铜、锌、碘、钒、氟等微量元素（只占体重的0.01%）。

孕妈咪的膳食宜粗细搭配、荤素搭配，不要吃得过精，造成某些营养元素吸收不

够。很多粗粮有着意想不到的食疗作用。可以适当加一些膳食纤维比较多，并且富含B族维生素的玉米、红薯、糙米等粗粮。

孕妈咪爱心胎教
——给胎宝宝的性格加分

"性格决定命运"，人的性格在人生道路上起着举足轻重的作用。专家们已经证实，孕妈咪肚子中的胎宝宝在出生前性格已经基本形成。孕妈咪的子宫是胎宝宝居住的第一个环境，在这个环境里的感受将直接影响到胎宝宝性格的形成和发展。

孕妈咪的精神状态、情绪波动及行为意识都会引起体内激素分泌异常，给胎宝宝的性格形成造成影响。孕妈咪要正确对待孕期反应带来的烦恼，积极、坚强地克服孕期遭遇的困难，用自己坚强的意志影响胎宝宝，为其塑造自尊自强、勇于与困难作斗争的性格打下基础。

准爸爸也可以有意识地对孕妈咪进行精神刺激，使孕妈咪的情绪产生一定的波动，然后让这种波动影响胎宝宝，得到性格上的锻炼。但实施这种胎教时要注意，孕妈咪在接受刺激之前要毫无心理准备；准爸爸要调整好时机，在孕妈咪心情最好的时候进行，避免徒增烦恼，不利于胎宝宝的成长；刺激不能过分，要能保证所受的影响是短暂的。

年　　月　　日　　天气

孕妈咪增加呼吸的深度

　　孕妈咪呼吸困难及胸闷这个症状，在孕晚期是很常见的。横膈膜上下活动会受到增大的子宫影响，孕妈咪需增加每次呼吸的深度，才能让胎宝宝有充分的氧气。

❤ 贴心提示 ❤

年　　月　　日　　天气

每周食谱 ｜ 预防水肿食谱

卵孵双凤

精心配料：
西瓜、雏鸡、冬菇、盐笋、干贝、精盐、绍酒适量。

制作方法：
　1.西瓜用清水洗净，洁布揩干，切去上盖（留用），将瓜体表面刮去1/4的瓜皮，挖出3/4的瓜瓤。
　2.雏鸡宰杀盘好放入瓜壳内。将干贝加酒蒸酥，也放入瓜内。
　3.将冬菇、盐笋切成薄片，放入瓜内，加入调好的精盐和绍酒，盖上瓜盖，并用竹签别上，放在大瓷盆中，上笼蒸约50分钟，至瓜酥烂取出。把西瓜轻轻放在银汤盘中，再将蒸过的原汤倒在汤盘内即成。

第30周

孕妈咪 该一日多餐了

 孕妈咪的变化 Change

 胎宝宝的成长 Growth

Change

● **孕妈咪生理变化**

　　孕30周子宫已上升到肚脐与心窝之间，会使孕妈咪感到呼吸困难，胃部不适。但是随着胎宝宝的脑袋逐步降入骨盆，不舒适的感觉会有所减轻。

● **孕妈咪心理变化**

　　由于再有10周就要和宝宝相见了，孕妈咪觉得兴奋的同时还带些紧张。

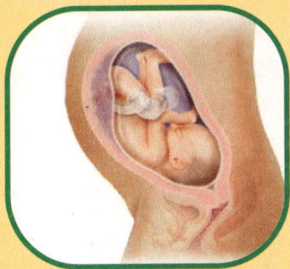

Growth

● **胎宝宝的身长**

　　胎宝宝身长约42厘米，体重约1400克，已经紧贴着子宫壁，随着空间越来越小，在子宫内的位置也开始固定。

● **胎宝宝的发育**

　　这时胎宝宝的骨骼、肌肉和肺部发育正日趋成熟。男胎宝宝的睾丸这时正在从肾脏附近的腹腔，沿腹沟向阴囊下降的过程中；女胎宝宝的阴蒂已凸显出来，但并未被小阴唇所覆盖，那要等到出生前的最后几周。头部还在增大，大脑发育非常迅速，大脑和神经系统已发达到了一定程度，一旦遇到强烈的声音刺激和震动，胎宝宝就会大惊失色，做出非常惊愕的样子，张开双臂好像要抓住什么似的。

147

孕妈咪保健 Maternal health

孕妈咪生活须知
——孕晚期要尽量减少性生活

孕妈咪进入孕晚期以后，子宫增大很明显，腹部逐渐隆起，性欲减退，且子宫口容易张开，易导致感染及羊水早破，子宫在孕晚期容易收缩，因此要避免给予机械性的强刺激和性生活。特别是有自然流产和习惯性流产的孕妈咪，更不能一时冲动造成永久的悔恨。对于准爸爸来说，要停止性生活，以免发生意外。尤其是临产前1个月必须禁止性交，防止孕妈咪感染。为了不影响孕妈咪和胎宝宝的健康，夫妻间不但要学会克制情感，而且最好分睡，以免引起不必要的性刺激。

孕妈咪保健须知
——第六次产检

第六次产检包括一般项目、脐血流检查、筛查妊娠合并贫血、妊高症、泌尿系统感染、多普勒胎心、胎宝宝位置的检查、妊娠期高血压预测、妊娠期糖尿病筛查和彩超等。

在尿常规的化验中，如果蛋白的排出量超过0.5克，则属异常。如果超过5克，则提示有重度妊娠高血压综合征。

妊娠高血压综合征是孕妈咪特有的疾病，主要表现为水肿、高血压、蛋白尿。如果出现妊娠高血压综合征，医生除了会采取具体治疗措施之外，还会建议你在日常生活中避免情绪刺激。因为患妊娠高血压综合症的孕妈咪，如果受惊吓，或处于恐惧、憋

气、愤怒等紧张情绪下，会使血压持续升高，严重的会导致突然失明或诱发子痫。

胎宝宝位置检查包括胎产式、胎先露和胎方位。胎产式根据胎宝宝身体长轴与母体长轴的关系，分直产式和横产式两种，直产式较为常见。直产式有头先露及臀先露，以头先露多见，横产式有肩先露。胎宝宝先露部的指示点与母体骨盆的关系称为胎方位，简称胎位，胎位以枕左前多见。胎位异常会导致产程延长，常需手术助产。

无论采用哪种方法纠正胎位异常，都必须以羊水量正常为先决条件。可以采用膝胸卧位纠正胎位异常。孕36周以后每周都产检，做胎心监护，监测胎宝宝在母体内是否平安。

饮食与胎教 Diet & prenatal education

孕妈咪关键营养
——最后冲刺阶段

孕晚期胎宝宝的生长速度已达高峰，胎宝宝出生时的体重一半是在孕晚期增长的。胎宝宝各个器官的生长发育更趋成熟，大脑皮层、神经系统、肺部发育都明显增快，孕晚期是胎宝宝成熟阶段。

孕晚期要增加营养监测的频率，进行营养评价，可对孕中期出现的营养缺乏进行弥补，同时纠正不良的营养方法。胎宝宝在孕晚期生长速度已达高峰，并且体内的脂肪、铁、蛋白质等各种营养素，也在此期大量贮存，为自己出世后独立生存和生理需求做好储备。孕妈咪要做好全面营养，加快能量储备，有利于胎宝宝营养需求和产后早泌乳和乳汁充盈。

孕晚期营养素的补充在孕中期的基础上，

蛋白质摄入量比孕中期增加10克。孕妈咪应多吃含纤维素丰富的食品。钙供给量比孕中期增加500毫克。每日铁的膳食供给量为28毫

一言一行都会对胎宝宝造成一定影响，为了三口之家幸福的家庭生活，孕妈咪也要努力和胎宝宝进行交流，把孕期美好的记忆留在宝宝的记忆深处。

克。胎宝宝对锌的需要量在孕末期最高，孕晚期应继续给予补充。孕晚期能量摄入比孕前增加200千卡。

孕妈咪爱心胎教
——胎宝宝有记忆，沟通很重要

胎宝宝在孕妈咪肚子里到底有没有记忆呢？西班牙一所胎儿教育研究中心对"腹中胎儿的大脑功能会被强化吗？"这一课题进行了研究，研究结果表明，胎宝宝对外界有意识的激励行为的感知体验，直到出生后还会长期保留在记忆中，而且对其出生后的智力、能力、个性等都有着深远的影响。

孕妈咪腹中的胎宝宝并不是无知的生命，根据胎宝宝的这一能力进行及时合理的训练，并使其得到更进一步的发展与完善很有必要。

准爸爸们要注意了，当胎宝宝还在妈咪肚子里的时候，一定要和胎宝宝多做交流。这样不仅可以培养准爸爸和胎宝宝之间的感情，更能锻炼胎宝宝的记忆力。孕妈咪也要注意自身的言语、感情、行为，因为自己的

妈妈, 记下我在您肚子里成长的点点滴滴吧!

Record

年　　月　　日　　天气

预防早产

　　预防早产除了进行疾病防治外,还要防止不慎被挤、被撞或是跌倒等外因引起早产。孕妈咪要注意多休息,避免过度劳累和精神紧张,外出时一定要注意安全,或者尽量减少外出和乘车的次数,不要到人多拥挤的地方去;如若去外地生产,尽可能早点动身,选择颠簸小和速度快的交通工具,有多胎或早产史的孕妈咪需要提前入院。

♥ 贴心提示 ♥

年　　月　　日　　天气

每周食谱 | 预防水肿食谱

西瓜粥

精心配料：
西瓜500克，西米500克，橘饼10克，冰糖50克。

制作方法：
1.西瓜去籽、切块，西米浸涨，橘饼切成细丝状。
2.把去籽西瓜瓤、冰糖、橘饼放进锅内一同煮开。
3.加入西米煮熟即可。

第31周

孕妈咪 练习深呼吸

孕妈咪的变化 Change | 胎宝宝的成长 Growth

Change

● 孕妈咪生理变化

房子相对小了，胎宝宝的活动空间少了，不能随便施展"乾坤大挪移"。子宫的长大，使膀胱被挤得更小了，孕妈咪又开始像孕早期一样频繁地去厕所了，出现尿频、胃口不好的现象。孕妈咪休息时应左侧卧，随时警惕发生仰卧位综合征。

● 孕妈咪心理变化

这个时期的孕妈咪开始切实地感受到胎宝宝带来的不便了，睡觉成了一件比较困难的事情。所以，孕妈咪要注意调节自己的心理状态，保持良好的心情。

Growth

● 胎宝宝的身长

胎宝宝身长约43厘米，体重约1500克。

● 胎宝宝的发育

胎宝宝的皮下脂肪更加丰富，看起来更可爱了；各个器官继续发育完善，这时胎宝宝的肺部和消化系统已进一步发育，可以分泌消化液；味蕾更加发达。

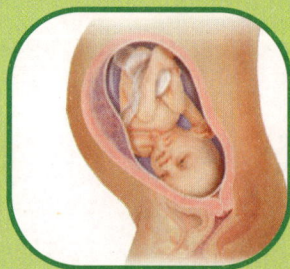

孕妈咪保健 *Maternal health*

孕妈咪生活须知
——孕晚期阴道出血

有两种临床上比较常见的阴道流血都跟胎盘有关系，一种是前置胎盘引起的无痛性的出血，别一种是胎盘早期剥离的有痛出血。

胎盘正常位置应该在子宫腔的前后左右壁，前置胎盘的位置接近宫腔口的位置。前置胎盘引起的出血一开始量很少，之后一次比一次多，一次比一次问题严重。如果胎盘的位置盖住子宫口的位置越大，出血就越严重，要及早终止妊娠。必要的时候不能自然分娩，要剖腹产分娩。

胎盘早期剥离这种情况是临床上比较紧急的情况，出血疼痛是因为胎盘后面发生血管破裂造成的。造成胎盘早期剥离的原因有妊娠高血压综合征产生的血压过高，从而引起的胎盘血管破裂造成出血。另一种情况是孕妈咪受到强烈的碰撞或摔跤，从而撞击到胎盘，造成胎盘血管破裂发生流血。如果摔跤或被撞，虽然孕妈咪当时有腹痛没有阴道出血，也必须到医院观察24小时。

前置胎盘及胎盘早期剥离是孕晚期的严重并发症，受理不及时将会导致母婴死亡。临床上比较常见的造成出血的原因，都要到医院检查，应严密观察出血倾向和胎宝宝生长发育情况，同时给予补血药及镇静剂。在观察过程中如发生大出血或妊娠已达37周以上，则可终止妊娠。

孕妈咪保健须知
——孕晚期坐骨神经痛

孕晚期，由于胎宝宝的增大，给了孕妈咪很大的背部压力，胎宝宝的重量会挤压坐骨神经，产生强烈的刺痛。而妊娠期内的孕妈咪很容易在背部、小腿部、足部等位置出现下肢凹陷性的水肿，这就容易压迫坐骨神经，导致疼痛症状的产生。孕晚期的坐骨神经痛没有很好的治疗方法，孕妈咪应该注意休息，避免劳累，躺下休息时可以适当地把脚架高，使静脉回流更为舒畅。如果疼得严

重，可以到医院进行局部的镇痛治疗。

孕妈咪在日常生活中也要注意采取一些小措施快速缓解疼痛。孕妈咪在睡觉时左侧卧，并在两腿膝盖间夹放一个枕头，以增加流向子宫的血液；也可以进行局部热敷；白天注意不要以同一种姿势站着或坐着超过半个小时；搬挪物品时，孕妈咪最好不要弯腰，而是采用下蹲的姿势。孕妈咪还可以在家做居家按摩操。

一般来讲，分娩后，坐骨神经痛都会得到一定程度的缓解。如果还是感觉到刺痛，可以到医院进行检查和治疗。

饮食与胎教 Diet & prenatal education

孕妈咪关键营养
——怀孕期间补品怎么吃

怀孕期间，孕妈咪处于停经状态，阴血偏虚，阳气相对偏盛。擅自服用补品有可能造成孕妈咪气盛阴耗，有可能促使胎宝宝活动频繁，补品要经过人体代谢，过量服用还会增加肝、肾负担，也会对孕妈咪和胎宝宝产生不良影响。常服人参蜂王浆、洋参丸等，也会损伤孕妈咪和腹中的胎宝宝。孕期进补，应遵循"宜凉忌热"的原则，可酌情选用清平平热的补品，如适量的阿胶，以利养血保胎。即使是水果，也应吃性味甘、凉之物，如西红柿、生梨、桃子，少吃桂圆等热性食品。

孕妈咪爱心胎教
——给胎宝宝扫扫盲

对于准爸爸和孕妈咪来说，腹中的小宝贝并不是白纸一张，7个月的胎宝宝已经有了明显的听觉和感受能力，不仅能对外界的言行做出一定的反应，还能在正在成长发育的大脑中形成记忆。这时，反复用优美的语言和胎宝宝说说话，使胎宝宝不断接受语言信息，就可以在胎宝宝空白的大脑上增加知识的痕迹。

教胎宝宝识字是一种很有效的胎教方法，孕妈咪可以将数字和一些简单易记的文字制成色彩鲜艳的卡片，字体颜色和卡片的

底色要形成鲜明的对比，便于分辨，孕妈咪一边用手沿着字的轮廓反复描画字体的形状，一边念字的读音，一边告诉腹中的胎宝

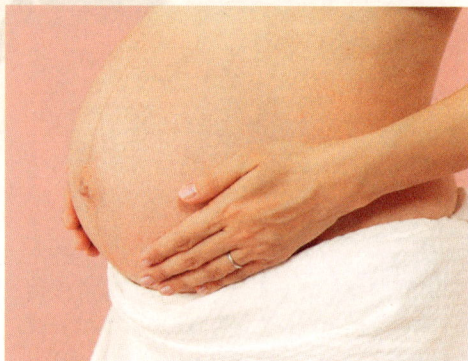

宝字体的形状、颜色，还可以把一些比较形象的字用自己的语言解释给胎宝宝听，就这样反复训练，才有助于条件反射的形成，从而加深胎宝宝的记忆。这种方法可以促使孕妈咪集中自己的注意力，充分协调自己的五官，认真地观察、讲解和学习，从而达到对胎宝宝的刺激和影响。

年　　月　　日　　天气

_____

_____

_____

_____

_____

_____

_____

_____

贴心提示

防治静脉曲张

　　孕妈咪下肢血液回流不畅，致使静脉血淤积而引起静脉曲张。不要久站、久坐，经常变换体位休息；每次蹲厕不要时间太长。睡眠时用枕头垫高双腿，促使静脉血回流；避免用过冷或过热的水洗澡，与体温相同的水最为适宜；防止便秘，如有慢性咳嗽或气喘应彻底治愈，以减轻静脉压。

年　　月　　日　　天气

每周食谱 | 大脑生长+视网膜发育食谱

酥炸甜核桃

精心配料：
核桃、盐、白砂糖、白芝麻、柠檬汁适量。

制作方法：
1.核桃肉放入开水中煮3分钟盛起，冲净滴干。
2.白芝麻洗净，滴干水分，以白锅炒香。
3.烧开水约1200毫升，加入砂糖及盐，放入核桃煮3分钟盛起，吸干水分。
4.煮溶糖胶料，加入柠檬汁，放入核桃煮5分钟，盛起滴干。
5.净油烧至微滚，加入核桃炸至微黄色盛起，撒上芝麻即成。

第32周

孕妈咪 以后每周都产检

孕妈咪的 **变化** Change

胎宝宝的 **成长** Growth

Change

● 孕妈咪生理变化

孕妈咪的体重继续增加，子宫底高度已上升到29厘米左右。从32周开始，最好每天晚上入睡前先做5分钟的乳房按摩，疏通乳腺管为哺乳做准备；枕头不宜太高，否则易使颈胸处弯曲过大，不仅不利于呼吸，还会压迫胎宝宝。

● 孕妈咪心理变化

再有8周就要和宝宝相见了，孕妈咪心中所荡漾的幸福感会驱走身体不适带来的烦恼。

Growth

● 胎宝宝的身长

胎宝宝身长约44厘米，体重约1700克。

● 胎宝宝的发育

胎宝宝长得特别快，体重一般都是在这个时期增加的。皮肤淡红并日益光滑起来，肌肉和神经都已经很发达了。

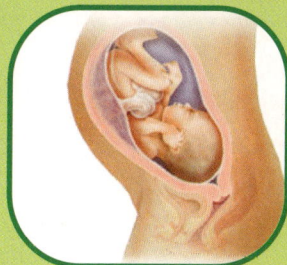

孕妈咪保健 Maternal health

孕妈咪生活须知
——缓解腰酸背痛

怀孕越到晚期，越容易腰酸背痛，孕妈咪可以采取多种办法来缓解腰酸背痛的症状。比如，每天晚上睡前冲淋时，多花点时间用稍热的水冲背部，再用热毛巾敷；不提重物，如果要拿稍重的东西，蹲下去拿起来，决不弯腰提；坐着时尽量让背有个依靠；在不影响"形象"的情况下，托住肚子以减轻背部的承受力也不失一个好办法；如果在身旁放一个长长的抱枕，可以方便孕妈咪随时倚靠，如果将其夹在两腿之间也很适宜，都有助于减轻腰酸背痛；左侧卧时，可将枕头摞起来或把孕妈咪专用靠枕垫在背后，这样也会减轻腹部的压力，使身体舒适一些，增加睡眠。当然，避免体重增加过快则是根本的减轻腰酸背痛的办法。

孕妈咪保健须知
——孕妈咪防治阴道炎

正常女性阴道中也存在少量真菌，但是一般没有明显症状。妊娠期尿糖含量增高，如果孕妈咪得了妊娠期糖尿病，尿糖会更高。这就会使真菌迅速繁殖，患真菌性阴道炎的可能性就大大增加。如果患了真菌性阴道炎，孕妈咪会感觉到外阴和阴道瘙痒、灼痛，排尿时疼痛加重，并伴有尿急、尿频的症状。过性生活时，也会感到疼痛、不舒服。这就需要孕妈咪及时到医院进行检查确诊，妇科医生经过涂片检查和培养，便可发现真菌。治疗真菌性阴道炎需要彻底治疗身体其他部位的真菌感染，孕妈咪要注意个人卫生，防止真菌感染经由手指传入阴道。治疗妊娠期真菌性阴道炎时，一定要选择正确的药物和用药方法，因为口服药剂有使胎宝宝畸形的危险，最好采用栓剂和霜剂局部治疗。真菌性阴道炎会通过性生活引起感染，所以治疗期间孕妈咪应避免性生活。如果准爸爸一方有真菌感染，夫妻双方要同时治疗，确保安全。

饮食与胎教 Diet & prenatal education

孕妈咪关键营养
——孕妈咪吃核桃有好处

核桃富含亚麻酸和磷脂，并且富含维生素E和叶酸等多种营养素。亚麻酸对胎宝宝的脑部、视网膜、皮肤和肾功能的健全十分重要，长期缺乏亚麻酸会影响注意力和认知发育。从孕期26周至宝宝出生后两岁，是人体脑部和视网膜发育最为重要的阶段。由于母

体是胎儿和婴儿营养的主要提供者，所以孕期和哺乳期的妈妈要特别注意亚麻酸的摄入。核桃营养成分的结构对于胎宝宝的脑发育非常有利。

孕妈咪爱心胎教
——孕晚期运动要"缓"

令人期待的时刻越来越近了，孕妈咪的身体发生着很大的变化，背部和腰部的肌肉处于紧张状态，子宫的增大也对腰部神经造成压迫，会引起腰背疼痛。孕晚期孕妈咪要注意保持运动的好习惯，本着对分娩有利的原则，千万不能过于疲劳。除了高血压、心脏病、糖尿病和肾炎患者，孕期运动对大多数孕妈咪没有危险。

孕晚期做运动的主要目的是舒展和活动筋骨，适合做的运动应以较缓慢的体操为主，可以做些简单的伸展运动，这些运动能加强骨盆关节和腰部肌肉的柔软性，既能松弛骨盆和腰部关节，又可以使产道出口肌肉柔软，同时还能锻炼下腹部肌肉。每次做操时间保持在5~10分钟。孕晚期，为了保证胎宝宝的健康成长和维护孕妈咪自身的健康，不要久站、久坐或长时间走路。孕妈咪也要加强阴道肌力量的锻炼，可通过意念想象进行排尿和停止排尿的控制训练，这将有助分娩和预防孕期小便失禁。另外，孕期瑜伽对于分娩时调整呼吸很有帮助，能够起到安定心神的作用。

孕妈咪在进行运动之前，一定要对自己的健康状况、所从事的运动、运动时的环境以及运动的时间长短等因素加以考虑。在运动时注意控制运动强度，活动前多喝水，并

做准备活动。在进行运动期间，如果发现阴道流出了水样物，或是发生出血，小腹疼痛等症状，应立即停止运动，马上就医。

妈妈，把您给我的贴心话记下来，将来送给我，好吗？

Record

年　月　日　天气

该给宝宝做衣裳了

　　给宝宝选面料时要选用浅色的纯棉织物，避免化纤以及有色染料对新生宝宝皮肤的刺激。在裁剪时应注意以舒适宽松，便于四肢活动为准则。

贴心提示

年　月　日　　天气

每周食谱 | 补维生素食谱

海米烧白菜

精心配料：
海米、白菜心、冬笋、水发冬菇、大葱、精盐、白糖、料酒、猪油、高汤、香油、味精、植物油适量。

制作方法：
1.将白菜洗净，切成长段，冬笋切成片，冬菇切成两半。
2.植物油烧至六成热，加入白菜一炸，倒出，控净油。
3.猪油烧开，用大葱烹锅，加上冬笋、冬菇炒，再入高汤、调料、海米，白菜烧烂，加上味精，淋上香油即成。

第33周

孕妈咪 改变睡姿有好处

孕妈咪的**变化** Change

胎宝宝的**成长** Growth

Change

● 孕妈咪生理变化

子宫底高达至29~34厘米，已经升到心口窝了，心脏、胃、膀胱都被挤。随着胎宝宝的下降，孕妈咪还会感到骨盆和耻骨联合处酸疼不适，不规则宫缩的次数增多。

● 孕妈咪心理变化

沉重的腹部会让孕妈咪不愿意走动，但是为了顺利分娩，要坚持每天的散步和适量的活动。

Growth

● 胎宝宝的身长

胎宝宝身长约45厘米，体重约2000克。

● 胎宝宝的发育

身体开始变得圆润。胎宝宝的头骨很软，而且每块头骨之间都有小空隙，这是为了在出生时头部能够顺利通过产道做准备，但其他部位的骨骼已经变得很结实。

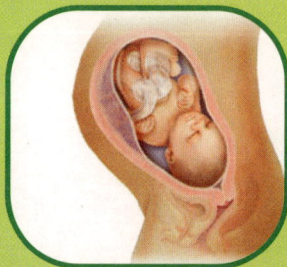

效果。

孕妈咪保健 Maternal health

孕妈咪生活须知
——孕晚期最佳睡眠姿势

从进入孕晚期开始，孕妈咪就不可能有很稳定的睡眠了，腹部的不断增大已经不能很舒服地躺下休息了。孕妈咪在孕晚期更要注意睡眠姿势，尽可能地采取左侧卧位睡眠。仰卧的睡眠姿势，会使增大的子宫压迫腹主动脉，影响子宫动脉的血量，造成胎盘供血不足，直接影响胎宝宝的生长发育，甚

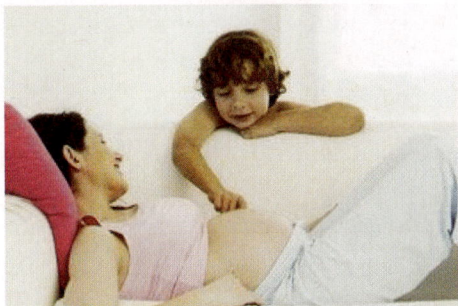

至有可能造成死胎。另外，仰卧还会压迫下腔静脉，使全身各器官的供血量明显减少，严重时会产生胸闷、头晕、恶心、呕吐、血压下降等症状。孕妈咪采取右侧卧位，对胎宝宝发育也不利。怀孕后的子宫往往会不同程度地向右旋转，如果经常取右侧卧位，可使子宫进一步向右旋转，从而使营养子宫的血管受到牵拉，影响胎宝宝的血液供应，造成缺氧，不利于胎宝宝的生长发育，严重时会引起胎宝宝窒息，甚至死亡。

左侧卧位可减轻向右侧旋转的子宫对右侧输尿管的压迫，降低右侧肾盂积水的发生率，对孕妈咪和胎宝宝都有利。孕妈咪也可以长时间的用枕头、毛毯等物垫塞右侧髋部，使骨盆向左倾，同样会起到左侧卧位的

孕妈咪保健须知
——孕晚期分娩准备

"怀胎十月，一朝分娩"，进入到孕晚期以后，孕妈咪就要随时做好分娩的准备，因为在预产期之前的两周内，随时都有可能生产。

孕妈咪要注意以下几点，充足地做好生理和心理准备，合理加强饮食，增加蛋白质及钙的摄入量，多吃海产品、坚果类食品，注意控制盐分和水分的摄入量，以免发生浮肿。孕36周后每周都要进行产前检查，观察血压及体重的变化，以有效预防妊娠期糖尿病、妊娠高血压等并发症。孕妈咪要坚持数胎动，并保证充足的睡眠，定期做孕妈咪体操，适当的锻炼为分娩做准备。最后，孕妈咪要准备一些到医院待产的物品：孕期所有的检查化验单、保健手册、孕妈咪日记等记录，以及为自己和宝宝准备的衣物，清洁用品，还有给自己准备的小点心、巧克力等。细心的准爸爸和孕妈咪可以列个清单，可以向医护人员或者周围有经验的人请教。

饮食与胎教 Diet & prenatal education

孕妈咪关键营养
——预产期前补充维生素K

维生素K素有"止血功臣"之美称。若维生素K缺乏，血液中凝血酶减少，容易引起凝血障碍，发生出血症。

人体自身不能制造维生素K，只有靠食补或肠道菌群合成。由于维生素K比较难以通过胎盘吸收，所以新生儿体内原本就缺乏，同

时，没有足够的菌群帮助合成。所以新生的宝宝很容易引起由于维生素K缺乏所致的新生儿出血症。但是，补充维生素K一定要适量，防止摄入过多造成并发黄疸、抽风而影响宝宝智力。有专家建议孕妈咪从32周至36周起，服用适量的维生素K，直至分娩，临产的

孕妈咪分娩前1小时至4小时肌注或静滴维生素K。除了口服和肌注的方式来补充维生素K，孕妈咪还可以多食维生素K含量丰富的食物，如白菜、菜花、菠菜、西红柿及鱼类等。同时，新生儿也要补充维生素。

孕妈咪爱心胎教
——胎宝宝的阅读课

有人说："读一本好书，就像是与一位精神高尚的人在谈话。"书中无比丰饶的情感，博大精深的哲理，作者风趣幽默独具特色的语言风格，都会使阅读的人精神振奋，耳目一新。

孕妈咪可以尝试将阅读课带到胎教中去，将优美的文学作品或者诙谐幽默的儿童故事等转化成自己的语言，通过阅读传达给胎宝宝，可以在一定程度上促进胎宝宝情感、语言和智能的发育。你的胎宝宝在潜移默化中气质可能就会发生变化，"每闻书香四溢，便为之陶醉"。一本好书是我们的良师益友，孕妈咪一卷在手，胎宝宝将受益匪浅。

另外，孕妈咪在欣赏文学作品时不要废寝忘食，这样不仅达不到怡情养性的目的，反而让自己身心疲惫。孕妈咪在选择阅读课的教材时，一定要注意选择那些不易引起负面情感的书籍，以免使自己的情绪发生大的波动。不但起不到胎教的作用，还会影响到胎宝宝的生长发育。

妈妈，把您给我的贴心话记下来，将来送给我，好吗？ 第33周

Record

年　月　日　天气

钙、磷有益于胎宝宝生长发育

　　骨骼的发育离不开钙、磷及维生素A、D。钙、磷食品是妊娠的必需营养素。孕期钙的摄取与乳牙的发育及钙化关系密切。因此，妊娠期孕妈咪每天需补充钙。最好每周吃两次鱼。

贴心提示

年　月　日　　天气

每周食谱 | 补维生素食谱

蚝油菜花

精心配料：
菜花、香油、虾子酱油、盐、蚝油、白糖、料酒、葱、淀粉、花生油适量。

制作方法：
1.菜花洗净，掰成小朵，随凉水下锅，同时加入盐5克，煮熟后捞出，沥去水分，均匀地滚上干淀粉。一定要轻轻地薄薄地滚上一层，不能过厚过多。
2.将虾子酱油、盐、蚝油、白糖、料酒、干淀粉放入碗内，调成芡汁。
3.炒锅上火，放入花生油，烧至七成热，下菜花炸呈金黄色，捞出，沥油。
4.锅内留底油，下葱花略煸，投入菜花，倒入芡汁，翻炒均匀，淋入香油，盛入盘内即成。

第34周
孕妈咪 该给宝宝准备东西了

孕妈咪的 **变化** Change | 胎宝宝的 **成长** Growth

Change

● 孕妈咪生理变化

在孕晚期，通常孕妈咪的小腿、脚背及外阴等部位会出现静脉曲张，使孕妈咪感到发胀、酸痛、麻木和乏力，严重时血液积聚成球状，血管壁薄，极易破裂，在生活中孕妈咪要多加防护。要禁止骑自行车和房事。

● 孕妈咪心理变化

这一时期，孕妈咪会觉得非常辛苦，身体的压力，心理上也要面对早产和分娩的压力。孕妈咪要在生理上注意细节防护，从而在心理上获得安全感。

Growth

● 胎宝宝的身长

胎宝宝身长约46厘米，体重约2300克。

● 胎宝宝的发育

胎宝宝的体形比上周圆润了许多，皮下脂肪的形成会帮助宝宝在出生后调节体温。皱纹和毳毛都减少了。

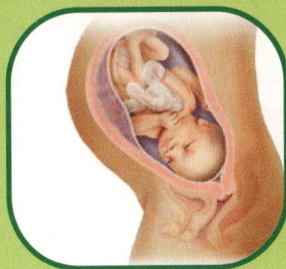

孕妈咪保健 ▎ Maternal health

孕妈咪生活须知
——给宝贝准备的东西

要有朝阳的卧室，新生宝宝的卧室最好有充足的阳光，新生的小宝宝虽然面部不能直射阳光，但是适当地晒晒太阳，可以促进维生素D的形成，有利于预防小儿佝偻病。新生的宝宝要和妈咪住同一个房间，但是现在就可以考虑给宝宝单独准备一个小床铺。宝宝睡单床可以减少感染，有利于正常生活规律和习惯的形成。床铺四周要有栏杆，防止宝宝掉落，如果来不及准备安全的床铺，也可以使用较为简易的摇篮。

宝宝的尿布最好用柔软、吸水的棉布做成，淡色的布容易观察宝宝大小便的颜色。家中的旧床单或旧的棉布衬衣、裤，可以用来制作尿布，但必须认真洗净、消毒。

宝宝的衣物要根据季节准备，但是贴身衣物，一定要用柔软、手感好、通气性和保暖性好、易于吸水的棉织品做成，颜色宜浅淡，便于发现污物，衣服款式多样，但是要相对宽大一些，便于宝宝穿脱。棉衣棉裤可以根据贴身衣物的样式做，里外棉布，用新棉花做絮，保证柔软，但不要太厚。

出生后3个月内的宝宝不用穿鞋，但是可以用毛线织双软鞋保暖，在天气寒冷时出生的宝宝，棉裤可以做成连脚式的。

冬天出生的宝宝，还要准备宝宝冬天戴的帽子、手套；接口水或外溢奶水用的围嘴等要根据需要多准备几个。

宝宝洗澡要有专门的洗浴用品，澡盆、脸盆、脚盆、浴巾、毛巾、婴儿皂、爽身粉等都要备上，常用的药品和药膏也可以适当备一些。其他用品，诸如温度计、体温表、手纸等可适量购买。

孕妈咪保健须知
——孕晚期心理保健

孕晚期，孕妈咪的生理和心理都会产生巨大的变化，尤其是心理方面，许多孕妈咪会对越来越近的分娩产生一种既兴奋又紧张的矛盾心理，从而导致情绪不稳，也有可能因为心理作用而不愿活动。孕妈咪对分娩的恐惧、焦虑或不安会随着时间的临近而加重，尤其是初孕的孕妈咪，往往会对分娩有着难以言说的恐惧感，有可能在尚未临产，无任何异常的情况下，要求提前住院。

针对这些问题，孕晚期孕妈咪的心理保健主要包含以下几点内容：孕妈咪要充分地了解分娩原理及有关科学知识，学习有关分娩的相关知识，还可以在专门的培训学校进行分娩前的训练，准爸爸也可以参与，这样可以有效地减轻孕妈咪的心理压力。

孕妈咪应该保持平和稳定的情绪，安静地等待分娩的到来，因为虽然临产前住在医院是最保险的做法，但是医院的条件有限，很多孕妈咪在医院待了很久也没有临产，很容易被医院周围的环境刺激，反而不利于保持健康的心理状况。所以，如果医生没有建议提前住院的孕妈咪，不要提前入院等待。

做好完善的分娩准备，对孕妈咪心理上是一种安慰，看到家人和准爸爸的辛苦准备、安排和对意外情况的周到考虑，都会使孕妈咪感到安心和产生依托感。

饮食与胎教 *Diet & prenatal education*

孕妈咪关键营养
——鸭肉食疗，防治妊娠疾病

中医认为鸭肉性味甘、寒，入肺胃肾经，有滋补、养胃、补肾、除痨热骨蒸、消水肿、止热痢、止咳化痰等作用。《本草纲目》上记载：鸭肉"主大补虚劳，最消毒热，利小便，除水肿，消胀满，利脏腑，退疮肿，定惊痫"。

鸭肉适用于体内有热、上火的人食用；发低热、体质虚弱、食欲不振、大便干燥和水肿的人，食之更佳。鸭肉还适合孕妈咪营养不良，孕妈咪产后体虚食用。鸭肉中的脂肪化学成分近似橄榄油，有降低胆固醇的作用，对防治妊娠高血压综合征有益。

孕妈咪爱心胎教
——准爸爸的呼唤胎教

通过声音和动作与腹中的胎宝宝进行呼唤训练，是一种积极有益的胎教手段，在对话过程中，胎宝宝能够通过听觉和触觉感受到来自父母亲切的呼唤，增进彼此生理上的沟通和感情上的联系，这对胎宝宝的身心发育是很有益的。

美国的优生学家认为，胎宝宝也很喜欢准爸爸的声音和爱抚。准爸爸隔着肚皮经常

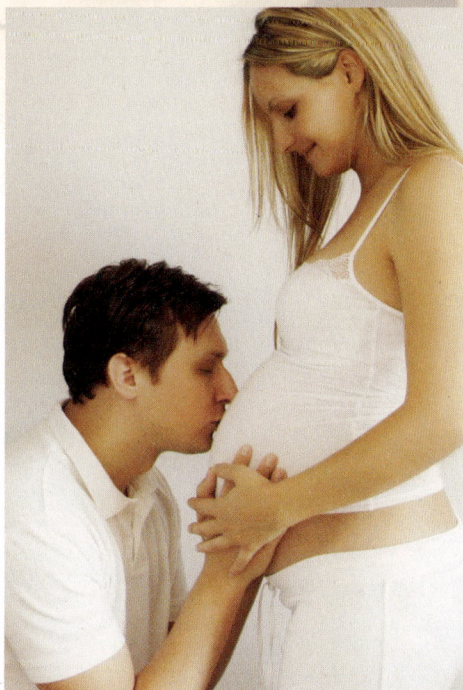

一边呼唤，一边轻轻抚摸胎宝宝，胎宝宝就会对准爸爸手掌的移位动作做出积极的反应，研究者称，男性特有的低沉、宽厚的嗓音让胎宝宝听起来更舒服。

根据胎宝宝具有辨别各种声音并能做出相应反应的能力，美国的科研人员建议准爸爸们经常对胎宝宝进行呼唤训练。准爸爸可以在孕妈咪的肚子旁边，以温和轻柔的语气，对腹中的胎宝宝说说话，让胎宝宝能熟悉你的声音。准爸爸更可以将自己所具有的工作、兴趣与才能，以简单易懂的话语说给胎宝宝听，让胎宝宝也能感受父亲的关怀与用心。

妈妈， 把您给我的贴心话记下来，将来送给我，好吗？

Record

年　月　日　天气

孕妈咪戴乳罩应注意以下几点

　　用细软的棉布制作乳罩，不用化纤布、不透气或不吸水的布做乳罩，以免发生湿疹；乳罩宁大勿小；不要将乳罩放在洗衣桶中与其他衣物混洗；每次更换乳罩前应该将内侧绒尘拂尽，以防内衣纤维堵塞乳管致产后缺乳。

贴心提示

年　月　日　　天气

每周食谱 | 补锌食谱

苹果什锦饭

精心配料：
　　白米饭1碗(约150克)，富士苹果1个，火腿3片，番茄1个，青豆、玉米粒少许，芹菜1根，植物油、盐、味精适量。

制作方法：
　1.苹果洗净、切丁，用盐水泡过、捞起，沥干水备用。
　2.番茄洗净、切小块；火腿切小块，芹菜去叶、洗净、切小丁，备用。
　3.起热锅，放1小匙油，将芹菜丁炒香，加入苹果丁、番茄、火腿、芹菜及青豆、玉米粒、调味料翻炒后，再放进熟米饭，以大火迅速炒匀，即可起锅食用。

第35周

孕妈咪

顺产还是剖腹产，是时间好好想想了

孕妈咪的**变化** Change | 胎宝宝的**成长** Growth

Change

● 孕妈咪生理变化

子宫直接压迫直肠，这会使孕妈咪行走困难、坐立不安，还会引起头昏、气短、乏力、精神不振等贫血症状。此时还应坚持计数胎动。

● 孕妈咪心理变化

本周产前检查后，孕妈咪就可以考虑是顺产还是剖腹了。分娩虽然是一段艰难的过程，但随着整体医疗水平的不断提高，孕妈咪不用过多担心，医生会使你顺利分娩的。

Growth

● 胎宝宝的身长

胎宝宝身长约47厘米，体重约2500克。

● 胎宝宝的发育

肾脏已经发育完全，肝脏也具备了代谢功能；幼嫩的指甲长长了；尽管中枢神经系统尚未完全发育成熟，但是肺部发育已基本完成，如果这时小家伙"提前报到"，存活的可能性非常大。

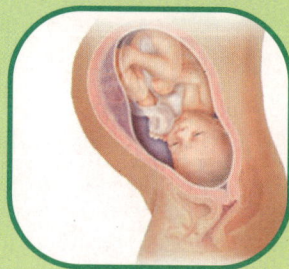

孕妈咪保健 *Maternal health*

孕妈咪生活须知
——准爸爸在孕期心理保健中的位置

孕妈咪腹中的胎宝宝是爱情的结晶。无论在生理健康方面，还是心理健康方面，准

爸爸的作用都是显而易见的，尤其是在孕期，准爸爸要主动地尽自己的义务，负起一定的责任。在生理和心理上给孕妈咪以关怀和帮助，共同度过孕期，迎接宝宝的来临。

准爸爸要注意孕妈咪的情绪变化，照顾孕妈咪的情绪，要让孕妈咪体会到比平时更多的爱和关怀，在生活上更照顾孕妈咪，协助孕妈咪做好孕期检测，一起学习分娩知识，与孕妈咪一起勾画未来家庭的蓝图，给未出世的宝宝起名字等。充分唤起孕妈咪的爱心，顺应孕妈咪的心理变化，对孕妈咪的情绪进行鼓舞，让孕妈咪对未来的生活充满憧

憬，进而珍惜这一段充满温馨的岁月。准爸爸不要表现出对胎宝宝性别的偏好，否则会加重孕妈咪的心理负担。这样，才会使孕妈咪彻底放松，使其安全、顺利地渡过难关。

孕妈咪保健须知
——脐带绕颈怎么办

脐带是孕妈咪和胎宝宝之间相互联系的唯一通道，一端连于胎宝宝的腹壁脐轮处，另一端附着于胎盘，胎宝宝借助脐带悬浮于羊水中，通过脐带血液循环与母体进行交换，从母体获得氧气以及所需的各种营养物质，同时排出胎宝宝体内的废物。脐带发育的良好与否、有无异常对胎宝宝的健康发育起着无比重要的作用。

脐带绕颈是胎宝宝分娩时常见的情况，一般认为这与脐带过长和胎动过频有关。胎宝宝在母体内并不老实，他在空间并不很大的子宫内翻滚打转，经常活动。

脐带绕颈属高危妊娠，随时可引起胎宝宝宫内窘迫。孕晚期若脐带有多处缠绕，对于胎宝宝则是非常危险的，缠绕较紧者可影响脐带血流的通过，使胎宝宝出现心率减慢，严重者可能出现胎宝宝缺氧，甚至胎宝宝死亡。

但是孕妈咪也不要过于担心，因为胎宝宝是很聪明的，当脐带缠绕胎宝宝，胎宝宝感到不适时，他会向周围运动，寻找舒适的位置，当胎宝宝转回来时，脐带缠绕自然就解除了。当然，如果脐带绕颈圈数较多，胎宝宝自己运动出来的机会就会少一些。发现脐带绕颈后，不一定都需要剖腹产。孕妈咪要注意学会数胎动，胎动过多或过少时，应及时去医院检查。发现羊水过多或过少、胎位不正的要做好产前检查，孕妈咪可以定时

通过胎心监测和超声检查等间接方法，判断脐带的情况。

饮食与胎教 Diet & prenatal education

孕妈咪关键营养
—— 苹果是补锌的最好水果

锌与人的记忆力关系密切。是人体必需的微量元素，直接参与人体的细胞生物代谢。从怀孕初期开始，胎宝宝对锌的需要便迅速增加。

孕妈咪缺锌，可以导致胎宝宝大脑皮层边缘部海马区发育不良，严重地影响胎宝宝后天的智力及记忆力。同时，孕妈咪缺锌容易患感冒、肺炎、支气管炎及腹泻等多种疾病。此外，血锌水平还会影响到孕妈咪子宫的收缩，影响正常分娩。孕妈咪缺锌还会引发多种与锌有关的异常，如足月胎宝宝体重减少，发育停滞，先天畸形。特别是中枢神

经系统受损时，出现先天性心脏病、多发性骨畸形和尿道下裂等情况。

锌完全由食物提供。因此，孕妈咪在日常饮食中一定要注意补充锌元素。含锌量多的食物包括苹果、葵花籽、蘑菇、洋葱、香蕉、卷心菜及各种坚果等。

其中，苹果素有"益智果"与"记忆果"之美称。它不仅富含锌等微量元素，还富含脂质、碳水化合物、多种维生素等营养成分，尤其是细纤维含量高，有利于胎宝宝大脑皮层边缘部海马区的发育，有助于胎宝宝后天的记忆力。

孕妈咪爱心胎教
—— 和胎宝宝亲密接触

妊娠进入9个月，胎宝宝已经趋于成熟，孕妈咪和准爸爸能用手在腹壁上清楚地触到胎宝宝的四肢和头背部。每次的触摸由胎宝宝的头部开始，然后沿背部到臀部至四肢，准爸爸和孕妈咪进行抚摸时动作要轻柔有序，才会有利于胎宝宝的感觉系统、神经系统的完善以及大脑的发育。当胎宝宝感受到抚摸的刺激后，便能做出相应的反应。抚摸胎教最好在睡前定时进行，晚上9点左右比较合适，每次抚摸的时间不能过长，5~10分钟左右即可。准爸爸和孕妈咪在抚摸时要注意胎宝宝的反应，如果只是轻轻的蠕动，说明可以继续进行；如果胎宝宝用力蹬腿，说明你抚摸得不舒服，胎宝宝不高兴，就要停下来。在爱抚胎宝宝时，孕妈咪不妨观察胎宝宝的胎动情况，记入孕妈咪日记。

妈妈，请记下您美好的心情吧!

Record

年　　月　　日　　天气

正常情况下不宜提早入院

　　提早入院等待时间太长也不一定就好。医院不可能像家中那样舒适、安静和方便，孕妈咪入院后较长时间不临产，会有一种紧迫感。

贴心提示

年　　月　　日　　天气

每周食谱 | 补锌食谱

苹果粥

精心配料：
白米 1杯、苹果 1个、葡萄干 2大匙 、水 10杯、蜂蜜 4大匙。

制作方法：
1.白米洗净沥干，苹果洗净后切片去籽。
2.锅中加水10杯煮开，放入白米和苹果，续煮至滚沸时稍微搅拌，改中小火熬煮40分钟。
3.蜂蜜、葡萄干放入碗中，倒入滚烫的粥，拌匀即可食用。

第36周

孕妈咪 动作要轻缓

孕妈咪 的 变化
Change

胎宝宝 的 成长
Growth

Change

● **孕妈咪生理变化**

　　肚子有鼓胀感，有的孕妈咪会感到下腹部坠胀。应保证足够的睡眠和休息，为分娩贮存体力和精力。因为随时可能分娩，不要独自出门太远；住院分娩要事先预约好，去医院的各种必需品要及时准备；严禁性生活，防止早产或感染。

● **孕妈咪心理变化**

　　在最后一个月中，孕妈咪的心绪往往集中于：对产痛的顾虑，预感分娩将是很痛苦与艰难的过程；担心是否发生难产，是否因难产而手术，手术的效果与安全性等；考虑婴儿会怎样，会不会畸形，等等。此时家人不但生活上要给予体贴的照顾，心理上更要关心、开导与帮助。

Growth

● **胎宝宝的身长**

　　胎宝宝身长约48厘米，体重约2800克。

● **胎宝宝的发育**

　　胎宝宝的心脏、肝脏、肺脏、胃、肾脏等器官已经发育成熟；皮下脂肪发育良好，体形圆圆胖胖的；手和脚的肌肉也很发达；胎宝宝的头部进入到孕妈咪的骨盆中，身体的位置稍稍下移。

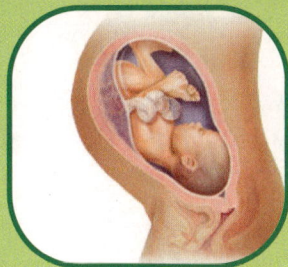

孕妈咪保健 *Maternal health*

孕妈咪生活须知
——孕晚期何时停止工作

　　孕晚期的孕妈咪行动不便，常会遇到这样或那样的问题。因为胎宝宝在腹中位置的不断下降，会感到下腹坠胀。这个时期最重要的要好好休息，尤其是还要工作的孕妈咪，工作中一定要注意劳逸结合，要注意避免夜班，长期站立、负重和震动较大的工作。

　　国家规定的不少于90天的产假实际上有两周是为产前准备的，因此怀孕38周的孕妈咪就可以在家中休息，为临产做准备了。虽然大多数孕妈咪可以做到工作怀孕两不误，但是要注意量力而行，适时地停止工作。

　　当然，何时停止工作还取决于孕妈咪所处的工作环境。如果工作环境安静清洁，没有危险性，离家近，交通方便，并且孕妈咪的身体状况也很好，那就可以多工作几天。但是如果孕妈咪长期处于电脑辐射之中，或者较为恶劣的工作环境中，孕妈咪最好选择调动工作或者暂时离开。如果孕妈咪从事的是运动性比较大的工作，那么就应该提前一个月开始休产假，以免发生意外。

孕妈咪保健须知
——孕晚期孕妈咪喜欢穿
　　准爸爸的衣物

　　孕妈咪在妊娠、分娩和哺乳期，生理和心理发展都会产生一系列的变化，也会有着非常复杂而深刻的心理体验，许多孕妈咪甚至会在情感和生活习惯、兴趣及爱好方面发生微妙的变化。喜欢穿准爸爸的衣物就成为

一种比较普遍的现象。第一次怀孕的孕妈咪表现得更为明显。这种现象有着深刻的生理和心理方面的原因。

　　到了孕晚期，随着胎宝宝的逐渐成长，孕妈咪的身形也发生了巨大的变化，大多数孕妈咪在怀孕期间特别是孕晚期喜欢穿那些宽大、松软的衣服，舒适之余，还有利于腹内胎宝宝的生长发育。而准爸爸的衣物随手穿来，方便省事又经济。心理方面的原因也就是最重要的原因。怀孕使孕妈咪原有的生理结构和心理结构遭到破坏，表现出特殊时期的特殊心理，主要表现为依赖性的增强和恐惧感的增加。大多数孕妈咪会变得脆弱、敏感，而又易产生幻想，孕妈咪会因为孕期自己的行动不便出现心理障碍。这种情况对于孕妈咪自身还有胎宝宝的健康都会产生不良影响。这时候准爸爸的关怀和爱抚就成为孕妈咪最渴望的东西，孕妈咪强烈希望被当做特殊保护对象，但是实际生活中准爸爸不在身边的时候居多，孕妈咪爱穿准爸爸的衣物，就好像自己依偎在

准爸爸温暖的怀抱里一样，孕妈咪可以从中得到爱的鼓舞和抚慰。自然，这也有利于腹中胎宝宝的身心教育。

饮食与胎教 | Diet & prenatal education

孕妈咪关键营养
——孕妈咪吃绿豆

赖氨酸是人体必需的氨基酸之一。它是合成蛋白质的重要原料，可以提高蛋白质的利用率，有增进食欲和促进消化的功能，故被称为营养氨基酸。绿豆富含赖氨酸，还含有淀粉、脂肪、蛋白质、多种维生素及锌、钙等矿物质。我国传统医学认为，绿豆有清热解毒、消暑止渴、利水消肿之功效。因此，绿豆是孕妈咪补锌及防治妊娠水肿的食疗佳品。可以取绿豆、黑豆、赤小豆适量煮粥用来补锌，而绿豆与大米煮粥可以清热、利尿，预防和治疗妊娠水肿。

但绿豆偏寒凉，不是每个孕妈咪都适合食用，体质偏寒的孕妈咪，就不要过多地吃绿豆了。

孕妈咪爱心胎教
——孕晚期，胎教要连贯

孕晚期，随着胎宝宝身体的日渐增大，孕妈咪的身体负担也接近最高峰，面对即将来临的分娩，孕妈咪的心理压力也增加到前所未有的高度。因此，孕晚期的孕妈咪一定

要按要求进行产前检查，以便发现异常，及时处理。同时也要充分补给合理的营养，以满足胎宝宝发育成长和自身增加产力的需要。孕妈咪要及时调整自己的心理状态，控制自己的情感，正确认识和面对分娩。要知道，顺利而圆满地度过产程，是保证胎教成果得以兑现的最关键的环节。

这一时期的胎教主要是孕妈咪要坚持适当运动，不能因为身体和心理的不适放弃胎教。这一时期胎宝宝的各个系统已经基本上发育成熟，对于来自外界的各种刺激已能产生相应的反应，因此，孕晚期的胎教主要就是坚持已经进行过的各项教种，继续巩固已经形成的条件反射，进一步促进胎宝宝大脑功能的协调发育。

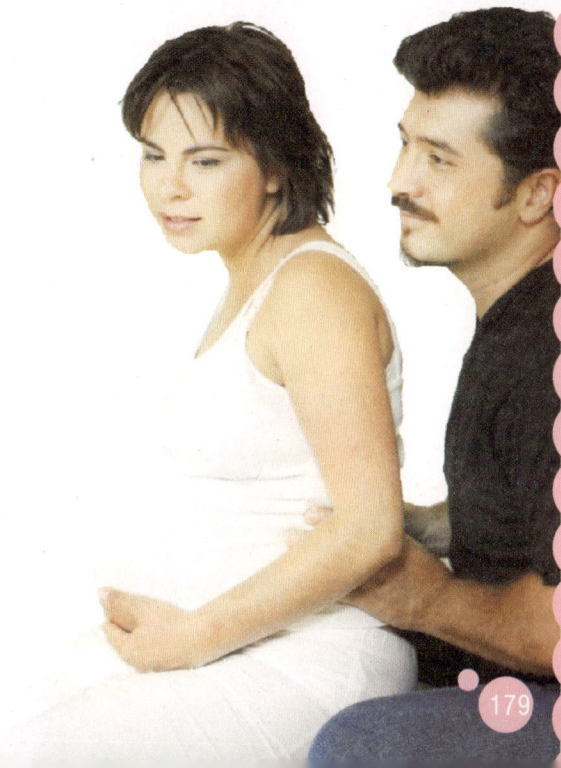

妈妈，请记下您美好的心情吧!

Record

年　月　日　　天气

提醒准爸爸按时回家

　　孕晚期，随时都有临产的可能，孕妈咪会希望准爸爸能随时陪伴在自己身边。所以，准爸爸有事外出不能时间太长，要能随时保持联系，不要让孕妈咪再为准爸爸担忧，更不要让孕妈咪在发生情况时处在孤立无援的境地。

贴心提示

年　月　日　天气

每周食谱 | 补赖氨酸食谱

冬瓜绿豆汤

精心配料:
冬瓜200克，绿豆150克。

制作方法:
1.冬瓜去皮，去瓤，洗净，切成3厘米见方的块；绿豆淘洗干净，备用。
2.锅置火上，放入适量清水，放入葱段、姜片、绿豆，大火煮开，转中火煮至豆软，放入切好的冬瓜块，煮至冬瓜块软而不烂，撒入盐，搅匀即可。

第37周

孕妈咪 为重要的日子做准备

孕妈咪 的 **变化** Change

胎宝宝 的 **成长** Growth

Change

● 孕妈咪生理变化

胎宝宝在母亲肚子里已9个多月了，"瓜熟蒂落"，宝宝就要出生了。

● 孕妈咪心理变化

生育过程是每位女性的本能，是一种十分正常的自然生理过程。从这一周开始，宝宝随时都可能出生，孕妈咪，你可要做好准备，以喜悦的心情来迎接这终身难忘的幸福时刻。

Growth

● 胎宝宝的身长

胎宝宝身长约48厘米，重量约3000克。

● 胎宝宝的发育

胎宝宝之间的差别还是比较大的，有的会相对瘦些，但一般只要超过2500克就算正常，只要胎宝宝发育正常，不必太在意他的体重。

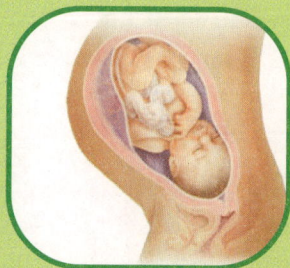

孕妈咪保健 Maternal health

孕妈咪生活须知
——为何要早开奶

俗话说"开奶"，是指产后第一次给孩子喂奶。联合国儿童基金会提出的母乳喂养新观点认为，早开奶对新妈咪和新生儿都有好处。他们提倡新生儿出生后半小时，便可由医护人员协助，开始吸吮母亲乳头，最晚也不应超过6小时。

早开奶有几个好处：

一是防止新生儿低血糖，喂奶晚的新生儿黄疸较重；有的因出生后两天不进食，发

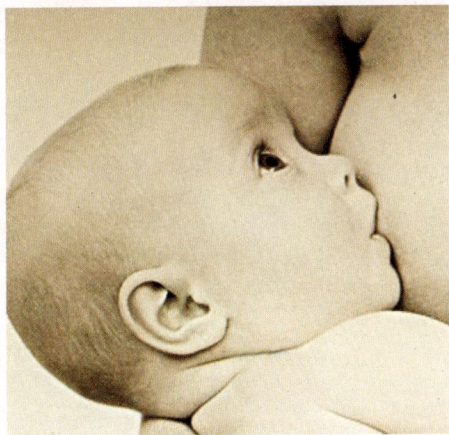

生低血糖，使脑部受到损害；有的会发生脱水热。因此，无论是白天或夜间分娩，在分娩后的6小时内，只要母亲健康允许，就可以开始喂奶。在喂奶前，要先把乳头洗干净，再让婴儿吮吸。

二是能使刚出生的宝宝尽早得到富含免疫球蛋白及各种营养物质的初乳，对新生宝宝是一次免疫的过程。

三是通过婴儿吸吮乳头，刺激乳房分泌乳汁，有利于母乳喂养的成功，也可促进产

后子宫的恢复。乳汁分泌是神经反射的结果，新生儿强有力的吸吮是对乳房最好的刺激。而且开奶越早、喂奶越勤，乳汁分泌就越多。吮吸乳头也可以使子宫收缩，减少产妇产后出血，促进子宫恢复。

四是早开奶还可以促进新妈咪和宝宝之间的感情联系。有利于新妈咪产后早期活动，有利于恶露的排出、子宫复原和体形的恢复。

孕妈咪保健须知
——乳房护理，乳头按摩

正确、恰当的乳房护理可以维持乳房的外形，缓解孕妈咪怀孕期间乳房产生的不适感，使乳房始终保持在健康状态，并且可以减少哺乳期间发生并发症。

孕妈咪要注意胸罩的选择，质地最好是纯棉的，要注意根据孕期乳房的大小调换胸罩的形状和大小，胸罩要有一定的依托能力，但是不能压迫乳房，要能保证乳房的血液循环，防止乳房外溢和下垂。因为乳头变得敏感娇弱，孕妈咪在必要时可以选用乳垫进行保护。

孕妈咪在孕期可以用手按摩乳房或用毛巾擦洗乳头，但是动作不要过于粗暴，避免乳头受到刺激引起宫缩。乳头应该保持清洁和干燥，不要用肥皂水或酒精清洗，避免造成乳头干裂。

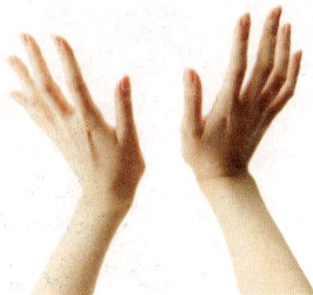

饮食与胎教 *Diet & prenatal education*

孕妈咪关键营养
——产前常喝养肝汤

孕妈咪产前常喝养肝汤，对自然分娩的妈咪很有帮助，因为喝了养肝汤，生出来的小宝宝的皮肤会很好。特别提醒的是，准备剖腹产的孕妈咪一定要喝养肝汤，这是因为剖腹产是一个手术，除了动刀的问题以外，最令孕妈咪担心的是麻醉手术。根据中医理论，麻醉药并不会立刻随新陈代谢排出，对孕妈咪生产以后的身体健康不利。养肝汤能排解麻醉药的毒性，也可以减轻手术后的疼痛，所以孕妈咪一定要记着喝。

养肝汤的主要原料是红枣，自然分娩和剖腹产应该提前两周喝，产后还要喝两周。

孕妈咪爱心胎教
——和胎宝宝一起晒晒日光浴

孕晚期是胎宝宝大脑发育的高峰期，近年来，一些医学专家试验证据表明，孕妈咪因缺少阳光照射而造成维生素D缺乏会影响胎宝宝的大脑发育，因为胎宝宝体内的钙一半以上是在孕晚期贮存的。阳光照射可合成维生素D，多晒太阳有利于加速钙质的吸收。

孕妈咪晒太阳，要注意控制时间和方法，冬天每日一般不应少于1个小时。夏天需要半个小时左右，同时还要避免阳光直射和强光，最好是在早上或阳光不太强的下午。孕晚期的孕妈咪身体比较笨重，可以选择坐着或者有家人陪着在太阳下散步的方法。晒晒太阳也会让因孕晚期身体原因足不出户的孕妈咪享受一下户外新鲜的空气，有助于孕妈咪在分娩前保持良好的心情。

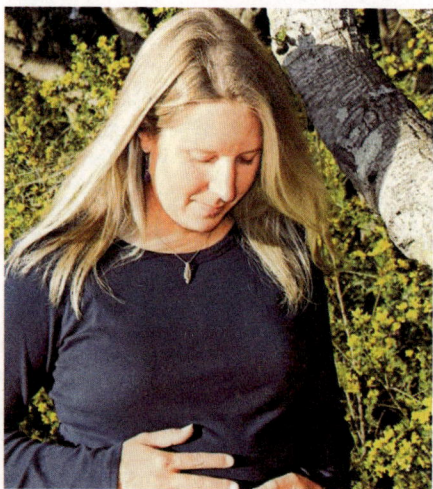

年　月　日　　天气

防止泌尿系统感染

　　孕晚期的孕妈咪易发生泌尿系统感染。要特别注意保持外阴部的清洁，睡觉时应采取左侧卧位，以减轻对输尿管的压迫，使尿流通畅。另外要注意加强营养，增强体质。在发生了泌尿系统感染后应遵医嘱，积极治疗。

♥
贴心提示
♥

年　月　日　　天气

每周食谱 | 养肝食谱

苋菜豆腐养肝汤

精心配料:
豆腐、苋菜、柴胡、盐、香油适量。

制作方法:
1.柴胡用清水洗净。
2.豆腐切小方块;苋菜摘去嫩梗及叶,洗净沥干。
3.锅中倒入5碗水,放入柴胡熬成高汤。
4.待高汤熬至剩约4碗时,放入豆腐和苋菜,继续熬三四分钟,最后,加盐和香油调味即可。

孕妈咪 做做产姿练习

孕妈咪 的 **变化**
Change

胎宝宝 的 **成长**
Growth

Change

● 孕妈咪生理变化

在分娩前2~3周，孕妈咪会感觉到轻微腰酸，有较频繁的不规律宫缩。其特点是收缩力弱、持续时间短，常少于30秒且不规则，强度也不会逐渐增加；常常在夜间出现，清晨消失；子宫颈不随宫缩而扩张，不伴有血性黏液及流水。由于假临产多在夜间出现，使孕妈咪彻夜难眠、疲劳不堪，增加不安或焦虑。

● 孕妈咪心理变化

孕妈咪现在可能会既紧张又焦急，既盼望宝宝早日降生，又对分娩的痛苦有些恐惧。现在应该适当活动，充分休息，密切关注自己身体的变化，即临产征兆的出现，随时做好入院准备。

Growth

● 胎宝宝的身长

胎宝宝身长约49厘米，重约 3100克。

● 胎宝宝的发育

胎宝宝的头在孕妈咪的骨盆腔内摇摆，周围有骨盆的骨架保护，很安全。这样也腾出了更多的地方给他正在生长的小胳膊、小腿、小屁股。

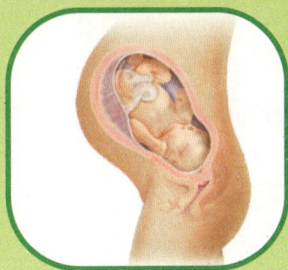

孕妈咪保健 Maternal health

孕妈咪生活须知
——临产前感冒怎么办

孕晚期，如果得了感冒，虽然这时胎宝宝基本上已发育完全，对胎宝宝造成畸形或先天性缺陷的机会减少，但由于容易引起早产，也会增加新生儿的死亡率。因此，预防感冒是非常重要的。孕妈咪要注意足够的营养和休息，怀孕期间尽量少到公共场所活动，以免传染上感冒。

如果已经患上感冒，症状较轻，只是打喷嚏、流鼻涕和轻度咳嗽，只要在医生指导下服用一些维生素C、感冒冲剂对症治疗，一般都能很快治愈，但要注意休息；如果是发高热，剧烈咳嗽，就应及时到医院就医。

要注意到一些抗菌药物对胎宝宝的损害，例如，过多服用链霉素，会引起新生儿的听力障碍；如果大量服用了氯霉素，会引起新生儿呼吸不全、发绀、腹胀等为特征的"灰色综合征"；服用了磺胺类药，会促使胆红素的游离，从而造成新生儿核黄疸。相对来说，中草药的副作用较小，可以谨慎选用。

孕妈咪保健须知
——消除分娩时肌肉无效紧张的方法

浅呼吸——平躺，嘴微微张开，进行吸气和呼气所间隔相等的轻而浅的呼吸，解除腹部紧张。

短促呼吸——双手放在一起，集中体力连续做几次短促呼吸。为的是集中腹部力量，使胎宝宝的头慢慢娩出。

肌肉松弛法——肘和膝关节用力弯曲接着伸直放松。调整呼吸和全身肌肉，使其由紧张到放松，特别要使下腹部和会阴部肌肉放松，以利于充分休息。

腹式呼吸——两腿轻松放开，膝微屈曲，两手拇指张开，其余四指并拢，轻放于下腹部围成角形，进行腹式深呼吸，即深吸气时使下腹部膨胀地鼓起，呼气时使下腹部自然恢复原状。

饮食与胎教 Diet & prenatal education

孕妈咪关键营养
——产前多吃易消化的食品

掌握分娩前吃什么好很重要，因为分娩是一项重体力活，无论身体还是精神都有很大的能量消耗。合理安排分娩前期的饮食，能帮助产妇顺利分娩。分娩前，若孕妈咪进

食不佳，则"供不应求"的后果是非常严重的。

此时，由于阵阵发作的宫缩痛，常影响孕妈咪的胃口。孕妈咪应学会在宫缩间歇期进食的"灵活战术"。分娩前的食物，应该选择能够快速消化、吸收的高糖或淀粉类食物，以快速补充体力。不宜吃油腻、蛋白质过多、需花太久时间消化的食物。根据孕妈咪自己的爱好，每日进食4~5次，少吃多餐。

在第一产程中，由于时间比较长，孕妈咪睡眠、休息、饮食都会由于阵痛而受到影响，为了确保有足够的精力完成分娩，孕妈咪应尽量进食。食物以半流质或软烂的食物为主，如面汤、稀饭、肉粥、蛋糕、面包等。快进入第二产程时，由于子宫收缩频繁，疼痛加剧，消耗增加，此时孕妈咪应尽量在宫缩间歇摄入一些果汁、藕粉、红糖水等流质食物，以补充体力，帮助胎宝宝的娩出。肌体需要的水分可由果汁、水果、糖水及白开水补充。注意既不可过于饥渴，也不能暴饮暴食。

孕妈咪爱心胎教
——"母教子唱"音乐胎教

美国产前心理学会专家认为，孕妈咪在孕期经常唱歌或者哼歌给胎宝宝听，会给胎宝宝提供重要的记忆印象，不仅有助于胎宝宝的生长，也有益于智力发育。

孕妈咪自己唱歌给胎宝宝听，可以把与胎宝宝的交谈同传统的音乐胎教结合起来，与胎儿沟通也可以寓教于"唱"，会对胎宝宝的成长产生积极的影响。

孕妈咪通过哼唱，可以和胎宝宝建立一种特殊的精神上的亲密关系。同时，带旋律的声音比起普通的对话更为动听，更易为胎宝宝所"喜闻乐见"。孕妈咪宜多哼唱舒缓、明快、类似于胎宝宝心音节奏的歌曲。

孕妈咪的哼唱会为胎宝宝的优生奠定基础。孕妈咪在哼唱的同时也对自己的内脏器官尤其是肺部进行了一定的锻炼。另外，唱歌可以优化人的心境，保持愉悦情绪，使体内神经内分泌系统维持在正常状态，也给胎宝宝创造了一个优越的发育环境，使其先天充足，日后自然健康聪慧。

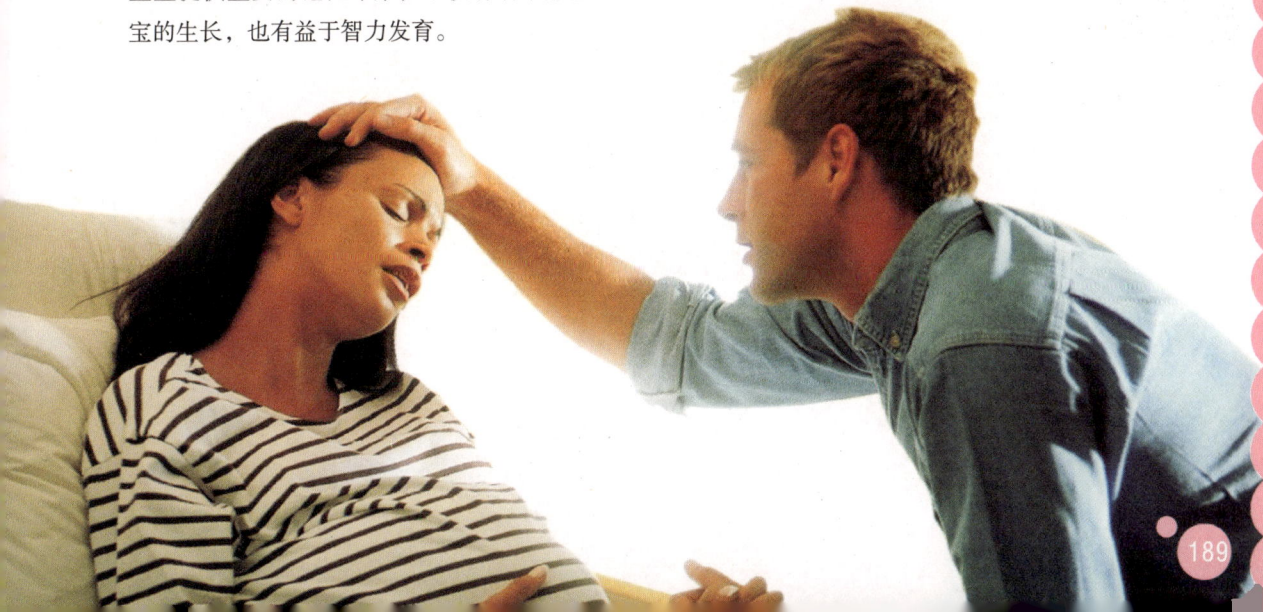

妈妈，请记下您美好的心情吧!

Record

年　　月　　日　　　天气

不让乳汁淤积

　　不让乳汁淤积是防治乳腺炎的一个重要方法。孕妈咪在每次喂奶时，要让宝宝完全将乳汁吸尽。如果孩子食量小、乳汁多，一次吸不完，就需用吸奶器吸尽，或用手挤出来，但要注意手要轻、要慢。

♥
贴心提示
♥

年　月　日　　天气

每周食谱 | 预防水肿食谱

红烧鸭肉

精心配料：

鸭肉1500克，洋葱，青、红椒，生姜、蒜若干，盐、生抽、老抽、料酒、桂皮、大料、干红椒适量。

制作方法：

1.鸭肉洗净斩块，加生姜末、盐、老抽、料酒腌制30分钟左右。
2.洋葱，青、红椒洗净，姜、洋葱擦成细丝，青、红椒切丝，蒜拍碎切成末。
3.将腌制好的鸭肉，略微地过一遍油，待到鸭肉颜色变深时，起锅沥油。
4.继续烧开锅内的油，加入生姜丝炝锅，相继加入洋葱丝与蒜末，翻炒出香味。
5.加入鸭肉块、桂皮、大料继续翻炒，炒匀后加入水没过鸭肉。
6.然后再加入干红椒、料酒、盐、生抽加盖用大火烹煮。
7.大火煮开后改中火收汤汁，最后加入鸡精即可。

第39周

孕妈咪 你准备好了吗

孕妈咪_的变化 Change

胎宝宝_的成长 Growth

Change

● 孕妈咪生理变化

有研究表明，如果产妇的注意力集中在深呼吸上，对减轻痛感十分有效。不要因为怕疼而总是想着"忍不住疼了我就做剖腹产"，与正常自然分娩相比，剖腹产毕竟是一个手术。

● 孕妈咪心理变化

分娩本身就是一个"痛并快乐着"的自然过程。心理承受能力的强弱决定分娩时的感觉。在这个阶段，夫妻双方尽量多谈些轻松的话题，想象将来如何和宝宝在一起玩耍等等。生活中的各种活动都要小心，比如，避免长时间站立、洗澡时要避免滑倒，等等。

Growth

● 胎宝宝的身长

胎宝宝身长约49厘米，体重约3150克。

● 胎宝宝的发育

胎宝宝身体各部分器官都已发育完毕，而肺是最后一个成熟的器官——直至小家伙出生后的几个小时里，正常的呼吸模式才能建立起来。

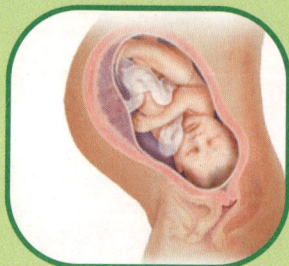

孕妈咪保健 Maternal health

孕妈咪生活须知
——孕晚期上火怎么办

孕妈咪上火之后千万不能自己乱服降火药，尤其是一些含有黄连、牛黄等成分的降火药。孕妈咪一定要注意多喝水，多吃一些富含维生素的水果、蔬菜。孕妈咪上火，也不能一味地用平时的凉性食物去火。去实热的食物或药物凉性大，比较容易损伤阴气。孕妈咪应该确定自己是实热还是虚火，然后对症进行食疗。

按照中医辨证，妊娠期间发热、微恶寒、无汗或少汗、头痛、咳嗽、口渴或胎动不安、舌边尖红、舌苔薄白，宜用辛凉解表的药。如野菊花开水冲泡每日饮用，也可以用牛蒡子、粳米、冰糖适量煮粥服用。妊娠期间高热、口渴、气喘、咳痰黄稠，或痰中带有铁锈色，宜选用清热宣肺的食疗方法：将芦根150克切段去节，放入砂锅内，加水煎，去渣，加粳米，再加水煮成稀粥服用；银花煎汤，加白糖调味服用。

孕妈咪保健须知
——为什么不能随便打催产针

催产针一打，宝宝就生下来了，许多孕妈咪在长时间等待分娩过程中，往往会有这样的错误理解。催产针也就是妇科临床上指的催产素，它能增强子宫收缩，如应用恰当，确有催生作用，但使用不恰当时，对孕妈咪和胎宝宝都不利，严重时可威胁生命。

催产素有适应症的要求，有头盆不称、心动过速、妊娠高血压等问题的孕妈咪就不适合用。滥用催产素有可能导致严重后果：催产素可使子宫收缩过强或不协调，造成胎宝宝在子宫内缺氧窒息。由于宫缩不协调，不但不能使分娩加快，反而使分娩停顿。如果孕妈咪骨盆小，胎位不正，胎宝宝在宫缩后也无法顺利通过产道，反而会导致子宫破裂。

饮食与胎教 Diet & prenatal education

孕妈咪关键营养
——临产前吃巧克力可助产

据产科专家研究，临产前正常子宫每分钟收缩3~5次，而正常产程约需12~16小时，总共约需消耗热量2.6万焦耳。这相当于跑完1万米所需要的能量。产妇在临产前要多补充些热量，以保证有足够的力量促使子宫口尽快开大，顺利分娩。巧克力营养丰富，每100克巧克力中含有碳水化合物50克左右，脂

肪30克左右，蛋白质15克以上，还含有较多的锌、维生素B2、铁和钙等微量元素，能在很短时间内被人体消化吸收和利用。它被消化吸收和利用的速度是鸡蛋的5倍、脂肪的

3倍，从而产生出大量的热能供人体消耗。巧克力香甜可口，便于食用，临产前吃一些巧克力，很快就可以提供部分产程中需要的热量。

另外，特别提醒孕妈咪，一定要去住院分娩。

据世界卫生组织统计，每天全世界有1000例妇女死于分娩和与生育有关的疾病。我国政府为了保护母婴生命安全健康，在《母婴保健法》中规定："医疗、保健机构要为育龄妇女、孕产妇提供医疗、保健服务。"同时要求"孕妇应住院分娩""有高危因素的孕妇必须住院分娩"，以预防和减少因分娩造成的孕产妇和婴儿死亡，为了您和宝宝的生命安全，分娩时最好提前到医院做好准备。

生命对任何人都只有一次，孕妈咪和家属要倍加珍惜。

孕妈咪爱心胎教
——孕妈咪临产前的情绪胎教

孕妈咪的生育过程是每位母亲的必经之路和难以忘怀的经历，在和胎宝宝亲密相处的十个月里，孕妈咪和胎宝宝分享了太多的快乐和秘密。

临产前总会遇到这样或那样的问题，对于分娩，还会充满恐惧或者烦躁不安的情绪。这种情绪不仅不利于顺利分娩，还容易消耗产前孕妈咪的体力和精力，以至于在生产过程中缺乏产力，无谓地延长产程，给自己造成痛苦的同时，也对临产前的胎宝宝产生一定的刺激。

在最后的生育关头，孕妈咪在准爸爸和家人的陪伴下，在现代医学的保驾护航下，应该鼓足勇气，努力承受分娩的不适和痛苦。孕妈咪要拿出勇气和毅力，把自己的勇敢心理和承受能力传递给即将见面的宝宝，用行动告诉胎宝宝，胎宝宝会通过信息传递接收这种情绪和信息，这也是对孩子性格形成的最早教育。

妈妈，请把您的喜悦记下来吧！

Record

年　月　日　　天气

产后休息和活动

　　孕妈咪产后24小时内应卧床休息，产后24小时应下床活动，有利于子宫复位，恶露的引流和大小便通畅。

♥
贴心提示
♥

年　月　日　　天气

每周食谱 | 补赖氨酸食谱

绿豆海带粥

精心配料:
绿豆100克，海带丝100克，粳米100克。

制作方法:
将绿豆先煮待熟，放入粳米煮至熟稠，再加入海带丝。

第40周

孕妈咪 宝宝来了

孕妈咪_的**变化**
Change

胎宝宝_的**成长**
Growth

Change

● 孕妈咪生理变化

孕40周，孕妈咪会出现下腹部轻微胀痛，常在夜间出现，清晨消失，发生尿频，或阴道分泌物中有少量血液(见红)等症状，这一切都预示孕妈咪不久将要临产。

● 孕妈咪心理变化

临产时的阵痛是逐渐加强的，不会让你一下子承受不了；当阵痛到来时，你会本能地用力或放松。一旦经历了，你才知道"阵痛"这个词其实并没有听起来那么可怕。

Growth

● 胎宝宝的身长

胎宝宝头围在35厘米左右，身长约50厘米，体重约3200克，头盖骨变硬。

● 胎宝宝的发育

胎宝宝皮肤皱褶消失，肤色淡红，皮下脂肪增多，身体略显丰润。

呼吸系统、消化系统、泌尿系统及心、脑、肝、外生殖器等器官均发育完好，已经属于成熟儿。十个月的胎宝宝出生后哭声洪亮，吸吮力强，四肢活动有力，脱离母体可以独立生存。

孕妈咪保健 | *Maternal health*

孕妈咪生活须知
——临产前准爸爸守在身边的好处

如果问孕妈咪分娩时最想的是什么，会有很多人这样回答，想让准爸爸守在身边，准爸爸的陪伴能让孕妈咪感到支持和安慰。

准爸爸待在孕妈咪身边能做的事情很多，在孕妈咪待产的时候就陪在她的身边，当她出现阵痛时，为她做按摩，一起去面对生产时遇到的痛苦。在阵痛间歇时，帮助孕妈咪放松和休息，直到胎宝宝顺利娩出。准爸爸的关爱和协助，也可以促进孕妈咪的身体尽快恢复，同时也是乳汁分泌的一剂良药。

如果有条件的话，准爸爸从孕妈咪预产期的至少前两周开始，就要陪在她的身边，不要让她独自面对分娩。分娩的生理过程完全由孕妈咪一个人来承担，孕妈咪的精神状态对分娩的进程而言非常重要，所以准爸爸的陪伴非常有必要，他能最大程度地分担孕妈咪的心理压力，减少分娩造成的痛苦。

不少准爸爸在亲眼目睹孕妈咪在为宝宝的诞生付出的努力和承受的巨大痛苦之后，会更加疼爱自己的妻子，珍惜两人得之不易的爱情结晶。两人共同经历这一人生特殊事件，会更加地珍惜美好的生活。

孕妈咪保健须知
——孕期动静结合的几个建议

过于安静的生活会使孕妈咪处于安静、过分单一的生活状态而缺少运动，很容易造成身体变形。孕期充足的营养加之缺乏运动，很容易造成胎宝宝过大，引发难产。过于安静的生活也难免会滋生出不良情绪，不

利于身心健康。静养生、动健身，动静结合的孕妈咪身体保健，关键是要讲究"适当"。

静养生，可以看书，听音乐，陪胎宝宝说话聊天。孕妈咪在孕期保持平和的心理状态，对于自身还有胎宝宝的健康成长都起着重要作用。但是要注意的是，孕妈咪在书本的选择上要看一些轻松愉快的书，尽量避免情绪起伏过大。另外，不要长时间一个姿势看书，这样会对身体造成负担，不利于胎宝宝的成长。孕妈咪在听音乐的时候，要选择胎宝宝喜爱的明快、柔和、曲调平稳的乐曲，不要听很吵闹的音乐，也不能声音太大。

除了静，适当而规律的运动会使孕妈咪更快地适应孕期的变化，还可以调节神经，促进血液循环，帮助消化和睡眠，让自己的身体为即将到来的分娩做好准备。运动还可以消耗体内过多的能量，控制孕妈咪的体重，减少产后肥胖及生产巨大儿的概率。

孕妈咪可以选择散步和做孕妈咪操来进行锻炼。散步可以帮助消化、促进血液循环、增加孕妈咪的体力和耐力。孕晚期，孕妈咪可以在准爸爸的陪伴下去幽静的地方散步，有助于胎宝宝的下降和进入骨盆，为分娩做好准备。但是要切记散步的时间不能过长。

孕妈咪操是专门为孕妈咪们设计的，能够防止由于体重增加引起腰腿疼，能够帮助放松腰部、骨盆部和肌肉，为胎宝宝顺利分娩做好准备，还可增强孕妈咪的信心，使胎儿平安地降生。孕妈咪可以选择在专人指导下做操，也可以观看录像资料在家里自己做，做操时要注意动作柔和，运动量不要过大，以不感到疲劳为限。

产前的动静结合，有助于孕妈咪身体的

调理和培养良好的生活习惯，但是要注意，万事皆有度，过静或者过动对身体都是没有好处的，孕妈咪应该根据自己身体的实际情况，在医生和家人的帮助下适量休息，适度运动，动静相宜，为优生优育打下良好的基础。

饮食与胎教 Diet & prenatal education

孕妈咪关键营养
——哺乳期饮食禁忌

哺乳的妈咪，除了吸取每日必需的营养物质之外，还需要比一般人摄取更多富含热量和蛋白质的食物，以便能提供给宝宝充足的奶水。但是妈咪们在哺乳期内，为了自己和宝宝的健康，应该注意自己的饮食构造，避免吃一些会抑制乳汁分泌的如韭菜、麦芽水、人参等食物。避免吃刺激性的食品，包括辣椒、咖啡等。避免过量食用不易消化的食物，热量偏高的油炸食物，以及含脂肪高的食物。哺乳期内的妈咪用药一定要谨慎小心。哺乳时，妈咪应注意观察，避免食入可能导致宝宝过敏的食物。哺乳期内的妈咪一定不要抽烟喝酒，以免破坏良好的哺喂效果。

孕妈咪爱心胎教
——出生前再聊聊天

孕妈咪在临产前一般都会有很多心理的变化，一方面，她充满憧憬和喜悦，期待腹中亲密相处十个月的胎宝宝的降临；另一方面，她又会有很大的精神负担，担心分娩是否顺利或者恐惧着分娩时的痛苦，这种担心会让她焦虑不安，情绪低落。

面对这些情绪，孕妈咪需要做到以下几点。孕妈咪要树立信心，保持情绪稳定，采取跟腹中即将见面的胎宝宝聊聊天的方式。孕妈咪可以跟胎宝宝聊聊即将到来的分娩，争取在即将面临的分娩战场上齐心协力，早日见面。准爸爸也可以鼓励一下胎宝宝，要做个勇敢的孩子，跟孕妈咪好好地配合，勇敢地降临人间。准爸爸和孕妈咪要告诉自己的胎宝宝，一切都已经准备好了，有很多爱着他（她）的人期待着他（她）的到来。

妈妈， 请把您的喜悦记下来吧！
Record

年　　月　　日　　天气

产后饮食

　　孕妈咪产后1小时可进流食，20小时后应吃半流食。之后过渡为普食，多食富含热量、蛋白质、维生素、矿物质的食物。多吃新鲜蔬菜、水果，多喝有催乳作用的汤类。

贴心提示

年　月　日　天气

每周食谱 ｜ 养肝食谱

南瓜猪肝汤

精心配料:
南瓜、猪肝、生姜、生抽、生粉、生油、食盐适量。

制作方法:
1.南瓜洗净,去皮、瓤,切块;猪肝洗净,切为薄片,用生抽、生粉、生油各一茶匙拌腌10分钟。
2.先把南瓜和生姜放进锅中,加清水,武火煮沸至熟下猪肝,调入食盐便可。

大喜的日子

妈咪

把你的宝宝抱回家

妈咪 的 **变化** Change | 宝宝 的 **成长** Growth

Change

● 孕妈咪生理变化

终于，10个月过去了，小宝宝健康地出生了，孕妈咪也升级做了妈咪。从这一刻起，妈咪就进入了产后恢复阶段。妈咪的产后恢复包括防止产褥感染、防治"产后抑郁症"、恢复子宫、身体和身材的恢复等方面。

● 妈咪心理变化

妈咪在产褥期可能因为产后孕激素和雌性激素的改变引起心境不良现象，严重的将会导致"产后抑郁症"。产后抑郁症状常常持续几周甚至一年以上，如果不治疗，可能转向慢性化。产后抑郁症的妈咪往往不能照顾好自己的宝宝，也会对婚姻关系造成影响。

Growth

● 胎宝宝的发育

小宝宝从出生之日起到28天左右称为新生儿，新生儿的喂养、日常护理、疾病预防都需要专业医护人员的指导和帮助。

妈咪保健 *Maternal health*

妈咪生活须知
——新生儿的护理

妈咪在坐月子的时候，白天要适当地透进光线，培养新生儿白天、晚上的概念。休息的时候要创造一个良好的睡眠环境，房间要保持早晚通风各一次。新生儿的胃是平的，刚出生的时候会吐出羊水，所以睡觉时要选择侧睡姿，妈咪或者其他人要做好看护，防止羊水回流到胃部或者进入气管。之后，新生儿的睡姿要经常改变，新生儿不要用枕头。吃过母乳或牛奶及喝过水后，要让新生儿趴在自己的肩上，用手轻轻地拍背，让新生儿打嗝，吐出气泡，避免吐奶。

要注意新生儿大便的颜色，出生后三天内，新生儿的大便是墨绿色的，称为胎粪，母乳喂养的呈黄色，配方奶粉喂养的一般呈灰色，如果大便呈现草绿色，就说明新生儿受凉了。如果为鸟粪状的，说明新生儿饿肚子了。如果水、便分开，则说明新生儿消化不了。如果呈现泡沫状，妈咪就要少吃含糖量高的食物了。如果大便中带有血丝，有可能是细菌引起的腹泻，要立即就医。另外，还要注意新生儿每24小时内必须有小便，48小时内必须有大便，超出时间也要引起重视，去咨询医生或者改变哺乳方法。

妈咪要注意喂奶前的乳房卫生，避免因哺乳让新生儿长鹅口疮。

爸爸和妈咪要记得给新生儿做脐带护理，在医院时就要向护士学习怎么做。

最后要注意定期给新生儿洗洗澡，要保持28℃左右的室温，水不要太热，38℃左右就可以了。要注意新生儿的脐带不能进水，洗澡的时间要短，5分钟左右就可以了，最好是爸爸妈咪齐动手。

新生儿吃饱喝足还醒着的时候，爸爸妈咪还可以采取抚摸的方式和新生儿亲密接触，就像在孕期做的抚摸胎教一样，轻柔地触摸新生儿的头部、背部和四肢，给新生儿做个全身按摩。在抚摸过程中，爸爸、妈咪要注意和新生儿多说话，好好地沟通一下。

妈咪保健须知
——谨防"月子病"

在妈咪生下宝宝的42天内，因筋骨腠理大开，身体虚弱，很容易受到风寒的侵袭，因此产后必须通过"坐月子"才能恢复健康。"坐月子"的目的就是在这段时期内进行适度的运动与休养、恰当的食补与食疗，能使子宫恢复到生产前的大小，气血经过调理也都能恢复，甚至比以前更好，还可将不好的体质也慢慢改变过来。

"月子病"是指妈咪在生产之后42天内，所受到的外感或内伤而引起的疾患，在"月子"里没有治愈而留下的病症。

"月子病"表现出来的症状：由风吹受凉引起的有怕冷、怕风、出虚汗、关节疼痛、头痛等症状，遇冷、风、阴雨天气疼痛加剧；由于忧郁而引起的"月子病"还会伴有麻木、抽搐、胀痛等症状；"月子"里房事而引起的"月子病"还会有四肢乏力、腰酸、嗜睡等症状；由于怒气而引起的"月子病"还同时伴有大小关节疼痛、头痛等症状。"月子病"很容易被误诊，停药后容易复发，有可能会折磨人一生。

妈咪们应谨防"月子病"，分娩后至第42天里要注意以下事项：不吹风，不能受凉感冒，要戴帽子，出汗后一定要在室内等晾干后再出门，洗头要注意避免着凉；四季都不能用凉水洗漱，不喝凉水和冷饮；妈咪"坐月子"期间不可过多活动，也不能久站、久坐，以免劳累过度留下病根，运动锻炼要控制好强度，以不引起疲惫为准；妈咪"坐月子"期间的饮食要有节制，不可过饱，也不能因为怕胖而节食减肥，不要吃刺激性和生冷变质及不宜消化的食物；妈咪要注意情绪的稳定，忌生气，忌性生活；更不能流泪或长时间阅读，否则会伤害视力。"坐月子"期间，妈咪除了照料宝宝之外，不要再做家务。

咪要注意摄入一定的膳食纤维，补充维生素和防止便秘的产生。

第三阶段为产后第3周到第6周，相当于"白色恶露"期，这一时期的食补要以固本培元为主。这一阶段妈咪要注意美味和营养两个都不能少，集中精力恢复体力，增强抵抗力。产后3周，妈咪还可以根据自己的身体状况参加各种健身活动，配合食补，强健体质。

传统的发乳食谱有烂炖猪蹄汤、鲫鱼汤、麻油鸡等，有助于增加乳汁的分泌，保证母乳喂养，有助于宝宝的生长发育。

饮食与胎教 Diet & prenatal education

妈咪关键营养
—— 产后食补

产后食补可以根据"恶露"期的症状和饮食需求划分为三个阶段。产后第1周为第一阶段——排毒期，这一时期一般称为"血性恶露"期，食补应注意以利尿排毒、活血化淤的食物为主。妈咪食用具有促进尿液形成功能的扁豆、米仁等食材，有助于化解妈咪在孕期积聚的体液，带走胎宝宝在孕育过程中带来的废物。还可以食用"生化汤"，以当归、川芎、桃仁、泡姜和炙甘草配制，有活血和止血作用。在排毒期服用，有利于减少子宫创面出血，消除产道淤血。

产后第2周为第二阶段，相当于"浆液恶露"期，这一时期的食补要以补气养血为主。要注意补充营养，促进组织修复，加强造血功能。可以采用富含蛋白质、磷脂、多糖、铁、维生素C、叶酸等营养素的食品。荤素搭配要得当，在滋阴基础上适当补充冬虫夏草、何首乌、当归、白芍等补血良品。妈

妈妈， 请把您的喜悦记下来吧!

Record

和宝宝见面了

年　　月　　日　　天气

产后环境

　　产后的妈咪需要一个舒适、安静、清洁的休养环境，室内空气新鲜、流通，避免穿堂风，光线要好。妈咪要经常擦洗，勤换内衣、内裤，防着凉，防中暑，勤洗手。

贴心提示

年　　　月　　　日　　　天气

每周食谱 | 预防水肿食谱

酸汤鸭肉

精心配料：
鸭子1只，鲜姜、泡姜、泡白萝卜、泡椒适量。

制作方法：
　1.将鸭子洗净，剁成块，放人锅中，加少许冷水煮开后将鸭肉捞出，放在砂锅中备用。
　2.将泡姜切成小片，鲜姜拍松，泡白萝卜及泡椒切成长条，备用。
　3.将锅烧热后倒人适量的油，油热后放人切好的泡姜、泡白萝卜和泡椒，翻炒，炒软后放人适量的水。一般煮上30分钟左右，将汤倒人砂锅中，放人鲜姜，开大火煮沸后关至小火慢慢炖，煮至鸭肉酥烂，放人盐及鸡精，即可出锅。

请贴上宝宝的相片吧

HAPPY Day.. ♥

图书在版编目（CIP）数据

婚育指南/鲁献启,陈若黎,崔万立编著. —郑州:河南文艺出版社,2010.4

ISBN 978-7-80765-255-7

Ⅰ.婚… Ⅱ.①鲁…②陈…③崔… Ⅲ.①婚姻–基本知识②恋爱–基本知识③生育–基本知识 Ⅳ.C913.1 R33

中国版本图书馆 CIP 数据核字（2010）第 050997 号

出版发行　河南文艺出版社
本社地址　郑州市鑫苑路 18 号 11 栋
邮政编码　450011
本社网址　http://www.hnwycbs.cn
电子信箱　master@ hnwycbs.cn
售书热线　0371 – 65379196
承印单位　河南省瑞光印务股份有限公司
经销单位　新华书店
纸张规格　787 毫米×1092 毫米　1/16
印　　张　37.75
字　　数　650 000
版　　次　2010 年 4 月第 1 版
印　　次　2010 年 4 月第 1 次印刷
总 定 价　198.00 元（全两册）